Ja, ich will!

»Die schönsten Erinnerungen
sammelt man immer zu zweit.«
Luise Rinser

Inhalt

Europa 6

1 **Sanfte Hügel und jähe Gipfel**
Gardasee, der Deutschen liebstes Reiseziel 8

2 **Romantik zwischen Klippen und Meer**
Auf der Via dell' Amore in den Cinque Terre 10

3 **Toskana – oben ohne**
Mit dem Oldtimer durchs Etruskerland 12

4 **Italienisches Ideal**
Dolce far niente auf Ponza 16

5 **»Erholung von Sorgen«**
Neapels Treffpunkt für Verliebte 20

6 **Strandreise von Bucht zu Bucht**
Sardiniens aquatischer Norden 22

7 **Fiesta und Gaudí**
Barcelonas größte Party 26

8 **Mediterranes Herzblatt**
Mallorca für Romantiker 28

9 **Insel zum Verlieben**
Ein Hauch von Karibik weht über Menorca 32

10 **Ein begehrenswerter Strand**
Ewige Sommergefühle auf Porto Santo 34

11 **Blumeninsel im Atlantik**
Gottes Garten heißt Madeira 36

12 **Vom Winde verweht**
Im Gefühlshoch auf die Azoren 38

13 **Mit Volldampf ins neue Leben**
Mit dem Pinienzapfenzug nach Nizza 40

14 **Nostalgischer Roadtrip für Verliebte**
Zweisamkeit an der Côte d'Azur 44

15 **Punkt, Punkt, Komma, Strich**
Normannische Impressionen 46

16 **Flittern rund ums Wasser**
Maritimes Flair im niederländischen Friesland 50

17 **Der Schatz der Flamen**
Brügge, ein Kleinod des Spätmittelalters 52

18 **Herrenhäuser, Klöster und Druiden**
Irland – Quer durch Europas grüne Insel 54

19 **Alles im Fluss**
Kronjuwelen entlang der königlichen Themse 58

Im sicheren Hafen von Malta, hundertfach beschützt durch Osiris' Augen am Bug der Luzzus

20 **Glück: eine Geige spielende Ziege**
Zum Karneval nach Notting Hill 62

21 **Hollywoodromantik pur**
Pool House – Insel der Liebe in den Highlands 64

22 **Schottlands Zauber und Mystik**
Die Einzigartigkeit der Isle of Skye 66

23 **Zeit für Romantik**
Royale Gastlichkeit in Inverlochy Castle 68

24 **Geisterklamm und Klosterbarock**
Bayern auf dem Isarradweg 70

25 **Idyll am Fuß der Zugspitze**
Bayerns Paradies liegt im Werdenfelser Land 74

26 **Schlösser, Weinberge und Kurbäder**
Fürstlich wohnen in der Steiermark 76

27 **Einfach abgleiten**
Winterauszeit in den Hohen Tauern 80

28 **Wanderlust und Wohlgefühl**
Am Fuß des Nationalparks Hohe Tauern 82

29 **Der Wilde Kaiser ruft!**
Entschleunigung in Tirols Kaiserwinkl 84

30 **Gipfelglück »On Top«**
Berg und Tal im Berner Oberland 86

31 **Flittern wie zu Kaisers Zeiten!**
Küstenreise durch Deutschlands Osten 88

32 **Grandiose Kultur- und Musikreise**
Das Beste zwischen Weimar und Dresden 92

33 **Dem Glück ganz nah**
Mit dem Wohnmobil durch Dänemark 96

34 **Eine Insel, ein Märchen**
Die besondere Romantik Ærøs 100

35 **Meererfahrungen**
Skagen, das Licht und die Kunst 102

36 **Die Perle der Ostsee**
Dänische Sonneninsel Bornholm 104

37 **Ein Traum in Barock**
Das Märchenschloss Läckö im Vänernsee 106

38 **Steinreiche Sonneninsel**
Öland, das etwas andere Schweden 108

39 **Venedigs kleine Schwester**
Sloweniens Riviera hat viel zu bieten 110

40 **Meereswächter sorgt für Romantik**
Flittern auf der langen Insel Dugi Otok 112

»Wenn Worte meine Sprache wären …« – Pantomime-Straßenkünstler in Nizza

41 **Mal wieder Indianer spielen**
Im kroatischen Nationalpark Plitvicer Seen 114

42 **Der Dreizack Poseidons**
Hellas' Paradiesgarten Chalkidiki 118

43 **Im siebten Himmel am Kraterrand**
Bilderbuchdörfer und Panoramablicke auf Santorin 120

44 **Inselzwerg zum Liebhaben**
Zeit der Stille auf Kastelorizo Megiste 124

Asien 126

45 **Woher kommt der Nikolaus?**
Auf Spurensuche an der türkischen Ägais 128

46 **Eine Stadt voller Kontraste**
Sightseeing mit Muße in Istanbul 130

47 **Die Sandkasten-Hauptstadt**
Abu Dhabi ist groß und mächtig, sandig und reich… 134

48 **Orient zwischen Wolkenkratzern**
Dubai, Boomtown aus Tausendundeiner Nacht 138

49 **Fata Morgana am Ende der Welt**
Musandam, Hideaway in Omans Norden 140

50 **Palmen, Plantagen und viel Zeit**
Auf dem Hausboot durch Keralas Backwaters 142

Gemeinsam Brücken beschreiten, wie hier die 1825 Meter lange Brooklyn Bridge in New York

51 **Barfuß im Paradies**
Olhuveli, Trauminsel der Malediven 144

52 **So muss das Paradies sein**
Traum in Weiß und Blau – Die Malediven 146

53 **Glück und Liebe**
Auf Wanderschaft mit dem Glücksmanager in Bhutan 148

54 **Thailands Superstar**
Ferieninsel Phuket: Eldorado für jeden Geschmack 152

55 **Wo die Herren Dame spielen**
Die exotische Welt von Malaysia 156

56 **Der Sitz der Götter**
Balis unverwechselbarer Charme 158

57 **Ein Land, ein Tempel ...**
... und ein Bild im Kopf. Zu Besuch in Kambodscha 162

58 **Kein Salz für die Suppe**
Dennoch ist Vietnam auch kulinarisch reizvoll 164

59 **Einfach über allem**
Unterwegs in Chinas quirligster Metropole Shanghai 166

60 **Die heilende Kraft des Wassers**
Die Quellen im Ise-Shima-Nationalpark in Japan 170

Nordamerika 172

61 **Hippie-Flair im Nebel**
San Francisco – Kaliforniens »Belle of the Bay« 174

62 **Insel der zwei Vulkane**
Maui – einfach das Beste 178

63 **Flittern im Tiefschnee**
Telluride/Colorado – Nordamerikas schönste Abfahrt 182

64 **Knallbunt an rauer Küste**
Lunenburg/Neuschottland – Weltkulturerbe am Meer 184

65 **Leuchtende Wälder, sanfte Kühe**
Woodstock/Vermont – Pittoreskes Neuengland 186

66 **Big Apple, riesiges Herz**
New York – Ganz großes (Romantik-)Kino 188

67 **Händchen halten unter Feenhaar**
Charleston/South Carolina – Die Schöne des Südens 192

68 **Bunt wie der Regenbogen**
Key West – Für Verliebte aller Couleur 194

69 **Paradies über dem Winde**
Anguilla/British Virgin Island – Insel der Liebenden 198

70 **Griff in eine Wundertüte**
Mexikos faszinierende Pazifikküste 200

71 **Maya-Hochkultur, Sonne und Strand**
Tempel und Badefreuden an der Riviera Maya 204

Mittel- und Südamerika 208

72 **Restauriertes Juwel in Nicaragua**
Granada – schönste Kolonialstadt Mittelamerikas 210

73 **Reggae-Feeling in Nicaragua**
Karibik ohne Chichi? Corn Island! 214

74 **Auf gleicher Wellenlänge**
Tamarindo/Costa Rica – Surfing for Lovers 216

75 **Rum-Party im Weltkulturerbe**
Der Kolonialstil leuchtet: Cartagena de las Indias 218

76 **Im Land der Superlative**
Die Faszination von Rio de Janeiro 220

77 **Karneval und Kolonialflair**
Salvador da Bahia schläft nie! 222

78 **Das Inka-Rätsel überm Dschungel**
Machu Picchu – Die geheimnisvolle Stadt 224

79 **Über die Treppen von Valparaíso**
Anziehungspunkt für Künstler und Kreative 226

80 **In Chiles wildem Wüstental**
Sterne gucken im Valle del Elqui 228

81 **Duschen unter Wasserfällen**
Die Carretera Austral im Süden Chiles 232

82 **Steinerne Rätsel am Palmenstrand**
Die Osterinsel – Urlaub mit einem Mythos 236

83 **Bloß nicht hampeln!**
Tango lernen in Buenos Aires 238

84 **Das Paradies mit Adam und Eva**
Die Wasserfälle von Iguazu 242

85 **Südlich der Copacabana**
Die Strände von Uruguay sind toll 244

Afrika 246

86 **Mystische Kirchen und Kathedralen**
Zum »Honeymoon« nach Äthiopien 248

87 **Savanne, Strand und Sternenzelt**
So funktioniert Kenias Zauberprogramm 250

88 **St. Peter's und Kaya Mawa**
See-Märchen im Lake Malawi 252

89 **Wie im Paradies – nur schöner!**
Jambo Bwana in Sansibar 254

90 **Im Rausch der Sinne**
Bulawayo und Victoria Falls, Simbabwe 258

91 **Für alle Sinne: Bush und Beach**
Südafrika-Safari und zum Baden nach Mosambik 260

92 **Im Paradies der »Wilden Exoten«**
Durchs botswanische Okavango Delta 262

93 **Von Kirche zu Kirche**
Namibias himmlische Schätze 264

94 **Am schönsten Ende der Welt**
Cape Town ist einzigartig 266

95 **Himmlisch auf Luxus-Safari**
Zu Südafrikas »Wilden Exoten« 270

96 **Von Leuchtturm zu Leuchtturm**
Ringreise am Kap der Guten Hoffnung 274

Australien und Ozeanien 276

97 **Auf Tour in Down Under**
Unterwegs auf der größten Insel der Welt 278

98 **Abenteuer für jede Jahreszeit**
Aktiv durch Neuseelands spektakuläre Landschaft 280

Seesterne gibt es auf Sansibar in allen Farbvarianten.

99 **Auf der anderen Seite der Welt**
Exotischer Klassiker: das Südsee-Paradies Fidschi 282

100 **Sterne pflücken in der Südsee**
Fafa Island Robinsonade 284

Register 286

Impressum/Bildnachweis 288

Europa

Roma, die Stadt der ewigen Liebe, malerisch am Ufer des Tiber gelegen

Beste Flitter-Aussichten: Üppige Blumenpracht, kristallklares Wasser und strahlend blauer Himmel lassen Herzen am Gardasee höher schlagen.

1 Sanfte Hügel und jähe Gipfel

Gardasee, der Deutschen liebstes Reiseziel

Den Mittel- und Nordeuropäern, allen voran uns Deutschen erscheint der Gardasee als Verheißung südlichen Lebensgefühls und mediterranen Flairs. »Das Land, wo die Zitronen blühn«, wie es schon Goethe schätzte, ist bis heute der Inbegriff eines Sehnsuchtsorts – mit Pizza und Pasta, Palmen und Pinien.

Mildes Klima, Mittelmeerflora, malerische Dörfer vor wildromantischer Berglandschaft und grünen Hügeln mit Weinreben und Olivenhainen, das ist der Gardasee: 52 Kilometer lang, bis zu 346 Meter tief, an der breitesten Stelle 17 Kilometer breit und mit seinen rund 370 Quadratmetern der größte See Italiens. Der Norden des *lago di garda* unterscheidet sich gänzlich vom Süden, und eben das ist sein unwiderstehlicher Reiz. Wer Entspannung sucht, der ist in Gargano am Westufer gut aufgehoben, wo Nobelherbergen Tradition haben. Ende des 19. Jahrhunderts erkannte ein Deutscher das Potenzial und baute in Gardone das erste Grandhotel, dem weitere folgten. In Bardolino und Garda fühlt sich wohl, wer abends lebendiges Treiben auf den Straßen bevorzugt. Richtiges Nightlife aber gibt es nur am Südufer: Rund um Desenzano locken die größten Clubs des Landes.

Wer im Urlaub eher aktiv unterwegs ist, wählt eindeutig den Norden. Das dortige Ufer mit den bis zu 2000 Meter hohen Bergen bietet vor

HIGHLIGHTS

Castel von Limone: Im Garten der malerischen Burg erfreut ein duftender Zitronenhain.

Riva: Hier liegt einer der schönsten und altehrwürdigsten Uferparks des Sees.

Gargano: Die Kirche San Francesco mit wunderschönem Kreuzgang wurde 1289 von Franz von Assisi geweiht.

Monte Baldo: Den gesamten Gardasee bestaunt man am besten von oben auf 2200 Metern Höhe – die Seilbahn startet in Malcesine.

Gardesana: Die atemberaubende Passstraße am steilen Westufer mit unzähligen Tunneln führt Richtung Lago d'Iseo.

PROBIEREN UND ERLEBEN

Carne Salada, Ciuga del Banale und die *Mortadella:* Trentiner Wurstspezialitäten – *Trentingrana, Spressa delle Giudicarie, Vezzena:* beliebte Almkäse aus der Region – *Nationalgerichte, nicht nur als Beilage:* Speck-, Leber- oder Spinatknödel und Plent, Polenta aus Mais oder Buchweizen.

allem Wassersportlern ideale Bedingungen, denn die steten Winde Ora und Pelér lassen die Herzen eines jeden Seglers und Surfers höher schlagen, während es Mountainbiker und Wanderer in die Berge ringsum zieht.

Doch auch mit kulturellen Höhepunkten ist die Region reich gesegnet. Ob mit dem charmanten Städtchen Sirmione mit romantischer Wasserburg, Garda mit reizvollem *lungolago*, Riva mit seiner blumengeschmückten Uferpromenade, Torri del Benaco mit malerischem Hafenbecken oder Gardone Riviera mit dem aberwitzigen Palast von Italiens Nationaldichter Gabriele D'Annunzio, der sich im Park hoch überm See ein Denkmal für die Ewigkeit setzte – ein großes Schiff aus Stein.

Bei soviel körperlicher Betätigung darf gute italienische Kost nicht fehlen. Und man bekommt sie auch, wenn man allzu touristische Fleckchen, oft am Hafen gelegen, meidet. Pizza, Pasta oder Risotto, Gourmetrestaurant in Salò oder simple Forelle vom Grill in Bardolino: Immer mehr Köche besinnen sich zurück auf eine authentische Küche und regionale Produkte.

Wahrer Luxus direkt am Wasser

Bloß keine Schwellenangst! Diese Nobelherberge inmitten eines riesigen Parks in Riva am Nordufer sollte man sich nicht entgehen lassen: Im Grand Resort Du Lac et Du Parc werden alle Honeymoon-Wünsche auf einmal wahr, vereint es doch italienische *ospitalità* mit internationalem Anspruch. Das Angebot vervollständigen zwei von üppiger Pflanzenpracht umgebene Outdoorpools, ein großer Spa und ein vielfältiges Sportangebot. Je nach Wunsch wählt der Gast zwischen dem charmanten Hotel Du Lac, dem Herzstück des Resorts, den edlen Suiten von La Villa – dem Vorgängerbau nachempfunden –, oder den luxuriösen Zimmerfluchten im stylishen Murialdo-Trakt, für die die Stararchitekten Lorenzo Carmellini und Rocco Magnoli verantwortlich sind, die auch die lichtdurchflutete Frühstücksveranda, den Beautybereich sowie das Poolrestaurant La Capannina schufen. Apropos Restaurant: Für leibliches Wohl sorgt Chefkoch Marco Brink mit Trentiner und mediterranen Spezialitäten.
http://dulacetduparc.com/de

Was für ein Panoramaweg hoch über dem See!

Information

BESTE REISEZEIT
Von April bis Oktober

ESSEN UND TRINKEN
La Colombera: am offenen Kamin speisen oder draußen auf der Terrasse von Reben beschattet. www.lacolombera.it/ristorante/DE/ristorante

Pié di Castello: traditionelle Osteria mit kluger Auswahl an bodenständiger Kost, Cologna di Tenno. www.piedicastello.it/DE/1/2361/trattoria.htm

ÜBERNACHTEN
Du Lac et Du Parc Grand Resort: Luxus direkt am See im großem Park, Riva. http://dulacetduparc.com/de

Lefay Resort: Luxusresort weit oberhalb des Sees gelegen, Gargnano. www.lefayresorts.com/deu/resort-spa-gardasee

STRÄNDE
Riva: Sabbioni, Porfina und dei Pini haben breite Strände.

Malcesine: Die Spiaggia di paina ist sehr beliebt.

Zwischen Lazise und Peschiera: Hier liegen die breitesten Strände, teils mit Sand.

Garda: Die Spiaggia del Corno ist langgezogen.

Sirmione: Der Lido delle Bionde liegt unterhalb römischer Ruinen.

Limone: Die Spiaggia Cola ist vielleicht der schönste Strand am See.

WEITERE INFOS
www.gardasee.de

Blick auf das beleuchtete Manarola, eines der fünf Cinque-Terre-Dörfer

2 Romantik zwischen Klippen und Meer

Auf der Via dell' Amore in den Cinque Terre

HIGHLIGHTS

Via dell' Amore: Der bekannteste Wanderweg wurde fast vollständig aus Felsen geschlagen.

Burg Doria: zylindrischer Turm mit schöner Aussicht in Vernazza

Monterosso: Das durch einen Felsvorsprung zweigeteilte Dorf lockt mit hübschem Ortskern und einem Strand.

Weinterrassen: Rund um Corniglia kann man die alten Weinterrassen an der wilden Küste besonders gut bestaunen.

Bootsausflug: Eine ganz andere Perspektive auf die Dörfer und die Steilküste eröffnet sich von einem Boot.

PROBIEREN UND ERLEBEN

Typisch für die Region sind vor allem unterschiedlich zubereitete Sardellen, frisches Pesto und die mannigfach belegten *Focaccie*. Hervorragend schmeckt dazu der herbe lokale Weißwein und der Dessertwein *Sciacchetrà*.

Die verträumten Cinque Terre (»fünf Dörfer«) und die sie verbindenden Wanderwege bilden an einem der wildromantischsten Küstenabschnitte Europas den gleichnamigen, zum UNESCO-Weltkulturerbe ernannten Nationalpark – eine Region, die unzählige Romantiker, Verliebte und Naturfreunde in ihren Bann zieht.

Wie Adlerneste kleben die fünf Dörfer Riomaggiore, Manarola, Corniglia, Vernazza und Monterosso al Mare teilweise hoch über dem Meer an der italienischen Riviera. Und obwohl die Cinque Terre, die bis Ende des 18. Jahrhunderts nur zu Fuß oder über das Meer erreichbar waren, schon lange kein Geheimtipp mehr sind, scheint dort die Zeit stehen geblieben zu sein. Heute reist man am komfortabelsten mit dem Zug zu den Bilderbuchdörfern westlich von La Spezia, und auch untereinander sind die Dörfer durch regelmäßigen Zug- und Minibusverkehr verbunden. Doch am schönsten ist es, die Region zu Fuß zu erkunden. Die gut markierten, kostenpflichtigen und insgesamt 18 Kilometer langen Fußpfade wie die populäre Via dell' Amore, der »Liebesweg«, verlaufen durch Weinterrassen, Oliven- und Zitronenhaine mit grandiosen Ausblicken aufs Meer.

Farbenprächtige alte Häuser, enge Gassen *(Carruggi)* und Stufen, mittelalterliche Burgen, liebevoll eingerichtete Unterkünfte sowie kleine

Buchten mit blaugrünem Wasser prägen das Bild der autofreien Orte. Größtes Dorf ist der 1700-Seelen-Ort Monterosso, der mit dem Strand Fegina zum Badetag lockt. Als schönstes Dorf gilt Vernazza, das mit in den Felsen gebauten Häusern, den gestapelten Fischerbooten in den Gassen und einem Hafen mit einer traumhaften Piazza eine romantische Kulisse bietet. Nicht direkt am Meer, sondern auf 100 Metern Höhe liegt das pittoreske Corniglia, wo man vom Ende der Hauptgasse Via Fieschi eine fantastische Aussicht auf das Meer genießt. Unglaublich malerisch ist aber auch Manarola mit den pastellfarbenen Häusern im schmalen Tal. Manorala überzeugt mit seiner kreativen Architektur. Nirgends sonst wurden die Häuser so ineinander verschachtelt wie in dem bunten Dörfchen, in dem rechts und links der Hauptstraße Treppengassen die Hänge hinaufführen. Über die 1,5 Kilometer lange Via dell' Amore läuft man von Manarola nach Riomaggiore, das sich mit den drei bis vier Stockwerke hohen Turmhäusern bis heute sein mittelalterliches Flair bewahrt hat.

Grandiose Aussichten

Zahlreiche romantische Flecken versprechen in und rund um die malerischen Dörfer unvergessliche Momente für Verliebte. Für einen romantischen Aufenthalt sorgen vor allem die vielen kleinen Hotels, die oft traditionell und stilgerecht eingerichtet sind, sowie Privatzimmer, die sich meist in den winzigen Gassen verstecken. Wer es gern ein wenig größer und komfortabler mag, kommt in den Cinque Terre aber auch auf seine Kosten. Eine äußerst beliebte Adresse ist das Hotel Porto Roca am Rand von Monterosso, das mit der grandiosen Lage etwas außerhalb des Orts oberhalb der Küste begeistert. Ortskern und Wanderwege sind schnell zu Fuß erreichbar. Das in einem Zitronengarten und in Weinterrassen eingebettete Hotel mit herrlichem Infinity-Pool, kleinem Spa-Bereich und 40 Wohneinheiten überzeugt vor allem mit den neuen Suiten in der obersten Etage. Bei dieser Aussicht ist eine unvergessliche Hochzeitsreise in absoluter Ruhe garantiert! Via Corone 1, Monterosso al Mare, www.portoroca.it

Malerisches Corniglia: »I´m in love with the shape of you!«

Information

ANREISE

Die nächsten Flughäfen sind Pisa und Genua, dann direkte Regionalzüge oder schnellere Zugverbindungen mit Umstieg in La Spezia.

Wer will, kann die Dörfer auch mit dem Auto erreichen. Parkplatzmangel!

BESTE REISEZEIT

Mitte März bis Ende Oktober

SEHENSWERT

La statua del Gigante: imposante, aus dem Felsen gehauene Figur, Monterosso al Mare

San Giovanni Battista: Gotteshaus aus dem 13. Jahrhundert, Monterosso al Mare

ESSEN UND TRINKEN

Gastronomia San Martino: Ligurische Spezialitäten schmecken im einfachen Lokal wie bei Muttern. Via S. Martino, Monterosso al Mare. Tel. +39 338/569 90 17

Dal Billy: gemütliche Trattoria mit Aussicht über den Ort aufs Meer, Via Aldo Rollandi 122, Manarola.
www.trattoriabilly.com

ÜBERNACHTEN

Cà d'Andrean: restaurierte Ölmühle mit zehn hellen Zimmern, Via Discovolo 101, Manarola. www.cadandrean.it

WEITERE INFOS

www.cinqueterre.it
www.parconazionale5terre.it

3 Toskana – oben ohne

Mit dem Oldtimer durchs Etruskerland

HIGHLIGHTS

Pitigliano: 300 Meter hoch thront das mittelalterliche Städtchen auf einem Tufffelsen.

Sovana: Das einzige Tempelgrab aus der Etruskerzeit wurde in der Umgebung gefunden.

Sorano: In der Nähe der malerischen Künstlerstadt finden sich viele Siedlungsspuren der Etrusker.

Saturnia: Schon Dante schwärmte von den Sinterterrassen der Cascate del Mulino mit ihrem schwefelhaltigen, warmen Wasser.

Strände: mehrere geschützte Sandbuchten bei Porto Ercole, bei Capalbio lange Sandstrände mit kleinen Dünen

PROBIEREN UND ERLEBEN

Acquacotta, eine Gemüsesuppe, Wildschwein süßsauer oder *Bistecca Fiorentina*. Dazu einen der drei DOC-geschützten Rotweine aus Montalcino, Montepulciano oder Scansano. Um den Magen zu schließen, Pecorino in verschiedenen Reifephasen und Gebäck aus der koscheren Bäckerei in Pitigliano.

Kaum zu glauben, dass es in der Toskana, der meistbereisten Region Italiens, noch immer Schätze zu heben gibt. Vor allem im Etruskerland südlich Sienas reihen sich mittelalterliche Kleinode wie Sorano, Sovana oder Pitigliano entlang geschwungener, mit Zypressen und Schirmpinien gesäumter Landstraßen.

Als ich den Schlüssel ins Zündschloss stecke und nach rechts drehe, weiß ich, dass nun ein Traum in Erfüllung geht. In einem Alfa Romeo Duetto und meiner Julia auf dem Beifahrersitz auf Hochzeitsreise durch die Toskana. Das Glucksen des Motors, das zu einem satten Röhren anschwillt, wenn ich das Gaspedal drücke, schickt mir einen feierlichen Schauer über den Rücken. Lärmtechnisch müsste das nicht sein, moderne Autos sind ruhiger, doch dann fahren wir schon die Superstrada Richtung Siena, vorbei an noch lauteren Bussen, Motorrädern und LKWs. Die ersten Kilometer bin ich auf das Auto konzentriert. Wenn wir das dicht besiedelte Arnotal hinter uns gelassen haben, auf Landstraßen sind, die enger werden und holpriger, muss ich richtig reagieren können. Die Straße ist unser Weg und Unterwegs sein das Ziel unserer Reise. Am Vormittag fahren wir zu Märkten, holen alles, was wir für unser Picknick brauchen: Später, wenn wir einen schattigen Platz gefunden haben, packen wir Wasser, Wein, Brot, Pecorino, Salami und Obst aus. Olivenhaine schimmern silbrig im Nachmittagslicht, die Grillen singen das magische Lied des mediterra-

Liebe kennt kein Alter, Freiheit keine Grenzen!

Paradies für Wein-Liebhaber in Montepulciano

nen Sommers. Wir sind irgendwo zwischen den Städten Montalcino, Pienza und Montepulciano.

Pienza war die erste Stadt, in der man das Ideal des humanistischen Städtebaus getestet hat. Später wurde es in ganz Europa kopiert. Von der Westseite der Stadtbefestigung hat man einen Traumblick über das Val d'Orcia, das erst weit am Horizont durch den Monte Amiata begrenzt wird.

Burgzimmer in Sorano

Wenn eine Herberge romantisch, ruhig und herrschaftlich sein soll, mit einem Blick weit ins Land, dann kann das teuer werden. Nicht so im Hotel della Fortezza von Sorano. Von manchen Zimmern des Hotels hat man einen himmlischen Blick über die Dächer des Ortes Sorano und die umliegenden Wälder. In Teilen stammt die Burg aus dem 11. Jahrhundert und wurde von der weit verzweigten italienischen Adelsfamilie der Orsini gebaut. Diese Familie stellte über die Jahrhunderte drei Päpste und viele andere kirchliche Würdenträger. Noch heute zählt sie zum europäischen Hochadel. www.fortezzahotel.it

Für Weinfreunde ist die Renaissancestadt ein guter Ausgangsort, um Montalcino und Montepulciano zu besuchen. Beide sind für ihre Rotweine, die überwiegend aus Sangiovesetrauben gekeltert werden, weltbekannt. Montalcino für seinen Rosso, der nicht lange lagerbar ist, es sei denn, er wird über Monate hinweg in Barriquefässer weggesperrt und kann dort sein Ding machen. Läuft's optimal, verkaufen die Winzer das abgefüllte Resultat zu Höchstpreisen als Brunello di Montalcino. Die Burg, die steilen Gässchen und die atemberaubenden Ausblicke aufs Umland des namengebenden Städtchens ist ebenso

Blick auf die herrlich gelegene Altstadt von Castiglione della Pescaia

Information

ANREISE
Flughafen Florenz oder mit dem Zug nach Santa Maria Novella (Bahnhof Florenz)

BESTE REISEZEIT
Will man mit einem Cabrio fahren, sollte man Ende Mai bis Ende September unterwegs sein. Für Autos mit Verdeck kann das ganze Jahr als Reisezeit interessant sein.

SEHENSWERT
Capalbio: Tarotgarten (Giardino di Tarocchi) von Nikki de Saint Phalle, April bis Mitte Oktober

Grosseto: Paläste und Dom auf der Piazza Dante

Sovana: wunderschöner Ort mit uralten Siedlungsspuren. Die Tomba Ildebranda ist ein etruskisches Tempelgrab aus dem 3. Jahrhundert v. Chr., das in den 20er-Jahren des 20. Jahrhunderts wiederentdeckt wurde.

Monticchiello: kleiner, schöner, autofreier Ort bei Pienza, vom Parkplatz sieht man eine der schönsten Zypressenalleen der Toskana

Pitigliano: mittelalterlicher Ort, Zeugen der jüdischen Gemeinde sind die Synagoge und ein Koscher-Ofen

Abbazia di Sant'Antimo: Castelnuovo del Abate, im 8. Jahrhundert gegründetes Benediktinerkloster

sehenswert wie das viel größere Montepulciano. Auch hier hat der Weinbau eine lange Geschichte und spiegelt sich im Festtagskalender der Stadt wieder. Im August jeden Jahres findet der Bravio delle Botti statt, ein Wettkampf zwischen den acht Stadtteilen, bei dem die Teilnehmer Weinfässer den Berg hochrollen. Mag man Rotwein, sollte man sich die Verkostung des Rosso oder des Vino Nobile di Montepulciano in einer Cantina nicht entgehen lassen.

Das Val d'Orcia ist eine dieser Gegenden, die sich wie von selbst vermarktet. Touristen fotografieren sich mithilfe eines Selfiesticks vor Zypressen, die akzentuiert minimalistisch Kapellen flankieren oder vor einer Gruppe von Schirmpinien, die einem allein stehenden Gehöft in der Sommerhitze Schatten spenden. Es sind Bilder, die sich in die Seele brennen, und Gerüche, die wir für den Rest unseres Lebens mit uns tragen: Pinien, Thymian, Majoran, Wein und Rosmarin verdichten sich zu unserer privaten Toskanasehnsucht. Die mittelitalienische Region hat immer Saison. Und so gibt es zwar die falsche Kleidung, die eventuellen Wetterkapriolen nicht standhält und falsche Erwartungen, etwa im Winter auf bevölkerten Terrassen zu sitzen. Dafür gibt es im Herbst und Winter Gemüse zu essen, das im Sommer nicht geerntet wird: Artischocken von Dezember bis März, Brokkoli von Oktober bis Februar, Steinpilze, Kürbisse und Trüffel. Die Toskana war lange Zeit Bauernland. Die Landschaft, deretwegen heute Menschen aus aller Welt hierher kommen, ist aus harter, entbehrungsreicher Arbeit vieler Bauerngenerationen entstanden. Die Armut ist auch die Basis toskanischer Küche. Man isst, was in der Region erzeugt wird, was gerade wächst. Und da Haus und Hof viel Arbeit bereiten, hat man auch keine Zeit dafür, die Zutaten zu passieren, zu reduzieren und in Formen kalt werden lassen. Wer hier gut essen will, orientiert sich eher an gut gefüllten Parkplätzen der Trattorien, Osterien und Restaurants als an deren Fassaden.

Bedient das Val d'Orcia exakt die Bilderwelt, die mit der Toskana verbunden wird, präsentiert sich die Landschaft auf der anderen Seite des Monte Amiata wild. Orte wie Sorano und Pitigliano sitzen abenteuerlich auf Tufffelsen, als seien sie aus ihnen gewachsen. Wohntürme und einfache Steinhäuser stehen hinter massiven Toren eng zusammen, werden nur die Sommermonate über von Künstlern und Urlaubern bewohnt und träumen dann wieder verwaist vor sich hin. Die Landstraßen hier durchschneiden schnurstracks Ebenen, schmiegen sich an die Hügel, die diese einfassen und winden sich durch dichte Steineichenwälder. Ein Paradies für Wildschweine, Perlhühner und Rotwild. Das Siedlungsgebiet der Etrusker reichte in seiner größten Ausdehnung vom Arno bis zum Tiber. In der südlichen Toskana findet man besonders viele Zeugnisse dieser Zeit. *Vie Cave* etwa, Wege, die von hohen Steinwänden eingefasst sind und in einem mysteriösen, verschlungenen Netz kilometerweit in Wälder führen und zu Gräbern und Kultplätzen. Wozu sie dienten, ist bis heute nicht geklärt. Entlang ihnen lassen sich ausgedehnte Wanderungen unternehmen.

Das letzte Ziel ist die nur wenige Meter über dem Meeresspiegel liegende Ebene zwischen dem Apennin und dem Meer. Früher einmal war das Schwemmland Meer, später Sumpf, der teilweise trockengelegt wurde. Mitten darin liegt die sehenswerte Provinzhauptstadt Grosseto. Ein perfekter Mauerring schützte die Bürger der Stadt über viele Jahrhunderte vor Gefahren. Vor Anophelesmücken, die Malariaerreger in sich tragen und der Bevölkerung des ehemaligen Sumpfgebiets bis 1950 in mehreren Malariaepidemien zusetzten, bot er allerdings keinen Schutz. Diese Schwemmebene besitzt einen eigenen Charme. Der Nationalpark wird oft als Serengeti Europas beschrieben, an die Sandküste schmiegen sich Strandbäder, und lange Alleen mit Schirmpinien führen zu Bauernhöfen, die oftmals auch Zimmer vermieten.

In Schwefel baden

Vor 300 000 Jahren hatte der Vulkan Monte Amiata seinen letzten Ausbruch. Auch wenn er heute als erloschen gilt, zischt und brodelt es in seiner Umgebung an vielen Stellen. Bei Saturnia, 30 Kilometer vom Berg entfernt, tritt 37 Grad warmes, mit Schwefel angereichertes Wasser zutage und ergießt sich über die Cascate del Mulino. In den Sinterterrassen haben sich über die Jahrhunderte natürliche Badebecken gebildet. Das Bad ist kostenlos und daher tagsüber sehr beliebt. Um nur zu zweit hier zu sein, empfehlen sich die frühen Morgenstunden. Mit etwas Glück entwickelt das heiße Wasser Dampf. Das Lichtspiel mit der tiefstehenden Sonne hat dann einen besonders romantischen Effekt.

Abbazia di Monte Oliveto Maggiore: bei Asciano. webmaster@abbazie.com

ESSEN UND TRINKEN

Osteria La Porta: Wer einen Platz auf der kleinen Terrasse haben will, muss reservieren. Blick und Essen lohnt sich, Via del Piano, 3, Monticchiello, Tel. +39 0578/75 51 63

La Bottega di Portanuova: Deli gekreuzt mit Wein- und Bierbar, proba e genieße! Via di Canneti 37/F, San Quirico d'Orcia

Locanda della Taverna Etrusca: gepflegter Speiseraum in altem Gemäuer, auch schöne Zimmer, Piazza del Pretorio, 16, Sovana, Tel. +39 0564/61 41 13

Weinbar Nettare & Ambrosia: Von der Terrasse mit Weitblick sieht man den Weinen beim Wachsen zu. Via Belvedere Santini 8, Magliano

I due Cippi da Michele: fabelhaftes Fleisch perfekt gegrillt, Enoteca und Pension, Piazza Vittorio Veneto 26 a, Saturnia, Tel. +39 0564/60 10 74

ÜBERNACHTEN

La Valentina Nuova: Gestüt, das Appartements und Pferde für Ausritte vermietet, Talamone. www.lavalentinanuova.com

Villa Poggiano: aus dem 17. Jahrhundert, inmitten eines Parks, mit Pool, Pitigliano. www.villapoggiano.com

Tenuta Santo Pietro: aus dem 13. Jahrhundert, rustikal, urig, Gartenpool. www.tenutasantopietro.com

Relais Il Chiostro di Pienza: Kloster aus dem 15. Jahrhundert, Garten mit Blick, Pienza. www.relaisilchiostrodipienza.com

Hotel Miramare: Einschlafen mit Meeresrauschen, Via V. Veneto 35, Castiglione della Pescaia. www.miramare.info

SHOPPING

Wein: gut sortiert ist die Enoteca Bruno Dalmazio, Via Traversa dei Monti 214, Montalcino

WEITERE INFOS

Italienische Zentrale für Tourismus ENIT: Barckhausstr. 10, 60325 Frankfurt am Main Tel. 069/23 74 34

Chianti Classic Car bietet Oldtimer und Arrangements inklusive Hotel an. www.chianticlassiccar.com

Herrlicher Panoramablick auf den Hafen von Ponza

4 Italienisches Ideal

Dolce far niente auf Ponza

HIGHLIGHTS

Chiaia di Luna Strand: Der Mondsichelstrand ist der schönste Badestrand Ponzas. Man erreicht ihn durch einen Tunnel von Ponzas Hafen.

Inselrundfahrt mit dem Boot: Die Kooperative der Fischer bietet Inselrundfahrten inkl. Badestopps an. Mittagessen und Getränke werden serviert, Dauer ca. 6 Stunden

Zum Baden nach Palmerola: Angebote im Hafen checken

Sehen und gesehen werden: zum Aperitif an den Hafen

Tauchen und Schnorcheln: auf Ponza, Palmerola oder Ventotene

PROBIEREN UND ERLEBEN

Frische Meeresfrüchte in verschiedenster Zubereitung – *Bruschette* mit Thunfischcreme, *Fagioline in umido*: geschmorte Bohnen – *Parmigianina* mit Auberginen – eingelegter wilder Meerfenchel, mit Knoblauch gekocht und in Essig eingelegt: sehr reich an Vitamin C und unter Seeleuten schon früher ein Mittel gegen Skorbut!

Ponza verheißt geballtes Mittelmeerglück. Obwohl sehr klein bietet die Insel Rückzugsmöglichkeiten, Abende in den Bars des Giros und Strandpartys dann, wenn man darauf Lust hat. Hotelburgen fehlen, dafür werden Häuser und Wohnungen als B&Bs vermietet. Viele mit traumhaftem Blick auf das Meer.

Der Hafenort des Inselchens Ponza präsentiert sich wie der Geschenketisch unseres Hochzeitsfests. Als wir aus dem Bauch des Tragflächenboots zum Kai hochklettern, sehen wir gelbe, rosafarbene, rote und blaue Häuserwürfel, kühn übereinander gestapelt, bunt gemischt. Einzig die Schleifen fehlen noch. Am Hafenbecken schaukeln Fischerboote und Segeljachten. Ein lächelnder Hüne mit graumeliertem Kurzhaarschnitt kommt durch das Menschengewühl auf uns zu. Das muss Maurizio sein, Inselbürgermeister und Inhaber der Ferienhausvermietung. Das Gepäck ist schnell in seinem Kleinbus verladen, und los geht's zu unserem Nest. Die im Prospekt verwendete Beschreibung »Adlerhorst« passt, was den Blick angeht. Kurz darauf wissen wir, dass morgens jemand kommt, um das Frühstück vorzubereiten. Wir vereinbaren die Zeit und bekommen den Schlüssel für einen Motorscooter ausgehändigt, der die Wege zu den Restaurants, den Stränden und zum Hafenort verkürzt. Auf Ponza liegt alles entlang einer sieben Kilometer langen Teerstraße, der einzigen der Insel. Navigationsgeräte sind damit überflüssig.

Die Hauptinsel des Pontinischen Archipels liegt 50 Kilometer westlich des italienischen Festlands im tyrrhenischen Meer, 90 Minuten Wellenritt mit dem Tragflächenboot. Das ist genügend Zeit, sich auf den 7,3 Quadratkilometer großen Felsblock, auf dem gut 3300 Einwohner leben, zu freuen. Auf die Strände, die Ruhe, das gute Essen.

Sammeln mit Leidenschaft

Unsere Erfahrung basiert auch darauf, dass wir nach dem Augenblick jagen und Eindrücke sammeln. Das aber will gelernt sein. Der Ponzesi Gerardo Mazzella stellt im Museo Etnografico di Ponza in der Via Frontone (folgen Sie von der Hauptstraße den Wegweisern in Form eines blauen Fischs) aus, was er über die Jahrzehnte liebevoll gesammelt und humorvoll zusammengestellt hat. Das Sammelsurium soll dem Besucher das Leben der Ponzesi näher bringen. Wenn er gerade Zeit hat, begleitet er seine Gäste durch die höhlenartigen Ausstellungsräume und erklärt Hintergründe zu den Gegenständen. Gerardo Mazzellas Anliegen könnte Motivation sein, Pläne zu machen, um das eigene Hochzeitsalbum anzulegen und mit dem persönlichen Storytelling zu beginnen.

Von der Terrasse unseres Domizils haben wir einen grandiosen Blick über ein Meer aus gelbem Ginster, über Kräuterbüsche, die in der Wärme ihren Duft verströmen und tief unten auf den Hafenort, in dem die meisten Ponzesi wohnen. Drumherum breitet sich das reinste Blau des Himmels aus, das irgendwo mit dem des Mittelmeers verschmilzt. Um sich von der ganzen Insel ein Bild zu machen, sollte man eine Inselrundfahrt mit einem Boot unternehmen. Die erfahrenen Kapitäne der Cooperativa Barcaioli Ponzesi bieten das an. Schon bei der ersten Attraktion, der engen Einfahrt in die Höhle des Pontius Pilatus,

Kleine felsige Buchten laden auf Ponza zum Baden und anderen Wassersportaktivitäten ein.

direkt unter den Hausfundamenten des Hafenorts gelegen, bin ich froh, das Boot nicht selbst steuern zu müssen. Manolo aber, unser Capitano, lotst uns gekonnt durch senkrecht aufragende Felskamine (*Faraglioni*) und in kathedralengroße Grotten wie die des Odysseus. Ein geschlagenes Jahr verbrachte Homers mythischer Weltreisender auf Ponza, wurde von der einheimischen Zauberin Kirke bezirzt und musste gehörig tricksen, um durchzusetzen, dass sie seine Reisekumpane wieder von Schweinen in Menschen zurückverwandelte.

Die Felsformationen sehen bizarr aus und tragen ebensolche Namen: Kapitän Manolo deutet sie als Mönch oder Pilz, einen nennt er gar die »Stumme Hose« Manche Felswände steigen senkrecht in den stahlblauen Himmel. Einzig der gellende Schrei von Möwen deutet auf Leben hin. Man kann sich den gigantischen Knall vorstellen, mit dem der Vulkan vor Millionen von Jahren in die Luft flog und in etwa das hinterlassen hat, was wir heute sehen. Bevor man im Restaurant zu Abend isst, wird in Italien auch heute noch der *Giro* zelebriert. *Bella Figura* ist gefragt, schließlich will man nicht nur sehen, sondern auch im besten Licht gesehen werden. Das Café Tripoli auf der Piazza Carlo Pisacane hat eine lange Tradition in diesem Spiel. Ponzas Nähe zu Rom und Neapel zieht am Wochenende viele Promis und Personen des Jetset an. Menschen, bei denen es zum Beruf gehört, dass ihr Dolce Vita auch gesehen wird.

Einfach abtauchen

Das nur 153 ha große Ventotene gehört wie Ponza zum Pontinischen Archipel. Heute kommt man freiwillig hierher, um der Welt auf Zeit zu entfliehen. Zu verschiedenen Zeiten wurde die Insel als Verbannungsort genutzt. Die faszinierende Unterwasserlandschaft, die hier weiträumig unter Schutz gestellt wurde, lässt sich mit Schnorchelbrille, Flossen oder Sauerstoffflasche am besten erleben. Die gut 700 Einwohner leben vor allem vom Tourismus. Von Ponza und von Formia auf dem Festland aus gibt es während des Sommers Bootsverbindungen. Wenige Hotels und Pensionen bieten Zimmer an.

Faszinierende Unterwasserwelt: Tauchen mit Tausenden und Abertausenden Goldbrassen

Information

ANREISE
Flug nach Neapel oder Rom, Fähren mit Caremar und Vetor Aliscafi ab Formia (1 Std. 20 Min.) und Neapel (2 Std. 50 Min., ca 23 € einfach). Formia liegt an der Bahnlinie Rom–Neapel.

BESTE REISEZEIT
Mai bis Ende September

SEHENSWERT
Höhle des Pontius Pilatus: Komplex von Tunneln und Höhlen, in denen in römischer Zeit vermutlich Fische gezüchtet wurden

Playa Frontone: Kiesstrand mit felsigen Abschnitten, am Wochenende gut besucht

ESSEN UND TRINKEN
Il Tramonto: Via Campo Inglese

Le Forna: exzellentes Fischrestaurant mit Terrasse über dem Meer

La casa di Assunta: Assunta kauft ihren Fisch direkt von den Fischern am Hafen, das Angebot wechselt ständig, eine Speisekarte zu schreiben lohnt sich daher nicht. Schöner Blick auf den Hafenort, Via Aversano, Tel. +39 071/82 00 86

Bar Tripoli: perfekter Ort für das zweite Frühstück oder den Aperitif. Direkt über dem Hafen flaniert hier jeder vorbei. Hier verpasst man nichts. Piazza Carlo Pisacane

ÜBERNACHTEN
Immobiliare Turistcasa: hat Ferienwohnungen für unterschiedlichste Ansprüche unter Vertrag, auch einige, die von den Geschwistern Fendi eingerichtet wurden. Viele Wohnungen werden auf B & B-Basis vermietet. www.turistcasa.it

Hotel Torre die Borboni: zentral gelegenes Hotel mit 48 Zimmern und Suiten in einem alten Turm der Bourbonen, viele mit spektakulärem Meerblick, schöner Pool, ab 70 € pro Nacht inkl. Frühstück. www.torredeiborboni.com

Grand Hotel Santa Domitilla: zentral gelegen, knapp 100 Meter von der Chiaia di Luna, dem schönsten Strand der Insel, großzügige Anlage mit Pool, gutem Restaurant. www.santadomitilla.com

WEITERE INFOS
Italienische Zentrale für Tourismus ENIT: Direktion für die deutschsprachigen Länder, Benelux, Mitteleuropa, Barckhausstr. 10 60325 Frankfurt am Main

»Schau mir in die Augen, Kleines!« Zeit zu zweit

5 »Erholung von Sorgen«

Neapels Treffpunkt für Verliebte

HIGHLIGHTS

Stadt Pozzuoli: Ausgrabungsstätte mit Campi Flegrei (Phlegräische Felder)

Pompeji: Rundgang (mindestens ½ Tag!) durch die Ausgrabungen der antiken Stadt, u. a. mit Tempel, Freudenhäusern, Villen und Theater

Ravello: zauberhaft am Monte Cerreto gelegener Luftkurort mit historischen Sehenswürdigkeiten

Isola d'Ischia: schöne Insel im Golf von Neapel, mit über 70 Thermen

Isola di Capri: mit der weltberühmten Blauen Grotte, botanischen Wanderwegen und mondänem Hauptort Capri

PROBIEREN UND ERLEBEN

Wer in Neapel »una pizza« bestellt, meint die berühmte Pizza Margherita. Der Klassiker präsentiert sich stolz in den italienischen Farben Rot (Tomaten), Weiß (Pizzaboden) und Grün (Basilikum). 1889 wurde die Pizza anlässlich des Besuches der italienischen Königin Margherita kreiert und lebt von ihren einfachen, aber köstlichen Zutaten.

Der traumhaft schöne weitläufige Park, der Parco Virgiliano, seit jeher Treffpunkt von Verliebten, liegt am äußersten Punkt von Neapel, dem Capo Posillipo. Mit dem sensationellen Panoramablick auf das Meer und die umliegenden Inselchen bildet dieser Ort die optimale Kulisse für ein romantisches Picknick zu zweit.

Sie möchten einen Heiratsantrag machen, Ihr Eheversprechen erneuern oder ein romantisches Picknick zu zweit erleben und suchen den passenden Rahmen für dieses sehr persönliche Ereignis? Am äußersten Zipfel von Neapel, am Capo Posillipo, gibt es ein zauberhaftes Fleckchen Erde, das diesen Anlässen würdig ist, den wundervollen Parco Virgiliano. Er liegt weitab vom Straßenlärm in Posillipo, einem genauso exklusiven wie begüterten Stadtteil von Neapel. Herrschaftliche Villen schmiegen sich westlich der Uferpromenade an einen Hang und bezeugen still diesen Reichtum. Hier ist der Ortsname Programm, denn Posillipo leitet sich von Pausilypon ab, was »Erholung von Sorgen« bedeutet.

Das grüne Areal wurde 1930 eröffnet und 2002 einer Renovierung unterzogen. Alte kranke Bäume wurden entfernt und durch neue mediterrane Gewächse wie Rosmarin- und Myrtenbüsche oder Olivenbäume ersetzt. Bei einer Gesamtfläche von 92000 Quadratmetern findet jeder einen stillen Platz zum Erholen. Neben herrlicher Landschaft und bunter Blütenpracht punktet der terrassenförmig angelegte Park mit einer atemberaubend schönen Aussicht. Vor Ihnen breitet sich die gesamte Stadt aus, der Golf von Pozzuoli und der Golf von Neapel. Sogar die Inseln Ischia, Capri und Procida und der Hausberg von Neapel, der imposante Vesuv, sind zu sehen. Zahlreiche Maler im Park halten diese fantastischen Ansichten für die Ewigkeit fest. Wer kein Freund von Picknicks ist und ein romantisches Restaurant bevorzugt, pilgert zum Meer zur nahen idyllischen Panoramastelle Marechiaro. Dieser Platz wurde durch das Liebeslied *A Marechiaro* bekannt, dessen Text 1886 aus der Feder des größten neapolitanischen Dichters Salvatore di Giacomo stammt. Generationen verliebter Männer schmetterten die poetischen Zeilen unter den Fenstern der Angebeteten. »Wer sagt, dass die Sterne strahlen, hat noch nie in deine Augen gesehen«, heißt es da. Auch heute noch kann man mit dieser charmanten Liebeserklärung Eindruck machen, Sie müssen ja nicht verraten, woher der Text stammt…

Liebe geht durch den Magen

Sie möchten gern kochen, können es aber nicht? Dann krempeln Sie die Ärmel hoch und trauen Sie sich einfach! Lernen Sie die hohe Kunst der italienischen Pizzaherstellung. Wie entsteht eine perfekte Pizza Margherita? Wie lange muss der Teig gehen? Aus welchen Zutaten zaubere ich einen stimmigen Belag? Fragen wie diese beantwortet ein professioneller neapolitanischer *Pizzaiolo* (italienisch, englisch) mit viel Witz und spannenden Informationen in einem zweistündigen Kochkurs. Ort des empfehlenswerten Workshops ist ein authentischer Schauplatz des neapolitanischen Nationalgerichts, nämlich eine typisch neapolitanische Pizzeria. Nach getaner Arbeit genießen Sie in netter Runde die Früchte Ihrer Arbeit. Um das Menü zu komplettieren, werden noch Vor- und Nachspeisen gereicht. Wie wäre es, wenn Sie in Erinnerung an Ihre Flitterwochen in und um Neapel jedes Jahr am Hochzeitstag eine neapolitanische Pizza backen? Ristorante Filume, Piazza del Gesù Nuovo 31–133, Neapel, Buchungen über www.getyourguide.de

Blick von Posillipo über Neapel – Idylle pur!

Information

ANREISE
Flüge von allen größeren deutschen Städten aus zum Flughafen Napoli-Capodichino

BESTE REISEZEIT
Ganzjährig

SEHENSWERT
Castel Nuovo: direkt am Hafen, mit Museo Civico

Chiesa San Francesco di Paola: Gotteshaus (1808–1815) mit riesiger Kuppel

Duomo San Gennaro: neugotische Kirche mit drei Kapellen und Battistero (4. Jahrhundert)

ESSEN UND TRINKEN
Antica Pizzeria Port'Alba: 1738 gegründete Pizzeria und Osteria, beste Auswahl an leckeren Pizzen, Via Port'Alba 18, Napoli. www.anticapizzeriaristoranteportalba.com

ÜBERNACHTEN
Decumani Hotel de Charme: traumhaft schönes Luxushotel im ehrwürdigen Palazzo Cardinal Sisto Riario, nahe dem Kloster Santa Chiara, Via San Giovanni Maggiore Pignatelli 15, Napoli.
www.decumani.com

SHOPPING
Via Toledo, Via Chiaia und Via dei Mille sind die wichtigsten Einkaufsstraßen mit unzähligen Geschäften.

WEITERE INFOS
Azienda Autonoma di Soggiorno Cura e Turismo di Napoli: www.inaples.it

Blick auf die Insel Mortorio, umgeben von einladend kristallklarem, türkisblauem Wasser

6 Strandreise von Bucht zu Bucht

Sardiniens aquatischer Norden

HIGHLIGHTS

Capo d'Orso: Der »Bärenfelsen« bietet herrliche Ausblicke auf die Buchten ringsum!

Nachtleben an der Costa Smeralda: Das Angebot ist unerschöpflich.

Geldausgeben in Porto Cervo: angesagte Mode- und Schmuckprodukte. www.promenadeduport.it

Bootstour durch den La Maddalena-Archipel: Vom Bootsdeck aus bietet sich der beste Blick auf die Sehnsuchtsinseln.

Capo Testa: bezaubernde Halbinsel mit weißen Granitfelsen, blauen Buchten und Leuchtturm

PROBIEREN UND ERLEBEN

Zuppa gallurese: Brotsuppe mit geriebenem Schafskäse – *Cozze:* Miesmuscheln in allen Variationen, auch mit Schokolade! – *Zuppa di pesce:* Sardische Fischsuppe mit Tomaten und geröstetem Brot – *Is Culurgionis:* Ravioli mit Schafskäse, Kartoffeln und Minze gefüllt, mit frischer Tomatensoße

Zwischen den Hafenstädtchen Olbia an der Ostküste und Porto Torres im Westen, wo die Fährschiffe aus Italien und Frankreich anlegen, schiebt sich ein magischer geografischer Zipfel Richtung Korsika: Wer hier einfliegt, landet an einem besonderen Ort – an der bildschönen Spitze der sardischen Seele.

Schon beim Anflug präsentiert sich ein Bilderpanorama erster Güte – aus gezackten Bergketten, Inseln und Halbinseln mit tiefblauen Buchten und schneeweißen Segeln dahinziehender Jachten und Stränden aus goldgelbem Sand.

Üppig grün ist die Landschaft zwischen Korkeichenwäldern und wildwürzig duftender Macchia am Fuß des Monte Limbara, die sich die Gallura nennt. Nicht weit von Olbias Airport wird Capo d'Orso zur ersten mediterranen Überraschung: Traumhaft geht der Blick aus den Olivenhainen über die Bucht von Cala Capra, ins Meer ragende hölzerne Plattformen machen den Hechtsprung ins aquatische Nass zum göttlichen Erlebnis. Am nächsten Morgen führt eine kurvige Fahrt zum Bergdorf Aggius, das mit seinen Altstadtgässchen ein romantischer Traum ist. Die liebevolle ethnografische Sammlung des Museo Etnografico Oliva Carta Cannas in der Via Monti Assaddu ist natürlich ein Muss, wie auch die Gourmetkneipe Il Mosto, denn was hier auf

den Tisch kommt, schmeckt sensationell sardisch: Heimische Oliven und Pecorino (sardischer Schafskäse), Schinken und Salami vom Wildschwein und ein Glas fruchtiger, trockener Vermentino bringen noch jeden Aggius-Besucher zum Schmelzen. Aber auch so korrumpiert die Bergperle mit ihrem sehr besonderen Charme.

Das Strandörtchen Isola Rossa in der Gemeinde Trinita D'Agultu e Vignola bietet Badespaß pur. Bläst ein kräftiger Mistral, bleckt der gerade sehr friedliche Marinedda-Beach mit bis zu fünf Meter hohen Wellen auch öfter die Zähne, was ihn zum Eldorado für Surfer macht.

Um die nächste Biegung lockt die Costa Paradiso, die mit türkisfarbenen Buchten, granitroten Felsen und schneeweißem Sand ihrem Namen alle Ehre macht. Wobei das Glasklar bei Hautkontakt, sprich: dem Sprung ins Wasser, nicht nur durch Reinheit, sondern durch das Wohlgefühl umfassender Wellness besticht. In Capo Testa, der nördlichsten Spitze Sardiniens, von der man Korsikas Bonifacio gleich gegenüber sehen kann, steigt zwischen Felsblöcken ein weißer Leuchtturm ins Azurblau. Bizarr ragen Granitfelsen wie Skulpturen aus der bildschönen Kulisse, liebliche sandbesetzte Buchten leuchten ringsum. Ein Stück weiter taucht zum blutroten Sunset das mittelalterliche Santa Teresa als letztes Stopover auf. In seinen Bars und Trattorias an der Piazza findet »s'arte de gosare a sa sarda manera«, die sardische Kunst zu genießen, statt, wenn der Sonnenball sinkt. Zur Wahl steht die einfache Küche der Fischer, Hirten und Bauern, oder die beste Cuisine der Welt, die Kochkunst der Italiener.

Traum Costa Smeralda

Wirklich erfassen lässt sich der Reiz Nordsardiniens erst bei einer Fahrt übers Meer. Im Blick zurück zeigt sich zwischen dem Golfo Arancio und Porto Cervo die sagenumwobene Costa Smeralda, die sich als Symbol für luxuriöses Beachlife der VIPs aus Film, Showbizz und Politik einen Namen gemacht hat. Aber auch jenseits exklusiver Ferienanlagen, Strandvillen, mit edlen Jachten gefüllten Marinas, Nachtclubs, Bars und ganz ohne öffentliche Aufmerksamkeit bringt es der Küstenabschnitt an der Nordostküste der Gallura auf eine beachtliche Liste an Zutaten, die ein aquatisches Wunderland ausmachen, vor allem Buchten und feine Sandstrände, und idyllische Küstenstädte wie Golfo Aranci, Porto Rotondo und Porto Cervo, dem touristischen Mittelpunkt der Costa Smeralda, wo sich der internationale Jetset zu Hause fühlt. Hier wurde der James-Bond-Film *Der Spion, der mich liebte* mit Roger Moore gedreht! Einer der beliebtesten Beaches ist die Spiaggia del Principe, deren Bezeichnung »Strand des Prinzen« an den Erfinder der Costa Smeralda, Aga Khan, erinnert.

Leuchtturm am Kap von Capo Testa

Information

ANREISE

Olbia wird von einigen Flughäfen in Deutschland, Österreich und der Schweiz angeflogen, ab Franfurt direkt von Lufthansa, www.lufthansa.com.

Mit dem Auto: über die Fähren ab Genua und Livorno nach Olbia oder Porto Torres

BESTE REISEZEIT

Das Frühjahr, wenn Sardiniens Natur erblüht, sowie der Früh- und Spätsommer bis Herbst. Während der Hochsaison im Juli/August steigen die touristischen Aktivitäten wie die Preise und die Temperaturen.

SEHENSWERT

San Simplicio: schöne Basilika, 11/12., Olbia. www.olbiaturismo.it

Porto Rotondo: Urbanes Zentrum an der Costa Smeralda, mit der »Kirche der 200 Statuen« San Lorenzo. www.consorzioportorotondo.it

Arzachena: Mittelalterliche Hauptstadt der Costa Smeralda. www.arzachena-costasmeralda.it

La Maddalena: Hafen- und Inselhauptstadt des gleichnamigen Archipels. www.lamaddalena.com

Nur 15 Minuten per Boot sind es vom Festland bis La Maddalena. In der gleichnamigen Hauptstadt des 62 Inseln zählenden Archipels drängen sich die luxuriösen Segel- und Motorjachten so wie die Urlauber in den Cafés, Bars und Boulevardterrassen zwischen Kathedrale und Promenade. Ein Architekturreigen aus stattlichen Bürgerhäusern und historischen Plätzen mit prächtigen Kirchbauten macht den ehemaligen Marinestützpunkt im heutigen Nationalpark Arcipelago La Maddalena zu einem Highlight, das in der Saison bis zu 80 Autofähren pro Tag mit dem sardischen Festland verbinden. Nicht ohne Grund zog es Giuseppe Garibaldi seit 1849 immer wieder hierher, auf der zweitgrößten Insel des Archipels, Caprera, verbrachte der berühmte italienische Guerillakämpfer seine letzten Jahre. Heute steht sein geliebtes Domizil Casa Blanca als Museo Nazionale Garibaldino di Caprera Besuchern offen.

Endlos scheint diese Welt der Traumbuchten zu sein, in denen sich ankernde Jachten in sanfter Dünung wiegen. Wildgefräste Bergketten umrahmen die verborgenen Paradiese, eines nennt der Volksmund »Tahiti«, weil es ebenda so bildschön wie in der Südsee ist. Womit haben sie das nur verdient, diese Sarden, fragt man sich neidisch angesichts dieser Lebensqualität? Einen Winter gebe es hier schon auch, bekommt man beinahe schon entschuldigend zur Antwort. Mitte September schließen die meisten Hotels, wenngleich das Wetter oft noch bis in den November hinein zum Baden einlädt, dann aber müssen viele der Einheimischen aus ihrem geliebten Sardegna emigrieren, weil nichts mehr los und beinahe alles dicht und das Geschäft eben auf dem italienischen Festland ist. Zum Beispiel in den Skiorten der

Alpen. Für Wanderer und Biker und sonstige Individualisten ist Sardiniens Garten Eden dann praktisch menschenleer.

Ins hochzeitsreisende Strandkarussel

An der äußersten Nordspitze Sardiniens hat sich Francesco Muntoni für seine Delphina Hotels & Resorts (Tochter Elena und Sohn Libero machen im familiengeführten Unternehmen bereits mit) die besten Küstenspots ausgesucht. Das schönste und zum ungestörten Flittern idealste der acht sehr unterschiedlich konzipierten Domizile ist das kleine Capo D'Orso Hotel Thalasso & Spa, das mediterrane Träume von der ersten Sekunde an wahr macht. Auf dem Programm stehen Bootstrips zu den vorgelagerten Inseln und an die Costa Smeralda, hochkarätige Wellness, typisch sardische und italienische Kulinarik, Wandern, Golfen, Reiten sowie Tennis, Yoga und alle Arten von Wassersport. Delphina-Spezialität sind professionell arrangierte Flitterwochen und Hochzeitstage mit Paarmassagen, Candle-Light-Dinner am Strand, Mini-Kreuzfahrten zu zweit sowie die Möglichkeit des Resort & Beach-Hopping. www.hotelcapodorso.com

»Huckepack!« am Strand von La Maddalena

Garibaldi-Museum: Compendio Garibaldino di Caprera, Insel Caprera. www.compendiogaribaldino.it

ESSEN UND TRINKEN

Ristorante Gallura: echter Feinschmeckertipp! Corso Umberto 145, Olbia

Ristorante Da Giovannino: vor allem *Frutti di mare*, toller Service, Piazza Quadrata 11, Porto Rotondo. www.ristorantedagiovannino.com

La Vecchia Costa: landestypische Cuisine, schönes Ambiente, Località La Punga, Arzachena. www.lavecchiasosta.it

Ristorante S'Andira: mit Blick auf Korsika, am Strand von Santa Reparata bei Santa Teresa Gallura, Via Orsa Monore 1. www.sandira.it

SHOPPING

Olbia: Die Einkaufsmeilen Corso Umberto und Viale Aldo Moro eignen sich hervorragend zum Shopping vor Abflug.

Porto Cervo: Weine und typisch sardische Produkte in der Enoteca Fratelli Azara, sardisches Kunsthandwerk bei I.S.O.L.A. www.isolaporocervo

La Maddalena: Sardische Souvenirs bei Arte Regalo. www.arteregalomunerato.com

Santa Teresa Gallura: Kunsthandwerk im Casa dell' Artigianato in der Via Cavour

Arzachena: Spitzenweine in der Enoteca Demuro, Via Costa Smeralda sowie in der Capichera Winery. www.capichera.it

ÜBERNACHTEN

Delphina Hotels & Resorts: Mit acht Strandanlagen rings um die sardische Nordspitze positioniert. www.delphinahotels.de

Hotel Centrale: Palazzo aus dem 18. Jahrhundert, Corso Umberto 85, Olbia. www.hotelcentraleolbia.it

Hotel Abi d'Oru: komfortable Herberge, Località Golfo di Marinella, Porto Rotondo. www.hotelabidoru.it

Hotel Balocco: mediterranes Schmuckstück in der Località Liscia di Vacca, Porto Cervo. www.hotelbalocco.it

Tenuta Pilastru: bildschöne Lage bei Arzachena, mit Spa, Località Pilastru. www.tenutapillastru.it

Hotel Nido d'Aquila: atmosphärische Anlage in der Località Nido d'Aquila, La Maddalena. www.hotelnidodaquila.it

WEITERE INFOS

www.enit.de sowie www.sardegnaturismo.it

Bekannt, berühmt, besonders: La Sagrada Familia, konzipiert von Antoni Gaudí

7 Fiesta und Gaudí
Barcelonas größte Party

HIGHLIGHTS

Ramblas: Der Boulevard, auch Spaniens berühmtester Kilometer genannt, führt bis zur Kolumbussäule am Hafen.

Barrio Gótico: Aus verwinkelten Gassen ragt die Catedral de Santa Eulàlia auf.

La Sagrada Família: Die surreal anmutende Kirche ist Symbol des *Modernisme* (UNESCO-Kulturerbe).

Passeig de Gràcia: Den breiten Boulevard säumen die bedeutendsten von Antoni Gaudí entworfenen Wohnhäuser (UNESCO-Kulturerbe).

Museu Picasso: In alten Stadtpalästen untergebracht, besticht es durch viele Exponate des Meisters.

PROBIEREN UND ERLEBEN

Arròs amb conili: paellaähnliches Reisgericht mit Kaninchen – *Bacallà amb samfaina:* gebratener Stockfisch mit mediterranem Gemüse – *Sipia amb mandonguilles:* Tintenfisch mit Fleischklößchen – *Coca de Sant Joan:* Hefekuchen zum Johannistag – *Crema catalana:* karamellisiertes Dessert aus Sahne und Ei

Barcelona ist gewiss eine der attraktivsten Metropolen Europas. Eine pulsierende Boomtown, wo sich mediterranes Flair mit Lebensfreude und Feierlaune vereint. Das größte Fest, *La Mercè*, im September sollte man nutzen, um auch die Schönheit der Stadt und ihr reiches kulturelles Erbe kennenzulernen.

Jedes Jahr in der letzten Septemberwoche ist Land unter in der katalanischen Metropole – die größte Party der Stadt beginnt: »La Mercè«! Fünf Tage wird gefeiert, finden auf den Straßen wildeste Aktivitäten statt – zu Ehren der Schutzpatronin Barcelonas, einer Jungfrau, die den Sarazenen trotzte. Die *Castellers* versuchen, gewaltige Menschenburgen aufzutürmen, mit einem Kind oben an der Spitze. Und wenn man die *Correfoc*-Feuerdrachen sehen will, sollte man besser Schutzkleidung tragen: Aus monströsen Wunderkerzen schwarzrot geschminkter Horden, die sich »Teufel« nennen, ergießen sich Sprühregen von Glut in die Menge. Vergleichsweise sanft geht es bei der Parade der *Gigantes* zu: Kolossale Statuen, die Könige und Adelige darstellen, werden tanzend und wirbelnd quer durch die Stadt getragen. Krönender Abschluss aber ist das gewaltige Feuerwerk am Hafen, bei dem die Pyrotechniker sich gegenseitig übertrumpfen. La Mercè findet zum Großteil auf den Ramblas statt, mit Kiosken, Blumenhändlern, Musikanten und Imbissständen das platanengesäumte Reich der Fußgänger.

Im mittelalterlichen Kern der Stadt, im Barrio Gótico, führt der Weg zur Catedral de Santa Eulàlia, die mit einer Oase des Friedens aufwartet: einem Kreuzgang mit üppigem Palmengarten und plätschernden Brunnen. Nahebei findet sich ein weiteres Highlight, das berühmte Picasso-Museum, das sich über mehrere Paläste erstreckt. Ein Muss für Fans des Architekten Antoni Gaudí ist der Passeig de Gràcia und der Parc Güell: Wohnhäuser und Parkentwurf sehen fast aus wie lebende Organismen. Gaudís Meisterstück aber ist die Kirche La Sagrada Família, Barcelonas Wahrzeichen, unvollendet bis zum heutigen Tage. Barcelonas Haushügel Montjuïc ist nicht nur größtes Naherholungsziel mit Ausblick, dort verbergen sich auch zwei fesselnde Museen: die Fundació Joan Miró, mit Werken des Meisters des Surrealen, und eines der wichtigsten Kunstmuseen Spaniens, das Museu Nacional d'Art de Catalunya, bestückt mit einzigartigen Altertümern.

Verwinkelte Gassen, Party und viel Strand

Wer sich nach dem vielen Trubel zurückziehen will, sollte nach Sitges fahren, um sich dort am Strand zu erholen. Wer allerdings mehr für sich sein will, muss an die entlegeneren Strände ausweichen, die sich südlich anschließen. Im Zentrum sind die Sandbuchten hingegen wohl gefüllt, viele der Sonnenanbeter warten auf den Abend. Denn dann geht es in dem sympathischen 25 000-Seelen-Städtchen – von Barcelona in 30 Minuten erreichbar – wieder richtig los. Dabei war Sitges einst ein beschaulicher Fischerort, das verraten noch heute die verwinkelten Gassen, die man durchquert, wenn man gen Strand strebt. Und wer nach dem Relaxen erneut Anregung braucht, muss nicht weit gehen: Überall sind die Straßen und Plätze voll von Menschen, stößt man in Restaurants, Cafés, Bars und Clubs auf Gleichgesinnte, die nicht genug bekommen können – die ganze Nacht durch, wenn's sein muss, und das in toller internationaler Atmosphäre. www.sitges-tourist-guide.com

Sitges Carnival, eine der größten Karneval-Partys in Europa

Information

ANREISE
Direktflüge mit Lufthansa, Vueling und Iberia zum Barcelona Airport El Prat

BESTE REISEZEIT
Letzte Septemberwoche zu La Mercè. Oder im April zur Fiesta San Jordi, bei dem sich wildfremde Menschen auf der Straße Rosen schenken, und im Juni zum Fest des hl. Johannes.

ESSEN UND TRINKEN
Café de l'Opera: bis in die Nacht geöffnetes Jugendstil-Café mit Tischchen an den Ramblas. www.cafeoperabcn.com

Los Caracoles: Traditionslokal seit 1786. Am besten vor den spanischen Essenszeiten kommen. www.loscaracoles.es

ÜBERNACHTEN
Hotel Oriente: prachtvolles Jugendstil-Hotel zentral an den Ramblas. www.atiramhotels.com

MUSEEN
Fundació Joan Miró: Bilder des wichtigsten Vertreters des abstrakten Surrealismus. www.fmirobcn.org/en

Museu Nacional d'Art de Catalunya: Die Exponate aus romanischer Zeit zählen zu den bedeutendsten weltweit. www.museunational.cat

WEITERE INFOS
www.barcelona-tourist-guide.com/de

8 Mediterranes Herzblatt

Mallorca für Romantiker

HIGHLIGHTS

Sóller: zählt mit seinem Hafenableger Port de Sóller zu den beliebtesten Spots Mallorcas

Roter Blitz: Eine Fahrt ab Palma-Bahnhof nach Port de Sóller und zurück ist der Hit!

Tramuntana-Gebirge: unbedingt das beste Stück mit den schönsten Perlen Estellencs, Valldemossa, Deiá und Port de Sóller abfahren!

Cap de Formentor: Die kurvige »Winding Road« zum Leuchtturm ist ein Landschaftsgenuss!

Altstadt Palma: urbanes Schmuckstück der Balearen mit historischen Gässchen und bombastischer Kathedrale

PROBIEREN UND ERLEBEN

Ensaímada de Mallorca: Teiggebäck, ungefüllt oder gefüllt mit Kürbiskonfitüre – *Tarta de Manzana con helado vanille:* Apfeltarte mit Vanilleeis – *Bocadillo del mio:* Ciabatta mit Tomaten, Mozzarella, York-Schinken und mallorquinischen *Chorizo*, getoastet – *Empadillo:* mit Rinderhack gefüllte Teigtasche

Vor allem Ambiente und eine unerschöpfliche Vielfalt versprüht die liebliche Mittelmeerperle, die für viele die Trauminsel schlechthin ist. Natürlich auch, weil sich nach heimischem Schlechtwetter und nur einer Zeitungslänge beim Anflug schon stahlblaue Buchten, leuchtende Strände und Windmühlen zwischen blühenden Wiesen zeigen.

Mit backfrischem Ciabatta, Käse, Tomaten und mallorquinischen Oliven auf einer Steinstufe zu sitzen, mit Blick aufs ehemalige Kartäuserkloster Sa Cartoixa, vielleicht einen Schluck mallorquinischen Roten dazu? Das war im bäuerlichen Mallorca ganz normal, und schließlich hat hier, in den geschichtsträchtigen Gemäuern Valldemossas, Frédéric Chopin zwischen 1838 und 1839 komponiert und musiziert, an der Seite seiner Geliebten, der feministischen Schriftstellerin George Sand. Und wo sonst, wenn nicht hier, wäre es sinnvoller, Sands Reisebuch *Ein Winter auf Mallorca* zu lesen, wo doch der Geist des Musikgenies noch immer ein bisschen weht? Zumindest einmal im Jahr. Wenn Valldemossa sein Chopin-Festival zelebriert.

Vom opulenten Himmelbett der Honeymoon-Suite in der Fünf-Sterne-Herberge La Residencia geht der Blick auf die atemberaubende Gebirgslandschaft der Serra de Tramuntana. Mittendrin liegt sehr malerisch auf einem Hügel das Künstlerdorf Deiá. Kein Wunder,

Im malerischen Städtchen Valldemossa lassen sich romantische Spaziergänge unternehmen.

Türkisblaues, klares Wasser lädt in der Cala Figuera zum Sprung ins kühle Nass ein.

dass sich hier die amerikanische Schriftstellerin Anaïs Nin hier zu ihrem Erotikroman *Delta der Venus* inspiriert fühlen musste: Wer zwischen den schlanken Palmen am türkis schimmernden Pool gelandet ist, verspürt wenig Bedürfnis, den Ort der Entspannung ohne Not zu verlassen. Ein kleiner Walk zu jenem Ort, der berühmten Liebhabern Deiás gemeinsam ist, geht aber schon, und der führt romantische Gässchen zum barocken Dorfkirchlein Sant Joan Baptista hinauf. Auf dem idyllisch gelegenen Friedhof liegen geschmückte Gräber einstiger Deiá-Verehrer mit der besten Aussicht auf das geliebte Paradies.

Die tollsten Strände und Buchten

Cala S'Amarador: Wer das Schild übersieht, verpasst einen karibisch anmutenden Sandstrand. **Cala Mondragò**: Ein kleiner Felsweg entlang der Bucht führt zu der angrenzenden Strandperle mit Restaurant. **Cala Figuera:** Mit ankernden Fischerbooten und stattlichen Jachten produziert die grünblaue Felsbucht die romantischten Bilder. **Cala Sa'Nau:** An prächtigen Fincas vorbei führt der Weg zu diesem naturbelassenen Südseestrand in der bezaubernden Bucht. **Bahía Alcudía:** Die weite Sandstrandbucht macht den Besuch der von historischen Stadtmauern umgebenen Altstadt Alcudias zum doppelten Erlebnis. **Port de Pollença:** Die Paradiesbucht bezaubert durch Lage: Inselchen, Landzungen und Jachten sowie prachtvolle Villen zwischen steinalten Pinien bestimmen die Szene. **Platja Formentor:** hübscher Strand auf dem Weg zum Cap Formentor, wo sich vor der Fahrt über die Serpentinen zum Kapleuchtturm eine entspannte Picknick- und Badepause einlegen lässt.

Maler und Dichter zog es immer schon magisch hierher, im Gefolge kamen VIPs aller Art, und auch Frischvermählte, denen das verwunschene Ambiente der Himmel auf Erden ist. Außerirdisch geht es

Meeresrauschen, Sonne und Erholung an der Platja de Formentor

Information

ANREISE

Flüge von den verschiedensten deutschen Flughäfen nonstop nach Palma.

BESTE REISEZEIT

Ab Februar / Frühjahr und im Herbst. Im Herbst ist das Wasser meist bis in den November badewarm.

SEHENSWERT

Alt-Palma: tolle historische Altstadt mit super Geschäften, Straßencafés und Restaurants. Empfehlenswert ist ein Gottesdienst in der sehr atmosphärischen Kathedrale der Heiligen Maria!

Portixol/El Molinar: Die historischen Fischerviertel sind ein Geheimtipp mit toller Seepromenade, von Palma zu Fuß oder per Fahrrad!

Santuari Sant Salvador: Klosterberg mit Kreuz und Christusfigur. www.santsalvadorhotel.com

Kloster Randa: schöner Blick über die Insel vom 542 m hohen Berg Randa mit seinen Klöstern Santa Maria di Cura, Ermita Sant Honorat und der Santuari Santa Gracia

ESSEN UND TRINKEN

El Olivo: Gourmettempel in historischer Ölmühle, Carrer dels Son Canals, Deiá. www.hotel-laresidencia.com

abends im Gourmettempel El Olivo, der historischen Ölmühle des Residencia, zu, wo es zum guten Ton gehört, sein Smartphone eingangs beim Butler zu lassen. Sollte während kulinarischer Freuden (zur göttlichen Kreation aus Gänseleberpastete mit Schokoladenglasur und Marzipan vielleicht?) ein Anruf eingehen, käme der Butler mit selbiger Mitteilung an den Tisch. Telefoniert würde aber draußen, was ein ungestörtes Genießen bei Kerzenschein sehr romantisch macht.

Flitternächte fürs Album

Oberhalb von Sóller hält das Bergdörfchen Fornalutx stille Sièsta und wirkt mit mittelalterlich gepflasterten Straßen und gusseisernen Laternen wie aus dem Märchenbuch! Mittendrin residiert das kleine, aber feine Designhotel Villa Ca'n Verdera, das mit der Übernachtung auf verschiedenen Terrassen-, Pool- und Gartenebenen bezaubernde Bilder in weite Täler und auf felsklotzige Berge verkauft. Mystisch leuchtet am Abend die illuminierte Plaça d'Espanya mit ihren Bars und Restaurants. Im Altstadtgewirr von Palma direkt neben der Kathedrale findet sich der historische Stadtpalast aus dem 16. Jahrhundert, Palacio Ca Sa Galesa. Das Fünf-Sterne-Haus ist mit wertvollem Interieur aus vergangenen Zeiten eine Augenweide, und mit nur zwölf Zimmern ein stilvoller, ruhiger und romantischer Traum. Zum Luxusservice zählen ein liebevolles Honeymoon-Verwöhnprogramm, Wellness & Spa, Frühstück im Café Ricks, dazu gibt es Tees von Harrods und Kaffeesorten aus aller Welt!

Eine malerische Gebirgsstrecke führt von Deiá ins vegetationsstrotzende Tal des Goldes, nach Sóller. Die Pfarrkirche Sant Bartomeu und andere prachtvolle Monumentalbauten vom 17. Jahrhundert aufwärts umstehen die Plaça de Sa Constitucio, ab und an rumpelt der

Rote Blitz durch die barocke Szene, Mallorcas einzige Straßenbahn mit ihren museumsreifen Waggons. Mitten in diesem Film auf einer Caféterrasse zu sitzen, eine mallorquinische *Ensaímada* zum Cappuccino genießen, und einfach nur zu schauen, gehört zu den beiden schönsten Sóller-Momenten. Der andere lässt sich im schwesterlichen Port de Sóller erleben: Natürlich ankern hier luxuriöse Jachten aus aller Welt, zahlreich säumen Cafés, Geschäfte, Boutiquen und Restaurants den Promenadenstrand, der zugleich Bahnhof und Endstation des *Roten Blitz* ist. Auf einem der Bootsstege der Marina zu sitzen und dem maritimen Treiben der Fischerboote und ablegenden Jachten und den Aktionen von Skippern und Decksmannschaften in gelassener Ruhe zu folgen, nur unterbrochen vom Geschrei der Möwen, produziert jenen zweiten Moment, der sich für immer ins Hirn brennt.

Wer frühzeitig los fährt, schafft es von Sóller bis ans Cap de Formentor, dem Nordkap Mallorcas. Das Santuari de Lluc, ein prächtiges Kloster aus dem 15. bis 18. Jahrhundert, liegt auf der Strecke und ist Mallorcas bedeutendste Wallfahrtsstätte. Die gewundene Bergroute führt an glitzernden Buchten zwischen steil aufragenden Felsklötzen vorbei, dann und wann leuchten Gärten mit kraftstrotzenden Oliven-, Orangen- und Zitronenhainen im Sonnenlicht. Im Hafenstädtchen Port de Pollença erinnern denkmalgeschützte klassizistische Villen zwischen Pinien und exotischen Baumriesen an Romantiker, denen der Reiz der attraktiven Küstenperle an der azurblauen Bucht schon vor hundert Jahren nicht egal war. Schneeweiße Segel kreuzender Jachten gehen zwischen Inseln und Halbinseln hin und her, atemberaubend ist die Fahrt von hier bis ans Kap, an dessen Ende ein schneeweißer Leuchtturm auf einer Felsklippe thront, umgeben von stahlblauer See. Traumhafte Honeymoon-Motive für die Fotos zu zweit gibt es zuhauf!

Ideal für den Sonntagsspaziergang: der Markt in Santa Maria mit seinem reichen Angebot an regionalen Produkten

La Cueva: Kellerkneipe in Alt-Palma, Carrer d'Apuntadors, 5, gegrillte Gambas und Tapas aller Art.

Es Reco del Randa: Das Restaurant am Fuß des Berges Randa bietet typisch balearische Cuisine mit Ambiente und Blick. www.esrecoderanda.com

Bodeguita del Medio: In der Havanna-Kopie tanzt man eng und ohne Ende natürlich Salsa, Carrer Vallseca, 18, Palma.

Restaurante Agapanto: fantastische Strandlage, mediterrane Küche, Camino del Faro 2, Puerto de Sóller. www.agapanto.com

SHOPPING

Plaça Major und Plaça Cort: Im bezaubernden Altstadtambiente kommen Gourmets und Kaffeehausbesucher auf ihre Kosten.

Santa Maria del Cami: Der Sonntagsmarkt in dem steinalten Städtchen Santa Maria ist ein Erlebnis! www.undiscovered-majorca.com

Mercat Olivar: Auf dem Altstadtmarkt in Palma kaufen mallorquinische Gourmetprofis ein.

Sóller: entspannte Atmosphäre, hübsche Geschäfte, vor allem Kunsthandwerk

Pollença: Die Galeries Vincenc ist eine der ältesten Leinenwebereien der Insel; an der Placa Major stellen Kunstgalerien aus.

Mallorca-Magazin: Die deutschsprachige Wochenzeitung bringt jeden Donnerstag, was Mallorcabesucher interessiert.

ÜBERNACHTEN

Portixol Hotel: modernes Seehotel an der Promenade von Portixol, Carrer de la Sirena. www.portixol.com

La Residencia: Fünf-Sterne-Resort liegt oberhalb des malerischen Künstlerdorfs Deiá. www.hotel-laresidencia.com

Hotel Tres: Designhotel, Dachterrasse mit Sauna und Schwimmbad, Blick auf Palmas Kathedrale. www.hoteltres.com

Palacio Ca'Sa Galesa: historischer Stadtpalast mitten im Altstadtgewirr von Palma gleich neben der Kathedrale. www.palaciocasagalesa.com

Ca'n Verdera Mansion: Übernachtungstraum an der Placa d'Espanya in Fornalutx, architektonisches Schmuckstück, Pool, Talblick. www.canverdera.com

WEITERE INFOS

Spanisches Fremdenverkehrsamt: Kurfürstendamm 180, Berlin sowie auch in Düsseldorf, Frankfurt und München. www.spain.info oder gleich www.mallorca.de

Zeit zum Träumen: am Traumstrand der Cala Macarella

9 Insel zum Verlieben

Ein Hauch von Karibik weht über Menorca

HIGHLIGHTS

Naveta d'es Tudons: Nirgends sonst in Europa gibt es ein ähnlich erhaltenes Megalith-Bauwerk.

Torralba d'en Salort: In der Ausgrabungsstätte erhebt sich die imposante megalithische Taula de Torralba.

Maó: Auch Mahón genannt besitzt die Inselmetropole einen der schönsten Naturhäfen des Mittelmeers.

Ciutadella: Die altehrwürdige Bischofsstadt ist eine der schönsten Städte Spaniens.

Cala Trebalùger: Nur zu Fuß erreichbar ist der Traumstrand mit weißem Sand, smaragdgrünem Meer und schattigen Pinien.

PROBIEREN UND ERLEBEN

Queso Mahón: Käse von trockener Textur, gereift in Baumwolltüchern – *Salsa de Mahón:* Ein menorquinischer Bauer soll das Rezept für die Mayonnaise aus Ei und Olivenöl erdacht haben – *Ensaimadas:* schneckenförmiges Hefegebäck, gefüllt mit Kürbiscreme oder Pudding – *Palo:* Likör aus der Johannisbrotbaumfrucht

Warum in die Ferne schweifen, wenn ein Hauch von Karibik doch ganz in der Nähe zu erleben ist? Menorca heißt die Insel, die solche Träume verwirklichen kann, weil sie neben üblichen Attraktionen einer Ferieninsel herrliche unberührte Strände, ein kristallklares Meer und eine grandiose Natur bietet.

Allein die türkisblauen Wellen der pinienbestandenen Cala Macarellata, die sanft an den feinkörnigen Rosé-Strand schlagen, oder die Cala Trebalùger mit jadegrünem Meer auf blütenweißem Sand lassen die Inselbesucher ins Schwärmen geraten. Dabei sind dies nur zwei der vielen Traumbuchten Menorcas. Kein Wunder, dass die UNESCO gleich die ganze Insel zum Biosphärenreservat erklärt hat. Menorca bezaubert mit einer Mischung aus stiller Ästhetik, unberührter Natur und der Fähigkeit zu überraschen. Auch mit reichem prähistorischen Erbe, das seinesgleichen sucht. Darunter faszinierendstes Zeugnis ist die Naveta d'es Tudons, »Schiff« genannt seiner Form wegen, die an einen kieloben liegenden Bootsrumpf erinnert. Die Grabstätte, aus Steinblöcken ohne Mörtel vereint, stammt aus der Bronzezeit um 1500 v. Chr. und zählt zu den ältesten Bauwerken Europas.

Harmonisch vereint sind auch die Schönheit der Küsten und des Binnenlands, und trotz des Mangels an bedeutenden Anhöhen – der

Monte Toro misst gerade mal 358 Meter – ist die Landschaft abwechslungsreich. Rau im Norden, wie die rotsandige Cala Pregonda, lieblich im Südosten, wie die weite Sandbucht Son Bou.

Doch auch zwei weitere Pole besitzt die kleine Welt der Menorquiner: An einem Ende Ciutadella, die alte Hauptstadt, pittoresk und von leichter Melancholie, mit einem Hafen, der zu den romantischsten des Mittelmeerraums zählt. Am anderen Inselende Maó, die quirlige Handelsmetropole mit seinem Naturhafen. Welche von beiden zu bevorzugen ist, wissen die Menorquiner selbst nicht. Doch von der sprichwörtlichen Rivalität, die beide Städte gegen einander hegen, bekommt der Besucher nichts mit, viel zu schön ist die Natur außen herum. Wenig überrascht also, dass die Insel mit zahlreichen reizvollen Plätzchen aufwarten kann, die für ein idyllisches Picknick wie geschaffen sind. Duftendes Weißbrot, frischen Queso de Mahón und würzige Insel-Salami im Korb, dazu ein Glas Wein: Spätestens dann weiß man, dass Menorca eine Insel zum Verlieben ist.

Von Traumstrand zu Traumstrand

Das bleibt in ewig schöner Erinnerung: eine wildromantische Wanderung entlang der Küste, die von der kreisrunden Bucht Cala Santa Galdana, einer piniengrünen Oase mit goldgelbem Sand, ausgeht. Der Küstenpfad führt zu abgelegenen Stränden und unberührt wirkenden Traumbuchten, aufgereiht wie Perlen an der Schnur: die weitgeschwungene Cala Macarella mit einem sympathischen kleinen Terrassen-Café, und dahinter anschließend die entzückende Cala Macarellata, Krönung aller Romantikbuchten. Man wähnt sich fast im Siebenten Karibik-Himmel – vor allem, wenn plötzlich eine Herde *Cavalls*, einer nur auf Menorca heimischen Pferderasse, über den roséfarbenen Sand ins glasklare Wasser galoppiert. Die letzte Etappe der Wanderung ist die Cala'n Turqueta, die wie der Name sagt, mit türkisfarbenen Fluten aufwartet. Hier ist der mit Klippen durchsetzte Strand auch über eine Piste mit dem Auto zu erreichen. Entsprechend mehr Badegäste finden sich ein, um im Schatten der Pinien zu baden.

Tanzlust beim Folklorefest in Ferreries

Information

ANREISE

Charterdirektflüge zum Menorca Airport; Fähren von Mallorca (Palma, Alcudia) nach Mahon und Ciutadella

BESTE REISEZEIT

Im Frühjahr oder Herbst

ESSEN UND TRINKEN

Marivent: Fischrestaurant mit angenehmer Atmosphäre am Hafen von Maò. www.restaurantmarivent.com

Casa Manolo: wohl bekanntestes Hafenlokal von Ciutadella. Tel. +34 971/38 00 03

La Guitarra: gemütliches Kellerrestaurant mit regionaler Kost, Ciutadella. Tel. +34 971/38 13 55

Sa Posada del Toro: Restaurant in altem Kloster auf dem Monte Toro bietet authentische Menorca-Küche. www.saposadadeltoro.com

ÜBERNACHTEN

Port Mahón: Renommiertestes Inselhotel mit Pool und tollem Blick, Maó. www.sethotels.com/de/hotel-port-mahon-menorca.php

Hotel Cala Galdana: kein architektonisches Highlight, aber direkt im Rund der Cala Galdana Bucht gelegen und idealer Ausgangspunkt für Küstenwanderungen. www.hotelcalagaldana.com

WEITERE INFOS

www.menorca.es/portal.aspx?IDIOMA=4

Blick über die Dächer des charmanten Hafenorts Porto Santo Stefano

10 Ein begehrenswerter Strand

Ewige Sommergefühle auf Porto Santo

HIGHLIGHTS

Panoramabar: Clou des Hotels Torre Praia ist der integrierte historische Turm einer alten Zementfabrik, tolle Rundumsicht bei Kerzenschein

Fonte de Areia: fantastische Landschaftsformationen aus gehärtetem Sand, Science-Fiction-Szenario.

Pico de Ana Ferreira: Arena aus fünf- und sechseckigen Basaltsäulen, eine eiszeitliche Laune als Stätte voll mystischer Energie

Wanderwege: Ausgeschilderte Routen führen durch die Berge Porto Santos.

Alter Fähranleger: Dorado für Angler, Pärchen genießen Wind und Meeresrauschen.

PROBIEREN UND ERLEBEN

Das Restaurant Solar do Infante am Kunstzentrum glänzt mit einer wunderschönen Aussicht und kulinarischen Köstlichkeiten, von knackigen Schweinerippchen mit frischem Gemüse über eine üppige Meeresfrüchteplatte mit allem, was der Atlantik bietet, bis zur himmlischen Versuchung der süßen Art, Passionsfruchtpudding, den man am besten auf der Terrasse vernascht.

Was dem großen Nachbarn Madeira, der Insel des ewigen Frühlings und Blumeninsel im Atlantik, zur perfekten Reisedestination fehlt, das besitzt Porto Santo: einen sensationellen, acht Kilometer langen Strand. Und die Golden Beach, Praia Dourada, der Name sei der warmen Farbe gedankt, hat es wahrhaftig in sich.

Händchen haltend schlenderten schon Christoph Columbus und seine Frau Felipa aus Vila Baleira, dem Hauptort Porto Santos, barfuß über den stark mineralhaltigen Sand und genossen die warme Abendsonne. Dabei sinnierte der kühne Seefahrer über den Plan, Indien auf dem westlichen Seeweg zu erreichen. Eine Büste im Park erinnert an ihn, ebenso ein kleines Museum neben der Dorfkirche. In dem Haus verbrachte er glückliche Tage an Felipas Seite.

Der traumhafte goldgelbe Strandsand, der durch die Sonne so heiß werden kann, dass das Gehen darüber beinahe zur Qual wird, bevor das kühlende Nass des in sanften Wogen heranrauschenden Atlantik zum erholsamen Bad erreicht ist, könnte noch manch andere, romantische Geschichte erzählen. Zum Sonnenbad, ohne Kurtaxe und Strandkorb, gibt es reichlich Platz, ein Handtuch genügt. Drangvolle Enge herrscht selbst in der Hochsaison nicht, dafür ist er einfach zu groß. Fast überall gibt es glücklicherweise kleine, nette Bars mit Schatten spendenden Sonnenschirmen für Erfrischungen.

Aus der Höhe des Pico de Baixa ist das sandige Paradies in seiner ganzen Pracht und Ausdehnung zu bewundern. Hier oben, im Schatten dreier kleiner weißer Windmühlen mit leuchtend roten Dächern wurde ein perfekter Platz fürs Picknick eingerichtet. Segelbespannte Mühlen, 33 an der Zahl, symbolisierten einst die Fruchtbarkeit der Insel. Selbst Trauben für den schweren dunklen Wein wurden angebaut. Sie reiften beim warmen Klima schnell heran und dienten zur Verfeinerung des beliebten Madeira-Weins, der zum perfekten Abschluss des Ausflugs nach oben ebenso dazu gehören sollte wie das typisch herzhafte Brot und die verschwenderische Fülle an Obst.

Traute Zweisamkeit im Garten Eden

Eine kleine grüne Oase stellt die Quinta das Palmeiras in der mancherorts etwas kargen Landschaft Porto Santos dar. Dieser sehr spezielle botanische Garten mit erstaunlich bunter, vielfältiger Vogel- und prächtiger Pflanzenwelt entstammt den Visionen und der bewundernswerten Fleißarbeit von Carlos Alfonso, der vor gut 20 Jahren sein damals mitleidig belächeltes Projekt startete. Er säte, ackerte, pflanzte und gestaltete, er installierte gar eine eigene, gut funktionierende Wasserversorgung. Würden nicht Zäune längs des Wegenetzes stehen, könnte man sich angesichts der Geräuschkulisse aus Vogelstimmen und des Blüten- und Blättermeers wie im Paradies fühlen. Eintritt 3 Euro, tgl. geöffnet 10–13 sowie 15–18 Uhr, Tel. +35 12/91 98 36 25. www.facebook.com/quintadaspalmeirasportosanto

Gut gegen schmerzende Füße: einsteigen, zurücklehnen und die Aussicht genießen

Information

ANREISE
Direktflug mit Olimar Reisen im Sommer von Düsseldorf nach Porto Santo, alternativ nach Funchal mit Anschlussflug oder Fähre auf die Heilige Insel. Mietwagen oder Mietfahrräder verfügbar. Parken in Vila Baleira kostenpflichtig.

BESTE REISEZEIT
Ganzes Jahr, sehr ruhig im Winter

SEHENSWERT
Columbus Museum: ehemaliges Wohnhaus des berühmten Entdeckers. Exponate zur Inselgeschichte, Seefahrt und Landwirtschaft. www.museucolombo-portosanto.com/ing/home.html
Karneval: am Karnevalssonntag in Vila Baleira, kleiner Umzug und Fest auf dem Hauptplatz.

SPORT
Porto Santo Golf: fantastischer Golfplatz nach Plänen von Severiano Balesteros, spektakuläre Bahnen an den Klippen.

ESSEN UND TRINKEN
Baiana: traditionell-rustikales Lokal am Dorfplatz, mediterrane Atmosphäre. Largo do Pelhourinho, Tel. +35 12/91 98 46 49

ÜBERNACHTEN
Hotel Torre Praia: nahe des Stadtzentrums und unmittelbar am Strand. www.portosantohotels.com

WEITERE INFOS
Portugiesisches Fremdenverkehrsamt: www.visitportugal.com

Beim Flower-Festival in Funchal geht's bunt und herrlich duftend zu.

11 Blumeninsel im Atlantik

Gottes Garten heißt Madeira

HIGHLIGHTS

Cabo Girão: Das 580 Meter hohe Kap ist die zweithöchste Steilküste der Erde.

Curral das Freiras: Der grüne Talkessel ist umragt von Madeiras höchsten Berggipfeln.

Nordküstenpass: Die teilweise einspurige spektakuläre Straße scheint an der wilden Steilküste zu kleben.

Pico do Arieiro: Das Aussichtsplateau mit weitem Blick über die ganze Insel ist idealer Ausgangspunkt für verschiedene Levada-Wanderungen.

Funchal: Die Inselhauptstadt schmückt eine schöne Altstadt und das berühmte Hotel Reid's Palace.

PROBIEREN UND ERLEBEN

Caldo verde: nahrhafte Kohlsuppe mit Knoblauchwurst – *Caldeira de Peixe:* herzhafter Fischeintopf mit Knoblauch, Tomaten und Kartoffeln – *Espetada:* Festtagsessen mit Fleischspießen, mit Lorbeer ummantelt und auf offenem Holzkohlenfeuer gegrillt – *Madeira Stew:* kräftig gewürztes Ziegenfleischragout

Madeira heißt übersetzt »Holz«, doch macht das Eiland seinem Ruf als »Blumeninsel des Atlantiks« alle Ehre. Grünschattierungen dominieren, dazwischen Hortensien, Schmucklilien und weiße Callas in sumpfigen Niederungen. Und das alles ist eingebettet in eine fantastische Bergkulisse jäh aufragender Gipfel.

Zusammen mit der Schwesterninsel Porto Santo und den unbewohnten Inseln Selvagens und Desertas bildet die Insel Madeira den gleichnamigen Archipel, 500 Kilometer von Afrikas Küste entfernt. Ihre privilegierte geografische Lage, die hoch aufragenden Berge und nicht zuletzt der Golfstrom sorgen für mildes Klima – sommers wie winters ist es weder zu heiß noch zu kalt – und ausreichende Regenfälle, die der Grund für die Fruchtbarkeit sind. Aus dem dichtem Grün der Insel ragen dicht die mit Zedern, Pinien und mannshoher Baumheide bewachsenen Zinnen des Zentralgebirges auf, so wie im Talkessel von Curral das Freiras, der von Madeiras höchsten und teils sehr bizarren Gipfeln umstanden ist. Zwischen den sattgrünen Terrassenfeldern liegt ein bezauberndes Dorf, stehen schmucke Bauernhöfe mit Blick auf den Pico Ruivo de Santana – mit seinen 1862 Metern höchster Berg. Zum Wandern ist aber der Pico do Arieiro gegenüber das Ziel, der einen unvergesslichen Blick auf den großen Bruder ermöglicht.

Das entzückende Städtchen São Vincente liegt in einem lieblichen Tal, das sich mit Blumenwiesen und Wäldern bis in die Höhe des Pico das Torrinhas zieht. Den Ort durchquert die wohl wundervollste Straße Madeiras, zum Teil nur einspurig, doch mit atemberaubenden Panoramen. Schwindelfrei sollte der Fahrer allerdings manches Mal doch sein. Richtung Westen, nach Porto Moniz und Achada da Cruz liegt der rauere und trockenere Küstenabschnitt, wo die blaue Nationalblume »Stolz von Madeira« gedeiht. Richtung Osten führt die Nordküstenstraße durch eine Flora, wie sie üppiger und abwechslungsreicher nirgends sonst gedeihen könnte: Schmucklilien, Callas, Hortensien, Fuchsien. Die Straße mündet an der Ostküste, wo in Santana und Queimadas noch die traditionell mit Stroh gedeckten Bauernhäuser zu finden sind. Jetzt ist es nur noch ein Katzensprung bis zur Ponta de São Lorenço. Hier zeigt die liebliche Insel ein ganz anderes Gesicht: Ihr östlichster Punkt ist ein wild zerklüftetes und vom Meer umtostes Kap.

Entlang Kanälen aus uralter Zeit

Von Rabaçal aus, das auf dem Hochplateau des Pico da Urze liegt, sollte man wagen, in eine ganz besondere, wundersame, ja geheimnisvolle Märchenwelt einzutauchen: Auf Wanderungen entlang der Levadas, unzählige aufwendig gearbeitete und dick bemooste Bewässerungskanäle aus uralten Zeiten, die die ganze Insel durchziehen und dafür sorgen, dass das Wasser überall gleichmäßig verteilt wird. Endlos viele Möglichkeiten bieten die schmalen Wege parallel dazu – eigentlich Wartungspfade – mit sehr unterschiedlichen Schwierigkeitsgraden und Längen. Sie führen durch ein urweltlich anmutendes Paradies einzigartiger Wälder aus Lorbeer und Baumheide, riesigen Hortensien- und Rhododendronbüschen, die immer wieder von Nebelschwaden durchzogen sind. Hier und da müssen in dieser verwunschenen Welt kleine Bäche oder gar archaische anmutende Tunnels durchquert werden, mündet der Weg unversehens an einem Wasserfall. Allein mit diesen Levada-Wanderungen könnte man sich die Inseltage vertreiben.

Blumeninsel in Wolken verhüllt: geheimnisvoll und sagenhaft schön!

Information

ANREISE

Viele Charterdirektflüge oder mit TAP über Lissabon

BESTE REISEZEIT

März bis Juni

ESSEN UND TRINKEN

Restaurant Coral: gemütliches Fischrestaurant mit Blick aufs Meer, Câmara de Lobos. Tel. +35 1291/94 24 69

Casa da Carochinha: romantisches Edelrestaurant in altem Stadthaus, Funchal. Tel. +35 1291/22 36 95

Borda D'Agua: Fischrestaurant in Strandlage, Ribeira Brava. http://restaurante-bordadagua.com

ÜBERNACHTEN

Reid's Palace: berühmtestes Hotel der Insel mit großer Tradition, Funchal. www.reidspalace.com

Estalagem da Ponte do Sol: altes Herrenhaus mit Infinity-Pool, Ponta do Sol. www.pontadosol.com

Estalagem Quinta Perestrello: altes Herrenhaus mit Pool, Funchal. www.quintaperestrellomadeira.com

Casa da Capelina: Landhaus mit originellen Appartements, Ponta Delgado. www.casadacapelinha.com

SHOPPING

Mercado dos Lavradores: schönster Markt der Insel in Funchal

WEITERE INFOS

www.visitmadeira.pt/de-de/homepage

Auf dem Vulkan: Wanderung entlang des Kratersees Lagoa do Fogo alias »Feuersee«

12 Vom Winde verweht

Im Gefühlshoch auf die Azoren

HIGHLIGHTS

Hauptinsel São Miguel: Die Lagoa das Furnas ist mit heißen Quellen Ausgangspunkt für Wanderungen in die Vulkanlandschaft.

Insel Faial: mit Hortas Jachthafen der Nabel der Welt für Atlantik-Törn-Segler!

Insel Terceira: Die Renaissancestadt Angra do Heroísmo gehört zum Weltkulturerbe.

Insel Pico: winzig, aber für guten Wein, Pico-Käse und weitläufige Lavafelder bekannt.

Flores, **Corvo** und **Graciosa:** Die nördlichen Azoreninseln stehen auf der UNESCO-Liste.

PROBIEREN UND ERLEBEN

Sopa de Espirito: Heilig-Geist-Suppe aus Rinderbrühe, Weißkohl und Brot – *Caldeiras:* deftige Eintöpfe mit Huhn, Rind- oder Schweinefleisch – *Torresmos de Molho de Ficado:* Schweinefleisch in Lebersoße

Tiefdruck ist eine ganz normale Erscheinung. Die zu den Inseln aus der Wetterkarte gehört wie zu menschlichen Bindungen, was beiden zuweilen wolkig-düstere Zustände verschafft. Zieht aber ein Hoch heran, steigen Barometer und Wohlbefinden, und der Himmel reißt auf, so als wäre rein gar nichts gewesen.

Der Auswirkung wechselhaften Wetters auf die menschliche Seele lässt sich auch auf den dafür mitverantwortlichen neun Inseln des vulkanischen Archipels der Azoren nicht abschließend auf den Grund kommen. Schon aber seiner abenteuerlichen Geschichte, die ein kaum fassbares UNESCO-Weltkulturerbe auf die abgelegenen Eilande gespült hat.

Unglaubliche Mengen an Schätzen müssen Spanier und Portugiesen aus Brasilien und Mittelamerika herangeschafft haben, was zahlreiche denkmalgeschützte Stadtplätze und historische Handelshäuser nahe der Hafeneinfahrten bezeugen. Vor allem prachtvolle Kathe-

dralen: Kaiser und Könige gaben sich drinnen die Ehre, Großmächte schlugen draußen vor den Portalen aufeinander ein. Obwohl die vom Winde verwehten Inseln mit schroffen Klippen, Wiesen, Wäldern und romantischen Märchenseen 1500 Kilometer vom Festland entfernt sind.

Auf Liebhaber intakter homogener Stadtbilder wirken die azorischen Urbanitäten spirituell. Die mächtigeren wie Horta auf Faial, Angra do Heroismo auf Terceira und Ponta Delgada auf São Miguel warten mit einem großartigen Fundus an Kunst und Architektur verschiedenster Stilepochen auf. Im Inneren der Prachtbauten finden sich exotische Hölzer, mit brasilianischem Gold überzogene Talha-Altäre, geschnitztes Elfenbein, verspielte Ornamente aus der Manuelinik und kunstvoll gemusterte Azulejos. Außen leuchtet heller Putz gerahmt von dunklem Inselbasalt zwischen Azur- und Atlantikblau.

São Miguel, das wirtschaftliche Zentrum der Azoren, präsentiert schon im Vorgarten seiner Hauptstadt Ponta Delgada die reinste Naturidylle: Vulkankegel stehen imposant über grünen Hügeln, in gischtschäumenden Buchten jagen *blow holes* donnernde Wasserfontänen durch bizarre Felsen. Tiefblaue Kraterseen verströmen statische Ruhe im Kontrast zum tosenden Atlantik, der nur einen Kameraschwenk entfernt an die zerklüftete Küste brandet. Fotogen schaukeln auf schmalen Straßen Bauern ihre Milchkannen auf Reiteseln pittoresken Bergdörfern entgegen.

Vulkane und Erbeben

In Angra do Heroisme, seit 1474 die Hauptstadt der Insel Terceira mitten im Atlantik, überragt die größte Festung der hispanischen Welt, die Burg São João Baptist aus dem Jahr 1591, die Kathedrale des Heiligen Erlösers und die historische Altstadt, die auf der UNESCO-Liste der schützenswerten Kulturdenkmäler steht. Nur elf Sekunden brauchte es, um die Monumente der Vergangenheit auf Terceira, São Jorge und Graciosa in Schutt und Asche zu legen. Das Erdbeben vom 1. Januar 1980 zerstörte insgesamt 5452 Wohnungen, 10075 wurden stark beschädigt. 61 Menschen kamen während des Schreckensszenarios ums Leben, 21000 wurden obdachlos. Alles ist nach dem Beben wieder auferstanden, aber die rauchenden Krater sind immer noch da! »Biken entlang Vulkanen« nennt sich eine der beliebtesten seismografischen Aktivitäten, eine andere »Grillen auf einer brutzelnden Erdspalte« in Furnas. Ohne qualmende Fumarolen und Bäche mit Wassertemperaturen über 30 Grad, Vulkanseen und dampfende Krater geht hier nichts. Azoren aktiv: www.trails-azores.com, www.azoren-reiseportal.de, www.azoresgolfislands.com, www.visitazors.com

Information

ANREISE

Flugverbindungen gibt es von deutschen Flughäfen mit einem Umstieg bei TAP Portugal und der azorischen Sata, www.flytap.com www.flysata.de

BESTE REISEZEIT

Wandern und Sightseeing Frühjahr und Herbst, Baden im Sommer

ESSEN UND TRINKEN

Peter Café Sport: an Hortas Marina auf Faial mit Blick auf hunderte Jachten aus aller Welt. www.petercafesport.com

ÜBERNACHTEN

Solar de Lalém: Herrschaftshaus aus dem Jahr 1687, deutsche Eigner, Estrada de São Pedro, Maia, São Miguel. www.solardelalem.com

Historische Pousadas: in Faial/Horta und Terceira/Angra do Heroísmo. www.pousadas.pt

Quinta da Mó: stilvolle Ferienhäuser, Rua Agua Quente, Furnas, São Miguel www.quintadamo.com

WEITERE INFOS

Portugiesisches Fremdenverkehrsamt: Zimmerstr. 56, Berlin, www.visitportugal.com sowie www.visit-azoren.de, www.azoren.at, www.azoren-online.com

Ein neues Kapitel aufschlagen und der eigenen Geschichte ein unvergessliches Erlebnis einschreiben: mit der Fahrt im historischen *Train des Pignes*

13 Mit Volldampf ins neue Leben

Mit dem Pinienzapfenzug nach Nizza

HIGHLIGHTS

Monaco: berühmtes Fürstentum mit Kathedrale, Kasino und Fürstenpalast

Grasse: Wer bei seiner frisch Vermählten punkten möchte, entführt sie in die Parfümstadt Grasse.

Antibes: quirlige Hafenstadt mit der größten Marina Europas, bezaubernde Altstadt mit vielen Restaurants und Cafés

Saint-Paul-de-Vence: Wer durch den mittelalterlichen Ort schlendert, versteht, warum hier viele Künstler zu Hause sind.

Cannes: An Cannes mit der berühmten Croisette führt kein Weg vorbei, mit oder ohne rotem Teppich!

PROBIEREN UND ERLEBEN

Die mediterrane Küche in Nizza ist eine gelungene Mischung aus italienischen und provenzalischen Einflüssen. Restaurants, die regionale Speisen anbieten, sind am Hinweisschild »Cuisine Nissarde« im Fenster zu erkennen. Hier wird die echte *cuisine niçoise* oder, wie Einheimische sagen, *nissarde,* gereicht.

Die Fahrt mit dem mehr als 100 Jahre alten Dampfzug »Train des Pignes« steht symbolisch für die Fahrt in das neue, gemeinsame Leben! Vom 1000 Meter hoch gelegenen Digne-les-Bains führt die 151 Kilometer lange Strecke durch 25 Tunnel, über 16 steinerne Brücken und 15 Eisenviadukte hinab zu den Palmen nach Nizza.

Startpunkt der mehr als drei Stunden dauernden Reise in eine gemeinsame Zukunft ist der Bahnhof in Digne-les-Bains. Vor Ihnen liegen 50 Haltestellen, an denen Sie beliebig aussteigen und die jeweiligen Sehenswürdigkeiten genießen können. Die meisten Orte sind auch Ausgangspunkte für herrliche Wanderungen unterschiedlicher Länge. Der Zug verkehrt täglich viermal (zweimal morgens, einmal mittags und einmal abends) – dadurch ist ein problemloses Weiterkommen garantiert. Der Name des Zuges geht auf eine Zeit zurück, in der noch mit Pinienzapfen statt mit Kohle geheizt wurde. Kleiner Tipp für Eisenbahnliebhaber: Von Mai bis September verkehrt sonntags auf der Strecke Villars-sur-Var–Puget-Thénier–Annot nicht der »normale« Zug, sondern ein Dampfzug aus dem 19. Jahrhundert mit einer Lokomotive aus dem Jahr 1909. Doch zurück zu Ihrem Startpunkt! Das Städtchen Digne-les-Bains liegt in einem Naturschutzgebiet und zeichnet sich durch mindestens 300 Sonntage pro Jahr aus. Wer unter

Atemwegserkrankungen oder Rheuma leidet, sucht in dem beliebten Thermalkurort Heilung. Rings um die Stadt treffen Sie auf unzählige Lavendelfelder, während der Blütezeit ein zauberhafter Anblick! Jedes Jahr im August wird das mehrtägige Lavendelfest gefeiert, ein Volksfest mit langer Tradition. Der historische Kern des schmucken Städtchens präsentiert die romanische Kathedrale Notre-Dame-du-Bourg (12./13. Jahrhundert), die Freitreppe Saint-Charles, das Museum Gassendi und den romantischen Botanischen Garten im Kloster von Cordeliers. Der geologische Park nahe Digne ist Europas größtes Ammonitenfeld und lädt zu einer Reise durch mehr als 300 Millionen Jahre Erdgeschichte ein. Weiter geht es auf der Strecke, die auch heute noch als technische Meisterleistung gilt! Besonders die Kreiskehre von Le Fugeret, bei der sich die Gleise in einer Schleife um mehr als unglaubliche 180 Grad drehen! Die mittelalterliche Festungsstadt Entreveaux gilt als weiteres Highlight für einen Zwischenstopp – idyllisch gelegen an einer Flusswindung des Var inmitten urwüchsiger Landschaft. Über dem charmanten Ort thront die imposante, 1690 errichtete Zitadelle. Der malerische Picknickplatz außerhalb der sehenswerten Ortschaft Saint-André am Lac de Castillon mit über hundert Jahre alten Pinien eignet sich hervorragend für ein romantisches Essen im Freien.

Über den Dächern von Nizza

Aus der römischen Via Julia Augusta zwischen Nizza und Menton entstand – Napoleon sei Dank – eine der schönsten Panoramastraßen der Welt. Ihre Berühmtheit erlangte die legendäre »Grande Corniche«, als Hollywood die D2564 für sich entdeckte. Grace Kelly und Cary Grant fuhren hier in dem Hitchcock-Film *Über den Dächern von Nizza.* Die Verfolgungsjagd am Anfang des James-Bond-

St-Paul-de-Vence wartet mit malerischen alten Gässchen auf.

Information

ANREISE

Der Flughafen in Nizza wird von deutschen Großstädten angeflogen.

Mit dem Auto: kürzeste Anfahrt über die Schweiz (Autobahnvignette, Gotthardttunnel oder San Bernardino-Tunnel)

BESTE REISEZEIT

Ganzjährig

SEHENSWERT

Musée d'Art Moderne et d'Art Contemporain: Schwerpunkt des Museums für moderne und zeitgenössische Kunst sind Werke von Yves Klein und Niki de Saint Phalle, allein schon der Bau ist ein Kunstwerk, Nizza. www.mamac-nice.org

Opera Nice: historischer Prachtbau mit Strandlage, direkt an der Promenade des Anglais gelegen, günstige Tickets für eine Matinée, 4 Rue St. François de Paule, Nizza. www.opera-nice.org

Colline du Château: Wer sich einen Überblick über Nizza und den Strand verschaffen möchte, steigt zum Schlosshügel hoch. Den besten Blick genießt man vom Plateau oberhalb des Wasserfalls. Fotos von Stadt und Meer sollten vormittags geschossen werden, da sonst Gegenlicht herrscht.

Filmes *Golden Eye* wurde hier gedreht. In unzähligen Haarnadelkurven windet sich die Straße von Nizza aus 500 Höhenmeter hoch, grandioser Meerblick inklusive! Es geht vorbei an kleinen pittoresken Örtchen, die einen Stopp wert sind. Wie Col d`Eze, ein Ortsteil der Stadt Eze, der einen idyllisch gelegenen historischen Kern präsentiert. Auch in La Turbie lohnt eine Pause, nicht nur wegen der römischen Siegessäule und der zauberhaften Altstadt aus dem Mittelalter. Da die Straße Ihre volle Aufmerksamkeit erfordert, sollten Sie sich beim Fahren abwechseln, damit jeder die spektakulären Ausblicke ausgiebig genießen kann!

Der in den französischen Seealpen entspringende Fluss Verdon mündet bei Saint-André in einen Stausee. In dem stillen alten Örtchen Puget-Théniers ca. 60 Kilometer vor Nizza scheint die Zeit stehen geblieben zu sein! Der zauberhafte Hauptplatz mit hübschen Brunnen lädt daher bestens zum Entschleunigen ein. Am Bahnhof Nice-CP, der Endstation in der Rue Alfred Binet angekommen, bietet sich als krönender Abschluss genussvolles Flanieren auf der legendären Promenade des Anglais mit dem geschichtsträchtigen Prunkhotel Negresco aus den 1920er-Jahren an. Für Liebhaber der Schönen Künste ist das Musée Message Biblique Marc Chagall in der Avenue Docteur Ménard ein absolutes Muss. Die Farbintensität und Motive der Bilder *Biblische Botschaft* des berühmten Malers Chagall beeindrucken sehr, ein Film informiert ausführlich über sein Leben. Das Angebot auf dem kunterbunt gemischten Marché aux Fleurs Cours Saleya (Blumenmarkt) am Cours Saleya reicht über mediterrane Gewürze, frisches Obst und Gemüse, Käsespezialitäten bis hin zu frischen Blumen. Einfach wundervoll! Wenn Sie noch etwas Zeit haben, sollten Sie die neugotische Basilique Notre-Dame de Nice in der Avenue Jean Medecin besuchen.

Beinahe ein Abbild der Pariser Kathedrale Notre-Dame, nur etwas kleiner. Inmitten der quirligen Einkaufsstraßen ist hier ein Ort der Ruhe, der zudem im Sommer auch noch angenehm kühl ist. Ruhe und Schatten bietet auch der Parc des Arènes de Ciniez in der Avenue gleichen Namens. Die schön angelegte und gepflegte Anlage überrascht mit einer kleinen Arena, die noch aus römischer Zeit stammt.

Dem Glück etwas nachhelfen

Das Casinó di Sanremo in Sanremo nahe der französischen Grenze zählt zu den elegantesten und luxuriösesten Spielbanken Italiens. Das wird schon beim Anblick des prächtigen Jugendstilgebäudes klar. Besonders beeindruckend präsentiert sich der von Ing. Eugène Ferret entworfene Bau abends, wenn er in voller Lichterpracht erstrahlt. Die Stufen ins Glück werden von riesigen Palmen flankiert. Auch in den Innenräumen wurde nicht gekleckert, sondern mit Gold geklotzt. Unzählige Spielautomaten und -tische sorgen für Unterhaltung. Unter den Spielern gibt es ein Ritual, das dem Glück auf die Beine helfen soll: Wer beim Betreten der Spielbank den Fuß der »Cica« berührt, hat das Glück auf seiner Seite! Diese weibliche nackte Marmorstatue zeigt eine beschwörende Geste, »Cica Cica« genannt. Egal ob Sie zum Spielen, Schauen oder zu einer der Aufführungen im Theater des Casinos kommen, auf elegante Kleidung muss geachtet werden. Denn die Türvorsteher kennen kein Erbarmen! www.casinosanremo.it

Leicht, frei, glücklich am Ziel: Paragliding über dem Mittelmeer in Nizza

ESSEN UND TRINKEN

Castel Plage: traumhaft schön am Ende der Promenade des Anglais gelegen, toller Blick auf das Meer, Liegestühle am hauseigenen Strand, sehr leckeres Essen, bester Service, gehobene Preisklasse, die sich lohnt! Quai Rauba-Capeau, Nizza, Tel. +33 4/93 85 22 66

La Route du Miam: winziges Lokal (unbedingt reservieren), das von einem Ehepaar mit viel Engagement und Gastfreundlichkeit geführt wird, Schwerpunkt liegt auf köstlicher Hausmannskost mit Entenfleisch, aber auch andere Fleischgerichte, 1 Rue Molière, Nizza, Tel. +33 6/16 36 33 22

ÜBERNACHTEN

Hotel du Petit Palais: kleines, aber feines Hotel in einem historischen Palais, ca. zehn Fußminuten von der Altstadt entfernt, traumhafter Meerblick, 17 Avenue Bieckert, Nizza. www.petitpalaisnice.fr

Hotel La Perouse: stylisch eingerichtete Zimmer, große Terrasse, Sauna, auf dem obersten Stockwerk Jacuzzi, kostenloses Frühstück, fantastische Aussicht, 11 Quai Rauba-Capeu, Nizza. www.leshotelsduroy.com

SHOPPING

Château de Bellet: kleines Weingut in einer alten Kirche, aus dem Altarraum wurde das Büro, dem Kirchenraum der Verkaufsraum, und in der ehemaligen Krypta werden die hochwertigen Weine verkostet, Reservierung erforderlich, Chemin de Saquier, Colline de Bellet, Nizza. www.chateaudebellet.fr

Galeries Lafayette: Kaufhaus mit edlen Marken, 6 Avenue Jean Médecin, Nizza. www.galerieslafayette.com

Marché à la Brocante: kleiner Markt, hauptsächlich mit Antiquitäten, an Regentagen sind die Händler zu spürbaren Preisabschlägen bereit, Cours Saleya, Nizza

Patisserie Canet: traumhaft schön aussehende und noch leckerere Schokoladenkreationen in herrlichem historischen Ambiente, bloß nicht versäumen und einfach nur genießen! 25 Boulevard Gambetta, Nizza. www.patisseriecanet.com

WEITERE INFOS

www.nicetourisme.com

Dem Sonnenuntergang entgegen: Blick nach Westen auf der Route des Crêtes

14 Nostalgischer Roadtrip für Verliebte

Zweisamkeit an der Côte d'Azur

HIGHLIGHTS

Promenade des Anglais: berühmte, von Palmen und Prachtbauten gesäumte Promenade in Nizza

La Croisette: Die von schönen Hotelfassaden gesäumte Strandpromenade von Cannes führt zum Filmpalast.

Saint-Paul-de-Vence: Den Ort zieren hübsche Gassen und eine Stadtmauer aus dem 16. Jahrhundert.

Nizzas Märkte: Blumen-, Obst- und Gemüsemarkt und montags Trödelmarkt (Cours Saleya) sowie Fischmarkt (Place St-François)

Cap Ferrat: Parks, Villen, Strände, ein Leuchtturm und ein elf Kilometer langer Wanderweg an der Küste

PROBIEREN UND ERLEBEN

Typisch und bekannt für die regionale Küche sind neben den Fischsuppen *Bouillabaisse* und *Bourride* vor allem der Gemüseeintopf *Ratatouille,* der Zwiebelkuchen *Pissaladière,* die gefüllten Zucchiniblüten *Fleurs de Courgette* sowie der Nizza-Salat *(Salade niçoise)* mit Thunfisch, Eiern und Sardellen.

Wie kaum ein anderes Land in Europa eignet sich das romantische Frankreich für die wohl schönste aller Reisen. An der Côte d'Azur hat man zwischen Meer und rauen Bergen viel Raum für Zweisamkeit, kann idyllische Fleckchen und quicklebendige Orte entdecken und sich in die ausgelassene Lebensart verlieben.

Die Côte d'Azur, die sich zwischen Marseille und Menton an der Mittelmeerküste erstreckt, ist mehr als beliebter Treffpunkt von Schönen und Reichen. An der 300 Kilometer langen Küste bezaubern zwischen reizenden Dörfern und lebensfrohen Städten bunte Märkte, die verheißungsvolle französische Küche, sehenswerte Museen, die reizvolle Natur und grandiose Aussichten. Den Namen verdankt die »blaue Küste« dem azurblauen Mittelmeer, an das die steilen Alpen vorzurücken scheinen. Die üppige mediterrane Flora, Palmen, Kiefern, Eichen und Kastanien, Mimosen und Bougainvilleas sorgen für eine tolle Kulisse. Einquartieren kann man sich in winzigen Weilern am Meer, in romantischen Häusern im Hinterland und in Städten wie Nizza, Cannes oder Antibes. Während sich an einem großen Teil des Küstenabschnitts immer wieder kleine Fischerdörfer in die Buchten schmiegen, sorgen berühmte Orte wie die heimliche Hauptstadt der Côte d'Azur, Nizza, die Stadt der Festivals Cannes und das edle St-Tropez für einen Hauch von Schick. Die schönste Art, die Côte d'Azur zu erkunden, ist auf eigene Faust mit einem Mietwagen.

Die Küstenstraßen versprechen zauberhafte Momente und Ausblicke. Verschiedene Abschnitte mit Abstechern ans Meer oder ins Hinterland können als Halbtages- oder Ganztagesausflüge abgefahren werden – ganz nach dem Motto: »Der Weg ist das Ziel«. Besonders schön ist die Corniche des Maures zwischen Le Lavandou und St-Tropez, die sich kurz vor Sonnenuntergang von ihrer schönsten Seite zeigt. Nicht minder eindrucksvoll und für viele die schönste Strecke ist die 30 Kilometer lange Corniche d'Or zwischen Saint-Raphaël und Mandelieu-la-Napoule, die grandiose Aussichten auf das tiefblaue Meer und das rötliche Estérel-Massiv verspricht. Wer die Strecke gen Osten fährt, kann auf der Meerseite an Aussichtspunkten innehalten und die Meeresbrise genießen. Unbedingt lohnen Abstecher zu romantischen Orten wie Le Trayas oder Agay, zu kleinen Badebuchten zwischen windverzerrten Pinien und zum reizvollen Cap Dramont, wo man gleich an der Küste ein wenig durch die rote Felslandschaft wandert.

Flittern wie die Schönen und Reichen

Kaum eine andere Region in Europa eignet sich so gut dafür, die Hochzeitsreise zugleich romantisch als auch luxuriös zu gestalten, wie die französische Riviera. Im Paradies der internationalen Jetset-Millionäre bleiben, wenn das nötige Kleingeld vorhanden ist, keine Wünsche offen! Wer ein bisschen Luxus schnuppern möchte, ohne zu tief in den Geldbeutel greifen zu müssen, sollte einen Hubschrauberflug buchen. Der Heli sorgt nämlich nicht nur für unvergessliche Ausblicke, sondern auch für ein außergewöhnliches Luxus-Erlebnis. Wählen kann man zwischen einem Sieben-Minuten-Flug von Nizza nach Monaco, einem Panorama-Rundflug über die Küste oder verschiedenen Paketen. So kann man sich zum Beispiel zum Mittagessen, ins Hotel, in ein Spa, zum Golfen oder auf eine Insel fliegen lassen. Natürlich kann man die Helikopter auch für private Touren buchen. www.heliairmonaco.com

Côte d'Azur pur: Blick auf Villefranche-sur-Mer

Information

ANREISE
Der Flughafen von Nizza wird von vielen Städten aus angeflogen. Mit dem Auto: Die kürzeste Strecke führt von Deutschland über Karlsruhe, Freiburg, Mulhouse und Lyon an die Côte d'Azur.

BESTE REISEZEIT
Juni bis September

SEHENSWERT
Fondation Maeght: bedeutende Sammlung zeitgenössischer Gemälde, Zeichnungen und Skulpturen nahe Saint-Paul-de-Vence

Gorges du Verdon: Bis zu 700 Meter hohe Felswände umrahmen einen wilden Gebirgsfluss.

Musée Picasso: 245 Werke von Pablo Picasso und anderer Künstler des 20. Jahrhunderts in Antibes

ESSEN UND TRINKEN
La Merenda: Im winzigen Restaurant von Dominique Le Stanc schmeckt die regionale Küche besonders gut. Nizza. www.lamerenda.net

ÜBERNACHTEN
Grand-Hotel du Cap-Ferrat: luxuriöser Klassiker der Region. www.fourseasons.com/capferrat

Négresco: 1912 eröffnetes Luxushotel an der Promenade des Anglais. www.hotel-negresco-nice.com

WEITERE INFOS
www.cotedazur-tourisme.com

15 Punkt, Punkt, Komma, Strich

Normannische Impressionen

HIGHLIGHTS

Rouen: Die Altstadt an sich ist eine Reise wert. Die Kathedrale ist ein Juwel der Gotik und wurde von Monet mehrfach gemalt. Ebenso sehenswert: La Gros Horloge, Le vieux Marché, Pesthaus

Étretat: Spaziergänge entlang der Kreidefelsen

Sonnenbaden in Trouville: am breiten Sandstrand mit der Kulisse der Belle Epoque verschmelzen

Sixtinische Kapelle des Impressionismus: Im berühmten Pariser Musée de l'Orangerie ist ein 13 Meter langes Seerosenpanorama von Claude Monet ausgestellt

PROBIEREN UND ERLEBEN

Die drei großen C's der Normandie: Cidre (vergorener Apfelsaft), Calvados (Apfelbranntwein auf Basis von Cidre) und Camembert, ein Schimmelkäse aus Kuhmilch, *Sole à la dieppoise*, Seezunge mit Weißweinsoße, Champignons und gekochten Austern und Meeresfrüchte an der Küste

Viele Franzosen behaupten, die Normandie sei ein Gesamtkunstwerk. Der Nähe zu Paris hat sie eine Dichte von Sehenswürdigkeiten zu verdanken, dem Ärmelkanal das milde Klima. Beides hat der Region großen Reichtum geschenkt. Egal wie man sich entscheidet, hier zu reisen: Man wird bereichert heimkommen.

Heute hängen sie in den großen Museen der Welt, und wenn eines dieser Bilder in einem der großen Auktionshäuser der Welt unter den Hammer kommt, stehen die Bieter Schlange. Unglaublich, wenn man bedenkt, dass die Auktionen im schwindelerregenden zweistelligen Millionenbereich anfangen und gerne über 100 Millionen Euro hinausschießen. Dabei fing es für Claude Monet gar nicht so vielversprechend an, als er 1872 für eine Ausstellung *Impression, Sonnenaufgang* malte, ein in Farbe und Darstellung reduziertes Bild, das eine Morgenstimmung in einem normannischen Hafen darstellt. Es sei bloß eine Skizze, schimpfte die Presse. Auch der wirtschaftliche Erfolg blieb aus. Weil Freunde ihm finanziell halfen, war er in der Lage zu überleben. Als Künstler und Mensch. Es dauerte viele Jahre, bis sich der neue Malstil durchsetzte. Heute ist sein erstes Bild namensgebend für eine ganze Epoche: den Impressionismus.

Im Watt waten

Die Ebbe dauert fünfeinhalb Stunden, dann kehrt das Wasser zurück. Dieser Zyklus wiederholt sich zweimal täglich. Ebbe und Flut sind im Ärmelkanal extrem ausgeprägt, den Unterschied in Zahlen ausgedrückt nennt man Tidenhub. In der Bucht des Mont-Saint-Michel ist er am größten ausgeprägt. 15 Kilometer zieht sich das Meer hier zurück. Es lohnt sich, barfuß oder aber mit Gummistiefeln ins Watt zu laufen und eine wunderbar fremde Welt aus Sand und Wasser zu erleben. In Prielen und zurückgebliebenen Pfützen spiegelt sich der Himmel. Vögel sind auf Nahrungssuche unterwegs, Strandkrabben huschen über den Sand. Es ist wichtig, die Uhr im Auge zu behalten, denn die Flut kommt pünktlich. Interessant ist auch der weite Blick über das Watt vom Kreuzgang des Klosters aus.

Im Haus, das er in Giverny bewohnte, legte Monet einen Garten mit Seerosenteich an. Jeder kennt die Bilder, und betritt man den Garten, hat man das Gefühl, direkt in eines seiner Gemälde zu steigen. Monet stand Wochen und Monate vor immer neuen großformatigen Leinwänden, füllte diese mit Flächen, Kringeln und Strichen in gräulichen, bläulichen und grünlichen Tönen. Viele sind im nebligen Alabasterlicht des normannischen Morgens gemalt. Dem Bild, das sich aus Wirklichkeit und ihrer Spiegelung auf der Wasseroberfläche zu einem neuen verbindet, galt sein Interesse, 1925 äußerte er gegenüber einem Kollegen: »Jeder redet über meine Kunst und gibt vor, sie zu

Wenn der berühmte Mont-Saint-Michel auf dem Trockenen sitzt, lädt das Watt zu einer Wanderung ein.

Küstenstreifen mit Natur-Kunstwerken: die Porte d'Aval Arch und die Aiguille

Information

ANREISE
Mit dem Auto oder mit dem TGV/Flugzeug nach Paris und dann mit dem Mietwagen

BESTE REISEZEIT
Mai bis September

SEHENSWERT
Giverny: Les jardins de Claude Monet, wo Monets Seerosenbilder entstanden

Versailles: Schloss des Sonnenkönigs mit den Parkanlagen

Jardin Plume: 790 Rue de la Plaine, Auzouville-sur-Ry. www.lejardinplume.com

Parc du Bois des Moustiers: immer schön, aber im Mai zur Rhodendendrenblüte umwerfend, Rue de l'Eglise, Varengueville sur Mer

Les Andelys: Der Aussichtspunkt auf die Burgruine Château Gaillard und die Seine ist ein schöner Picknickplatz.

ESSEN UND TRINKEN
Les saveurs du Liban et de l'Orient: anders, libanesisch, vegetarisch, modern: passt, 36 Rue Grande, Les Andelys, Tel. +33(0) 53 37 48 30

Chambres d'Hôtes à Yébleron: mit Bewirtung in einem alten Fachwerkhaus mit großem Garten, gute Lage als Basis, Yébleron

verstehen. Als ob man verstehen müsste, wo man nur zu lieben braucht.«

Claude Monets Garten ist der bekannteste Garten der Normandie, der einzige ist er nicht. Das warme Wasser im Ärmelkanal lässt hier Pflanzen gedeihen, die anderswo in gleichen Breiten nicht existieren können. Seefahrer und Entdecker brachten diese über Jahrhunderte hinweg aus der neuen Welt mit. Und so listet die Broschüre des Fremdenverkehrsamts weit über hundert Gärten: wilde und minimalistische, künstlerische Skulpturengärten und barocke Schlossgärten. Englische Landschaftsparks. Paris ist nicht weit, wer Geld hatte, legte sich einen Landsitz zu und ließ einen in Zeit und Gesellschaft passenden Garten anlegen. Auch heute befriedigen Großstädter ihre Landlust, entfliehen ihrem Leben und der Stadt und lassen die Dinge einfach wachsen.

Sylvie und Patrick Quibel beispielsweise. Ihr Le Jardin Plume in Auzouville sur Ry, früher mal Schafweide, ist heute eine Oase, in der die beiden mit rustikalem Charme und französischem Formalismus spielen. Ob sich die beiden Stile gegenüberstehen oder verschmelzen, bleibt jedermanns Betrachtungsweise überlassen.

Aber auch die größten Gartenfans können nicht dem Charme von Städten wie Rouen und Bayeux widerstehen. Erste ist Hauptstadt der Normandie mit einem alten Fachwerkviertel mit Märkten und Cafés an ruhigen Plätzen. Die Kathedrale von Rouen, Krönungsort der normannischen Könige, wurde ab 1180 im gotischen Stil gebaut. Insgesamt 33 Versionen hat Monet von ihr gemalt. Aus gleicher Perspektive, zu unterschiedlichen Tageszeiten. Bayeux ist durch seinen fast sieben Meter langen Teppich berühmt, der in vielen Szenen die Eroberung Englands durch den Normannen Wilhelm dem Eroberer zeigt, doch auch die Altstadt ist sehenswert. Bayeux liegt nicht weit von den Landungsstränden der Alliierten am D-Day.

Das Land verschwindet beim prominenten Badeort Deauville flach im Ärmelkanal, bei Étretat stürzt es in senkrechten Kreidefelsen ins Meer. Honfleur und Port-en-Bessin-Huppin sind Hafenorte, in deren Restaurants der frische Fang angeboten wird.

An den Uferpromenaden lässt es sich das ganze Jahr über gut flanieren, um aber im Ärmelkanal zu schwimmen, muss man gut abgehärtet sein oder sich gut zureden. In der Normandie lauert wie in kaum einer anderen Region Frankreichs hinter jeder Kurve eine Sehenswürdigkeit. Man kann sich treiben lassen und in Ruhe am Montagmorgen in der Markthalle von St-Pierre-sur-Dives Zutaten für ein Picknick einkaufen. Käse etwa, der in Orten wie Camembert, Pont l'Évêque, Neufchâtel-en-Bray und Livarot produziert wird, Pasteten und Rillettes und alles, was der Garten so hergibt.

Fürstlich schlafen

Es kostet kein Vermögen, in einem Schloss zu wohnen. Im Schloss Miromesnil stehen fünf Zimmer ab 125 Euro inklusive Frühstück zur Auswahl. Man wohnt hier nicht nur in einem Gebäude, das in seiner heutigen Form vom Ende des 16. Jahrhunderts stammt. Hier wurde 1850 auch der Schriftsteller Guy de Maupassant geboren. Das Schloss steht in einem idyllischen, weitläufigen Park mit altem Baumbestand. Im Gemüsegarten wachsen viele Nutzpflanzen der Region. Steigt man hier ab, hat man den Bonus, den Park nach den offiziellen Besuchszeiten allein zu erleben. Bei Vorbestellung gibt es die Möglichkeit, den Tag mit einem perfekten Dinner im Schloss abzuschließen. Château de Mirosmesnil, Terres de Mirosmesnil, Tourville-sur-Arques. www.chateaumiromesnil.com

Farbexplosion und Inspiration: Les jardins de Claude Monet in Giverny

Restaurant de l'Homme de Bois: für den Fang der örtlichen Fischerei, Fleischgerichte wie bei Muttern, 30-32 Rue de l'Homme de Bois, Honfleur, Tel. +33 (0)2 31 89 75 27

ÜBERNACHTEN

L'Orée de Giverny: vier Zimmer nur einen Kilometer von Monets Garten entfernt, eins in einem Gartencottage, 17 Rue de l'Eau, Limetz-Villez, Giverny. www.giverny-rent.fr,

Hotel Dormy House: Hotel mit schönem Blick auf die Felsen und das Meer, 2 Route du Havre, Étretat. www.dormy-house.com

La Maison de Lucie: sieben individuell eingerichtete Zimmer nahe dem Hafen, ruhig, 44 Rue des Capucins, Honfleur. www.lamaisondelucie.com

Hotel de la Cathedrale: kleines Hotel in einem Haus aus dem 17. Jahrhundert in der Altstadt von Rouen, 12 Rue St-Romain. www.hotel-de-la-cathedrale.fr

Le Mas Normand: pittoreskes B & B direkt am Gold Beach, schöner Garten, 8 Impasse de la Rivière, Ver-sur-Mer, Bayeux. www.lemasnormand.com

SHOPPING

Vielen Gärten sind Läden angeschlossen, wo man zum Teilseltene und ausgefallene Samen und Pflanzen erwerben kann.

St-Pierre-sur-Dives: Der Montagsmarkt ist in der Region wegen seines vielfältigen Angebots bekannt.

WEITERE INFOS

Atout France – Französische Zentrale für Tourismus:
Postfach 10 01 28
60001 Frankfurt/Main
de.rendezvousenfrance.com
www.frankreich-info.de/reisen/normandie/infos.htm

Im »Hafen der Ehe« bzw. der wunderschönen Stadt Harlingen

16 Flittern rund ums Wasser

Maritimes Flair im niederländischen Friesland

HIGHLIGHTS

Bootstouren: Hunderte Kilometer auf Flüssen, Kanälen und Seen locken zu Bootstouren. Für Motorboote bis zu 15 Meter (max. Geschwindigkeit 20 km/h) braucht man keinen Führerschein. Die kleinen Boote werden in allen Städten vermietet.

Watteninseln: Gut sind von Harlingen die vorgelagerten Watteninseln zu erreichen.

Fries Scheepvaartmuseum: Schiffmodelle in jeglichen Größen und viele Infos über Schiffsbau und Seefahrt sowie über die Geschichte der Stadt Sneek. www.friesscheepvaartmuseum.nl

PROBIEREN UND ERLEBEN

Für kulinarische Gaumenfreuden sorgen Spezialitäten wie die rosafarbenen Bohnen *Reade Krobbe*, die trockenen, mit Nelken gewürzten friesischen Würstchen oder das rosafarbene *Oranjekoek* und das Zuckerbrot. Probieren sollte man auch den heimischen, über die Landesgrenzen hinaus bekannten Kräuterlikör Beerenburg.

Die Hochzeitsreise in den Niederlanden zu verbringen, ist für diejenigen ideal, die nur wenige Tage Zeit für Zweisamkeit haben oder einfach in der Nähe bleiben wollen. In kleinen von Wasser umgebenen Städtchen der vielseitigen Provinz Friesland sorgen originelle Unterkünfte für unvergessliche Tage zu zweit.

Wer gerne Kurztrips unternimmt, Wert auf originelle Unterkünfte legt und auch noch auf maritime Atmosphäre steht, ist bei unseren Nachbarn gut aufgehoben. Friesland bietet Urlaub am Meer, an Grachten und an Seen. Die reizvolle Natur sorgt für viel Platz für ruhige Momente. Allerlei Sehenswürdigkeiten und Aktivitäten – egal, ob auf dem Wasser, am Festland oder auf den Watteninseln – füllen das Freizeitprogramm. Denn in Friesland kann man Radfahren, Wandern, Wassersport machen, auf Bootstouren die Region entdecken oder einfach nur Entspannen. Schöne Ziele und gut kombinierbar sind Harlingen, Ijlst und Sneek, die alle drei Städte der bekannten friesischen Elf sind. Und obwohl Ijlst und Sneek anders als die Hafenstadt Harlingen nicht direkt am Meer liegen, steht auch dort alles im Zeichen des Wassers. Die Landschaft von Fryslan, wie die Provinz auf Niederländisch heißt, wird schließlich von zahlreichen Wasserwegen durchzogen, die Seen und Städte der Region miteinander verbinden. Kein Wunder, dass sich das Leben in den Städten vorrangig auf dem kühlen Nass abspielt.

Das Bild des malerischen Ijlst prägen vor allem Motor- und Segelboote, die man natürlich auch mieten kann, sodass Autos in dem 725 Jahre alten Städtchen mit den historischen Kapitäns- und Handelshäusern eher eine zweitrangige Rolle spielen. Von Ijlst lohnt ein Ausflug zur knapp vier Kilometer entfernt liegenden, größeren Stadt Sneek, die ebenfalls von Kanälen durchquert wird. Das geschäftige Sneek begeistert mit den alten Wasser- und Straßentoren der Stadtmauer und einem Schifffahrtsmuseum. Wer ein paar Tage ans Meer will und nach einer einzigartigen Übernachtungsmöglichkeit sucht, sollte sich unbedingt im etwa 30 Kilometer entfernten Harlingen einquartieren. Mit 15 000 Einwohnern ist Harlingen die viertgrößte Stadt in Friesland und wichtiger Hafen, von dem Watteninseln wie Vlieland oder Terschelling angesteuert werden. Skulpturen, Reste der einstigen Verteidigungsanlage und alte Hafengebäuden, Museen sowie viele kleine Gassen zwischen den Grachten locken zu Erkundungstouren. Der Strand lädt zu romantischen Spaziergängen ein.

Leuchtturm, Hafenkran oder Rettungsboot?

Warum sollte nicht die Unterkunft zum absoluten Highlight einer Friesland-Reise werden? Harlingen hat gleich drei ausgefallene Quartiere zu bieten: einen elegant und modern eingerichteten, bis 1998 aktiven Leuchtturm, ein historisches, kuscheliges Rettungsboot und den mit Industrie-Schick überzeugenden Maschinenraum eines alten Hafenkrans. Für Verliebte, die auf der Suche nach einem spannenden Erlebnis sind und eine ganz besondere Nacht erleben wollen, sind die skurrilen, stylisch eingerichteten Unterkünfte, die jeweils ein Paar beherbergen, ideal. Denn hoch oben über dem Meer kann man mit Blick auf die Altstadt in absoluter Ruhe den im Voraus bestellbaren Champagner genießen und in einzigartiger Atmosphäre einfach abschalten. Wer Höhenangst hat, entscheidet sich lieber für das Rettungsboot, das ebenfalls vom Unternehmer Gosse Beerda kreativ zum originellen Liebesnest umgewandelt wurde. Frühzeitig buchen! www.dromenaanzee.nl

Größte Segelveranstaltung auf europäischen Binnengewässern: die »Sneek Week«

Information

ANREISE

Der nächste, große Flughafen befindet sich bei Amsterdam (106 Kilometer südlich). Mit dem Auto: über die A7 in Richtung Leeuwarden, von dort über die A 31 nach Harlingen

BESTE REISEZEIT

Ganzjährig

SEHENSWERT

Weduwe Joustra: Im Herzstück der Firma Beerenburg in Sneek kann man den gleichnamigen Kräuterlikör nicht nur probieren und kaufen, sondern auch das nostalgische Haus und die Destillerie besichtigen. www.weduwejoustra.nl

ESSEN UND TRINKEN

Stoff: Im Restaurant der alteingesessenen Herberge t'Heerenlogement gibt es köstliche friesische Leckereien. Franekereind 23-25, Harlingen. www.heerenlogement.nl

ÜBERNACHTEN

Werft Ijlst: Die vier *Sinnehúskes* auf dem Gelände der alten Werft sind liebevoll eingerichtet. Das eigene Boot steht für romantische Ausflüge gleich vor der Tür. Sneekerpad 4, Ijlst. www.werfijlst.nl

WEITERE INFOS

Friesland: www.friesland.nl
Harlingen: www.harlingen-friesland.nl

Flamen, das »Venedig des Nordens«

17 Der Schatz der Flamen

Brügge, ein Kleinod des Spätmittelalters

HIGHLIGHTS

Brugse Reien: befahrbares Kanalsystem rund um und durch den Stadtkern, Attribut »Venedig des Nordens«
Flandern-Rundfahrt: internationaler Radsport-Klassiker über 250 Kilometer mit Startpunkt auf dem Grote Markt, Anfang April
Chocolatier Dumon: die besten Schokoladenkreationen der Stadt
Kunst- und Antiquitätenmarkt: jedes Wochenende am Dijver mit skurrilen Stücken, Glas, Schmuck, historischen Souvenirs
Beginenhof »Ten Wijngarde«: eine zauberhafte Oase der Stille am Minnewater, in der heute noch Benediktinerinnen wohnen

PROBIEREN UND ERLEBEN

Schokolade und Fritten sind Kult in Brügge, und für beide gibt es eigene Museen. Die Choco-Story berichtet über die lokale Geschichte der Schokolade ebenso wie über deren Herstellung, während sich das Friet-Museum in der früheren genuesischen Handelsvertretung ganz den frittierten Kartoffelstäbchen widmet.

Die Innenstadt der westflandrischen Stadt Brügge befindet sich bereits seit dem Jahr 2000 auf der illustren UNESCO-Weltkulturerbeliste. Entsprechend erfreut sich der architektonisch so homogen wirkende Ort großer Beliebtheit bei Gästen aus Übersee, welche die wahren Schönheiten beim Kurzbesuch aber nur im Ansatz erleben.

Brügge erhielt schon 1128 Stadtrechte und erlebte zu Zeiten der Hanse eine wirtschaftliche Blüte dank florierender Textilindustrie. Doch der Ruhm verblasste, die Stadt verarmte, blieb aber verschont von Kriegen und Bränden. Die Armut war so groß, dass man sich selbst den Abriss des alternden Baubestandes nicht leisten konnte. Ein mehr als glücklicher Umstand, denn nur so konnte das heutige, wahrhaftige Puppenstubenambiente bewahrt werden.

Kopfsteinpflaster in schmalen, engen Gassen, die vor liebevoll verschnörkelten roten Backsteinfassaden mit Treppengiebeln zum entspannten Spaziergang einladen, dazu weitläufige Plätze, verwunschene Parkanlagen, imposante Kirchen aus Gotik und Barock sowie Kanäle und idyllische Wasserwege erzeugen ein feines Gemälde des Mittelalters, in dem die Errungenschaften des 21. Jahrhunderts geradezu deplaziert wirken. Schallendes Hufgetrappel und das Knarren von Wagenrädern der zahlreichen Pferdekutschen verstärken diesen Eindruck noch. Wortgewandt erzählen die Kutscher ihren Fahrgästen Anekdoten aus der Stadthistorie.

Doch Brügge, das optisch durchaus dem Skizzenblock eines kreativen Zuckerbäckers entstammen könnte, ist vor allem anderen die Stadt der Chocolatiers und der Schokolade. Hinter hochglänzenden Schaufensterscheiben locken die süßesten Versuchungen, die man sich nur vorstellen kann. Fein und mit Hingabe drapierte Pralinen, Meeresfrüchte, Marzipan und Nougat in einem unerschöpflichen Ozean aus Schokolade, gigantische Tafeln Zartbitter, Vollmilch-Nuss oder Weiß. Widerstand ist zwecklos. Auf Veranstaltungen zeigen die Schoko-Künstler ihre leckeren Kreationen, doch meist gilt: nur schauen und nicht anfassen, wie etwa beim Body-Painting mit Schokolade oder dem grazilen Abendkleid, das eben einmal nicht aus feinster Brügger Spitze besteht.

Bad in Schokolade

Wellness und Schokolade – ein Widerspruch in sich, denkt man an den Kalorienreichtum der süßen Sünde. Schokolade enthält Proteine, Mineralstoffe und Vitamine, die für Entwicklung und Aufbau menschlicher Zellen notwendig sind, so besteht also auch ein gesundheitlicher Aspekt. Zuckerzusatz und weitere Inhaltsstoffe lassen eine Schokoladen-Diät aber eher als unglückliche Wahl erscheinen. Wellness mit Schokolade jedoch bezieht sich zunächst auf die äußerliche Anwendung mittels Massage und Gesichtsmaske. Die recht geschmeidige, mit Honig versetzte Schokomasse wird mit dem Pinsel auf das Gesicht aufgetragen, nachdem der Teint zuvor eine sanfte Vorbehandlung erfährt. Bei einer Temperatur von gut 33 Grad entwickelt sich sofort ein warmes, entspannendes Gefühl auf der Haut, das sich schnell nach innen ausbreitet. Der süße Duft, die wohligen Aromen bewirken unmittelbar ein echtes Glücksgefühl und eine befreiende Ausgeglichenheit. Dies insbesondere in dem Bewusstsein, dass die Maske anschließend verspeist werden kann.

Ganz in Weiß: Hochzeitskuss

Information

ANREISE
Brügge liegt knapp zwei Autostunden hinter der belgischen Grenze, auch mit der Bahn bequem erreichbar

BESTE REISEZEIT
ganzes Jahr, sehr lebhaft im Sommer

SEHENSWERT
Grote Markt: wichtigster Platz mit prächtiger Kulisse aus spätmittelalterlichen Gebäuden und unzähligen Straßenlokalen, Startpunkt für Pferdekutschen und Mini-Busse, Weihnachtsmarkt, im Mittelalter noch Anlegestelle für Handelsschiffe

Belfried: mit 83 Metern höchstes Bauwerk der Stadt am Grote Markt, einstiges Symbol bürgerlichen Wohlstands, tolle Aussicht nach 366 Stufen Aufstieg, zauberhaftes Glockenspiel

Liebfrauenkirche: gotisches Kirchengebäude mit doppelten Treppentürmen, im Innern die weiße Madonna von Michelangelo von 1503

ESSEN UND TRINKEN
De Mangerie: hervorragende regionale Küche auf hohem Niveau in der Oude Burg, Kochvorführungen. www.mangerie.com

ÜBERNACHTEN
Hotel De Tuilerieen: stilvolles Haus nahe Grote Markt und Rozenhoedkaai. www.hoteltuilerieen.com

WEITERE INFOS
Stadt Brügge: https://bezoekers.brugge.be/de

Zwar ohne Schafe, aber dennoch ein typisch irisches Panorama: grüne Wiesen, weite Wasser und altehrwürdige Gemäuer voller Geschichte

18 Herrenhäuser, Klöster und Druiden

Irland – Quer durch Europas grüne Insel

HIGHLIGHTS

Cliffs of Moher: Eindrucksvolle Steilküste mit über 200 Meter hohen senkrecht aus dem Atlantik aufragenden Klippen.

Clonmacnoise: Am Ufer des Shannon stehen pittoreske Überreste eines großen frühchristlichen Klosters.

Bantry House: Das georgianische Backsteinhaus ist das schönste Herrenhaus der Insel.

Rock of Cashel: Wegen der dichten Ansammlung an romanisch-gotischer Architektur auch die Akropolis Irlands genannt.

Newgrange: Berühmte keltische Grabanlage unter einem künstlichen Hügel am Boyne River.

PROBIEREN UND ERLEBEN

Irish Stew: Nationalgericht mit Hammelfleisch, Kartoffeln und Kümmel – *Colcannon:* Eintopf aus Stampfkartoffeln, Grünkohl und Frühlingszwiebeln – *Boxty:* Reibekuchen aus rohen Kartoffeln – *Seafood Chowder:* sahniger weißer Fisch- und Meeresfrüchte-Eintopf – *Irish Black Pudding:* Blutwüste aus der Pfanne

Dass Irland sehr grün ist, weiß man. Weniger bekannt ist, dass man auf der Reise durchs Land in Herrenhäusern und Schlössern nächtigen kann: Wohnen wie ein Lord und dabei die unvergleichliche üppige Natur genießen und verwunschene Klosterruinen, mystische Friedhöfe und steinzeitliche Überreste entdecken!

Urlaub in Irland? Da denkt man gleich an Regen und Sturm und an Wassertemperaturen, die mehr was für Hartgesottene sind. Doch das ist nicht immer so, auch in Irland scheint die Sonne, auch hier kann man ein Bad im Meer wagen – der Golfstrom sorgt für moderaten Ausgleich. Dazu verlockt an menschenleerem weißen Strand die wildromantische Inishowen-Halbinsel im Norden, wo sich auch die geheimnisvollen Druiden-Menhire von Beltang finden und die Mauerreste von Grianan of Aileach, einer kreisrunden Königsresidenz aus dem 5. Jahrhundert. Die kleinen Städtchen Glenties und Ardara liegen umgeben von friedlichen Seen und farbenprächtigen Mooren – Landschaften, wie man sie aus historischen Landschaftsmalereien kennt. Hier liegt Markree Castle aus dem 16. Jahrhundert, gerne »Dracula's Home« genannt und – inmitten satten Wiesengrüns – die malerischen Ruinen der Klöster Boyle, Cong und Ross mit gut erhaltenen romanischen Bögen und Fensterkreuzen.

Prachtvoll präsentiert sich wilde Natur in Connemara, einem Landstrich, wo Erika und gelber Stechginster blühen, und wo es die verwitterten, verwunschen mit Moos bewachsenen Klosterruinen von Clonmacnoise und Clonfert mit bedeutenden Steinmetzarbeiten, steilen Rundtürmen und wunderbaren Steinkreuzen zu bewundern gibt. Südlich schließt sich der Burren an, ein mächtiger Kalkstock, der in Stufen und steilen Wänden zum Meer hin abbricht. Die Karstflächen sind durchzogen von bizarren Ausspülungen und einem fast mediterran anmutenden Pflanzenbewuchs. Unweit davon erheben sich die eindrucksvollen Ruinen der Corconroe Abbey und der mächtige Dolmen von Poulnabrone. Unbestrittener Höhepunkt sind jedoch die weltberühmten Klippen von Moher, die jäh 200 Meter tief ins Meer stürzen.

Wohnen wie die Lords

Eine besonders romantische Weise, Irland als jung Verliebte zu erkunden, ermöglichen die unterschiedlichen Hotelvereinigungen: Überall auf der Insel kann man in wunderschönen Herrenhäusern, Schlössern und Kastellen wohnen, oft von herrlichen Parklandschaften umgeben, an Flussufern, an der Küste oder inmitten von sattgrünen Schafweiden im fruchtbaren Landesinneren. Jedes Haus ist äußerst individuell und mit Sicherheit ein unvergessliches Erlebnis, ob das Haus nur vier Zimmer hat oder 40, ob das Manor House eher *Georgian* ausgestattet ist oder doch *Victorian* ist dabei nicht so wichtig. Denn überall wird man von den Gastfamilien mit offenen Armen und größter Gastfreundschaft empfangen, sitzt man mit ihnen beim opulenten English Breakfast an großen runden Tischen, zusammen mit den anderen Gästen, oder beim abendlichen Dinner, wo vielleicht einer der Gäste im Musiksalon spontan die Tasten des Flügels erklingen lässt. www.irelandsbluebook.com; www.hiddenireland.com

Ganz anders dagegen zeigt sich der Südosten des Inselstaates: Bedingt durch milde Temperaturen und hohe Feuchtigkeit wachsen feuerrote Fuchsienhecken über den Sträßchen fast zusammen, gedeihen die

Green Wedding bis ins letzte Detail

Atemberaubende Kulisse für den perfekten Sonnenuntergang: die Cliffs of Moher

Information

ANREISE

Direktflüge nach Belfast oder Dublin. Fähren nach Cork ab Cherbourg, nach Rosslare ab Roscoff, Le Havre, nach Dublin ab Liverpool und Holyhead.

BESTE REISEZEIT

Von Juni bis August

ESSEN UND TRINKEN

Aherne's: eines der besten Fischlokale Irlands, Youghal. www.ahernes.net

Oyster Tavern: Nobelrestaurant mit gutem Fisch und Steaks, Cork. www.theoystertavern.ie

King Sitric: Fischrestaurant am Hafen des hübschen Fischerortes Howth. www.kingsitric.ie

Man Friday: Spitzenrestaurant in Hanglage, Scilly, Kinsale. www.manfridaykinsale.ie

The President's Restaurant of Longueville House: Gourmettempel in einem georgianischen Haus im Wald, Mallow, Cork. http://longuevillehouse.ie

The Lord Edward: Der Ruf des Restaurants im historischen Zentrum basiert auf seinen Meeresfrüchte-Kreationen, Dublin. www.lordedward.ie

Rhododendrenbüsche übermannshoch und können Palmen den Winter im Freien überdauern. Hier liegt der wundervolle Herrensitz Bantry House, der die reizvollste Übernachtungsmöglichkeit der Insel bietet und idealer Ausgangspunkt für Ausflüge zum Ring of Kerry und auf die Dingle-Peninsula ist, beides Küstensträßchen mit atemberaubenden Ausblicken. Besonderes Kleinod am Wegesrand ist das Gallarus' Oratory, eine Kapelle in Form eines kieloben liegenden Schiffes aus dem 12. Jahrhundert, und erbaut ganz ohne Mörtel, wie auch die gut erhaltenen Klosterruinen von Ardmore, Kilkooley und Muckross, letztere mit einer 500 Jahre alten Eibe. Cork ist Irlands drittgrößte Stadt, deren historischer Kern auf einer Insel zwischen zwei Armen des Flusses Lee liegt. Neben den vielen Pubs, Restaurants und Kneipen ist der bunte Traditionsflohmarkt Caol quai Hauptanziehungspunkt.

Im Süden der Insel beeindruckt die Landschaft im Sommer mit himmelblauen Leinfeldern – eine geradezu mystische Zauberwelt, leuchtet darüber ein Regenbogen. 60 Meter erhebt sich hier das Felsplateau der Akropolis Irlands, Rock of Cashel, einer beeindruckenden Anlage, in der sich viele Sehenswürdigkeiten drängen, darunter der hohe Rundturm am Querschiff der mächtigen gotischen Kathedrale, oder die Cormac's Chapel mit reichem Skulpturenschmuck, die als vollendetes Beispiel irisch-romanischer Baukunst gilt.

Dublin ist die pulsierende Hauptstadt der Republik Irland. Als Erstes ins Auge sticht buchstäblich die Stahlnadel The Spire, seit 2003 neue Errungenschaft der 1000-jährigen Metropole. Die nachts beleuchtete, längste Skulptur der Welt ragt 120 Meter hoch in den Himmel und ist beliebter Treffpunkt in der belebten O'Connell Street. Nahebei steht auch die Statue von James Joyce, dem irischen Nationaldichter, der Dublin mit seinem Roman *Ulysses* ein literarisches Denkmal gesetzt hat. Pflichtprogramm neben dem altehrwürdigen Trinity College von 1591 und den zwei Kathedralen St. Patrick's und Christ Church ist das Nationalmuseum mit seiner einzigartigen Sammlung irischer Altertümer, darunter die berühmte goldene Tara Brosche und der silberne Ardagh Kelch. Nördlich der Metropole sollte man sich den Besuch einer der kulturellen Höhepunkte der grünen Insel nicht entgehen lassen: Newgrange, wichtige und meistbesuchte steinzeitliche Kultstätte, eine gewaltige Grabanlage aus vorkeltischer Zeit um 300 v. Chr. Das von einem künstlichen Hügel bedeckte Ganggrab zählt zu den weltweit bedeutendsten Megalithanlagen.

Im eigenen Boot durch Irland

Startpunkt für ein Abenteuer der besonderen Art ist der Lough Key Park nahe Boyle: auf dem Shannon als sein eigener Captain quer durch die grüne Insel. Da in Irland kein Bootsführerschein nötig ist, kann jeder über 18 zum Kapitän werden und auf dem bekanntesten und mit 370 Kilometer längsten Fluss der Insel Richtung Süden über Carrick-on-Shannon bis Killaloe am Lough Derg schippern. Rund 250 Kilometer des Shannon sind schiffbar, doch durch die vielen großen und kleinen Seen ergibt sich eine befahrbare Strecke von über 1000 Kilometer. Man muss sich also einige Zeit nehmen, um die unberührte Natur genießen zu können: die Seen mit ihren unzähligen Buchten und Inseln, die Moorgebiete der Midlands oder die Schilfgürtel der Carnadoe Waters. Bilderbuchdörfer wechseln sich ab mit stillen Zeugen der keltischen Vergangenheit, den Grabstätten und Klosterruinen. Ob ein Besuch eines der Pubs auf ein kühles Guinness, ob die friedliche Ruhe am einsamen Liegeplatz – eine Fahrt mit dem Hausboot entspannt ungemein.

Zeugnisse einer Zeit voller Magie und Zauber, die die Zeit überdauern

AUSGEHEN

Temple Bar District: Dublins Bohème-Viertel zieht magisch an. www.temple-bar.ie

Brazen Head: Pub in ehemaliger Poststation mit 300-jähriger Geschichte, Dublin. www.brazenhead.com

Mulligan's Pub: Urig geschwärzte Wände zeugen von großer Beliebtheit, Dublin. www.mulligans.ie

O'Donoghue's: Hier fanden Anfang der 1960er-Jahre die »Dubliners« zusammen. www.odonoghues.ie

ÜBERNACHTEN

Markree Castle Hotel: neugotisches Schlosshotel, auch »Dracula's Home« genannt, Collooney. www.markreecastle.ie

Bantry House: Wohnen im schönsten Herrenhaus der Insel, Bantry. www.bantryhouse.com

Shelbourne Hotel: Irlands feinste Hoteladresse, Dublin. http://theshelbourne-renaissance.h-rez.com

Glenadalough House: altes Herrenhaus im Herzen von Wicklow, Caragh Lake. www.glendaloughhouse.ie

Schlosshotel Ashford Castle: Fünf-Sterne-Luxushotel in prachtvollem Park gelegen, Cong. www.ashford.ie

Lakeside Hotel: direkt am Fluss Shannon gelegen, Ballina, Killaloe. www.lakesidehotel.ie

Kilgraney House: reizendes Georgian House mit Blick über das Barrow Tal, Bagenalstown, Carlow. www.kilgraneyhouse.ie

Glenlo Abbey House: eindrucksvoller Herrensitz inmitten einer Parklandschaft, Bushypark, Galway. www.glenlo.com

Currarevagh: viktorianisches Landhaus am Ufer des Lough Corrib, Oughterard, Connemara. www.currarevagh.com

Glin Castle: eines der geschichtsträchtigsten Landgasthäuser Irlands, Glin. www.glincastle.com

Delphi Lodge: reizendes altes Herrenhaus in fantastischer Lage am Meer, Leenane, Galway. www.delphilodge.ie.

SHOPPING

Grafton Street: Dublins Einkaufsmeile zwischen Trinity College und St. Stephen's Green

O'Connell Street: Dublins Einkaufsmeile hat schon mal bessere Tage gesehen.

Caol quai: traditioneller Flohmarkt in Cork

WEITERE INFOS

www.discoverireland.com/de

19 Alles im Fluss

Kronjuwelen entlang der königlichen Themse

HIGHLIGHTS

Cream tea zur Teatime ist eine urenglische, allerdings kalorienreiche Tradition. Verdickte Sahne und Erdbeerkonfitüre auf einem Scone, dazu schwarzen Tee mit Milch

Windsor Castle (von Waterloo Station auch per Zug zu erreichen) ist einer der drei Hauptwohnsitze der Queen.

Richmond-upon-Thames ist eine Kleinstadt, von der aus man viele Sehenswürdigkeiten besichtigen kann.

Hampton Court Palace and Garden, der Lieblingswohnsitz vieler englischer Könige

Emirates Skytram fahren

PROBIEREN UND ERLEBEN

Liest man auf einem Schild vor einem Pub »Sunday Roast«, so heißt das nichts anderes, als dass hier die alte britische Tradition des Sonntagsbratens hochgehalten wird: Mittags werden Braten mit verschiedenen Vorspeisen angeboten. Dazu ein feines Ale oder ein Stout, zwei klassische untergärige Biere.

Die Themse zählt nicht zu den großen Strömen der Welt, legt man die Menge an Wasser, die ein Fluss transportiert und seine Länge zu Grunde. Wer ihr einmal von der Quelle bis zur Mündung gefolgt ist, wird bestätigen, dass die Themse ein wahrhaft königlicher Fluss ist.

Gerade noch rechtzeitig! Als wir vom Mittagessen aus dem White-Cross Pub kommen, hat das braungelbe Wasser unsere Räder, die wir an einem Geländer am Themseufer von Richmond-upon-Thames angekettet haben, schon erreicht. Man hat uns zwar gewarnt, dass es Hochwasser geben kann. Doch woher soll es kommen, bei diesem herrlichen Wetter? Wir liegen falsch, weil sich der Wasserpegel, wie wir am Abend bei einem Bier auf der Uferterrasse des Pubs sehen sollen, auch hier, 70 Kilometer landeinwärts, noch mit den Gezeiten hebt und senkt.

Am frühen Morgen machen wir uns mit unseren Leihrädern im Londoner Stadtteil Vauxhall auf den Thames Path. Vor einigen Jahren entstand er aus einem alten, lange nicht mehr benötigten Treidelpfad, rund 340 Kilometer lang, durch acht Grafschaften verlaufend. Rechnet man mit 24 Kilometer Wegstrecke am Tag, kommt man auf 14 Etappen. Soweit die Theorie, die unterschlägt, dass man Zeit braucht, um Reiher beim Fischen zu beobachten, dem Wasser zuzuhören, sich für die Dauer eines Regenschauers in einen Pub zurückzuziehen und vor allem um nicht an den vielen Sehenswürdigkeiten vorbeilaufen zu müssen, mit denen die Ufer über die Jahrhunderte vollgestellt wurden. Allein Richmond-upon-Thames prahlt damit, drei must-sees der Top Ten Englands zu besitzen. Kew Gardens verzaubert Gartenliebhaber mit Pflanzen und Bäumen aus aller Welt. Die 50 Meter hohe Pagode war Vorbild für den Chinesischen Turm im Englischen Garten in München. Ham House und Strawberry Hill Mansion sind seltene architektonische Relikte des 17. und 18. Jahrhunderts, und das Ensemble des Hampton Court Palace mit seinem Park war über zwei Jahrhunderte das Lieblingszuhause vieler Könige. Wer Hillary Mantels preisgekrönte Bücher *Wölfe* und *Falken* gelesen hat, wird auf Führungen durch den Tudorpalast vielen bekannten Namen begegnen: König Henry VIII., Anne Boleyn, eine seiner sechs Frauen, Kardinal Wolsey, zeitweise der wichtigste Kirchenmann des 16. Jahrhunderts, und Thomas Cromwell, Staatsmann und Architekt der englischen Reformation, sind nur einige davon.

Punting in Oxford

Man(n) muss ja nicht gleich singen wie ein venezianischer Gondoliere, wenn man den Stab ins Wasser steckt, um den flachkieligen Kahn, *punt* genannt,

Wolke 7 war gestern! Im London Eye schweben Verliebte hoch über dem Großstadttrubel.

»Für dich soll's rote Rosen regnen!« ... in den herrlichen Kew Gardens sind's rosa Tulpen.

über die Themse zu bewegen. *Punts* leiht man sich an der Magdalenen Bridge. Die Stunde kostet etwa 22 GBP. Punting ist schwer angesagt in der pittoresken Universitätsstadt, in deren Kneipen und Clubs viel zu viel los ist, als dass jemand behaupten könnte, hier würde man nur hinter Büchern sitzen. Übrigens kann es zu spontanen Wettkämpfen mit Studenten kommen. Wer aber nichts riskiert, hat später einmal auch nichts zu erzählen. Übrigens heißt die Themse hier oben Isis.

Längenmäßig wie auch an der Menge Wasser, die sie führt, gemessen, schneidet die Themse im weltweiten Vergleich bescheiden ab. Der schottische Severn ist länger, die bayerische Isar transportiert dreimal mehr Wasser. Dass sie trotzdem »königlicher Fluss« genannt wird, liegt an der historischen und kulturellen Bedeutung, in der Entwicklung vom Naturraum zum Lebens-, Kultur- und Wirtschaftsraum. Als die Römer Londinium befestigten (in der Londoner City sind noch heute Spuren zu sehen), war besiegelt, dass die Stadtgeschichte mit der Themse eng verbunden ist. Bedeutende Orte sind Magneten für Machtmenschen, die diese zur Bühne machen. Zu Ehren König Georgs fand im Jahr 1717 die Weltpremiere der *Wassermusik* auf der Themse statt. Georg Friedrich Händel, damals britischer Hofkomponist, hatte sie geschrieben und dafür gesorgt, dass die barocken Melodien weit über das Wasser der Themse getragen wurden, denn dort wurde das Orchester auf Booten platziert. Als 2012 das 75-jährige Thronjubiläum Queen Elizabeths II. geplant wurde, erinnerte man sich der vielen Lustfahrten und Bootsparaden, die in vergangenen Jahrhunderten auf der Themse ausgetragen wurden. Für die Könige, Feldherren und die Oberbürgermeister der Stadt. Auch die Queen sollte für ihre Verdienste eine bekommen.

Viele Bauwerke Londons sind Ikonen der Weltarchitektur: die Houses of Parliament, die Tower Bridge, der Tower. Im Museum sehen wir nicht nur die Kronjuwelen, sondern blicken tief in die Geschichte des Königreichs. Wir stehen mit Gänsehaut auf der Waterloo Bridge, so anmutend ist der Blick auf die Londoner City. Man kann über die Dynamik dieser Stadt nachdenken, darüber wie Hochhäuser in den Himmel schießen, viele davon in Formen, die Namen wie »Gurke« provozierten, »Salzstreuer«, »Toaster«, »Walkie Talkie« und »Käsehobel«. Ob auch sie Ikonen werden, wird in ferner Zukunft entschieden.

Jährlich findet auch das Ruderduell der Universitäten Oxford und Cambridge auf der Themse statt. Nach 162 Wettkämpfen steht es 82:79 für Oxford. Die Universitätsstadt mit ihren vielen Colleges und Türmen ist das krönende Highlight einer Reise entlang dem Fluss, der trotz vieler Windungen schnurstracks in die Seele Englands führt.

Junge, komm bald wieder

Zum Sonnenuntergang auf der Terrasse des Prospect of Whitby oder dem Mayflower über der Themse zu sitzen, ist ein Moment, den es sich erst gar nicht lohnt zu fotografieren, weil ein Foto nur zwei Dimensionen festhalten kann. Hier kommt die Geschichte dazu: Beide Pubs sind mehr als 400 Jahre alt. Da kommen einige Geschichten zusammen – in diesem Fall von Seefahrern, Piraten und Schmugglern. Beide Pubs liegen flussabwärts der historischen Docks. Hier war die letzte Möglichkeit vor dem Auslaufen, der Liebsten einen Brief zu schicken.

Cambridge Backs: fast ein bisschen wie auf dem venezianischen Canal Grande

Information

ANREISE
Täglich mehrmals Flüge unterschiedlicher Gesellschaften nach Heathrow oder Gatwick

BESTE REISEZEIT
Juli bis Mitte Oktober

SEHENSWERT
Greenwich: Cutty Sark ist ein restauriertes Segelschiff.

Tower Museum: Kronjuwelen des Königshauses

London: Blick vom Shard, dem höchsten Gebäude Europas

Henley-upon-Thames: ruhiger kleiner Ort mit vielen Pubs über der Themse

ESSEN UND TRINKEN
Petersham Nurseries: zwischen Pflanzen genießen, bei schönem Wetter draußen, bei Regen im Gewächshaus, Church Lane, Richmond-upon-Thames, Tel. +39 (0)20/89 40 52 30

Pitcher and Piano: Weltküche auf der Terrasse mit Hammerblick über die Themse, 11 Bridge Street, Richmond-upon-Thames, Tel. +39 (0)20/83 32 25 24

ÜBERNACHTEN
The Petersham Hotel: elegantes Hotel auf einem Hügel über der Themse, manche Zimmer mit Blick auf den Fluss, Richmond-upon-Thames. www.petershamhotel.co.uk

Carlton Mitre Hotel: Vier-Sterne-Hotel mit Zimmern über der Themse. www.carlton.nl/en/hotel-mitre-london

WEITERE INFOS
www.nationaltrail.co.uk/thames-path

Auch die Sambaschule Paraiso School of Samba feiert mit beim Karneval in Notting Hill.

20 Glück: eine Geige spielende Ziege

Zum Karneval nach Notting Hill

Notting Hill war schwer angesagt, nachdem sich Julia Roberts und Hugh Grant im gleichnamigen Film das Jawort gegeben haben. Das ist einige Jahre her. Wer Großstädte mag, findet hier auch heute coole Clubs, neue Boutiquen, Straßenmärkte, Cafés, kurz alles, was die Herzen von Metropolenromantikern höher schlagen lässt.

Was wäre die Welt ohne Bilder. Denen von Hugh Grant und Julia Roberts etwa, albernd, vergnügt, vor dem Bühnenbild der sich endlos reihenden Stadthäuser mit strengen Fassaden, den Treppchen, die zu Eingangstüren führen, Pflanzen in kleinen Vorgärten mit schmiedeeisernen Gittern. Die bunten Fronten von Buchläden, Boutiquen in den Einkaufsstraßen, Terrassen von Cafés. Die Antiquariate der Portobello Road. Die romantische Komödie *Notting Hill* aus dem Jahr 1999 machte den gleichnamigen Westlondoner Stadtteil über Nacht zum hippen Reiseziel. Die Bilder des Films gesellen sich zu älteren: denen eines einheitlich europäisch geprägten Viertels, denen der Randale der »Ted Boys« gegenüber dunkelhäutigen Einwanderern, die vermehrt aus den Westindischen Inseln einwanderten, denen vom bunter gewordenen Straßenbild, von Restaurants mit Gerichten, die man in England bis dato nicht kannte, von neuer Farbigkeit, Drinks und von neuen Lebensformen und Festen. Der Notting Hill Carnival ist heute

HIGHLIGHTS

Museum of Brands: alles über Werbung und Verpackung, 111–117 Lancaster Road. www.museumofbrands.com

Portobello Road Market: Der große Antiquitätenmarkt findet jeden Samstag statt.

Hummingbird Bakery: guter Spot für Coffee- oder Teatime

Kensington Gardens: Ruhe vom Trubel findet man im westlichen Teil des Hyde Park.

The Electric Cinema, 191 Portobello Road, ist eines der ältesten Kinos in England, die Electric Brasserie gleich daneben ist eine der ersten Restaurantadressen Notting Hills.

PROBIEREN UND ERLEBEN

Jerk Chicken, jamaikanisches Hühnchen, *Snow Cones*, buntes Eis aus Sirup, Rice & Beans, frittierte Kochbananen. In den Fressgassen beim Notting Hill Carnival kann man sich kulinarisch auf Weltreise begeben.

wahrscheinlich das bekannteste Resultat aus dieser Vermischung, definitiv aber das farbenfrohste.

Ladbroke Grove, Notting Hill, am Wochenende des Bank Holiday, Ende August: Trommeln dröhnen, aus gigantischen Sound Systems, die von den besten DJs der karibischen Nachtclubszene betrieben werden, plärren die neuesten lateinamerikanischen Hits: Reggae, Ragga, Samba, Soca, Merengue und Salsa treiben im Takt die Beine. Die Arme in die Luft gestreckt, die Trillerpfeife im Mund, ein schriller Pfiff mit jedem Schritt, das Becken kreist, Federn, bunte Watte und viel Stoff fliegen durch die Luft, man geht in der Masse auf, in Farbe, im Rhythmus. Der Kopf ist abgeschaltet, anders funktioniert das hier nicht. Raushalten gilt nicht. Seit 1959 gibt es den Carnival, seither ist er kontinuierlich gewachsen. Gut 1,5 Millionen Menschen haben letztes Jahr auf den Straßen Notting Hills gefeiert, es ist das größte Straßenfest Europas. Wer in Kostümen mittanzen will, findet auf www.mynottinghillcarnival.com mehr.

Durch einen dunkelblauen Himmel schweben

Können Sie auch Julia Roberts Antwort rezitieren, als Hugh Grant sie im Film Notting Hill fragt, ob sie Chagall möge? Nämlich dass es sich, wenn man verliebt ist, anfühlen sollte, als schwebe man mit einer Geige spielenden Ziege durch einen dunkelblauen Himmel. Und dass Glück ohne Geige spielende Ziege kein Glück ist. Der Dialog bezieht sich auf Marc Chagalls Meisterwerk *La Mariée*, das auf der Hochzeitstorte der beiden zu sehen war. Primrose Bakery fertigt im Auftrag Torten mit einem Foto des Gemäldes an. Einem zweiten, ganz privaten Jawort zur Teatime steht somit nichts mehr im Wege. Die echte Herausforderung ist, das Kunstwerk anzuschneiden. Hersteller: z. B. Primrose Bakery, Produktion dauert eine knappe Woche, Preis je nach Größe inklusive Lieferung ab 80 Euro.

Rosarote Brille auf, und ab geht's zum Karneval nach Notting Hill!

Information

ANREISE
Wohnt man in Notting Hill, fliegt man entweder London Heathrow, City Airport oder Gatwick an.

BESTE REISEZEIT
Notting Hill Carnival ist am letzten Wochenende im August, aber Notting Hill ist immer einen Besuch wert.

ESSEN UND TRINKEN
The Commander Porterhouse and Oyster Bar: moderne, internationale Küche, gute Weinkarte, 47 Hereford Road. www thecommanderbar.co.uk

Pure Taste: ethisch-korrekt erzeugtes Essen mit Gourmettouch, 115 Westbourne Grove. www.puretasterestaurant.com

The Cow: traditioneller Pub mit guter Bierauswahl, hervorragende Küche, 89 Westbourne Park Road

ÜBERNACHTEN
The Main House B & B: mittendrin + puristisch + edel = perfekt, 6 Colville Road. www.themainhouse.co.uk

SHOPPING
Matches (Bekleidung), 60-64 Ledbury Road

Superga (Schuhe), 43 Pembridge Road

Diptyque (Parfüm), 195 Westbourne Grove

WEITERE INFOS
www.visitlondon.com.de

Blick auf Ullapool, die größte Siedlung in den recht dünn besiedelten nordwestlichen Highlands

21 Hollywoodromantik pur

Pool House – Insel der Liebe in den Highlands

HIGHLIGHTS

Suite HMS Campania: schönstes Zimmer im Pool House mit Balkon, Himmelbett und viktorianischer Badewanne

Hebridean Whale Cruises: unvergesslicher Ausflug zur Wal- und Delfinbeobachtung vom Hafen Gairloch aus

Red Point: einsame, beinahe karibische Sandstrände mit tollen Ausblicken hinüber zur Isle of Skye

Gairloch Heritage Museum: spannende Zeitreise durch die Lokalhistorie im Lauf der Jahrhunderte

Boat House: einzigartig romantische Unterkunft des Torridon Hotels im beschaulichen Idyll am Ufer des Loch Torridon

PROBIEREN UND ERLEBEN

Eine Menüfolge zum Dinner könnte mit einer *Cream of Pea and Truffle Soup* beginnen, cremige Erbsensuppe verfeinert mit Trüffeln. Dann gibt es Rehrücken mit einem Püree aus Haggis und Kartoffeln, dazu geröstete Banane und scharfe Soße mit *Drambuie* und zum Dessert *Dundee Cake*, einen üppigen Früchtekuchen mit Mandeln und Brandy.

Helden der Leinwand schätzen die rau-romantische Abgeschiedenheit des schottischen Nordwestens, Regisseure die großartige Landschaft. So war Brad Pitt schon hier. Oft sogar. Er düst in Drehpausen mit dem Motorrad umher und genießt die außergewöhnliche Ruhe unweit einer kleinen Insel, die einem Liebesbekenntnis gleichkommt: Isle of Ewe.

Jenes weitgehend unberührte Eiland im Loch Ewe wäre geradezu prädestiniert gewesen für die Eheschließung des glamourösen Traumpaars Brad Pitt und Angelina Jolie im Jahr 2014, zumal das zauberhafte Pool House für Flitterwochen mit allerbesten Voraussetzungen aufwartet. Vier individuell thematisch gestaltete Suiten bieten allen erdenklichen Komfort und Luxus, der die Welt ringsum vergessen lässt, während die raue Schönheit des Hochlandes für den passenden Rahmen sorgt. Dazu ein offener Kamin auf der Terrasse und ein beheizter Außenpool. Die Gastgeberfamilie Harrison ist für alle erdenklichen Wünsche, selbstverständlich auch kulinarischer Art, zu begeistern.

Mit Inverewe Garden liegt nicht weit vom sprichwörtlichen Liebesnest entfernt und nach kurzem Spaziergang zu erreichen eine der entzückendsten Gartenanlagen Schottlands, deren Ursprung ins 19. Jahrhundert zurückreicht. Der damalige Eigentümer Osgood

Mackenzie schuf einen botanischen Garten voller tropischer und subtropischer Pflanzen, indem er die günstige klimatische Lage am Golfstrom nutzte. Auf verschiedenen Themenpfaden kann man zu jeder Jahreszeit üppige Schönheiten unterschiedlicher Pflanzengattungen erkunden.

Reizende weiße Häuser zieren die Promenade des einst geschäftigen Fischereihafens von Ullapool, das sich nun mehr der Freizeitindustrie zugewandt hat. Die mit etwa 1500 Einwohnern größte Ansiedlung ist gut 50 Meilen entfernt und vermittelt ein klein wenig städtisches Flair in der erhabenen Einsamkeit der Region Wester Ross. Das Seaforth Restaurant serviert die besten Fish 'n' Chips des Landes. Und die schmecken natürlich draußen am besten, mit frischer Brise um die Nase, kreischenden Möwen um die Ohren und der Fähre auf die Äußeren Hebriden im Blick.

Wahre Liebe kennt keine Gefahren

Muc-sheilch heißt das Ungeheuer von Loch Maree, an dessen spekulative Existenz viele Einheimische hartnäckig glauben und das innig vereinte Menschen möglicherweise eher zu sehen bekommen. Im Herzen von Wester Ross gelegen, gehört der schmale, langgestreckte See, der viertgrößte Schottlands, sicher zu den schönsten des Landes. Seine Form weist auf die Entstehung durch die Eiszeit hin. Der Weg entlang des südlichen Ufers bietet beste Aussichten über die Seefläche zum höchsten Berg Slioch (981 Meter), dessen Form und Aussehen sich ständig zu verändern scheint. Auf einer der mehr als 30 Inseln im See gab es einmal eine kleine Siedlung, in der sich eine märchenhaft romantische, doch traurige Legende um die Tochter des Königs von Dalriada, Irland, zugetragen haben soll. Sie hielt sich zu ihrer Sicherheit dort auf, verliebte sich, schwor ewige Treue, doch durch Eifersucht und Intrige kam ihr Galan um. Sie wählte den Freitod und wurde dort mit ihm zusammen in der Ruhestätte der Liebenden beigesetzt.

Die Ullapool Pipe Band live in concert

Information

ANREISE
Von Inverness mit internationalen Flugverbindungen in knapp zwei Stunden mit dem PKW zu erreichen

BESTE REISEZEIT
April bis Oktober

SEHENSWERT
Inverewe Garden: Poolewe, Achnasheen, Ross-shire IV22 2LG www.nts.org.uk/Property/Inverewe-Garden-Estate/About

Corrieshalloch Gorge: eindrucksvolle Schlucht mit Wasserfall und schwankender Hängebrücke. www.nts.org.uk

ESSEN UND TRINKEN
The Seaforth Chippy: Bar & Restaurant, Quay Street, Ullapool IV26 2UE. www.theseaforth.com

The Old Inn: Spezialist für frische Meeresfrüchte mit eigener Mikrobrauererei, mehrfacher Pub des Jahres, Flowerdale Glen, Gairloch, Ross-shire IV21 2 BD. www.theoldinn.net

ÜBERNACHTEN
Pool House: Poolewe, Ross-shire IV22 2LD. www.pool-house.co.uk

Stardust Boathouse: Hideaway für Verliebte mit toller Aussicht direkt bei Pool House, Poolewe, Ross-shire IV22 2LD. www.uniquehomestays.com/unique/details.asp?id=2805

WEITERE INFOS
Wester Ross: www.visitwester-ross.com

Am Hafen von Portree, der einzigen Stadt der Isle of Skye

22 Schottlands Zauber und Mystik

Die Einzigartigkeit der Isle of Skye

HIGHLIGHTS

Armadale Castle: Stammsitz des Clans von Donald Skye. 1500 Jahre Kulturgeschichte des MacDonald Clans, Besucherzentrum, Schlossruine, Landschaftsgarten

Talisker Distillery: einzige Whiskybrennerei der Insel, bietet hervorragende Classic Malts, bei Carbost

Trotternish Halbinsel: markante Felsnadel Old Man of Storr, Old Man's Wife, Basaltfelsen Kilt Rock, Felsformation Quaraing Needles, Wasserfälle Fairy Glen

Dunvegan Castle: Stammsitz des Clans der MacLeods, Ausstellung, legendäre Fairy Flag

Coral Beach: zauberhafter, fast weißer Strand bei Claigan zur zweisamen Entspannung am Loch Dunvegan

PROBIEREN UND ERLEBEN

Die bekannte Kochbuchautorin Claire MacDonald bietet in der Kinloch Lodge, ihrem Hotel mit elegantem Restaurant auf der südlichen Halbinsel Sleat, Seminare und Kochkurse an. Zu ihren Meisterstücken gehört das Dessert *Cranachan*, eine geröstete Hafergrütze mit Sahne, frischen Beeren und Whisky.

Im Nordwesten Schottlands gelegen vereinigt die Isle of Skye all das, was eine entspannte wie unvergessliche Reise ausmacht. Majestätische Berge, schroffe Felsküsten, liebliche Landschaften, verträumte Dörfer, romantische Häfen, einsame Leuchttürme und trutzige Burgen voller sagenumwobener Historie.

Ihre Unschuld und damit den Inselstatus im eigentlichen Sinn verlor die Isle of Skye im Oktober 1995 durch die neue Brücke von Kyle of Lochalsh nach Kyleakin. Sie überspannt die Meerenge, die das Festland vom größten Eiland der Inneren Hebriden trennt. Doch die kurze Brückenquerung hat den Charme Skyes nicht verändert. Noch immer verhüllen oft bleischwere Wolken die Gipfel der markanten Bergformationen der Roten Cuillins aus eher abgerundeten Felsen und der zackigen Schwarzen Cuillins, die markant die erhabene Inselsilhouette dominieren. Diese animierte zum Attribut »geflügelte Insel«. In der schottisch-gälischen Sprache bedeutet Skye »Insel im Nebel«, für die Wikinger war es die »Wolkeninsel«. Die mystischen Nebelschleier um die zauberhaften Berge regten und regen die Menschen zu fantastischen Sagen und Geschichten an.

Gut 2000 der 9000 Bewohner Skyes leben in der Hauptstadt Portree mit ihrem niedlichen Hafen und den vielen bunt getünchten Häusern, gemütlichen B&Bs und Restaurants, während in der Portree Bay kleine Boote dümpeln und zuweilen ein Kreuzfahrtschiff vor Anker geht. Auf der Hauptstraße locken im Sommer kleine Geschäfte, und oft marschieren Musikgruppen vorüber. Natürlich ganz der Tradition entsprechend mit Kilt und Dudelsack. Doch obwohl Skye auf seine Weise ein touristischer Magnet ist, bleibt der Besucher meist allein mit sich, mit klarer Luft und der überwältigenden Natur, die nach jeder Biegung neue, fantastische Eindrücke offeriert. Hier rauscht tosend ein Wasserfall, dort erstreckt sich eine sanfte Ebene. Tief eingeschnittene Meeresbuchten wechseln mit lieblichen Tälern voller Magie, dazwischen saftig-grüne Weiden mit den allgegenwärtigen Schafen, üppige Wiesen voller Orchideen und Wollgras, winzige Weiler, die nur aus einem Dutzend, manchmal auch weniger Häusern bestehen.

Licht am Horizont

Hinter einer mächtigen, wellenförmigen Felsenklippe verbirgt sich am westlichsten Punkt Skyes der Leuchtturm von Neist Point, der nur zu Fuß zu erreichen ist. Vom kleinen Wanderparkplatz bei Waterstein führt eine steile Treppe – nichts für sanfte Gemüter – abwärts, dann geht es über einen schmalen Pfad gleich wieder bergauf zwischen zahlreichen neugierigen Schafen hindurch, die mitunter recht waghalsige Kletterübungen vollziehen. Nach der zweiten Anhöhe eröffnet sich endlich der Blick auf den weißen Leuchtturm und seine Nebengebäude. Erbaut 1909 gehört er zu den Bauwerken der Stevenson-Dynastie, die maßgeblich für die Leuchttürme in Schottland verantwortlich zeichnet. Der Wind pfeift hier permanent, und die Aussicht über Moonan Bay, die schroffen Felsküsten bis hinüber zu den Äußeren Hebriden raubt einem schlicht den Atem. Unablässig kreischen Möwen, mischen sich mit dem typischen Kollern der Basstölpel. Vor allem abends ein unvergleichliches, sehr romantisches Erlebnis.

Ein gemeinsamer Balanceakt

Information

ANREISE
Flug: Vier Stunden vom Flughafen Glasgow bis zur Skye Brücke. Auto: Brücke bei Kyle of Lochalsh auf der Straße A87. Fähre: Mallaig nach Armadale. Bahn: Bahnhof in Mallaig, dann Fähre und Bus

BESTE REISEZEIT
April bis Oktober, rau, aber faszinierend im Winter

SEHENSWERT
Skye Museum for Island Life: Landleben im späten 18. Jahrhundert. www.skyemuseum.co.uk

Elgol: hübsches Dorf am Loch Scavaig, von hier aus Bootsausflüge zu den Cuillins

ESSEN UND TRINKEN
Three Chimneys: feinste Adresse der Hebriden, fantastische Meeresprodukte, Vorbuchung obligatorisch, Colbost. www.threechimneys.co.uk

Sea Breezes: Meeresfrüchte im Hafen von Portree, eng, aber nett. www.seabreezes-skye.co.uk

ÜBERNACHTEN
Viewfield House Hotel: Stilvolles, viktorianisches Herrenhaus bei Portree. www.viewfieldhouse.com

WEITERE INFOS
Schottisches Fremdenverkehrsamt Visit Scotland: www.visitscotland.com/de

Wer eine gute Partie gemacht hat, lässt es sich auf Inverlochy Castle in trauter Zweisamkeit gut gehen.

23 Zeit für Romantik

Royale Gastlichkeit in Inverlochy Castle

HIGHLIGHTS

Ice-Factor: Klettern an steiler, künstlich vereister Felswand als abenteuerlicher Ausgleich zum Wanderausflug

Ben Nevis Distillery: Führungen in der ältesten lizenzierten Whiskybrennerei des Landes in Fort William

Glen Coe Visitor Centre: Ausstellung zur unvergleichlichen Natur und Geologie der Region sowie zur dramatischen Geschichte

Jacobite Steam Train: Dampfzugfahrt entlang der legendären Road to the Isles bis zum Fährhafen Mallaig

West Highland Way: einer der beliebtesten Fernwanderwege Schottlands

PROBIEREN UND ERLEBEN

Das Seafood Café kredenzt kulinarische Offenbarungen aus dem Garten des Meeres. Von der *Partan Tart*, einer Krabbentorte mit Cayennepfeffer und Muskatnuss, über die üppige *Shellfish-Platter* mit Meeresfrüchten und bis zum traditionellen Dessert *Clootie Dumpling*, einem Früchtepudding, warm oder kalt serviert, eine wahrlich süße Sünde.

Eingebettet in einer atemberaubenden Landschaftsszenerie, die alle bekannten Qualitätsmerkmale des schottischen Hochlandes auf sich vereint, liegt am Fuß des höchsten Berges Großbritanniens, des Ben Nevis, mit Inverlochy Castle das wohl schönste und eleganteste Schlosshotel des Landes.

Um die Hotelgäste formvollendet zu kutschieren, wartet am Bahnhof von Fort William die auf Hochglanz polierte Rolls-Royce Phantom Limousine mit Chauffeur, natürlich in Livree. Das ehemalige Herrenhaus aus dem 18. Jahrhundert umschmeichelt mit ausgesuchter viktorianischer Noblesse und Eleganz, die schon Königin Victoria zu schätzen wusste. Man versinkt in den weichen Sesseln der imposanten Lounge, deren Mobiliar aufs Allerfeinste aufeinander abgestimmt ist und eine unvergleichlich dichte Atmosphäre schafft. Ein traditioneller Cream Tea mit frischen, noch dampfenden Scones, Sahne und Konfitüre rundet dieses genussvolle Bild ab für die Ewigkeit.

Der distinguierte Charme mit traditionellem Einschlag setzt sich fort in den Salons, der Bibliothek, den Speisezimmern und selbstverständlich in den individuell und extravagant eingerichteten Zimmern und Suiten in der oberen Etage. Der weitläufige Landschaftspark um die hochherrschaftliche Villa spiegelt die raue Erhabenheit in Schottlands

Westen wider. Bei einer verträumten Bootspartie auf dem kleinen Schlossteich lässt sich diese unwiderstehliche Aura wohl am besten genießen.

Nur der Ben Nevis hüllt seinen 1344 Meter hohen Gipfel zumeist verschämt in einen Schleier aus Wolken, der nur hin und wieder einen unverstellten Einblick gewährt. Dennoch lohnt der Weg in die Höhe, der sich teilweise mit einer Gondelbahn bewältigen lässt, denn die Aussicht von dort ist schier atemberaubend. Sie reicht weit über die beeindruckende Bergwelt der Highlands und mit ein klein wenig Glück sogar bis nach Irland. Und nach einer gemächlichen Wanderung zurück zum erstklassigen Domizil schmeckt das abendliche Gourmetdinner, meist mit musikalischer Begleitung, gleich nochmal so gut.

Malerische Kreuzfahrt zu ungeheuerlicher Badewanne

Die geologischen Gegebenheiten der westlichen und nördlichen Highlands nutzte der schottische Ingenieur Thomas Telford (1757–1834), um eine Verbindung zwischen der Nordsee und dem Atlantik und damit den schottischen Küsten zu schaffen. Heute dient der Caledonian Canal ausschließlich Freizeitkapitänen als Spielwiese. Beobachtet von Spaziergängern, die auf den parallel verlaufenden Treidelpfaden Sonne, Wind und gute Luft genießen, schippern Hausboote und Hotelschiffe, Jachten und Kanus gemächlich übers Wasser. Die längste künstliche Wasserstraße im Vereinigten Königreich wartet gleich zu Beginn der Kanalanlage am Ausgang des Loch Linnhe mit Neptun's Staircase mit einer eindrucksvollen, aus acht Kammern bestehenden Schleusentreppe auf. Und natürlich mit Loch Ness, der Heimstatt des Ungeheuers, das bisher geschickt vermied, seine Existenz verlässlich nachzuweisen. Die trutzige Burgruine von Urquhart Castle würde, wenn sie könnte, Auskunft geben.

Aufenthalt im viktorianischen Ambiente des Schlosshotels Inverlochy

Information

ANREISE
Flug nach Glasgow oder Edinburgh, von dort mit PKW 2,5 bzw. 3 Stunden Fahrt, Abholung mit Rolls-Royce möglich, Zug bis Fort William

BESTE REISEZEIT
April bis Oktober

SEHENSWERT
Glenfinnan Monument und Bahnviadukt: beeindruckende Eisenbahnbrücke, bekannt aus Harry-Potter-Filmen in der traumhaften und malerischen Kulisse am Loch Shiel, Besucherzentrum, Lochaber PH37 4LT. www.nts.org.uk

ESSEN UND TRINKEN
Lochleven Seafood Café: nüchtern-modernes Restaurant am Loch Leven auf allerhöchstem kulinarischen Niveau, Onich, Fort William, Inverness-shire PH33 6SA. www.lochlevenseafoodcafe.co.uk

ÜBERNACHTEN
Crolinnhe B & B: luxuriöses B & B mit drei stilvollen Suiten etwas außerhalb von Fort William. Grange Road, Fort William, PH33 6JF. www.crolinnhe.co.uk

WEITERE INFOS
Inverlochy Castle:
http://inverlochycastlehotel.com

Am Isarufer in München, im Hintergrund ist das Müllersche Volksbad zu sehen

24 Geisterklamm und Klosterbarock

Bayern auf dem Isarradweg

HIGHLIGHTS

Mittenwald: Wegvariante durch die Buckelwiesen oberhalb von Kranzberg

Mühltal (östliches Isarufer bei Schäftlarn): Gegen Mittag müssen die Flöße die benachbarte Rutsche passieren.

München: bei schönem Wetter sieht man vom Turm des Alten Peter bis ins Karwendel

bei Usterling: Das Naturdenkmal *Wachsender Felsen*, ein mehrere Meter aus dem Boden wachsender Felsen ist einzigartig in Europa.

Isarmünd bei Deggendorf: schöner Ausblick auf die Mündung in die Donau, von Isarmünd auf einem 1,2 Kilometer langen Fußweg zu erreichen

PROBIEREN UND ERLEBEN

Forellen aus der Isar – Käse der Region gibt´s im Tölzer Kasladen, Marktstr. 31 mit Dependance am Viktualienmarkt – Giesinger Erhellung kommt von *Giesinger Bräu*, einer jungen Brauerei in der isarnahen Martin-Luther-Str. 2 in München. Am Münchner Viktualienmarkt werden von www.stadtvogel.de Probiertouren angeboten.

Isara, die Reißende, ist wild und naturbelassen und gar nicht so gemütlich, wie der Wahlmünchner Erich Kästner die Bayern beschrieb. Wer hier entlangradelt, erlebt idyllische Orte, magische Momente und grandiose Landschaften und erschließt sich Bayern von seiner schönsten Seite.

Die Isar weist den Weg. Knapp 300 Kilometer lang führt er von der Quelle im österreichischen Karwendelgebirge bis zur Donau, in die sie bei Deggendorf mündet. Die Entscheidung, in welcher Richtung man das Isarland entdecken will, muss jeder selbst treffen. Fährt man flussaufwärts, hat man das Alpenpanorama vor sich, folgt man ihr von der Quelle zur Mündung sieht man die Isar mit jedem Zufluss wachsen. Beides ist attraktiv, und der Höhenunterschied von 700 Metern ist auch ohne E-Bike zu bewältigen.

Entscheidet man sich, an der zu Quelle starten, bietet sich Mittenwald als erste Basisstation an. Der Anblick der wild zerklüfteten Kalksteingipfel des Karwendel- und Wettersteingebirges, die sich über dem Geigenbauort erheben, lässt die Herzen von Besuchern aus aller Welt höher schlagen. Der 7500-Einwohner-Markt ist nach Oberstdorf Bayerns zweitwichtigster Urlaubsort. Rund 600 Übernachtungsbetriebe sorgen im weitgehend autofreien Ort dafür, dass sich die Gäste wohlfühlen. Restaurants haben sich auf den Terrassen der Sträßchen um die Peter-und-Paul-Kirche breit gemacht und servieren bayrische und mediterrane Schmankerl. Farbenfrohe Lüftlmalereien, früher waren sie ein Zeichen von Reichtum, schmücken die Häuser. Manche stammen noch aus dem Mittelalter. Damals war Mittenwald Umschlagplatz für wertvolle Stoffe und Gewürze aus Venedig. Hier wurden sie auf Holzflöße verfrachtet und auf der Isar nach München transportiert. Um zur Isarquelle zu kommen, fährt man Richtung Scharnitz und danach 25 Kilometer durch das wilde Hinterautal. Die Bergwelt Mittenwalds lässt sich auf vielen, auch einfachen Wanderungen erschließen, zum Erfrischen gibt's acht Badeseen. Beliebte Ziele sind die Leutascher Geisterklamm, Themen- und geologische Naturpfade entlang der Isar. Wäre fast schade, das alles unentdeckt liegen zu lassen. Powerbiker bringen die 290 Kilometer an weniger als zwei Tagen hinter sich, dann allerdings bleibt kaum Zeit für Anderes. Wer allerdings der Versuchung nachgeben will, die Beine ins Wasser zu stecken, ein Picknick auszupacken und »den Herrgott einen guten Mann sein zu lassen«, braucht länger, ist aber der bayerischen Leichtigkeit des Seins ein gutes Stück nähergekommen. Ist man erst einmal auf dem Isarradweg, ist der gut beschildert. Nur auf kurzen Passagen muss man auf Autos achten.

»Und i fliag, fliag, fliag ...« - schwerelos in Bayern

Ein einmaliges Erlebnis in zünftiger Runde: Floßfahrt auf der Isar bei Thalkirchen

Information

ANREISE
Die Deutsche Bahn bietet Fahrradtransport an, am besten vorab anmelden. Es gibt unterschiedliche Preisstrukturen für Regional- und Fernverbindungen. Infos unter www.bahn.de/p/view/service/fahrrad/bahn_und_fahrrad.shtml

BESTE REISEZEIT
Mai bis Ende Oktober

SEHENSWERT
Mittenwald: Geigenbaumuseum, Magdalena-Neuner-Panoramaweg, Wanderung nach Ettal

Lenggries: alter Kalkofen, der letzte in Oberbayern, Bergbahnfahrt/Wanderung auf das Brauneck

Bad Tölz: Naturfreibad Eichmühle, 08041/797209, Eichmühlstr. 26, Stadtmuseum, Marktstr. 48, Di–So 10–16 Uhr

Schäftlarn: Klosterkirche und Garten

München: Infos bei MünchenTourismus, Sendlinger Str. 1, www.muenchen.de/tam

Freising: Domkirche St. Maria und Korbinian, Bayerische Staatsbrauerei Weihenstephan (Führungen auf Anfrage Tel. 08161/5360), Sichtungsgarten in Weihenstephan, Am Staudengarten 8, Tel. 08161/714026, Mai–Oktober, 9–18 Uhr

Feuchtfröhliche Rutschpartie
Zunächst hört sich der Spaß teuer an: 7000 Euro. Allerdings kann man auf dem traditionellen Holzfloß, das man für's Geld mietet, 54 Freunde mitnehmen, da ist zünftige Blasmusik an Bord, und die Verpflegung inklusive dem Fassbier von Augustiner passt auch. Los geht's in Wolfratshausen. Dort bordet man auf einem traditionellen Holzfloß und treibt München entgegen. Die Flößer sorgen kurzweilig dafür, dass man erfährt, was links und rechts des Ufers abgeht. Wenn man auf dem Isarkanal treibt, steht einem Sprung ins kühle Wasser nichts entgegen. Im letzten Viertel der Strecke steigt die Spannung. Das Floß muss drei Floßrutschen überwinden, davon bildet eine mit 18 Metern Höhenunterschied die längste Europas. Hier grölt, kreischt oder schreit jeder. Es nützt nichts, bei 40 km/h wird man trotzdem nass!
Infos unter www.isar-floss-event.de oder www.isarflossfahrten.de

An manchen Tagen schimmert die Isar postkartenperfekt türkis vor den Wänden des Karwendel-Gebirges, hüpft keck über weißen Kalkstein, umspült Felsblöcke, erwärmt sich unter bayrisch-weißblauem Himmel in kleinen Becken. Nach heftigen Regenfällen quillt sie braun über das breite Flussbett, führt Baumstämme mit, schnaubt, und man glaubt zu hören, wie sie den Sand und Kies vor sich herschiebt. Auch wenn der Isar heute zur Stromgewinnung Wasser entzogen wird und der Sylvensteinspeicher den Abfluss etwas ausgleicht, um die dahinter liegenden Orte vor schlimmen Hochwassern zu schützen, ist die Wildlandschaft im Oberlauf einzigartig in Europa. Man radelt entlang breiter weißer Kiesstreifen, passiert prächtige Bauernhöfe, genießt den Schatten von Auenwäldern, entdeckt schmucke Dörfer und Städte.

Bis München ist das Angebot an Zimmern groß. Dass man nicht lange vorher reservieren muss, ist eine gute Gelegenheit sich treiben zu lassen. In der Tölzer Fußgängerzone Eis zu essen und im Käsladen seine Vorräte für's nächste Picknick aufzufüllen. Freunde des Barock werden sich auf die Klosterkirche Schäftlarn freuen, Pflanzenliebhaber über den Garten daneben.

Verlässt man den Radweg entlang der Isar nicht, muss man in München nicht eine Straße überqueren. Im Unterlauf lockt die Bischofsstadt Freising mit seiner schönen Altstadt und dem Dom, Moosburg, das mittelalterliche Landshut, ehemals Hauptstadt Bayerns, Dingolfing und Landau. Breit, träge – sie hat sich inzwischen Loisach, Amper und Dorfen einverleibt – mündet sie bei Plattling in die Donau.

Bayrischer Vierkampf

Ist man entlang der Isar geradelt, in ihr geschwommen (soweit die Tiefe das zulässt) und hat man in den Biergärten ein paar Maß Radler gestemmt, fehlt für den bayerischen Vierkampf noch die vierte Disziplin. Eine Wanderung auf das Brauneck. Es gibt verschiedene Touren auf den 1555 Meter hohen Berg. Die bekannteste startet in Lenggries und dauert, geht man es gemütlich an, etwas mehr als 90 Minuten. Oben angekommen eröffnen sich weite Blicke über das Isartal und das Karwendel. Bei guten Bedingungen starten Drachenflieger und Paraglider. Es gibt viele Hütten, die kalte und warme Mahlzeiten anbieten, eine Käserei in der Stie-Alm und, will jemand hier oben den Sonnenuntergang erleben, einige Übernachtungsmöglichkeiten im Matratzenlager oder im Zwei-Bett-Zimmer. Reservierung, z. B. im Brauneck-Gipfelhaus ist dringend zu empfehlen. Tel. 08042/87 86

Blick vom Latschenkopf auf ein weißblaues Panorama

Moosburg: mittelalterliche Altstadt

Landshut: Altstadt mit vielen Museen und Burg Trausnitz

Dingolfing: schöne Altstadt

ESSEN UND TRINKEN

Mittenwald:

Marktrestaurant: gehobene bayerische Küche, viele Gerichte auch als halbe Portion, Dekan-Karl Platz 21, Tel. 08823/926 95 95

Bad Tölz:

Forellenhof Walgerfranz: bietet auch Fische aus eigener Zucht an, Bairawieser Str. 43, Tel. 08041/96 65

München:

Biergarten Zum Flaucher: Isarauen 8, Tel. 089/723 26 77, gemütlicher Biergarten

Wirthaus in der Au: bekannt für Knödel und Jazz, schöner Garten, Lilienstr. 8, Tel. 089/448 14 00

Landshut:

Weinstube Isarklause: gute Küche direkt an der Isar, Laendgasse 124, Tel. 0871/231 00

Dingolfing:

Gasthof zur alten Mühle: mit idyllischem Biergarten, bayerische Küche, Gottfriedinger Str. 22, Mamming (zwischen Dingolfing und Landau), Tel. 09955/93 35 51

ÜBERNACHTEN

Mittenwald:

Gästehaus Edlhuber: perfekte Lage, bayerische Gastlichkeit Innsbrucker Str. 33, Tel. 08823/13 89

Bad Tölz:

Hotel Kolbergarten: ruhig, direkt über der Isar, im Zentrum, Fröhlichgasse 5, Tel. 08041/7 89 20

München:

Pension am Siegestor: günstige Zimmer in perfekter Lage, Akademiestr. 5, Tel. 089/39 95 50

Landshut:

Michel Hotel: unmittelbar an der Isar, zwei Gehminuten zur Altstadt, Papiererstr. 2, Tel. 0871/43 09 90

WEITERE INFOS

www.isarradweg.de

Tourismusverband München Oberbayern e. V.: Radolfzeller Str. 15, 81243 München, Tel. 089/ 829 21 80

Vorzeichen für die Goldhochzeit? Goldener Herbst im Werdenfelser Land

25 Idyll am Fuß der Zugspitze

Bayerns Paradies liegt im Werdenfelser Land

HIGHLIGHTS

Zugspitze: mit 2962 Metern Deutschlands höchster Berg mit herrlichem Alpenrundblick.

Königshaus Schachen: Eine sechsstündige Wanderung führt zum in 1866 Metern Höhe gelegenen Rückzugsort von Märchenkönig Ludwig II.

Mittenwald: Die Häuser des malerischen Marktfleckens sind bedeckt von Lüftlmalerei.

Höllentalklamm: tosender Wasserfall durch wildromantische Schlucht gesäumt von jähen Felswänden

Garmisch-Partenkichen: Stadt mit Gegensätzen – schindelgedeckte Gebirgshäuser und Deutschlands größte Skisprungschanze

PROBIEREN UND ERLEBEN

Knuspriger Schweinsbraten: mit Kartoffelknödel und Krautsalat der Alpenklassiker schlechthin – *Tafelspitz:* Die gesottenen Rinderlendenscheiben werden mit Salzkartoffeln und geriebenem Meerrettich aufgetischt – *Café Krönner:* Die köstlichen hausgemachten Pralinen und Kuchen haben lange Tradition.

Atemberaubende Natur, alte Volkskunst wie die Lüftlmalerei und ein breites Sportangebot machen den Charme dieses Landstrichs am Fuße der Zugspitze zwischen Garmisch-Partenkirchen und Wetterstein- und Karwendelgebirge aus. Zum Entspannen und Krafttanken gibt es hier ein Hotel der ganz besonderen Art.

In einem idyllischen Tal nahe Klais steht in traumhaft abgeschiedener Lage auf 1000 Meter Höhe ein prächtiges Herrenhaus im feudalen Arts & Craft-Stil. Vor 100 Jahren gab Mary Isabel Portman den Bau in Auftrag, so sehr hatte den exzentrischen britischen Adelsspross das Alpenpanorama fern der Heimat am Rand des Wetterstein- und Karwendelgebirges beeindruckt. Ihrer Hartnäckigkeit, das ehrgeizige Projekt inmitten wilder Natur zu verwirklichen, ist es zu verdanken, dass das einsame Tal zum Rückzugsort mit persönlicher Note wurde. Denn mit ihrem zinnenbekrönten Schlösschen legte sie den Grundstein für »Das Kranzbach«, begehrtes Refugium und erholsame Wellness-Oase für Naturliebhaber, Sportbegeisterte und gestresste Stadtbewohner. Das Badehaus im Designer-Anbau lockt mit Panoramasaunen und warmen Innen- und Außenpools – Alpentraumblick garantiert – und einem 35 °C-Solebad inmitten der Buckelwiesen, in dem man gerne länger verweilen wollte, gäbe es in der Umgebung nicht so viel Lohnenswertes zu sehen.

So wie Mittenwald, das reich gesegnet ist mit Lüftlmalerei, jener Volkskunst, deren Name auf das Oberammergauer Wohnhaus des Malers Franz Zwinck zurückgeht, das dieser »Zum Lüftl« taufte und mit den typischen Außenfresken schmückte. Schönstes Beispiel sind die Häuserzeile am pittoresken Obermarkt und die Pfarrkirche St. Peter und Paul, die sich von oben bis unten farbenfroh bemalt zeigt. Auch Garmisch-Partenkirchen, das Zentrum der Sommerfrische und des Wintersports, muss sich nicht verstecken: In den Garmischer Straßenzügen erfreut eine dichte Folge schindelgedeckter Gebirgshäuser mit Zierbundwerk und Heiligenfiguren unterm Giebel das Auge des Besuchers, während in Partenkirchen die Gassen und Plätze noch immer Dorfidylle ausstrahlen, ganz besonders der kleine Floriansplatz mit Zugspitzblick. Apropos Blick: Ab 2018 ist eine Fahrt mit der nagelneuen »Zugspitze«-Seilbahn vom Eibsee hinauf zu Deutschlands höchstem Gipfel bei klarem Himmel ein Muss – der Blick auf die Gebirgskette ist unvergessen!

Wanderung in den Siebenten Himmel

Zu zweit im Einklang mit der Natur: Das bieten ein Wanderweg durch herrliche Buckelwiesen hinauf auf 1200 Meter Höhe, wo die seit 1924 bewirtschaftete Elmauer Alm zur zünftigen Brotzeit einlädt – den atemberaubenden Panoramablick zum Karwendelmassiv, Wetterstein und Zugspitze inklusive. Ein Rundweg zurück zum »Kranzbach« führt vorbei am eindrucksvollen Bau von Schloss Elmau, das als Nobelhotel mit anthroposophischer Ausrichtung und kulinarische Institution bekannt ist. Krönender Abschluss des Tages ist ein Besuch im Gourmetrestaurant Luce d'Oro, wo Sternekoch Mario Corti seine Gäste aufs Feinste verwöhnt. Ob Fisch, hausgemachte Pasta, Spargel oder Carré vom Iberico-Schwein: Die edlen Speisen, begleitet von erlesenen Weinen, werden vom Küchenchef bis hin zu exquisiten Desserts und Käseauswahl so perfekt zubereitet und inszeniert, dass es einem die Sprache verschlägt. Wer würde nach diesen Köstlichkeiten wohl nicht im Siebenten Feinschmeckerhimmel schweben! www.schloss-elmau.de

Landidylle mit Schafherde und Hirte in Elmau

Information

ANREISE

Fahrt zum Gipfel der Zugspitze: vom Eibsee aus mit der neuen Seilbahn »Zugspitze« (Einweihung Ende 2017) oder ab Garmisch-Partenkirchen mit der historischen Zahnradbahn. www.zugspitze.de

Anreise zu Schloss Elmau und Kranzbach über Klais; von dort Shuttleservices der Hotels.

BESTE REISEZEIT

Frühjahr und Herbst

ESSEN UND TRINKEN

Café Krönner: Garmisch-Partenkirchens beste Adresse für Kuchen und Pralinen. www.kroenner.com

Bräustüberl: Traditionsgasthof mit bayerischer Hausmannskost in Garmisch-Partenkirchen. www.braeustueberl-garmisch.de

Marktrestaurant: gehobene bayerische Küche in Mittenwald. www.das-marktrestaurant.de

ÜBERNACHTEN

Das Kranzbach: Erholsamer kann man im Werdenfelser Land kaum wohnen. www.daskranzbach.de

Schloss Elmau: legendäres Schlosshotel in herrlicher Lage, das höchste Kulinarik- und Wellness-Ansprüche erfüllt. www.schloss-elmau.de

WEITERE INFOS

www.werdenfelserland.de, www.garmisch-partenkirchen.de, www.zugspitz-region.de

Die von der Abendsonne beschienene Herzlstraße inmitten steirischer Weinberge

26 Schlösser, Weinberge und Kurbäder

Fürstlich wohnen in der Steiermark

HIGHLIGHTS

Stift Admont: Die Benediktinerabtei ist wegen seiner reich ausgestatteten Barockbibliothek weltberühmt.

Altausseer See: Eine Uferwanderung zeigt den See in seiner geheimnisvollen Schönheit.

Grazer Landhaus: Der Hof mit doppelbögigem Laubengang zählt zu Österreichs schönsten Renaissancebauten.

Riegersburg: Die mächtige Burg rühmt sich, nie vom Feind gestürmt worden zu sein.

Therme Rogner Bad Blumau: Architekt Hundertwasser durfte bei der Gestaltung der Bäderlandschaft seine ganze Fantasie einfließen lassen.

PROBIEREN UND ERLEBEN

Flecksuppe: kräftige Brühe mit Kutteln – *Backhendlsalat:* feinstes Backhuhn auf Nissel (Feldsalat)-Kartoffelsalat – *Blunzen:* die Blutwurstscheiben sind auch beliebt als Vorspeise – *Kaisergulasch vom Kalb* wird mit eingelegtem Essiggemüse bereitet – *Fedlkoch:* abgeriebene Knödel aus gekochter Sahne, Ei, Mehl und Zimt

Endlose Wälder, saftige Almwiesen. Bizarre Gipfel, liebliche Weinberge. Prächtige Schlösser und Burgen. Reiche Kirchen und Klöster. Erholsame Thermal-Spas und prämierte Restaurants. Das ist die Steiermark, das klingt nach perfektem Urlaub – vor allem, wenn man Quartier nimmt in fürstlichen Domizilen.

Die Steiermark, zu Recht als Österreichs »Grünes Herz« bezeichnet, erstreckt sich zwischen Dachstein, Ausseerland und Hochschwab, zwischen den sanftwelligen Rebhügeln im Süden und der pannonischen Tiefebene östlich von Graz. Es ist das »Thermenland«, das mit einer Reihe von wundervollen Kurbädern aufwarten kann, in deren Nähe sich dicht an dicht Fürstenresidenzen reihen. In Stubenberg am See liegt das gleichnamige Schloss in erhabener Lage, dessen Renaissance-Innenhof aus dem 16. Jahrhundert mit elegant geschwungenen Doppelarkadengängen ein architektonisches Juwel darstellt. Vom dort aus lässt sich bequem das im üppigen Barock ausgestattete Augustinerchorherrenstift Vorau besuchen, wie auch das reizende Städtchen Pöllau mit imposanter Barockkirche. Eine Besonderheit ist die Wallfahrtskirche auf dem Pöllauberg, wo das Wirtshaus König, das einmal zum schönsten steirischen Blumengasthof gekürt wurde, seine Gäste mit delikater Hausmannskost auf die Sonnenterrasse lockt.

Schloss Obermayerhofen ist wohl die nobelste Herberge des Thermenlandes. Nicht ohne Grund ist die Residenz mit ihrem prachtvollen Arkadenhof, eigener Kapelle und gerühmtem Restaurant beliebtes Hochzeitsdomizil. Ein Ganztagesausflug von hier bietet sich ins Rogner Bad Blumau an. Mit seiner fantasievollen Hundertwasser-Architektur ist es Österreichs spektakulärstes Thermal-Spa, das auch schöne Zimmer mit Ausblick auf die Bäderlandschaft bietet. Stimmungsvoller wohnt es sich aber eindeutig auf Schloss Kapfenstein, was nicht nur der ausgezeichneten Steirer Küche und den guten Tropfen aus hauseigener Kellerei zu verdanken ist, sondern auch der großen Herzlichkeit der Gastgeber Winkler-Hermaden. Ausflüge führen von hier durch die Weinberge zur berühmten Riegersburg einst größtes Bollwerk der Christenheit, in das beschauliche Bad Radkersburg oder in den Weiler Kaag. Dort steht die überaus skurrile »Gsellmanns-Weltmaschine«, die mit ihren zahllosen beweglichen Teilchen und Lichtern ausdrücklich keinem produktiven Zweck dienen soll.

Hundertwassers Welt der Wellness

Im Doppelpack noch schöner! Entspannung pur in der Welt goldener Kuppeln, bunter Fassaden, fließender Formen, bepflanzter Dächer inmitten von grünen Wiesen. Ganz im Sinne ihres Schöpfers fügt sich die Thermal- und Wellness-Bäderlandschaft von Friedensreich Hundertwasser im Einklang mit der Natur

Auf dem Dachstein: Gipfelglück, wie es schöner nicht sein könnte!

Abheben vor Glück: Ein Flug im Heißluftballon über Schloss Schielleiten macht's möglich!

Information

ANREISE
Von Mai bis Oktober

ESSEN UND TRINKEN

Zum Hirschen: Das Fachwerk-Wirtshaus weist eine der wenigen original erhaltenen steirischen Gaststuben auf, Altaussee-Fischerndorf. www.hirschen-altaussee.at/de/gasthof/restaurant

Restaurant Erzherzog Johann: kulinarischer Genuss serviert in eleganten Stuben oder auf der blumenbekränzten Terrasse, Bad Aussee. www.erzherzogjohann.at

Kölblwirt: Was in der gemütlichen Schankstube mit Kachelofen aufgetischt wird, kocht die Mutter der Hausherrin, Johnsbach. http://koelblwirt.at

Brauhaus Mariazell: Seit 1914 fließt wieder selbstgebrautes Bier aus dem Zapfhahn der urigen Gaststube, Mariazell. www.bierundbett.at/hopfen-malz

Gasthof Holzer: »Höchste Qualität auf natürliche Weise« ist die Devise des sympathischen Wirtspaars, Neuberg an der Mürz. www.hubertholzer.com

Restaurant Hofwirt: Hinter reich stuckierter Barockfassade gibt's in nahezu unverändert erhaltener uralter Gaststube bodenständige Küche, Seckau. www.projekt-spielberg.com/hotel-hofwirt

zu einem einzigartigen Gesamtkunstwerk, das ein auf verschiedene Häuser aufgeteiltes Hotel umfasst, mit diversen Restaurants (darunter das Haubenrestaurant »GenussReich«) und dem weitläufigen Bade- und Saunenbereich mit für jede Witterung geeigneten Innen- und Außeneinrichtungen. Das Zentrum bildet die ringförmige Innentherme, die Wohn-, Bade- und Gastro-Bereiche verzweigen sich von der Mitte aus in die offene Landschaft, verbunden durch unterirdische Gänge, wobei die Fassaden, die 2400 verschiedenartigen Fenster und 330 Säulen dieser einmaligen Anlage zur Entdeckungsreise einladen. Zu recht gilt das Rogner-Bad als Österreichs schönste Therme! www.blumau.com

Die südliche Steiermark wird gerne als Toskana Österreichs bezeichnet. Das liegt am milden, fast mediterranen Klima und an den hiesigen Trauben, die Weine von Weltrang liefern: Sauvignon blanc, Morillon, Gelber Muskateller. Zu verköstigen sind diese auch im Schloss Gamlitz, ein höchst pittoresker Barockbau mit liebevoll eingerichteten Zimmern. Im angeschlossenen Weingut Melcher kredenzt der betagte, doch sehr agile Hausherr seinen Gästen höchstpersönlich seine wunderbaren Tropfen, samt einer Weinführung voller Witz und Esprit. Ein Quartier ganz anderer Prägung ist die wehrhafte Burg Deutschlandsberg. Doch verbergen sich hinter den trutzigen Mauern gemütliche Zimmer, teils mit Himmelbett, und im Rittersaal gewaltigen Ausmaßes ein elegantes Feinschmeckerrestaurant. Das Burghotel liegt ideal für einen Besuch der schmucken steirischen Landeshauptstadt Graz und den Attraktionen ihrer Umgebung, so wie die Hunderwasserkirche in Bärnbach, die prachtvolle Barockkirche in Rein, das mächtige Schloss Eggenberg und nicht zu vergessen, das weltberühmte Lipizzanergestüt in Piber.

Im Murtal gelegen ist Hotel Schloss Gabelhofen, dessen wuchtige Bausubstanz im Inneren mit einer Stahl-Glaskonstruktion kombiniert wurde – eine gelungene Symbiose aus Alt und Neu. Zur eleganten Atmosphäre des Hauses passt das weiß getünchte Restaurant, in dem es sich unter gotischem Gewölbe hervorragend speisen lässt. Im romantischen steirischen Salzkammergut bietet Schloss Pichlarn einen Aufenthalt vom Feinsten, Wellness-Oase, Ayurveda, Gourmetrestaurant und 18-Loch Golfplatz inklusive. Das hat seinen Preis, doch kann man von hier aus die zauberhaften Seen des Ausseerlandes oder die bizarre Bergwelt des »Gesäuses« erkunden und auch Admonts weltberühmter Stiftsbibliothek einen Besuch abstatten. Im malerischen Ennstal bittet Schloss Thannegg zur Nacht. An die 30 Kaufverträge und eine Engelsgeduld brauchte der Hausherr, bis das zur Ruine verkommene Gemäuer in neuem Glanz erstrahlen durfte. Heute serviert der engagierte Hotelier seinen Gästen, hungrig vom Wandern im Dachsteingebirge, im Rittersaal deftige Steirerkost, bevor sie müde in die kuscheligen Federbetten der zirbelholzgetäfelten Zimmer sinken.

Traumschloss für Lovers

Perfekt für Paare – und die, die's noch werden wollen: Obermayerhofen, das schönste der steirischen Schlosshotels, geführt von Graf und Gräfin Kottulinsky. Seit 1777 befindet es sich im Besitz der Familie, deren schlesischen Ahnherrn Joseph Graf Kottulinsky es einst der Liebe wegen in die Steiermark zog, wo dieser das Schloss inmitten eines großen Parks erwarb. Nach dem Exodus der Schlossherren hat das gräfliche Paar heute ein elegantes Luxushotel geschaffen, mit schlichtem Äußeren, das einen reizvollen Kontrast zu den Renaissancearkaden im Innenhof bildet. In den geräumigen Zimmern laden Himmelbetten ein, funkeln Lüster, glänzen Parkettböden und antikes Mobiliar im Licht, das durch große Fenster fällt. Und im Festsaal, wo es Frühstück gibt, stellt ein Fresko fantasievoll Dschungelwelten dar. Unbedingt zu erwähnen ist der neue Spa-Bereich im Glaspavillon und die Gourmetküche, die geboten ist. Kein Wunder, dass sich Liebespaare hier gern das Jawort geben! www.obermayerhofen.at

Romantisches Dinner am Grazer Schlossberg: Restaurant Starcke Haus

Safenhof: »Kulinarische Perle der Oststeiermark« im Thermenland seit 1756, heute mit haubengekrönter Gourmetküche, Bad Waltersdorf. www.safenhof.at

Malerwinkl: expressionistisch präsentierte Meisterküche in skurriler Künstlerumgebung, Hatzendorf. www.malerwinkl.com

Erikas Buschenschank: zünftige Brotzeit auf herrlicher Panoramaterrasse, Gamlitz-Kranach. www.erikas-buschenschank.at

Winzerhaus am Kogelberg: uraltes Gasthaus inmitten von Reben mit fabelhafter Küche, Kaindorf an der Sulm. www.kogelberg.at

Kaminstub'n: steirische Küche in einem Ensemble von 100 Jahre alten Bauernhäusern, Deutschlandsberg. www.kaminstubn.at

Landhauskeller: Traditionslokal mit Gastgarten umrahmt von prachtvollen Renaissancearkaden, Graz. www.landhaus-keller.at

Steirereck am Pogusch: gemütliches Wirtshaus mit zwei Hauben auf 1057 Metern Höhe. www.steirereck-pogusch.at

ÜBERNACHTEN

Schloss Stubenberg am See: besitzt einen einmaligen Renaissance-Innenhof. www.schloss-stubenberg.at

Schloss Kapfenstein: sympathisches Haus mit eigener Weinkellerei. www.schloss-kapfenstein.at

Schloss Gamlitz: das herrlich unperfekteste der Schlosshotels. www.melcher.at

Burghotel Deutschlandsberg: Hotel hinter trutzigen Mauern. www.burghotel-dl.at

Schloss Pichlarn: das luxuriöseste der Schlosshotels, Irdning. www.schlosspichlarn.at

Schloss Thannegg: besonders persönlich geführtes Haus, Grödming-Moosheim. www.schloss-mossheim.at

Schloss Obermayerhofen: beliebtes Schloss zum Heiraten, Sebersdorf. www.obermayerhofen.at

SHOPPING

Kürbiskernöl: Ölmühle Leopold, Deutschlandsberg. www.oelmuehleleopold.at

Schokolade: Zotter-Manufaktur, Riegersburg. www.zotter.at

Schnaps und Likör: Brennerei Gölles, Riegersburg. www.goelles.at

WEITERE INFOS

www.steiermark.de, www.schlosshotels.co.at/hotels/oesterreich/steiermark.html

Dieses Winter-Wunderland lässt Herzen schmelzen.

27 Einfach abgleiten

Winterauszeit in den Hohen Tauern

HIGHLIGHTS

Leichte Fackelwanderung: von Heiligenblut aus zu einem nächtlichen Lagerfeuer mit Glühweinausschank und Livemusik, Termine unter tourismus@nationalpark-hohetauern.at

Rodeln in Mallnitz: Die Zufahrtsstraße zur Jamnigalm ist die längste beleuchtete Rodelbahn Kärntens.

Schneeschuhwandern: zu den Apriacher Almen, Info siehe oben

Heiligenblut: Besichtigung der Wallfahrtskirche Hl. Vinzenz

Tauerngoldausstellung: im Putzenhof, Großkirchheim, sie erzählt von den Tagen des »Berggeschreys« am Hohen Tauern

PROBIEREN UND ERLEBEN

»Wenn man bewusst und das Richtige isst, dann fühlt man sich auch wohl und kann leichter für den Alltag Kraft schöpfen.« Das Credo von Erich Hohenwarter, Chef des Hotels Sonne in Mallnitz, steht exemplarisch für das Motto der Region. Regionale saisonale Küche wird überall im Nationalpark großgeschrieben.

Für die Natur ist der Winter die Zeit der Ruhe. Im Nationalpark Hohe Tauern, wo mit Rücksicht auf die Natur das Pistenangebot klein ist, gibt es viele Angebote, abseits großer Skiarenen mit Pistengaudi Ruhe zu finden und die eigenen Batterien wieder aufzuladen.

Der Blick geht tief in das Schwarz über unseren Köpfen, in die endlose Weite des Universums. Sterne und das weiße Band der Milchstraße stechen daraus hervor. Lichtjahre entfernt. Was das in Wirklichkeit bedeutet, will einem nicht in den Kopf. Durch das Teleskop kann man einen kleinen leuchtenden Punkt erkennen, der zu einer hell gleißenden Erbse mit weiteren Lichtpunkten dahinter wird. Außer dem großen Wagen werde ich mir auch nach dieser Nacht keines der Sternbilder merken können. Es sind verwirrend viele. Trotzdem ist dieser Abend auf dem 2600 Meter hohen Schareck über dem Ort Heiligenblut einfach magisch. Und empfindlich kalt. Wir sind froh, als wir wieder am warmen Kachelofen unserer Almhütte sitzen.

Penk liegt am Rand des Nationalparks Hohe Tauern. Als er 1981 ins Leben gerufen wurde, mussten die Ängste und schweren Bedenken der Einheimischen diskutiert und zerstreut werden. Pläne zum Bau neuer Skilifte wurden Makulatur, maschinengestützte Landwirtschaft wurde in einigen Zonen unmöglich. Das Einkommen der Betroffenen stand auf dem Spiel.

Dass der Nationalpark Hohe Tauern, er ist der größte Österreichs, inzwischen neue Arbeitsplätze geschaffen hat, bestätigt die Befürworter und besänftigt die Kritiker. Schließlich hat sich die Welt weitergedreht. Das Weltklima steht Kopf. Schneesicher sind nur noch die höheren Regionen. Auch Reisende werden umweltbewusster.

Am nächsten Morgen steigen wir früh mit unseren Steighilfen einen Hang oberhalb von Apriach hoch. Der Weg ist atemraubend. Der Blick auf die Skyline der Tauerngruppe ebenso: Großglockner, Racherin, Teufelshorn und viele andere Gipfel reihen sich kühn vor uns auf, wild, dick mit Schnee bedeckt, und allesamt mehr als 3000 Meter hoch. Die Haifischrückenflosse des majestätischen Großglockners darf sich mit 3798 Metern höchster Berg Österreichs nennen. Unser Guide deutet Tierspuren im Schnee, erzählt uns, wie sie versuchen, den Winter zu überleben. Ungefähr 10000 Tierarten gibt es hier wieder im Nationalpark Hohe Tauern. Einige wurden wieder angesiedelt, andere kamen von selbst. Manche gibt es kaum noch anderswo.

Höhenflug mit 2 PS

Schon die Art und Weise, mit der die Pferde angeschirrt werden, um die Kutsche zu ziehen, auf der man es sich bald gemütlich machen kann, ist wohltuend. Wenn man dann, durch Decken und Felle kältegeschützt, behäbig durch die tief verschneite Kulisse der Winterbergwelt Apriachs, einem Almhüttendorf in Heiligenblut gleitet, ist die (Wieder-)Entdeckung der Langsamkeit perfekt. Mögliche Nebenwirkungen sind Wahrnehmungserweiterung, Denkgenauigkeit und Behutsamkeit beim Handeln. Das wirkt wohltuend bei einem selbst, beim Partner und in der Umwelt, durch die man sich bewegt. Wunderbar! Pferdeschlittenfahrten werden in Apriach oberhalb von Heiligenblut durch Familie Wallner angeboten. Dauer: ungefähr drei Stunden. Tel. +43 664/122 18 90

Eine Schlittenfahrt durch die Winterlandschaft: ein Hochgenuss, nicht nur für frisch Vermählte

Information

ANREISE
Ökologisch nachhaltig mit dem Zug (Autoverladung möglich) nach Mallnitz, vor Ort mit dem Wander/Skitaxibus. Infos unter www.mobilito.at

BESTE REISEZEIT
Mitte Dezember bis Mitte März

ESSEN UND TRINKEN
Döllacher Gasthaus: eines der ältesten Gasthäuser in Kärnten. Döllach 79, Großkirchheim, Tel. +43 4825/210

Hotel Sonnenhof: frisch, saisonal, regional und bio, lautet das Credo des Chefs Erich Hohenwarter. Mallnitz 15, Mallnitz, Tel. +43 4784/260

ÜBERNACHTEN
Landgut Moserhof: Zimmer, Almhütten und eine Berghütte mit vielen Extras und viel Ambiente, Moos 1, Penk/Reißeck. www.landgut-moserhof.at

WEITERE INFOS
Kärnten Werbung: Völkermarkter Ring 21–23, 9020 Klagenfurt. www.kaernten.at

See-Idylle: Wolfgangsee mit der Pfarr- und Wallfahrtskirche St. Wolfgang

28 Wanderlust und Wohlgefühl

Am Fuß des Nationalparks Hohe Tauern

HIGHLIGHTS

Krimmler Fälle: Europas höchste Wasserfälle sind ein tosendes Schauspiel inmitten herrlicher Berglandschaft.

Großglockner Alpenstraße: Einer der schönsten Bergpässe der Alpen mit grandioser Kulisse führt in den Süden.

St. Hippolyt in Zell am See: Die romanische Pfarrkirche mit kostbarem Altar ist das wohl schönste Bauwerk der Region.

Kaprun: Der Gletscher des Kitzsteinhorns ist ein Paradies für Sommerskifahrer.

Bad Gastein: berühmter Kurort mit Belle-Epoque-Hotels, Thermalquellen und Wasserfall

PROBIEREN UND ERLEBEN

Nidei: gebratene Kartoffelteigstücke mit Weißkraut oder Sauerkraut – *Saibling oder Forelle:* fangfrisch aus dem Bergbach sind sie eine Delikatesse – *Pinzgauer Krapfen:* fleischgefüllte Teigtaschen, die gut als Brotzeit taugen – *Salzburger Nockerl:* ein tuffiges Soufflé aus pyramidenförmiger Eischneemasse

Eingebettet zwischen den Dreitausendern des Nationalparks Hohe Tauern und den Grasbergen der Kitzbühler Alpen liegt das Städtchen Mittersill – in einer imposanten Alpenlandschaft, wie sie für Wanderer nicht reizvoller sein könnte. Vor allem, wenn man – ganz feudal – im zauberhaften Schloss Mittersill logiert.

Welche Freude, hat man Pass Thurn erklommen und fährt hinab ins Tal nach Mittersill, dem beschaulichen Städtchen, das viele nur als Station zum Felbertauerntunnel kennen. Majestätisch erheben sich die Dreitausender der Hohen Tauern, der Großglockner und der Großvenediger. Und just bevor man die Talsenke erreicht hat, taucht jäh Schloss Mittersill auf, das Schloss mit reicher Geschichte, dass im Jahr 1150 bewusst an diese Stelle gesetzt wurde, weil so der Handel und das Geschehen im Salzachtal perfekt kontrolliert werden konnte. In der Geschichte verwurzelt, in der Moderne angekommen: Diese Worte beschreiben am besten das Schlosshotelidyll in alpiner Traumlage. Mit viel Gespür für Tradition renoviert und unter Wahrung der historischen Substanz ausgebaut, erzählen diese von alten Zeiten, und von neueren, als der Ort Treffpunkt der mondänen Welt der 1930er-Jahre war. Coco wurde hier zur berühmten Chanel-Jacke angeregt, Soraya traf hier zum letzten Mal ihren Schah, Onassis, Clark Gable, Rita Hayworth waren wiederholt zu Gast. Und Königin Juliane verbrachte hier gar ihre Flitterwochen.

Nach ihnen allen sind die Luxussuiten benannt – in denen man wegen des atemberaubenden Panoramas gern verweilen würde, gäbe es da nicht den neuen Spa-Bereich und – als i-Tüpfelchen – den ganzjährig beheizten Outdoor-Pool, von dem aus der Blick über eine Almwiese hin zu den Gipfeln schweift. Wie schön ist es, nach ausgiebigem Marsch auf einen der herrlichen Wanderwege durch den Nationalpark in den 35 Grad warmen Fluten zu relaxen. Lohnenswerte Strecken durch die Hohen Tauern gibt es so zahllos, wie es im Park Superlative gibt: 266 Dreitausender, 250 Gletscher, 551 Seen, ungezählte Wildbäche. Einer der schönsten Wanderpfade führt hinauf zu den 380 Meter hohen Krimmler wFällen, den fünfthöchsten Wasserfällen der Welt, und weiter hinein nach Südtirol. Das macht auch Appetit – und den stillt man am besten im prächtigen Rittersaal von Schloss Mittersill.

… an den Traunsee ins Salzkammergut

Wer von so viel Bergkulisse Abwechslung sucht, wendet sich – vielleicht mit Stopp im schicken Bergresort von Werfenweng – ins Salzkammergut. Dort finden sich die zauberhaftesten Badeseen, der Hallstätter See, der Wolfgangsee – und der stimmungsvollste und tiefste: der Traunsee, zwölf Kilometer lang und bis zu drei Kilometer breit. Im Hauptort Gmunden steht malerisch Schloss Ort (Schauplatz einer gleichnamigen TV-Serie), doch schönstes Ziel am See ist das auf einer Halbinsel gelegene Traunkirchen. Grund dafür ist auch »Das Traunsee«, das Hotel für Honeymooner, das einen Logenplatz am Ufer samt Badesteg inne hat – als einziges Hotel am Wasser. Von der Seepanorama-Sauna des Spas direkt in die kühlen Fluten zu springen, das ist wahrer Luxus … der ergänzt wird durch feinste Kulinarik: im »Bootshaus« und auf der »Seeside«-Terrasse. www.dastraunsee.at

Information

BESTE REISEZEIT

Von Juni bis Oktober

ESSEN UND TRINKEN

Restaurant Bräurup: Pinzgauer Schmankerl-Küche mit Bier aus hauseigener Brauerei, Mittersill. www.braurup.at/de/restaurant

Haus am Teich: österreichische und internationale Küche auf hohem Niveau und schickem Ambiente, Mittersill. http://haus-am-teich-mittersill.at

ÜBERNACHTEN

Schloss Mittersill: Das feudale Schloss thront hoch überm Salzachtal. www.schloss-mittersill.at

Grand Hotel: traditionsreichstes Haus am Platz direkt am Wasser gelegen, Zell am See. www.grandhotel-zellamsee.at

Bergresort Werfenweng: stilvolles Hotel in traumhafter Bergkulisse. www.travelcharme.com/hotels/bergresort-werfenweng.html

Das Traunsee: Traumhotel in Traunkirchen direkt am Wasser mit Seeblick und eigenem Badesteg. www.dastraunsee.at

WEITERE INFOS

www.hohetauern.at,
www.nationalparkzentrum.at

Wer Aktivurlaub und grandiose Naturerlebnisse sucht, wird von der Tiroler Region Wilder Kaiser begeistert sein.

29 Der Wilde Kaiser ruft!

Entschleunigung in Tirols Kaiserwinkl

HIGHLIGHTS

Kitzbühel: Das Städtchen mit hübscher Altstadt wird im Winter zum High-Society-Treff.

Festung Kufstein: Der mächtige Wachposten am Eingang zum Kaisertal ist die eindrucksvollste Burg der Region.

Maria Himmelfahrt: Pfarrkirche von St. Johann mit schönen Stuckaturen und Fresken.

Ellmau, Going, Scheffau, Sölln: mit der Pferdekutsche zu den wichtigsten Drehorten des beliebten TV-»Bergdoktors«

»Kaiseraufstieg«: Der Wanderweg, der in Ebbs startet, gilt als einer der schönsten im Kaisergebirge.

PROBIEREN UND ERLEBEN

Tiroler Speck: trocken gereifter Schinkenspeck, dünn aufgeschnitten als Brotzeit – *Kartoffelpaunzen:* dicke, kurze Nudeln aus Kartoffelteig, als Beilage, als Hauptspeise mit Kraut oder süß serviert – *Kaiserschmarrn:* der Mehlspeisenklassiker Österreichs schlechthin, am besten mit karamellisierten Mandeln

Das Kaisergebirge, kurz »der Kaiser« genannt, erhebt sich mit mächtigen, steilen Mauern und Zinnen unvermittelt aus weitem Wald- und Wiesenvorland zwischen Kitzbühler Alpen und Inn. Prächtigstes Massiv ist der Wilde Kaiser mit zerklüfteten Gipfeln, an dessen Fuß auch Feinschmecker auf ihre Kosten kommen.

Trutzig, großartig geformt und durch finstere Schluchten getrennt sind die Gipfel des Wilden Kaisers von unvergleichlicher Wucht und Schönheit. Kommt man von Kufstein herüber, ist der erste Anblick des markanten Bergmassivs überwältigend. Das erhabene Kaisertal trennt den nördlich vorgelagerten Zahmen Kaiser mit der Vorderen Kesselschneid und der pittoresken Pyramidenspitze vom Wilden Kaiser. Mit seiner höchsten Erhebung, dem 2340 Meter hohen Ellmauer Halt, ist er einer der berühmtesten Gipfel Tirols. Wandervögeln bieten sich zahllose Möglichkeiten aller Schwierigkeitsgrade: der »Schmugglerpfad« zur Wallfahrtskirche Klobenstein, zum tosenden Lochner Wasserfall, über Hochalm zum Heuberg. Oder man wählt eine leichtere Variante: beispielsweise eine Wanderung von Alm zu Alm vom Walchsee aus, einem der größeren Tiroler Seen, nach Kössen, von wo aus man mit dem kostenlosen Regiobus zurückfahren kann. Kleiner, aber von seltener Schönheit ist der 890 Meter hoch gelegene Hintersteiner See, in dessen klarem Wasser sich die Felsen des Scheffauer spiegeln.

Wer den mächtigen Anblick des Wilden Kaisers lieber nur vom Tal aus genießen will, dem bietet sich ebenfalls eine Vielzahl von Touren. Einer der Ausflüge führt ins Tal der Reither Ache, wo sich das zauberhafte Schlösschen Münichau mit seinen dicken weiß gekalkten Mauern, den Erkertürmchen und den typisch rot-weißen Fensterläden befindet. Auf nahezu 500 Jahre Geschichte kann das herrschaftliche Anwesen zurückblicken, obwohl es 1914 beinahe ein Ende gefunden hätte, als es fast vollständig abbrannte. Doch wurde der Edelsitz originalgetreu wieder aufgebaut und schließlich in ein schmuckes Hotel umgewandelt, dessen wertvolle Ausstattung mit Antiquitäten und original erhaltener Schlosskapelle für historisches Flair sorgt. Besondere Highlights sind der Jägersalon, wo man unter Geweihen am offenen Kamin einen Sundowner zu sich nimmt, und vor allem das angegliederte stimmungsvolle Restaurant Ritterstern, wo Regionalküche vom Feinsten geboten wird.

Im Bären grüßt Lukullus

Das sollte man sich unbedingt zu zweit gönnen: das Genießerhotel Der Bär, das auch schon mehrfach als Filmdrehort diente. Politiker von Rang, Weltklasse-Sportler, beliebte Schauspieler und Musiker, die Liste an Prominenten, die es sich in Ellmaus Lukullus-Hotel gut ergehen ließen, ist beeindruckend lang. Sie alle genossen den Blick auf den Wilden Kaiser von der Terrasse oder der Panoramabar aus. Wer es ihnen gleichtut, hat bei den Zimmern die Qual der Wahl: ob im Tiroler Stil mit bunten Bauernschränken oder in Zimmern in modernem Design. Am meisten freut man sich aber nach entspannten Stunden im Spa-Bereich – und womöglich noch mehr nach einer gemütlichen Wanderung zur Rübezahlalm – auf die fabelhafte Küche, dem eigentlichen Hauptanziehungspunkt wahrer Genießer. Denn das, was Chefkoch Josef Seebacher im Restaurant auf den Tisch zaubert – idealerweise von perfekter Weinbegleitung ergänzt –, wurde vom Gault-Millau bereits in Folge mit drei würdigen Hauben geadelt. www.derbaer.com

Vor der majestätischen Kulisse des Wilden Kaisers lädt eine Berghütte zur Rast.

Information

BESTE REISEZEIT

Von Mai bis Oktober

SEHENSWERT

Kutschfahrt zu »Bergdoktor«-Schauplätzen: www.wilderkaiser.info/de/ellmau/events/pferdekutschenfahrt-auf-den-faehrten-des-bergdoktors-1.html

ESSEN UND TRINKEN

Huberbräu: Einheimischentreff im »Bierturm« von erholsamer Schlichtheit als Kontrast zum üblichen Prunk Kitzbühels. www.huberbaeu.at

Zum Rehkitz: Ein Bauernhaus aus dem 16. Jahrhundert mit Tiroler Spezialitäten wie Schlutzkrapfen, Kitzbühel. www.rehkitz.at

ÜBERNACHTEN

Genießerhotel Der Bär: Hier logierte schon viel Prominenz, Ellmau. www.hotelbaer.com

Stanglwirt: überregional bekannter Fünf-Sterne-Gasthof, Going. www.stanglwirt.com

Schloss Münichau: hübsches Anwesen mit gutem Restaurant vor der Kulisse des Wilden Kaisers. www.muenchau.com

Schloss Lebenberg: Hotel hoch über Kitzbühel mit spektakulärem Panorama-Pool. www.austria-trend.at/leb

WEITERE INFOS

www.wilderkaiser.info, www.kaiserwinkl.com, www.kaisertal.at

Klein & Groß: die elektrische Zahnradbahn auf dem Weg zur Bergstation Jungfraujoch in 3454 Metern Höhe

30 Gipfelglück »On Top«

Berg und Tal im Berner Oberland

PROBIEREN UND ERLEBEN

Café fertig: Schweizer Nationalgetränk mit einem Schuss *Träsch*, halb Birnen-, halb Zwetschgenschnaps – *Gebackene Brienzlig:* Zwergfelchen-Delikatesse aus dem Brienzersee – *Meiringer Meringue:* Eischaum-Süßspeise mit Eiscreme – *Apero-Plättli:* lokale Wurst- und Käsespezialitäten zu Spiezer Riesling-Sylvaner

Zu den schönsten Spots zählt das Berner Oberland, weil dort mit dem Thuner- und Brienzersee gleich zwei bildschöne Märchenseen und auch noch drei der aufregendsten Bergbrocken beieinander liegen. Toll: Das Seen- und Gebirgsszenario lässt sich zu zweit völlig entspannt und Arm in Arm erschließen!

Nämlich ohne Kurbeln am Steuer, und das funktioniert bis nach ganz oben so: Mit dem ICE über Basel/Bern in die »Stadt zwischen den Seen«, Interlaken, dort in die geschmückte Pferde- oder eine richtige Hochzeitskutsche einsteigen und, schon von ziemlich brockigen Riesen umzingelt, zum Ostbahnhof rollen, wo der Berg- und Seilbahnanschluss ins gletschereisbepackte Hochgebirge wartet!

Exakt an der Schnittstelle zwischen den Seen und gleich neben der Dampferanlegestelle am Aare-Fluss, der den Brienzer- mit dem Thunersee verbindet, ist in Laufnähe der Bergbahnen die Traditionsherberge Hotel Du Lac entstanden. Erst als kleine Pension für das Zollhaus nebenan, ab 1888 als vergrößerter Hotelbetrieb der Familie Hofmann, der aufgrund seiner idealen Lage mit grandiosen Zimmerausblicken bis heute in der fünften Generation besteht. Fußläufig bindet die Berner Oberland-Bahn die Jungfrauregion mit den weltbekannten Gebirgsorten Grindelwald, Wengen und Mürren sowie das Tal der hundert Wasserfälle, Lauterbrunnen, an. Dort, im angesagtesten Zentrum für Outdoor- und Adventureexperimente, stehen Canyoning, Basejumping, Skye-dives, Speed-flying und Drachenfliegen auf dem Programm, aber man kann noch höher hinaus: Eine Seilbahn führt von hier auf die Grütschalp, von der es mit dem Panorama-Zahnradbähnchen und der besten Sicht auf die Viertausender über Winteregg zum romantischen und weitgehend unverfälscht, weil autofrei gebliebenen Gebirgskurort Mürren auf 1600 Meter hinauf geht, einem Dorf mit sonnengegerbten Holzhäusern aus einer anderen Zeit. Die Aussichtsterrasse des Hotels Jungfrau ist hier der Topspot für ein einheimisches Rugenbräu vom Fass oder einen »Café fertig«. Nicht ohne Grund hat das Berner Oberland schon seit Jahrhunderten seinen Platz als Reiseziel auf den Landkarten Europas, und nicht nur geistige Größen wie Goethe und Mendelssohn haben zwischen den Seen nach Inspiration gesucht – und auch gefunden.

Schwindelerregend: Top of Europe

1811 bezwangen Bergsteiger erstmals den Jungfraugipfel, rund ein Jahrhundert später fuhr eine Zahnradbahn aufs Jungfraujoch, deren Bergstation auf 3454 Meter der höchstgelegene Schienenbahnhof Europas ist. Außer einem berauschenden Hochgefühl und traumhaften Aussichten bietet die Infrastruktur des Jungfraujochs das Restaurant Top of Europe, Forschungsstationen, Wartehalle mit Postamt, Läden und Aussichtsgalerie sowie den Eispalast, eine im Gletscherinneren angelegte Höhle mit Eisplastiken. Der Aufzug des Sphinxstollens geht noch einmal 112 Metern weiter nach oben auf den Gipfel der Sphinx auf 3573 Metern mit Aussichtsterrasse und meteorologischem Observatorium. Die Rundsicht vom Firnsattel zwischen Mönch und Jungfrau, dem sogenannten Jungfraujoch, ist grandios: In südlicher Richtung zeigt sich der 22 Kilometer lange Aletschgletscher und im Norden eine vielzackige Berggipfelwelt. www.jungfrau.ch

Information

ANREISE
Flüge nach Zürich, Bern oder Basel. Mit dem Auto: über Bern nach Interlaken. Mit der Bahn: bis Interlaken Bahnhof West (Zentrum) oder Bahnhof Ost (Bergbahnanschluss).

BESTE REISEZEIT
Ganzjährig, im Sommer zum Bergwandern und Baden, im Winter zum Skifahren

SEHENSWERT
Bönigen, Brienz und Iseltwald: traditionsreiche Seeorte am Brienzer See. www.brienz-tourismus.ch

SHOPPING
Interlaken: Schweizer Uhren, Schweizer Messer, Schokolade und Schweizer Käse sind nach wie vor klassische Renner.

ESSEN UND TRINKEN
Bergbeizen der Alpgenossenschaften: urige ländliche Gasthäuser unter www.alpbeizli.ch

ÜBERNACHTEN
Victoria-Jungfrau Grand Hotel & Spa: Fünf-Sterne-Luxus, Höheweg 41, Interlaken. www.victoria-jungfrau.ch

Hotel Du Lac: traditionsreicher Familienbetrieb der oberen Mittelklasse mit sehr persönlicher Gästebetreuung, Höheweg 225, Interlaken. www.dulac-interlaken.ch

WEITERE INFOS
Interlaken Tourismus: Höheweg 37, Interlaken. www.interlaken.ch

Seeluft tanken und neue Kraft schöpfen im Seeheilbad Bansin auf Usedom

31 Flittern wie zu Kaisers Zeiten!

Küstenreise durch Deutschlands Osten

HIGHLIGHTS

Seebäder-Hopping: Die Usedomer Bäderbahn (UBB) fährt alle Seebäder entlang der Ostseeküste ab. www.ubb-online.com

Seebrücke Binz: Die 370 Meter lange Seebrücke macht den Blick auf die Strandvillen von der Seeseite her möglich.

Hiddensee: vom Rügener Fährhafen Schaprode aus zu erreichen, Steilküste mit rotweißem Leuchtturm aus dem Jahr 1888. www.seebad-hiddensee.de

Fischland-Darß: am besten per Bike! Tagestouren von Ahrenshoop bis nach Prerow

Seebad Zingst: landschaftlich traumhafte Fahrradtour von Zingst bis nach Pramort

PROBIEREN UND ERLEBEN

Zander auf Birnen, Bohnen und Speck: mit Senfbutter und Pumpernickel-Croutons – *Rügener Fischsuppe:* aus Dorsch, Kartoffeln und Gemüse – *Gebratene Fischklopse Sassnitzer Art:* Fischfilet zu Klößen geformt und goldgelb gebraten – *Hechtsuppe:* Delikatesse aus Mecklenburg-Vorpommern mit Weißwein und Safran

Der Berliner Geldadel liebte die herbe Schönheit der endlosen feinen Strände entlang der Ostsee, weshalb im 19. Jahrhundert die drei Kaiserbäder Usedoms und die prachtvolle Villenpromenade in Binz auf Rügen entstanden. Hiddensee sowie die Halbinsel Fischland-Darß-Zingst sind bis heute familiär und beschaulich geblieben.

Ein Spaziergang auf der Heringsdorfer Strandpromenade macht klar, warum es VIPs wie Heinz Rühmann, Theodor Fontane und Heinrich Mann in die drei Usedomer Kaiserbäder Heringsdorf, Ahlbeck und Bansin zog, auch DDR-Größen wie die Honeckers, Heinz Mielke und Markus Wolf kamen gerne. Vom exklusivsten der drei, Heringsdorf, heißt es, weniger gut betuchte Badegäste aus den benachbarten preiswerteren beiden Seebädern seien zu Kaiser Wilhelms Zeiten extra hierhergefahren, um Ansichtskarten mit dem Poststempel des Promi-Strandbades nach Hause schicken und damit ein bisschen angeben zu können. Villa Hintze, St. Hubertus, Oasis, Schmiede- und Fontane-Haus sind die bekannteren der zahlreichen Jahrhundertwendevillen. Heinrich Mann und Engelbert Humperdinck bevorzugten das noble »Strandhotel« gleich daneben.

Mit 1906 Sonnenstunden im Jahr gilt Usedom als die Sonneninsel Deutschlands, auf 42 Kilometer feinen Sandstrand kommt hier Euro-

pas längste Strandpromenade! Noch konzentrierter als die Usedomer Kaiserbäder stellt Binz auf Rügen eine unglaubliche Bäderarchitektur aus. Wie nach Usedom konnten gutsituierte Hauptstädter früher mit der Eisenbahn direkt aus Berlin anreisen, die Waggons rollten über die Brücke bis zum Bahnhof von Binz, das mit Topstränden und Märchenbuchvillen lockte: Je prächtiger die Zimmermannsarbeit der Architekturwunder war, desto besser funktionierte die profitable Vermietung.

Im September, dem Monat der Bäderarchitektur, öffnen viele der schönen privaten Stranddomizile ihre Pforten für das »normale« Publikum, die gewerblichen sind sowieso das ganze Jahr über zu bestaunen. Zum Beispiel die feine Villa Salve, Baujahr 1899. Im Salve-Seerestaurant speist Angela Merkel gern, wenn sie wieder einmal auf Stippvisite in ihrem Wahlkreis ist. Ein Muss ist auch die Fischräucherei Kuse am Ende der Binzer Promenade, zwischen Waldrand und anbrandenden Wellen. Schillerlocken, Makrelen und Räucheraal kommen hier frisch vom Fangboot auf den Tisch. Wer es weniger rustikal mag, wechselt in die Strandhalle schräg gegenüber, die als Winterlager für Strandkörbe diente, und im Sommer als feines Restaurant, wo sich die vornehmen Herrschaften zum

Auch im Herbst wunderschön: die Wissower Klinken an der Kreideküste der Halbinsel Jasmund

Originell und wetterfest: Trauzimmer am Strand in Binz auf Rügen

Information

ANREISE
Flüge nach Rostock-Laage, Stralsund und Usedom (www.flug-usedom.de). Mit dem Auto: über Hamburg–Lübeck–Rostock nach Fischland-Darß-Zingst, über Berlin und Stralsund nach Usedom und Rügen. Mit der Bahn: via Rostock, Berlin oder Stralsund

BESTE REISEZEIT
Spätes Frühjahr und Frühherbst außerhalb der Schulferienzeiten, wettermäßig stabil sind meist Juni und September

SEHENSWERT
Woche der Bäderarchitektur: Im September geht es hinter die schönsten Kulissen. www.drei-kaiserbaeder.de und www.ostseebad-binz.de

Kunstmuseum Ahrenshoop: ultramoderner Bau und kulturelles Zentrum der Künstlerkolonie Ahrenshoop. www.kunstmuseum-ahrenshoop.de

Darßer Leuchtturm: mit Meeresmuseum, Kaffeestube und Aussichtsplattform. www.meeresmuseum.de

ESSEN UND TRINKEN
Moby Dick: Promenadenrestaurant an der Seebrücke Wustrow mit opulenter Seeterrasse. www.restaurant-moby-dick.de

abendlichen Dinner einfanden. Heute zählt die Binzer Strandhalle aufgrund ihres einzigartigen Ambientes zu den nachgefragtesten Gastronomieperlen der Insel. Und na klar gibt es am Kap Arkona und im Nationalpark Jasmund im Norden Rügens die 45 Meter hohe Kreideküste zu bestaunen, der das Caspar David Friedrich-Gemälde aus dem Jahr 1818 Weltruhm verschaffte, sowie opulente Schlösser und Residenzen.

Ins »Kurhaus«?
Was für ein Protz-Klotz im verwunschenen Künstlerort Ahrenshoop! Ein Zwillingsbaukörper aus Beton, Stahl und Glas erhebt sich aus diesem sonst so romantischen Ambiente, dass es manchem Biker auf dem Weg zum Leuchtturm am Darßer Ort glatt die Handbremse verschlägt: Diesen Kasten nennt man hier Kurhaus! Und tatsächlich, die Bildgalerie im Foyer beweist die Geschichte: Schon seit 1891 stand hier ein mächtiger Zwillingsbau, der erst Hotel Bogislav hieß und sich 1920 die Bezeichnung »Kurhaus« zulegte. Zu DDR-Zeiten eine Einrichtung des FDGB-Feriendienstes Rostock, wurde es 1970 durch einen hässlichen Plattenbau ersetzt, jetzt residiert im immer noch volksmündischen »Kurhaus« offiziell und mit fünf Sternen The Grand Ahrenshoop. Berauschend ist der Blick vom Penthouse-Panoramacafé des Wellness- und Aussichtstempels auf den Sand, die Strandkörbe und vorbeiziehende Dampfer. In opulenten Suiten mit großen Glasfronten hoch über der See kann man das Panorama sogar vom Bett aus genießen.

Zwischen Graal-Müritz, dem Leuchtturm Darßer Ort und Pramort ist die Ostseehalbinsel mit dem merkwürdigen Namen ein maritimes Drahteselwunderland, aber auch ohne Fahrrad funktioniert »Seele freistrampeln« in dieser anderen Welt sofort: Sand, Wind und Wasser heißt hier die Zauberformel für Körper und Unruhegeist. Um das wirklich zu verstehen, muss man die 142 Stufen hinauf bis zur Aussichtsplattform des 35 Meter hohen Leuchtturms Darßer Ort, der nicht mal ein richtiger Ort ist. Ein 360-Grad-Blick gibt das maritime Paradies in seiner ganzen Dimension frei! Östlich von dem weit ins Meer ragenden Darßer Eck zieht sich der Nationalpark Vorpommersche Boddenlandschaft bis zur äußersten Spitze nach Pramort, der natürlich auch kein richtiger Ort ist, sondern zu DDR-Zeiten der letzte Zipfel eines Truppenübungsplatzes war, weshalb die einzigartige Küstenlandschaft des Zingst für Naturliebhaber leicht zu erradeln und zugleich naturbelassen ist. Auf der Landseite der Halbinsel Fischland-Darß-Zingst bilden weite Brackwasserflächen die liebliche Boddenlandschaft aus Seen mit Salzgraswiesen und romantisch verwachsenen Uferregionen, in denen hier und da verlorene Bootsstege und lautlos vorbeiziehende Segler auftauchen und eine exotische Vogelwelt ihre sicheren Verstecke findet. Die umliegenden Ortschaften Born, Wieck, Prerow und Zingst verbinden Radwege, und selbstverständlich geht es hier immer nah am Wasser entlang, was auch für Bodden- und Seewanderer die schönste Route ist. Wer im Herbst in gelassener Ruhe über die Halbinsel Fischland-Darß-Zingst radelt, wird auf große Schwärme Kraniche treffen, von denen bis zu 40 000 vor dem Weiterflug in die Winterquartiere Südeuropas und Afrikas in dieser wohl schönsten Küstenregion Norddeutschlands an weißen Sandstränden, zwischen urwüchsigen Wäldern und Wiesen verweilen.

In diesen Bahnhof?

Das stark in Szene gesetzte Heringsdorf hat nicht nur den einzigartigen Villenbestand des altdeutschen Geldadels geerbt, sondern auch den kaiserlichen Wartesaal im klassizistischen Alten Bahnhof, Baujahr 1894. Der war zu Kaisers Zeiten der Treffpunkt für Kofferträger, Pferdekutscher und Kohlenschlepper, und funktioniert heute als »Stellwerk« als architektonisches Kulturerbe mit kulinarischem Restaurant. Dort serviert der Erfinder des Wartesaal-Happenings, Küchenmeister Jörg Gleissner, am liebsten Pommersche Rezepturen. Zum Beispiel »Königsberger Kochklopse nach Art des Hauses Stifter von Königsberg aus dem Jahr 1822«. Hering mit Schokoladenüberzug ist ein Renner, auch Pamuckel, Hümpfe und Honigkrebsfleisch gelten als Delikatessen, die auf Waggons einer Modelleisenbahn durchs historische Ambiente des »Stellwerks« an den Tisch reisen! Draußen laufen immer noch Züge aus der Hauptstadt ein, während drinnen vielleicht gerade ein Güterzug mit zwei frischgezapften Störtebeker Weizen an den Tischen vorbeirattert.

Hier gilt: die Braut über die (Sch)Welle tragen!

Räucherhus Schönthier: Gourmetreise in Ahrenshoop. www.raeucherhaus-ahrenshoop.de

Brasserie Villa Salve: feine Binzer Gourmetküche in edler Jahrhundertwendevilla. www.salve-binz.de

NEGRO: Restaurant im Ceres, dem Designhaus am Platz. www.ceres-hotel.de

Stellwerk: Kulinarik im kaiserlichen Wartesaal im Alten Bahnhof von Heringsdorf

Kulm-Eck: kulinarische Gaumenfreuden der Extraklasse in Heringsdorf. www.kulm-eck.de

Feinschmeckerrestaurant Wickboldt: Sterne-Koch Tom Wickboldt kreiert Kochkunst in Heringsdorf. www.restaurant-wickboldt.de

SHOPPING

Kunsthandwerk in Binz: »Kunstmeile Binz« in der Margaretenstraße und Binzer Strandpromenade

Kunsthandwerk in Ahrenshoop: Zahlreiche Galerien und Boutiquen führen Produkte aus Gold- und Silberschmieden, Glasbläserei, Bernsteinkunst, Bildhauerei und Malerei.

ÜBERNACHTEN

Bansiner Hof: direkt an der Promenade in Traumlage. www.bansiner-hof.de

Usedom Palace: mit fünf Sternen und architektonisch ein starker Auftritt im Seebad Zinnowitz. www.usedom-palace.de

Steigenberger Grandhotel & Spa: Luxus an der Promenade Heringsdorf. www.heringsdorf.steigenberger.de

Ahlbeck Hotel & Spa: Boutiquehotel an der Ahlbecker Promenade. www.das-ahlbeck.de

Designhotel Ceres: für Liebhaber hochmoderner Exklusivität, mit Senso-Spa und Restaurant. www.ceres-hotel.de

Designhotel Nixe: Jugendstilbau aus dem Jahr 1903, 1a-Lage zwischen Kurpark und Promenade. www.nixe.de

Villen der Bäderarchitektur: In vielen der klassischen Prachtbauten lässt es sich übernachten, eine Liste hält die Kurverwaltung bereit. www.ostseebad-binz.de

Namenlos & Fischerwiege: Romantikhotel in Ahrenshoop. www.hotel-namenlos.de

WEITERE INFOS

Kurverwaltung Ostseebad Binz: www.ostseebad-binz.de, www.ruegen.de

Usedom Tourismus: www.usedom.de, www.drei-kaiserbaeder.de.

Tourismusverband Fischland-Darß-Zingst: www.fischland-darss-zingst.de

32 Grandiose Kultur- und Musikreise

Das Beste zwischen Weimar und Dresden

HIGHLIGHTS

Musik in Weimar: kostenfreie Konzerte der Musikhochschule Franz Liszt. www.hfm-weimar.de

Musik in Leipzig: unter www.gewandhaus.de, www.jazzclub-leipzig.de, www.oper-leipzig.de, www.thomaskirche.org, www.bach-leipzig.de, www.notenspur-leipzig.de

Musik und Kunst in Dresden: unter www.frauenkirche-dresden.de, www.dresdner-philharmonie.de, www.skd.museum

Felsenbühne Rathen: Musik und Theater an der Bastei. www.landesbuehnen-sachsen.de

Festung Königsstein: eine der größten Bergfestungen Europas

PROBIEREN UND ERLEBEN

Sächsischer Sauerbraten: Mit Omas Apfelrotkohl und Kartoffelklößen – *Sächsischer Mutzbraten:* Vom Schwein, mit Rahmsauerkraut und Kartoffelroulade – *Thüringer Klöße:* Orginal mit Rouladen, Bratwurst oder Gulasch – *Leipziger Lerche:* Knusprig süßes Mürbeteiggebäck – *Leipziger Gose:* Obergäriges Weißbier mit Schuss

Ziemlich aufgehübscht reihen sich die schönsten Architekturkostbarkeiten zwischen Thüringens Weimar und der grandiosen Elbresidenz: Dresden empfängt stylish mit Semperoper, auferstandener Frauenkirche, lieblichen Flussauen und der reizvollen Sächsischen Schweiz, die romantisch verzaubert.

Wer sich gerade kirchlich getraut und die Zeremonie noch im Kopf hat, sollte bei der Anreise nach Weimar im benachbarten Erfurt Station machen, um zwei sehenswerte Gotteshäuser auf einen Schlag zu erleben: Nicht wenig beeindruckend thronen die St.-Severi-Kirche und der St.-Marien-Dom über Erfurts filmreifer Altstadt auf einem Hügel nebeneinander.

Von drei Seiten umschließen Harz, Thüringer- und Frankenwald das fruchtbare Thüringer Becken, das ostwärts bis in die Leipziger Bucht hineinreicht – mittendrin das Zentrum des deutschen Geisteslebens des 18. und 19. Jahrhunderts, die historische Garten- und Schlösserstadt Weimar. Hier residierten seit frühen Zeiten Herzöge und Fürsten, was Kunstschaffende wie Goethe, Schiller, Bach, Herder und Wieland anzog, auch einen Franz Liszt, weshalb es nicht nur zahlreiche Museen, sondern auch 4500 Studenten der Hochschule für Musik Franz Liszt gibt. Was die UNESCO-Welterbe- und Kulturhauptstadt Europas zu einem klingenden Konzertzentrum macht und historischen Gassen und Plätzen eine lebendige gastronomische Szene gebracht hat. Stadtschloss, Liszt-Haus und Saal am Palais heißen die musikalischen Klangkörper des Veranstaltungskalenders, und natürlich war Altrocker Udo Lindenberg mehrfach da, um als Musikfürst der Moderne seine Suite im legendären Elephant-Hotel zu beziehen.

Über Sachsens berühmteste Brücke

Schon seit 1938 steht das Basteigebiet unter Naturschutz und ist heute Bestandteil des Nationalparks Sächsische Schweiz. Die schwindelerregende Basteibrücke im 300 Meter hohen Felsmassiv des Elbsandsteingebirges bei Rathen ist eines der bekanntesten Naturdenkmäler Sachsens, und eines der reizvollsten für Fotografen, besonders dann, wenn Nebelschwaden zur frühen Stunde sich wie in Zeitlupe lüften. Von einer beinahe 200 Meter über der Elbe gelegenen Aussichtsplattform gehen die Felswände schroff abwärts, und der Blick wandert über eine märchenhafte Naturlandschaft ringsum. Hin kommt man mit dem Liniendampfer der Sächsischen Dampfschifffahrt (oder der S-Bahn ab Dresden). Tipp: Eine Station vor Rathen in Königsstein aussteigen und die Festung Königsstein besuchen, dann einen Haltstopp nach Rathen in Bad Schandau in die Kirnitzschtalbahn einsteigen, die historische Straßenbahn aus dem Jahr 1898 fährt bis zur Endstation Lichtenhainer Wasserfall, wo ein uriger Gasthof mit Sächsischen Knödeln und Müglitztaler Fassbier aufwartet!

»O sole mio!« in Leipzig: romantische Gondelfahrt auf dem Karl-Heine-Kanal

Hier kommen Menschen zusammen: Seifenblasen-Flahmob in Plagwitz, Leipzig

Information

ANREISE
Mit dem Auto: Alle genannten Städte haben Autobahnanschluss. Mit der Bahn: Die beschriebene Reise lässt sich bestens autofrei machen!

BESTE REISEZEIT
Ganzjährig; im warmen Sommer (anstrengend) und um Weihnachten (weitgehend ausgebucht) nicht zu empfehlen

SEHENSWERT
Klassisches Weimar: Dichtermuseen Schiller & Goethe, Schlösser und Parks. www.klassik-stiftung.de

Museen in Dresden: Albertinum, Zwinger mit Semperbau, Residenzschloss. www.skd.museum

Zoo Leipzig: Ein Erlebnis wert! Pfaffendorfer Str. 29, Leipzig. www.zoo-leipzig.de

ESSEN UND TRINKEN
Alte Meister: gehobenes Speisen an der Semperoper, Theaterplatz 1a, Dresden. www.altemeister.net

Auerbachs Keller: gute sächsische Küche und Hausmannskost, Mädler Passage, Grimmaische Str. 2–4, Leipzig. www.auerbachs-keller-leipzig.de

Schnell wird klar, die Stadt der Musik, der Verlage, der Galerien, der Kunst und Kultur und einer handfesten sächsischen Gastronomie ist einfach nur hip, weil kontrastreich, spannend und variierend in alle Richtungen: Wer hier anreist, will so schnell nicht wieder weg! Beinahe alles lässt sich in der historischen Messe- und Musikstadt per pedes erledigen, Bach-Haus und Bach-Denkmal, Nikolai- und Thomaskirche, Augustusplatz und Universität, zudem liefert die grüne Gartenstadt ein hervorragendes Radwegsystem, und auch per Boot lässt sich Leipzig entdecken, sogar in original venezianischen Gondeln! Die Leipziger, ein geselliges Völkchen, haben Zeit, die man als Besucher der genusssüchtigen und schon deshalb besichtigungsverdächtigen Stadt dringend benötigt, aber nicht hat: Der schnell eintretende Kaufrausch in historischen Galeriepassagen und Messehöfen, die Kaffeesucht, die über 40 Kaffeehäuser befördern, das Gastronomiequartier Drallewatsch zwischen Burgplatz, Klostergasse, Thomaskirchhof und Barfußgässchen frisst mit unzähligen Kneipen und Bars alle vorhandenen Kontingente. Keine Zeit fehlen darf für die Oper und das Gewandhaus, die an Musikgenies wie Robert Schumann und Ehefrau Clara, Felix Mendelssohn Bartholdy, den Opernstar Richard Wagner und natürlich an Johann Sebastian Bach erinnern. Zudem zeigt Leipzig ordentlich Schubkraft in seinen alternativen Szenevierteln Südvorstadt, Plagwitz, Schleußig und Reudnitz, deren spezielles Ambiente ein Großteil der 40 000 Leipziger Studenten prägt. Der Prominenteste der historischen »Studiosen« war Johann Wolfgang von Goethe, der sich schon damals gerne in Auerbachs Keller, den es heute noch gibt, bei einem Schoppen Gose (obergäriges Weißbier) auf kreative Weise entspannte.

Natürlich kann Sachsen mit seiner üppigen Elbmetropole Dresden protzen, und schon der erste Eindruck der historischen Kulisse ist überwältigend. Monumentalkolosse ragen allerorten auf: die wiedererstandene Frauenkirche, der Dresdner Zwinger mit seiner opulenten Kunstsammlung, der Semperbau, das Residenzschloss, das Albertinum, das Museum für Völkerkunde, die Liste der Paläste scheint endlos, weshalb Besucher kulturtechnisch gut beschäftigt sind – die Staatlichen Kunstsammlungen Dresden zählen zu den bedeutendsten Schatzkammern weltweit! Wer von der Kultur genug hat, wandert vom Theaterplatz an die Elbpromenade, und macht sich auf der *Dresden* oder der *Leipzig* elbaufwärts davon, den Blick auf vorbeiziehende Villen und Prachtbauten wie Schloss Albrechtsberg, das Lingnerschloss und Schloss Eckberg. Nicht zu verpassen ist »Das Blaue Wunder«, die Loschwitzer Brücke, die den edlen Elbvorort Blasewitz mit Loschwitz verbindet, sowie die Berg- oder die Schwebebahn, die ein paar hundert Meter hinauffahren, um von den Loschwitzer Höhen einen Traumblick über ganz Dresden zu bieten! Mit den Schaufelraddampfern der Sächsischen Dampfschifffahrt, gegründet 1836, geht es in die City zurück, schneller funktioniert das per S-Bahn oder im Doppeldeckerbus der im Takt organisierten »Großen Stadtrundfahrt«.

Ritterlich Schlafen

Wartburg: Zwischen 1521 und 1522 übersetzte Martin Luther hier im Thüringer Wald das Neue Testament. Im UNESCO-Welterbe und Romantikhotel hoch über Eisenach werden Ritters und Burgfrolleins Nächte romantische Wirklichkeit. www.wartburg-eisenach.de

Wachsenburg: Das Burganwesen bei Gothaaus aus dem 10. Jahrhundert bietet Traumlage, Rittersaal und Burgverlies sowie schöne Hotelsuiten und ein spezielles Hochzeitsgemach! www.wachsenburg.com

Rudelsburg: Der historische Rittersitz aus dem 12. Jahrhundert an der »Straße der Romantik« bei Naumburg/Leipzig, richtet Hochzeitsfeiern aus. Nächtigen lässt es sich im benachbarten Hotel Rittergut Kreipitzsch. www.rudelsburg.com

Burg Altrathen: Aus der Burgsuite über dem Rittersaal genießt man einen Traumblick aufs Elbtal. www.burg-altrathen.de

Heiraten: Wer hier nicht nur flittern, sondern heiraten will, findet auf Burgen, in Schlössern und historischen Kirchbauten eine passende Bühne. www.heirateninsachsen.de

Weimarer Kuss

Barthels Hof: historisches Restaurant, speziell sächsische Spezialitäten, Hainstr. 11, Leipzig. www.barthels-hof.de

Gasthaus »Scharfe Ecke«: berühmt für Thüringische Klöße, Eisfeld 2. Weimar.

Panorama Tower: Plate of Art im City-Hochhaus mit atemberaubenden Ausblick auf Leipzig, Augustusplatz 9. www.panorama-leipzig.de

Residenz: Restaurant und Weimars ältestes Kaffeehaus, seit 1839. www.residenz-cafe.de

Rosengarten: bildschöne Gartengaststätte an der Elbe in Rathen. www.rosengarten-rathen.de

Versilia: feiner Italiener neben Goethes Wohnhaus, Frauentorstr. 17, Weimar. www.ristorante-versilia.de

SHOPPING

Dresden: klassische Shoppingmeile zwischen Hauptbahnhof und Wilsdruffer Straße

Leipzig: Rund 40 Galerien und Passagen wie Barthels Hof, Webers Hof, Höfe am Brühl, Mädler-Passage usw. laden ein.

ÜBERNACHTEN

Augustinerkloster zu Erfurt: stilecht in der Altstadt, Augustinerstr. 10. www.augustinerkloster.de

Goldhelm Krämerhaus: Pension im historischen Brückenhaus Krämerbrücke Erfurt. www.krämerhaus.de

Grandhotel Handelshof: Luxus im Zentrum, mit Spa-World, Salzgässchen 6, Leipzig. www.leipzig.steigenberger.com

Hotel Am Frauenplan: Traditionshaus in der Altstadt, Brauhausgasse 10, Weimar. www.hotel-am-frauenplan.de

Hotel Krämerbrücke: Designer-Schlafplatz an der Krämerbrücke, Erfurt. www.bachmann-hotels.de

Living Bach 14: beste Altstadtlage, Thomaskirchhof 13, Leipzig. www.bach14.arcona.de

WEITERE INFOS

Dresden Tourist-Information: Prager Str. 2b. www.dresden.travel

Erfurt Tourismus: Benediktplatz 1. www.erfurt-tourismus.de

Leipzig Tourist-Information: Katharinenstr. 8. www.leipzig.travel

Tourismus Sachsen/Thüringen: www.sachsen-tourismus.de und www.thueringen-entdecken.de

Weimar Tourist-Information: Markt 10. www.weimar.de

33 Dem Glück ganz nah

Mit dem Wohnmobil durch Dänemark

HIGHLIGHTS

Vadehavscentret Vester Vedsted: spannende Austernsafaris ins Wattenmmer mit Verkostung der Schalentiere

Rubjerg Knude Fyr: historischer Leuchtturm, der in einigen Jahren von der Klippenküste stürzt

Aalborg Karneval: dänische Fastnachtsvariation mit karibischem Einschlag, alljährlich Ende Mai.

Den Gamle By: tolles, lebendiges Freiluftmuseum in Aarhus mit urdänischer Atmosphäre

H. C. Andersen Museum: Wohnhaus des Märchendichters in Odense mit Ausstellungen und Sammlungen rund um sein Leben sowie internationaler Bibliothek

PROBIEREN UND ERLEBEN

Kulinarik in Dänemark suggeriert erst einmal biedere Hausmannskost rund um die legendäre und schmackhafte rote Grütze *Rødgrød med fløde*. Sinnliche Genüsse verspricht aber auch das *Smørrebrød*, das kalt oder warm serviert so ziemlich alles an Belag von Fisch über Obst bis zum Gemüse aufs Butterbrot bringt.

Glücklich und zufrieden sind die Dänen, wie Umfragen alle Jahre wieder belegen. Bei einer Reise durch das kleine skandinavische Land kann man dies überall hautnah spüren und erleben. Insbesondere die 3700 Kilometer lange, gut ausgeschilderte »Margeritenroute« führt durch pure dänische Gemütlichkeit und Romantik.

Die malerische Ferienstraße schließt alles mit ein: traditionsreiche Fährverbindungen, reinstes, dänisches Idyll mit reetgedeckten Fachwerkhäusern in gepflegten Gärten, charmante Dorfensembles, urige Kopfsteinpflastergassen. Sie führt über endlose Alleen zu prachtvollen Schlössern und Herrenhäusern, durch verwunschene Wälder, in lauschige Häfen und an zauberhafte Strände. Denn stets bleibt das Meer, bleibt die Sehnsucht nach der Unendlichkeit des Horizonts in erreichbarer Nähe. Obwohl die Route, im April 1991 von der dänischen Königin Margrete offiziell eingeweiht, ursprünglich für PKWs konzipiert war, kommt man auch mit dem Wohnmobil bestens voran. Nur äußerst selten sind Umwege aufgrund zu niedriger Brücken notwendig. Das Übernachten im Wohnmobil ist nur auf Campingplätzen erlaubt.

Møgeltønder heißt das erste dörfliche Kleinod nach Überqueren des westlichsten deutsch-dänischen Grenzübergangs bei Rudbøl. Die breite

Romantisch geht es zu im »Park der Liebe«.

In einem »Heim auf vier Rädern« lässt sich eine Region sehr individuell entdecken.

Allee Slotsgaden, durchgehend flankiert von typischen Friesenhäusern aus rotem Backstein, beginnt am Schackenborger Schloss, bis 2014 Wohnsitz des jüngsten Sohnes der dänischen Königin, Prinz Joachim, und endet an der Dorfkirche mit ihren reichen Fresken im Inneren. Hier ehelichte der Königsspross 2008 seine zweite Frau Marie Cavallier.

In Ribe, der ältesten Stadt Dänemarks, parkt man am besten auf dem Campingplatz am Stadtrand und geht zu Fuß in den nahen Ort. Die Störche nisten leider nicht mehr auf dem Turm der eindrucksvollen Domkirche, dafür bietet dieser eine tolle Aussicht über die Stadt und bis zum Meer. Ribes Vikinger gibt Einblick in die frühe Historie der Stadt, deren Gassen immer noch mittelalterliches Flair verströmen. Lautstark und augenzwinkernd führt der Nachtwächter im Sommer Besuchergruppen herum, für verliebte Pärchen hat er immer einen launigen Spruch parat.

Im Park der Liebe

Unter dem Motto »Zurück zur Natur« gestaltete der französische Adelige Antoine de la Calmette Mitte des 18. Jahrhunderts sein Landgut Sømarkegård neu, das im Osten der Insel Møn oberhalb der imposanten Kreidefelsen liegt. Den entstehenden Landschaftspark nach englischem Vorbild nannte er Liselund und widmete ihn damit seiner geliebten Ehefrau. Herzstück der Anlage ist das einzige reetgedeckte Schloss der Welt – ein Puppenstubenidyll, das in seinen bescheidenen Ausmaßen eher einem Gartenhaus als einem hochherrschaftlichen Anwesen gleicht. Die winzigen Innenräume sind von schlichter Eleganz. Spiegel und große Fenster suggerieren Weite durch ihre Sichtachsen hinaus in den Park, in dem noch einige weitere Häuser zu finden sind und ein

Das mit unzähligen Schneckenhäusern verzierte Sneglehus in Thyborøn

Information

ANREISE

Gefahren wird immer und überall mit Abblendlicht, 50 km/h in Ortschaften, 80 km/h auf Landstraßen und 110/130 km/h auf den Autobahnen (PKW + WoMo bis 3,5t) sind die strikt einzuhaltenden Höchstgeschwindigkeiten, schneller kann teuer werden. Die Verkehrsberuhigung in den Orten gestalten die Dänen höchst kreativ durch optische Hindernisse, künstliche Straßenverengung und durch wahrhaft heftige Rüttelschwellen. Tankstellen sind überwiegend automatisiert, man zahlt mit EC-Karte oder Kreditkarte mit PIN. Parken in den Städten zumeist kostenlos und mit Parkscheibe.

BESTE REISEZEIT

Mai bis September, Campingplätze fast flächendeckend geöffnet

SEHENSWERT

Ribes Vikinger: Museum zur Stadtgeschichte Ribes. www.ribesvikinger.dk

Bovbjerg Fyr: hübscher, rosaroter Leuchtturm an der Küste. www.bovbjergfyr.dk

Sandskulpturen: international ausgeschriebene Wettbewerbe u. a. in Søndervig und Løkken auf Jütland oder Hundested auf Seeland

Ebeltoft: romantisches Dorfidyll mit niedlichen Gassen und kleinem Fachwerkrathaus. www.ebeltoftby.dk

Maulbeerbaum, den die dänische Königin pflanzte. Wenn Sonne und Morgennebel den Schlosspark in ein mystisches Licht tauchen, gleicht der gemeinsame Spaziergang über die Kieswege und durch das feuchte Gras einem Ausflug ins Land der Feen und Fabelwesen.

Ein kleines Abenteuer ist die Fahrt mit dem Wohnmobil auf den Strand der kleinen Wattenmeerinsel Fanø, die man nach zwölfminütiger Fährüberfahrt von Esbjerg aus erreicht. Das Eiland rühmt sich einer großen Seehund-Population, einer beeindruckenden maritimen Historie und weiter Strände, die problemlos, jedoch vorsichtig, zu befahren sind. Allerdings nur dort, wo es festen Untergrund gibt. Beim Öffnen der Türen ist die Windrichtung zu beachten, sonst drängelt sich der feine Sand ins mobile Ferienhaus und Fegen ist angesagt, statt des zweisamen Genusses der abendlichen Dämmerung über der Nordsee.

Die Westküste Dänemarks ist eine intensive Symphonie aus Sand, Meer und Dünen, nur selten finden sich Häfen oder größere Ansiedlungen. In deren Zentren bestimmt zumeist der Fremdenverkehr das Bild. Leuchttürme als weithin sichtbare Landmarken überragen die Küstenlinie. Die meisten davon sind strahlend weiß und bieten nach dem Aufstieg über schier endlose Wendeltreppen stets perfekte Aussichten. Aus der Reihe tanzt das etwas gedrungenere Exemplar des Bovbjerg Fyr bei Ferring. Sein Altrosa leuchtet besonders im Licht der untergehenden Sonne in einem kräftigen Rot. Vom Campingplatz des Ortes sind es nur wenige Schritte bis zur Klippenküste, die nicht mit romantischen Ausblicken geizt.

Aarhus, Kulturhauptstadt 2017, an der weniger wilden Ostseeküste ist die zweitgrößte Stadt des Landes und genießt überregionalen Ruhm wegen seiner Kunst- und Kulturszene. So findet sich in Den Gamle By ein fantastisches Freilichtmuseum, das den Besucher mitnimmt auf eine Zeitreise durch die städtische Entwicklung des Landes. Im neu geschaffenen ARoS Kunstzentrum kann man durch die Farben des Regenbogens schlendern, während das Kvindemuseum im Stadtzentrum die Stellung der Frau während der Jahrhunderte beleuchtet.

Die Margeritenroute führt auch nach Odense auf die Insel Fünen. Hier verbrachte der Märchendichter Hans Christian Andersen seine Jugendjahre und schöpfte durch genaue Beobachtung seiner Umwelt die Ideen für seine Werke. Andersen zog es bald nach Kopenhagen, wo er, von Selbstmitleid geplagt, stets mit seinem Schicksal haderte und unerfüllte Liebe erfahren musste. Die Skulptur der kleinen Meerjungfrau an der Kopenhagener Langelinie steht sinnbildlich dafür, denn auch ihr war Erfüllung nicht vergönnt.

Von Langeland aus setzt die Fähre hinüber zu den Inseln Lolland, Falster und Møn, die jede für sich ihren eigenen Charme besitzen, den man auf der mit dem Symbol der Margerite auf braunem Grund ausgeschilderten Routenführung trefflich mit dem Wohnmobil entdecken kann, bis schließlich auf der Insel Seeland die Hauptstadt erreicht ist.

Das Haus des Fischers

Die Geschichte vom Sneglehuset in Thyborøn klingt wie ein Märchen aus der Sammlung H. C. Andersens. Im Jahr 1949 gelobt der brave Fischersmann Alfred Pedersen seiner geliebten Frau ein Haus zu bauen, das seinesgleichen sucht und das jedermann bewundert, wenn er es zu Gesicht bekommt. Nach 25 Jahren hat er es geschafft: Das heimische Domizil in dem kleinen Fischerdorf direkt hinter den Dünen ist von außen übersät mit unzähligen Muscheln und Schneckenhäusern, die Pedersen fantasievoll zu ganz unterschiedlichen, manchmal schon fast übertrieben wirkenden Dekorationselementen zusammenfügte. Am Giebel prangt eine Meerjungfrau, die bereits etwas Patina angesetzt hat. Dennoch bleibt der exzentrische Muschelpalast eine absolute Augenweide mit vielen liebevoll gearbeiteten Details. Im Innern gibt es ein kleines Museum mit Flaschenschiffen und weiteren Muschelobjekten. www.sneglehuset.dk

Symbole ewiger Verbundenheit und Liebe am Nyhavn in Kopenhagen

ARoS Kunstcenter: Ausstellungen und Präsentationen unterschiedlichster Kunstformen und Stilrichtungen. www.aros.dk

Samsø: energieautarke Insel in der Ostsee, ein echtes Ökomekka mit vielen romantischen Ecken. www.visitsamsoe.dk

Schloss Egeskov: tolle Gartenanlagen rund um das Wasserschloss von 1554 auf Fünen, Freizeitpark. www.egeskov.dk

Nyord: pure Dorfromantik im Norden der Insel Møn

Frisörmuseum: außergewöhnliche Sammlung von Friseursalon-Einrichtungen seit der vorletzten Jahrhundertwende in Nykøbing/Falster. www.frisoermuseet.dk

Bakken: Der wahrscheinlich älteste Freizeitpark der Welt nördlich von Kopenhagen begeistert mit traditionellen Fahrgeschäften und echtem Nervenkitzel. www.bakken.dk

ESSEN UND TRINKEN

Restaurant Sælhunden: uriges Fischlokal am alten Hafen von Ribe. www.saelhunden.dk

Schackenborg Slotskro: traditionsreiches Lokal und Hotel in Møgeltønder. www.slotskro.dk

Svinkløv Badehotel: tolle Location am Slettestrand mit Aussicht über Dünen und Meer. www.svinkloev-badehotel.dk

Aalborg Beerwalk: auf den Spuren des Gerstensafts ausgehend von der Mikrobrauerei Søgaard. www.soegaardsbryghus.dk

Hotel Postgaarden: feinste Cuisine im historischen Ambiente in der »Stadt der Rosen«. www.hotelpostgaardenmariager.dk

Faldsled Kro: traditionsreiches, königlich-privilegiertes Gasthaus im Süden von Fünen. www.faldsledkro.dk

Czarens Hus: Schon Zar Peter der Große logierte hier. www.czarenshus.com

ÜBERNACHTEN

Rødgaard Camping, Insel Fanø: schöner Platz in zentraler Insellage, 30 befestigte Stellplätze. www.rodgaard-camping.dk

Bovbjerg Camping: zauberhafter, sehr ruhiger Platz oberhalb der Bovbjerg Klippen an der Nordseeküste, 50 befestigte Stellplätze. www.bovbjergcamping.dk

Kyst Camping, Bogense: zauberhafter Platz nahe am Hafen und direkt am Strand, kurzer Weg in den Ort. www.kystcamping.dk

WEITERE INFOS

Dänisches Fremdenverkehrsamt: www.visitdenmark.de

Die Braut über die Schwelle tragen und willkommen im Strandhaus!

34 Eine Insel, ein Märchen

Die besondere Romantik Ærøs

Im Sinne des großen Poeten Hans Christian Andersen wäre Ærø die allererste Wahl bei der Suche nach einem märchenhaften Eiland. Die größte Insel im südfünischen Inselmeer vereint landschaftliche Schönheit mit dörflicher Romantik und ist gleichsam dessen größter Schatz, ein Glanzstück dänischer Gemütlichkeit.

Von der bedeutenden maritimen Vergangenheit Ærøs zeugen noch immer einige kleine Werften und verschlafene charmante Häfen. Im Sommer recken Stockrosen ihre bunten Blüten beinahe bis über die Dachrinnen der Häuser hinaus, hinter deren Fenster zumeist liebenswerte Dekoration drapiert ist, während ein außen angebrachter Spion den Bewohnern den Blick vor die Tür erlaubt. Der Spaziergang über die gepflasterten Gassen und durch malerische Häuserreihen kann je nach Tageszeit zu einem Ausflug in ein früheres Jahrhundert werden, wenn zur blauen Stunde das Licht aus den kleinen Fenstern der Fachwerkhäuser auf dem Pflaster schimmert.

Insbesondere in Ærøskøbing in der Inselmitte lassen sich diese emotionalen Welten sehr intensiv erleben. Ein fliegender Koffer, so wie ihn Andersen beschrieb, würde hier über den Köpfen schwebend kaum verwundern. Unbürokratische Verfahren und das Puppenstubenambiente prädestinieren den kleinen Ort geradezu als passende Loca-

HIGHLIGHTS

Ærøskøbing: idyllisches Dorfensemble mit niedrigen Häusern, Fachwerk und Kopfsteinpflaster, Nachtwächterrundgang im Sommer

Søfartsmuseum Marstal: bedeutende maritime Vergangenheit anschaulich präsentiert. Schoner *Bonavista* und Frachtschiff *Samka* im Hafen

Søbygaard: Herrensitz der alten Deichgrafen von 1580. Hausgeist, Naturzentrum, Freilufttheater, Mittelalterfest im Juli

Hammerichs Hus: Wohnhaus des Künstlers Hammerich mit katalogisierter Kachelsammlung, historisches Mobiliar

Flaschenschiffmuseum: erstaunliche maritime Kleinodien

PROBIEREN UND ERLEBEN

Der Versuchung von *Ærøpandekager*, kleinen Pfannkuchen in Schweinefett ausgebacken und gefüllt mit Rhabarber- oder Stachelbeerkompott, kann man zum Dessert kaum widerstehen. Ein *Riga*, eine typische Marstaler Kräuteressenz in Aquavit, das ursprünglich als Medizin für Seefahrer verwendet wurde, rundet ein gutes Mahl ab.

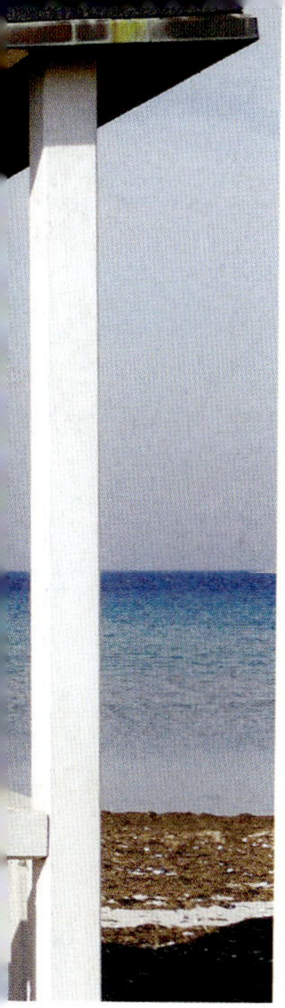

tion für eine verträumte Hochzeit im Rathaus oder in der Kirche. Nach nur wenigen Gehminuten erreicht man von dort den langgestreckten Vester Strand mit seinen malerischen, bunten Strandhäusern, die sich wie Perlen auf einer Kette aneinanderreihen.

Mit dem Fahrrad lässt sich die selbst ernannte Hochzeitsinsel bestens erkunden, dafür sind drei verschiedene Routen ausgeschildert. Sie führen vornehmlich an idyllischen Küstenabschnitten mit zauberhaften Aussichten vorbei, durch wogende Felder und kleine Weiler, passieren Windmühlen und Bauernhöfe und enden am Leuchtturm von Søby oder im Hafen der Seefahrergemeinde Marstal. Doch Vorsicht: Obwohl die Insel keine großen Höhen erreicht, geht es mitunter ordentlich auf und ab, und der Wind kommt ja sowieso immer von vorn.

Wachgeküsst

Lange lag der Herrensitz Søbygaard in einem Dornröschenschlaf. Beinahe vergessen war die Erinnerung an das herrschaftliche, um 1580 errichtete Jagdschloss Herzogs Hans des Jüngeren. Erst 1991 wurde eine Stiftung gegründet, die mit Hilfe von Spenden und Fördergeldern den allmählichen Wiederaufbau des Anwesens mit Schloss und Nebengebäuden möglich machte. Kein Geringerer als der dänische Prinz Joachim übernahm die Schirmherrschaft. Noch immer geht ein Gespenst im Schloss um. Es soll sich um den Geist einer Geliebten des ehemaligen Schlossherrn handeln, die er, als er ihrer überdrüssig wurde, im Gewölbekeller einmauern ließ. Zum Haus gehören Ausstellungsräume, Café, Konzertsaal und Freilufttheater sowie das Natur- und Aktivitätszentrum Kys Frøen. Viele künstlerische Veranstaltungen und Seminare werden gemeinsam mit der Kunsthochschule Vestermøllegaard organisiert. www.arremus.dk

Ruhig und friedlich: Æroskobing

Information

ANREISE

Fähre: Alle Verbindungen dauern etwa eine Stunde. Søby wird von Fynshav/Insel Alsen und Fåborg/Insel Fünen, Ærøskøbing von Svendborg/Insel Fünen angesteuert.

BESTE REISEZEIT

Mai bis September

SEHENSWERT

Skjoldnæs Fyr: Leuchtturm westlich von Søby, am Golfplatz, der zu den schönsten Skandinaviens zählt

Gå Maske: Verkleidungsfest am Dreikönigstag

Ostereikochen: Samstag vor Ostern gemeinsames Kochen von Ostereiern an den Stränden

Bregninge Kirche: Kalkmalereien, imposantes Altartriptychon von 1530

Kragnæs Jættestue: neolithisches Ganggrab. Geduckt begehbar, Taschenlampe nicht vergessen!

ESSEN UND TRINKEN

Det Lille Hotel: typisch dänische Küche, Anfang März traditionelles Klippfisch-Essen. Ærøskøbing, Smedegade 33

Rise Bryggeri: exzellentes Bier aus der kleinen Brauerei neben der Rise Kirche. www.risebryggeri.dk

ÜBERNACHTEN

Hotel Ærøhus: schönstes Hotel der Insel im Stadtzentrum, Anwesen aus dem 17. Jahrhundert, Garten, Restaurant. Vestergade 38. www.aeroehus.dk

WEITERE INFOS

Ærø Turist- og Erhvervskontor: www.aeroe.dk

Perfekte Silhouette: der Strand von Skagen mit Leuchtturm

35 Meererfahrungen

Skagen, das Licht und die Kunst

HIGHLIGHTS

Anchers Hus: Wohnung und Atelier des Künstlerehepaares Anna und Michael Ancher, schöner Garten und Café

Bamsemuseum: urige Teddybärenausstellung mit unzähligen Plüschkameraden und netten Verweisen auf die lokalen Künstler

Grenen: einmaliges Erlebnis, gleichzeitig in Nord- und Ostsee zu stehen

Råbjerg Mile: faszinierendes Naturphänomen der Wanderdüne am Nordseestrand

Gle. Skagen: zauberhaftes, altes Dorf in den Nordseedünen, bevorzugtes Sujet der Künstlergruppe der Skagen-Maler

PROBIEREN UND ERLEBEN

Ein Ausflug auf die Insel Læsø führt in ein ungewöhnliches, heide- und dünenreiches Stück Dänemark. Dünn besiedelt finden sich hier Fachwerkhäuser mit üppigen Dächern aus Seetang. Bekannt für sein besonders würziges Salz, sollte man aber unbedingt den größten Schatz Læsøs, die schmackhaften Hummerkrabben *Jomfruhummer*, kosten.

Ungebremst prallen Skagerrak und Kattegat aufeinander. Einmal unerbittlich und rau, dann wieder sanft und versöhnlich. Weiße Hauben tänzeln auf den Wellenkämmen. Mit Sandormen, dem schaukelnden Wattwurm-Shuttle, erreicht man bequem das dänische Nordkap. Und dann heißt es gleichzeitig den einen Fuß in die Nordsee, den anderen in die Ostsee zu stellen.

Grenen, der nördlichste Punkt Jütlands, liegt drei Kilometer außerhalb von Skagen. Ende des 19. Jahrhunderts hob eine Künstlergruppe den Ort auf die touristische Landkarte, angelockt von dem besonderen Licht, das diese Region zu allen Jahreszeiten umgibt. Das damalige Skagener Lebensgefühl lebt noch heute weiter im Haus von Anna und Michael Ancher, den bekanntesten Vertretern und Mitbegründern des dänischen Impressionismus. Eine riesige Bildersammlung und ein etwas unübersichtliches Atelier zeugen von überbordenden künstlerischen Leidenschaften. Treffpunkt der Künstlerszene war zur vorletzten Jahrhundertwende Brøndums Hotel, das nördlichste Hotel Dänemarks. Seine besondere Aura lockt die Gäste bis heute an.

Gleich gegenüber gewährt der 1934 fertiggestellte Wasserturm, nachdem man 120 Stufen bewältigt hat, wunderbare Ausblicke über die orangeroten Dächer, die gelben Häuser und üppigen bunten Gärten der Stadt. Am Horizont glänzt das weite Meer hinter dem Hafen, dem grauen und dem weißen Leuchtturm und der Landspitze Grenen. Im alten Fischereihafen mit den charakteristischen rot-weißen Häusern hat man die Qual der Wahl zwischen einer Vielzahl hochgelobter Fischrestaurants.

Von Højen oder Gammel Skagen, dem Alten Skagen, das weniger geschützt an der Nordseeküste liegt, zogen die Einwohner an die Kattegat-Seite und hinterließen eine malerische Siedlung. In die stattlichen gelb getünchten Häuser in der Dünenlandschaft zogen Hotels und Restaurants ein. Die Clubs und Pubs haben oft bis in die Morgenstunden geöffnet. Die alte Kirche, die Tilsandede Kirke, wurde schon 1775 aufgegeben. Wind und Sand hatten ihr übermäßig stark zugesetzt. Der Turm steht verlassen, aber erhaben in der Heidelandschaft.

Wandern auf der Wanderdüne

Ein klein wenig Wüstenexpeditionsfeeling, allerdings ganz ohne Kamele, kommt auf beim barfüßigen, zeitweise etwas mühevollen Erklimmen Hand in Hand der gut 45 Meter hohen Wanderdüne Råbjerg Mile. Der stetige Westwind bläst dabei meist scharf von vorn. Feinste Sandpartikel, oft in weißlich wabernden Schwaden vereint, verteilen sich im Gesicht und über den ganzen Körper und bleiben auf der Haut haften, sofern diese mit Sonnencreme vorbehandelt war. Unaufhaltsam drängt der gewaltige Sandberg nordostwärts und kommt dabei jedes Jahr gut 15 Meter vorwärts. Die Dänen legen der größten Wanderdüne Skandinaviens keine Steine mehr in den Weg und lassen der Natur ihren freien Lauf. Bereits seit dem Jahr 1900 steht die Råbjerg Mile unter Naturschutz. Eine pragmatische Entscheidung, denn alle früheren Versuche, ihr Einhalt zu gebieten, verliefen erfolglos. An anderen Stellen gelang es indes, durch Pflanzungen von Dünengras und Koniferen die fortschreitende Versandung zu stoppen. So mussten Ansiedlungen nicht ständig verlegt, Dörfer ab- und wieder aufgebaut werden.

Barfuß im Sand

Information

ANREISE
Mit dem PKW gut 3,5 Stunden hinter der Grenze bei Flensburg, Bahn bis Aalborg und weiter mit dem Bus

BESTE REISEZEIT
Ganzjährig

SEHENSWERT
Kunstmuseum: größte Sammlung mit Arbeiten der Skagen-Maler. www.skagenskunstmuseer.dk

By- og Egnsmuseum: Freilichtmuseum mit Windmühle und Gebäuden aus Nordjütland. www.skagen-bymus.dk

Sandormen: bequemer Traktorshuttle zur Nordspitze Jütlands. www.sandormen.dk

Tilsandende Kirke: alte, vom Sand zugewehte Kirche des Dorfes Skagen, schönes Wandergebiet

Feuerwippe: Replik eines historischen Leuchtfeuers aus dem 16. Jahrhundert

ESSEN UND TRINKEN
Restaurant Pakhuset: gemütliches Fischlokal am Hafen mit Galionsfigur-Dekoration. www.pakhuset-skagen.dk

Skagen Bryghus: nördlichste Brauerei des Landes, Restaurant, Livemusik. www.skagenbryghus.dk

ÜBERNACHTEN
Brøndums Hotel: Tradition und Geschichte der Skagener Kunstszene, tolles Restaurant. www.broendums-hotel.dk

Ruths Hotel: ehemaliges Badepensionat Vesterhus, Gourmetküche. www.ruths-hotel.dk

WEITERE INFOS
Skagen Fremdenverkehrsbüro: www.skagen.dk/de

Symbol für Schutz und richtigen Kurs: der Leuchtturm Hammeren Fyr auf dem Ørnebjerg auf der Insel Bornholm

36 Die Perle der Ostsee

Dänische Sonneninsel Bornholm

HIGHLIGHTS

Dueodde: einer der schönsten Strände Europas mit ausgedehnten Dünengebieten und fast weißem Sand

Rundkirchen: Die vier strahlend-weißen Gotteshäuser, die auch als Fluchtburg dienten, sind charakteristische Markenzeichen Bornholms.

Bornholms Kunstmuseum: hervorragende Sammlung bekannter Bornholmer Maler in ungewöhnlicher Architektur

NaturBornholm: hochmodernes Erlebniszentrum zur Natur und Geologie der Insel

Hjorths Fabrik: Töpferkurse in der traditionsreichen Bornholmer Keramikmanufaktur

PROBIEREN UND ERLEBEN

»Sonne über Gudhjem«, goldglänzenden Räucherhering auf Brot mit Zwiebelringen, Meersalz und Eigelb, genießt man am besten direkt aus der Räucherei und draußen am Meer. Danach lohnt der Weg nach Hammershus, zur größten Burgruine Nordeuropas, die in abendlicher Dämmerung eine eigene Mystik entfaltet.

Bornholm gehörte schon zu den beliebten Reisedestinationen, als man Urlaub noch Sommerfrische nannte. Die besonderen Farben, die beschaulichen Dörfer, ein abwechslungsreiches Landschaftsbild mit allen Elementen eines Andersen-Märchens, Wälder und Strände und das spezielle Licht locken schon von jeher Künstler und Romantiker auf die Insel.

Hyggelig, der unübersetzbare dänische Begriff für besonders gemütliche Gemütlichkeit hat auf Bornholm absolute Berechtigung. So scheint in den Dörfern Svaneke oder Gudhjem die Zeit stehen geblieben zu sein. Kopfsteinpflaster, farbenfroh getünchte, zuweilen schiefe Fachwerkhäuser in verwinkelten Gassen gruppieren sich um kleine Häfen. Üppige Stockrosen recken ihre Blüten in den blauen Himmel, in den ebenso farbenfrohen Gärten gedeihen selbst Feigenbäume bestens.

Sie unterstreichen die fast schon mediterrane Atmosphäre in dem Teil Dänemarks, der die Sonne tagtäglich zuerst genießen darf. Dabei geht es auf Bornholm ruhiger und ausgeglichener zu als im weit entfernten Mutterland. Der eigene Dialekt, das *Bornholmsk,* weist Ähnlichkeiten zum Schwedischen auf. Nur eine knappe Stunde mit der Fähre ist der große Nachbar im Norden entfernt.

Aus dem Gewirr der niedrigen Hausdächer in den Dörfern ragen die zahlreichen Fischräuchereien mit ihren markanten eckigen Schornsteinen heraus. Für die dort goldgelb geräucherten Heringe oder den Bornholmer Wildlachs, kulinarischer Kult, genießt Bornholm überregionalen Ruhm. Neun Räuchereien sind noch aktiv, andere wurden zu Ferienhäusern, Galerien oder Kunsthandwerkerateliers.

Das als Museum eingerichtete Studio und Wohnhaus des bekanntesten Vertreters der Bornholmer Malergilde, Oluf Høst, liegt im Dörfchen Gudhjem, dessen Licht und Flair er besonders schätzte. Der Ort, der sich an den Felsen des Bokulberges schmiegt und deshalb über Dänemarks einzige Serpentinenstraße verfügt, besitzt zwar keine Stadtrechte, darf sich dafür aber einer eigenen Zeitrechnung, der Gudhjemer Zeit, rühmen. Er liegt exakt auf dem 15. Längengrad, wo mitteleuropäische und mittlere Sonnenzeit identisch sind.

Als Prinzessin und Prinz auf den Erbseninseln

Bei klarem Wetter ist der Schärenarchipel Ertholmene, die »Erbseninseln«, knapp 18 Kilometer nordöstlich von Bornholm, als sanfte Erhebung am Horizont zu erkennen. Auf den beiden größten Inseln Frederiksø und Christiansø leben permanent etwa 100 Menschen. Ansonsten bevölkern Seevögel die sieben felsigen Schären. 1684 als Festung zum Schutz vor den Schweden angelegt, jedoch nie zum Einsatz gekommen, sind die gelb getünchten, langgestreckten Kasernengebäude, der Hafen und die urigen Häuser der ranghöheren Offiziere mit entzückenden Gärten ein lohnenswertes Ziel. Spezielles Mikroklima erlaubte den Soldaten zum Zeitvertreib die Aufzucht von botanischen Raritäten wie etwa Maulbeerbäumen. Ausflugsschiffe verkehren von Gudhjem und Allinge, der entspannte Spaziergang um die Inseln dauert vielleicht eine gute Stunde, und es bleibt Zeit zur Besichtigung des kleinen Heimatmuseums im Lille Tårn und der Kirche. Sechs Zimmer bietet das Dorfgasthaus und die Atmosphäre, wenn die Tagesgäste die Inseln verlassen haben, könnte romantischer nicht sein!

Traditionelle Fischräucherei in Svaneke

Information

ANREISE
Flug von Kopenhagen oder Fähre zwischen Ende März und Anfang Oktober von Sassnitz/Rügen nach Rønne

BESTE REISEZEIT
April bis Oktober

SEHENSWERT
Almindingen: weitläufiges Waldgebiet mit Aussichtsturm Rytterknægten, vorzeitliche Relikte, geologische Besonderheiten

Andersen Nexø Museum: Geburtshaus des Schriftstellers Martin Andersen Nexø *(Pelle, der Eroberer)*. www.andersennexoe.dk

Trabrennbahn: ein Hauch von Ascot in den Wäldern von Almindingen. http://bornholm.info/de/bornholms-brand-park

Bornholms Museum: Inselhistorie einst und jetzt. www.bornholmsmuseum.dk

Døndal: Höchster Wasserfall Dänemarks

Melstedgård: Lebendiges Landwirtschaftsmuseum. www.bornholmsmuseer.dk/melstedg

ESSEN UND TRINKEN
Gudhjem Røgeri: Geräuchertes vom Allerfeinsten am Hafen. www.smokedfish.dk

Vingården: Bornholmer Wein, Likör und Whisky. www.a7.dk

Den Bornholmske Spritfabrik: Aquavit nach traditioneller Rezeptur. www.bornholmersnaps.dk

ÜBERNACHTEN
Birkelund: nette Ferienwohnungen im alten Bauernhof, deutsche Besitzer. www.birkelund.info

Hotel Balkastrand: modernes Haus, Schwimmbad und Tagung am Strand. www.hotelbalkastrand.dk

WEITERE INFOS
Destination Bornholm: www.bornholm.info/de

Perfekte Flitter-Kulisse nach der Märchenhochzeit: das Märchenschloss Läckö

37 Ein Traum in Barock

Das Märchenschloss Läckö im Vänernsee

HIGHLIGHTS

Läckö Festspiele: Freiluftopernaufführungen in der beeindruckenden Kulisse des Burghofs alljährlich im Sommer

Navens Fyr: niedliches Leuchtfeuer im äußersten Nordwesten von Kållandsö, besonders reizvoll in den Abendstunden

Naturum Vänerskärgården: modernes Naturzentrum, gebaut aus Naturmaterialien mit Ausstellungen zur Flora und Fauna der Region, Hotel, Restaurant

Kinnekulle: schwedischer Tafelberg von 306 Metern Höhe mit Aussichtsturm und schönen Aussichten auf den Vänern

Gamla Staden Lidköping: pittoresker Altstadtkern der ehemaligen Porzellanstadt

PROBIEREN UND ERLEBEN

Am Hornborgasjön tanzen im April die Kraniche. Mehrere tausend der stolzen Vögel rasten hier zeitgleich auf dem Weg zu ihren Brutgebieten und bieten ein spektakuläres Bild. Ganz in der Nähe residiert die Knäckebrot-Bäckerei »Knäck & Bräck«, die Variationen schwedischen Hartbrotes nach alten Rezepten mit Dinkelmehl fertigt.

An der Nordspitze des Eilands Kållandsö im Vänern, des größten Sees Schwedens, liegt mit Läckö das vielleicht schönste Schloss des Landes malerisch auf einer felsigen Landzunge, umrahmt von Strand und Schilf. Besonders morgens und abends entfaltet es im warmen Licht der Sonne seine ganze romantische Anmut.

Das hübsche weiße Gemäuer mit seinen mächtigen Türmen, vor dessen Portal stets vier schwedische Fahnen wehen, war zu seiner Gründung um 1300 als strategisch günstige Bischofsburg angelegt, eine Zwischenstation für Pilger auf dem Weg zum Nidaros-Dom im norwegischen Trondheim. Nach der Reformation gelangte Läckö 1527 in den Besitz des legendären Königs Gustav Wasa, der jedoch wenig Interesse daran zeigte. 1615 bekam es Freiherr Jakob de la Gardie als Lehen und wurde von dessen Sohn Magnus Gabriel 1652 übernommen. Er war im Wesentlichen für das heutige Aussehen Läckös als barockes Lustschloss verantwortlich.

Magnus Gabriel hatte ein Liebesverhältnis mit Königin Christine, so munkelt man hinter vorgehaltener Hand, und wurde deshalb Oberst der Leibgarde am schwedischen Hof, fiel jedoch 1653 in Ungnade. Zurück auf Schloss Läckö frönte er seinen Leidenschaften für Kunst, Pracht und Geschmeide, wie man heute noch eindrucksvoll beim

Durchstreifen der Säle und Gemächer erkennen kann. Opulente barocke Deckengemälde und verspielte Bildhauerarbeiten in Anlehnung an französische Vorlagen prägen heute das aristokratische Interieur. 13 reizende Engel tummeln sich graziös an der Decke des Königssaals.

Eine sinnliche Oase der Ruhe, einen zauberhaften Platz zum Verweilen und zum Genießen des Augenblicks, erfüllt mit zarten Düften, verführerischen Farben und Formen bildet der auf mehreren Ebenen angelegte, kleine Schlossgarten. Rund um den charmanten Laubengang finden alljährlich neue floristische Ausstellungen statt. In jüngerer Zeit bemüht man sich, die historischen Bereiche von Kräuter- und Gemüsegarten wiederherzustellen.

Ab in den siebten Himmel

Jedes Kind träumt von einem Baumhaus, von Abenteuer und Freiheit inmitten der Natur, mit viel Ruhe und Abstand zur Zivilisation, nahe am Rauschen von Blättern im Wind und nahe den Eichhörnchen und Vögeln. Diesen Wunschtraum erfüllt das Baumhaushotel Islanna in den Wäldern am Hornborgasjön. Zwei komplett ausgestattete Ferienhäuser schweben in knapp sieben Metern Höhe in den starken Armen gestandener Eichenbäume. »Andrum« heißt das etwas kleinere, typisch rote Schweden-Haus, sein größeres, gelbes und architektonisch verspieltes Pendant »7. Himmel«. Eine stabile Treppe führt hinauf ins heimelige Reich der Waldelfen. Jeden Morgen kommt das Frühstück, fein säuberlich in einem Körbchen drapiert, auf die Veranda geschwebt. Der Clou dabei ist das wohlig duftende, frisch auf traditionelle Art über offenem Feuer gebackene Brot. Und das schmeckt herrlich nach einer Nacht, in der man sanft vom Wind und den Geräuschen des Waldes in den Schlaf gewiegt wird. www.islanna.com

Verwunschener Laubengang im Schloss-Kräutergarten

Information

ANREISE

Flug bis Göteborg, gut 2 Stunden mit dem PKW

BESTE REISEZEIT

März bis Oktober

SEHENSWERT

Rörstrand Museum: sehenswerte Ausstellung der traditionsreichen Porzellanmanufaktur von Lidköping, www.rorstrand-museum.se

Vänermuseet: alles Wissenswerte über die Geschichte und das Leben am und im Vänernsee. www.vanermuseet.se

ESSEN UND TRINKEN

Restaurant Hvita Hjorten: Im »Weißen Hirschen« im Naturum werden frische lokale Produkte entsprechend der Jahreszeit serviert. www.lackoslott.se

Café Stallet: Kuchen und traditionelles Gebäck im Schloss Läckö. www.lackoslott.se

Knäck & Bräck: Knäckebrot in Elch- oder Herzform jenseits der klassischen Formate. www.knackobrack.se

ÜBERNACHTEN

Victoriahaus: gemütliches Hotel im Obergeschoss des Naturums mit schöner Aussicht auf See, Schloss und Schären. www.lackoslott.se

Hotell Läckö – Grand Hotel: zentral am großen alten Marktplatz von Lidköping, stilvoll eingerichtet. www.hotellacko.se

WEITERE INFOS

Västsvenska Turistrådet: www.västsverige.com

Soweit das Auge reicht: kein Wölkchen am Himmel

38 Steinreiche Sonneninsel

Öland, das etwas andere Schweden

HIGHLIGHTS

Kallbadhus: historische hölzerne Badeanstalt am Strand von Borgholm

Eketorp: rekonstruierte Eisenzeitsiedlung mit lebendigem, von einer starken Ringmauer umgebenen Bauerndorf

Borgholm Schlossruine: gut erhaltene, von vier runden Türmen umschlossene Ruine oberhalb Borgholms, sommerliche Konzerte im Burghof

Ottenby: Tummelplatz für Ornithologen und Vögel rund um den höchsten Leuchtturm Skandinaviens, den Långe Jan

Gettlinge Gräberfeld: eines der größten Gräberfelder Ölands mit imposanter Schiffssetzung

PROBIEREN UND ERLEBEN

Ein schwedisches Unikat unter den Windmühlen ist die Scheuermühle von Jordhamn. 1905 konstruiert, diente sie am Ufer des Kalmarsundes zum Schleifen von Steinplatten mittels Windkraft. Einmalig auch das öländische Nationalgericht: *Kroppkakor*, Kartoffelknödel gefüllt mit Speck und Zwiebeln, am besten mit Preiselbeeren und Sahne!

Lang und schmal erstreckt sich Öland zwischen den Leuchttürmen Långe Jan und Långe Erik über 140 Kilometer entlang der Ostküste Smålands. Ihre eigentümliche geologische Beschaffenheit verschafft ihr eine landschaftliche Ausnahmestellung, die auch das schwedische Königshaus schätzt und hier 1906 sein Sommerschloss Solliden errichtete.

Alljährlich feiert Kronprinzessin Victoria Anfang Juli auf Solliden ihren Geburtstag und verbringt mit den Eltern Sylvia und Karl XVI. Gustav, der die hübsche Villa bereits im zarten Alter von vier Jahren als Erbe erhielt, und ihren Kindern die Sommerzeit. Entsprechend erfreut sich die Insel auch bei den Schweden großer Beliebtheit. Erst recht, seit 1972 eine Brücke die Stadt Kalmar mit Öland verbindet. Die Ölands bron war zu ihrer Zeit die längste Brücke Europas.

Unweit von Solliden thront das trutzige Schloss Borgholm als mächtige Ruine an der Klippenküste. Nie wirklich fertiggestellt und 1806 durch ein Feuer zerstört, ist sie heute glorreiches Wahrzeichen Borgholms, der Hauptstadt Ölands. Aber eigentlich sind es die gut 350 Windmühlen der Insel, die zahlreichen Schiffssetzungen und vorzeitlichen Gräberfelder sowie die weitläufigen, karstigen Heideflächen, das Weltkulturerbe »Stora Alvaret«, die den eigentümlichen Reiz der Insel ausmachen. Kalk- und Sandstein speichern die Wärme der Sonne und begünstigen ein einzigartiges Klima, das so manches Naturphänomen hervorbringt.

Eines davon ist Adam und Eva, eine von vielen öländischen Orchideenarten, die im Mai sowohl gelb als auch violett blüht, gern pärchenweise auftritt und auf den Wiesen einen bunten Blütenteppich zum Flittern und Flanieren bildet. Künstler und Kunsthandwerker, Dichter und Literaten lieben die romantische Atmosphäre Ölands, die sich förderlich auf die eigenen kreativen Fähigkeiten auswirkt. Der Jagdlust des schwedischen Königs Karl X. Gustav verdankt Öland ein kleines Unikum: Eine fünf Kilometer lange, nach dem Monarchen benannte Mauer durchmisst die Südspitze der Insel. 1653 zum Ärgernis der Bauern errichtet, sorgte sie dafür, dass die Hirsche des Königs sich nicht in ländliche Gefilde verirrten.

Jungfräuliche Herrlichkeit

86 Meter ragt sie über den Horizont heraus, die »Blaue Jungfrau«, ein Eiland aus rotem Granitgestein zwischen Byxelkrok im Nordens Ölands und der småländischen Küste. Den Klippen am Ufer, die mit Höhlen und Grotten gespickt sind, steht ein üppiger, dichter Laubwald im Inselinneren gegenüber. Dies gab schon früh Anlass zu allerlei Mythen und Legenden. So gilt Blå Jungfrun (Blaue Jungfrau) als verwunschener Treffpunkt von Hexen und Geistern, und selbst den schwedischen Naturforscher Carl von Linné überlief ein Schaudern, während er die Insel erforschte und das Steinlabyrinth am Südzipfel entdeckte. Schon 1926 wurde die unbewohnte Insel zum Nationalpark erklärt. Während des Sommers kommen einige Ausflugsschiffe herüber, und der Besuch lohnt. Man taucht ein in eine wahrhaft magische, sehr positive Atmosphäre, angenehm erwärmt vom nackten Fels, der die Kraft der Sonne zu speichern vermag. Es fühlt sich paradiesisch an, nur umgeben zu sein vom blauen Meer unter einem blauen Himmelszelt.

Küssen auf Schwedisch

Information

ANREISE
Fähre von Travemünde oder Rostock nach Trelleborg, von hier aus ca. vier Stunden

BESTE REISEZEIT
März bis Oktober

SEHENSWERT
Himmelsberga: Freilichtmuseum zu öländischer Heimat- und Kulturgeschichte. www.olandsmuseum.com

Ölands Djur- und Nöjespark: familienfreundlicher Freizeitpark mit Zoo und Spaßbad. www.olandsdjurpark.com

Trollskogen: Wald aus skurril vom Wind geformten, knorrigen Kiefernbäumen an der Nordspitze

ESSEN UND TRINKEN
Halltorps Gästgiveri: uriges traditionelles Restaurant, auch Hotel. www.halltorpsgastgiveri.se

Lammet & Griser: kulinarische Spezialitäten im Ambiente einer spanischen Hazienda. www.lammet.nu

ÜBERNACHTEN
Ekerum Resort: gemütliche Zimmer und Ferienhäuser am Golfplatz. www.ekerum.com

Villa Ingrid: Villa aus den 1930er-Jahren in Borgholm, B & B. www.villaingrid.se

Svalgården: komfortabel wohnen im ehemaligen Getreidespeicher. www.svalgarden.se

WEITERE INFOS
Ölands Turistbyrå: www.oland.se

Blick auf das charmante Küstenstädtchen Izola

39 Venedigs kleine Schwester

Sloweniens Riviera hat viel zu bieten

HIGHLIGHTS

Piran: Wunderschöner Heimatort des Teufelsgeigers Giuseppe Tartini, in dem man sich in venezianische Zeiten zurückversetzt fühlt.

Salinen: In den Salzgärten von Sečovlje wird seit 700 Jahren »weißes Gold« geerntet.

Hrastovlje: romanisches Kirchlein mit faszinierendem Freskenreigen von Gevatter Tod

Škocjanske jame: Das faszinierende Grottensystem mit fantastischen Tropfsteinformationen zählt zum UNESCO-Weltnaturerbe.

Lipica: Hier werden die Lipizzaner für die Wiener Hofreitschule gezüchtet.

PROBIEREN UND ERLEBEN

Pršutarna: luftgetrockneter Karstschinken aus Lokev – *Scampi buzara:* in Schale gedünstete Garnelen – *Ombole:* gepökeltes Schweinekotelett mit Sauerkraut als Beilage – *Fritule:* in Fett ausgebackene Hefeteigkrapfen – *Tartufi:* Istrien ist berühmt für weiße Trüffel, zur Saison werden sie überall serviert.

Bezaubernde Fischerstädtchen mit venezianischem Flair, ein sauberes Meer und erholsame Thermal-Spas locken Urlauber an die slowenische Riviera. Doch auch sportlich Aktive kommen auf ihre Kosten: beim Surfen oder Segeln in den kristallklaren Fluten, beim Wandern oder Radfahren im reizvollen Hinterland.

Gerade einmal 46 Kilometer misst die slowenische Mittelmeerküste – das sogenannte Slowenisch-Istrien. Doch so klein der Landstrich auch sein mag, er präsentiert sich als ganz besonderes Schatzkästchen: Malerische Küstenstädtchen mit großer Geschichte reihen sich wie kostbare Perlen auf der Schnur. Koper, Izola und vor allem das architektonische Kleinod Piran, Heimat des unvergessenen Meistergeigers Giuseppe Tartini, bezaubern mit mittelalterlichen Gassen, perfekt erhaltenen Altstadtensembles und Kirchtürmen, die deutlich ihr venezianisches Erbe verraten. Kein Wunder also, dass die idyllischen Orte als Venedigs kleine Schwestern bezeichnet werden. Viel neueren Datums ist Portorož, der »Rosenhafen«, das sich im Vergleich zu Piran geradezu mondän gibt. Hier erhebt sich das altehrwürdige Grand Hotel Portorož, eine Legende des Mittelmeers, es gibt kaum einen reizvolleren Ort an der slowenischen Riviera, um seinen Urlaub zu verbringen. Zumal der angeschlossene schick gestylte Wellness-Bereich allen nur erdenklichen modernen Komfort bietet, im Innen- und Außenpool, in

den Saunas oder im Thalassozentrum. Und was gibt es Schöneres, als den Tag beim edlen Dinner im prunkvollen, cremefarben gestalteten und reich stuckierten Jugendstil-Spiegelsaal zu beenden? Da kommt monarchisches k.u.k.-Feeling auf, fühlt man sich gleich ein bisschen wie Sisi – auch wenn die Kaiserin nie hier war.

Perfekt zur Entschleunigung aus gestresstem Alltag geeignet ist auch die Bucht von Strunjan, ein Salinen- und Naturschutzgebiet zwischen Portorož und Izola mit seinem Thalasso-Zentrum. In der Kuranlage mit beheiztem Meerwasserpool gelegen in einem idyllischen Pinienhain lässt sich's vortrefflich entspannen – vor allem nach einer der vielen gebotenen Aktivitäten: Windsurfen in Koper, Segeln in Izola, Radfahren auf dem Parenzana-Weg, Wandern in den schroffen Karstbergen des Hinterlandes oder Ausreiten auf einem weißen Lipizzaner des weltberühmten Gestüts in Lipica. Ein Besuch darf bei keinem Pferdefreund fehlen!

»Weg der Gesundheit und Freundschaft«

Für Radlerpaare ein landschaftliches Erlebnis der besonderen Art ist der Parenzana-Weg: Mit Startpunkt in Koper oder Portorož bietet er eine tolle Gelegenheit das Hinterland zu erradeln – herrliche Ausblicke garantiert. Dafür wurde mit EU-Unterstützung die ehemalige Trasse der Schmalspurbahn Parenzana von Triest ins kroatische Poreč auf einer Länge von 123 Kilometern aufwendig zum Rad- und Wanderweg umgestaltet. Der slowenische Abschnitt vom Grenzübergang Škofije bis zu den Salzgärten von Sečovlje, insgesamt 35 Kilometer lang, ist dabei der mit am besten ausgebaute. Der gut ausgeschilderte Parenzana-Weg, der teilweise auch durch – gut beleuchtete – Tunnels führt, überquert Täler, steigt an zu den Hügeln und eröffnet immer wieder einzigartige Panoramen auf pittoreske Dörfer und glitzernde Meeresbuchten, auf idyllische Wein- und Olivengärten und mit duftender Macchia bedeckte Karstlandschaft, aus der bizarre Felsformationen ragen. www.italybike.info/de/radreisen/parenzana

Ein herrlicher Panoramaweg führt oberhalb der Bucht von Strunjan entlang.

Information

ANREISE
In den Sommermonaten Flüge von verschiedenen deutschen Flughäfen nach Pula (Kroatien). Mit dem Auto: Anreise durch Österreich über Ljubljana oder Italien.

BESTE REISEZEIT
Von Mai bis September

ESSEN UND TRINKEN
Trattoria Verdi: viel Atmosphäre und ausgezeichneter Fisch, Piran. www.verdi.si

Gostišče Ribič: gemütliches Gasthaus unter schattigen Bäumen nahe der Salinenfelder. Tel. +386 56 77 07 90

Lokev: Wegen seiner vielen Restaurants mit guter istrischer Küche ist das Dorf ein Geheimtipp für Feinschmecker.

ÜBERNACHTEN
Grand Hotel Portorož: slowenische Hotellegende. www.kempinski-pororoz.com

Hotel Svoboda: gehört zu Thalasso Strunjan. www.terme-krka.si/de/strunjan/hotel/svoboda

Bioenergie-Resort Salinera: oberhalb der Strunjan-Bucht mit großem Spa. www.bernardingroup.si/de/salinera

Hotel Tartini: altes Gemäuer mit Designer-Interieur, Piran. www.hotel-tartini-piran.com

Hotel Barbara: modernes Haus direkt am felsigen Strand, etwas außerhalb von Piran. www.hotel-barbara.si

WEITERE INFOS
www.slovenia.info

40 Meereswächter sorgt für Romantik

Flittern auf der langen Insel Dugi Otok

HIGHLIGHTS

Pfarrkirche im Dorf Žman auf Dugi Otok, aus dem 13. Jahrhundert

Saharun: ca. ein Kilometer langer Sandstrand auf Dugi Otok, von duftenden Kiefernwäldern umsäumt

Kalelarga: Bummel durch die Altstadt auf der historischen Hauptstraße des nahen Zadar (Festland, Fährbetrieb)

Kunterbunter **Gemüse-, Obst- und Fischmarkt** mit absolut frischer Ware in der Altstadt von Zadar

»Meeresorgel« und »Gruß an die Sonne«: Kunstinstallationen am Ende der Riva, Zadars Uferpromenade

Naturpark Telašc'ica im südöstlichen Teil der Insel

Saliske užance: historisches Volksfest mit Eselrennen in Sali, am ersten Wochenende im August

PROBIEREN UND ERLEBEN

Die Einheimischen des kleinen Ortes Žman bieten Obst und Gemüse aus eigenem Anbau, Käse und selbst gekelterten (meist lieblicheren) Weißwein an. Letzteren nur in kleinen Mengen, da die Anbaufläche auf der Insel nicht allzu groß sind und ein Teil natürlich zum eigenen Genuss verwendet wird …

Am nordwestlichen Kap von Dugi Otok, eine der 89 Inseln des herrlichen Naturparks Kornaten, bietet der historische Leuchtturm Veli Rat einmalige Übernachtungsmöglichkeit für Frischvermählte. Wer genug geflittert hat, kann auch die nahen romantischen Badestrände oder spannende Tauchgänge genießen.

Sie suchen für Ihre Hochzeitsreise absolute Idylle, herrliche Badebuchten und traumhafte Ausblicke aufs Meer? Dann ist die Insel Dugi Otok im Kornati-Nationalpark für Sie richtig. Die Kornati-Inselgruppe in Mittelkroatien besteht aus 89 Inseln und Inselchen mit eher karger Vegetation. Die Insel Dugi Otok, bequem mit der Fähre von Zadar aus zu erreichen, macht ihrem Namen »Lange Insel« mit einer Ausdehnung von 45 Kilometern alle Ehre! Das Inselparadies präsentiert sich an seiner südöstlichen Seite mit ruhigen Badebuchten. Auf der anderen Seite dominieren imposante Steilklippen – was für ein faszinierender Kontrast! Rund 1500 Bewohner leben in zwölf Ortschaften, unter anderem in Sali, Veli Rat und Zaglav. Hier findet man auch etliche Übernachtungsmöglichkeiten. Sicherlich schön, aber für die Flitterwochen sollte es schon etwas wirklich Einmaliges sein! Daher hier der ultimative Übernachtungstipp für Turteltäubchen, Meerblick und einmalige Atmosphäre garantiert: der Leuchtturm Veli Rat. Über 50 Leuchttürme wurden im 19. Jahrhundert entlang der kroatischen Adriaküste gebaut. Der Meereswächter an der nordwestlichen Landzunge von Dugi Otok, einer der schönsten, stammt aus dem Jahr 1849 und ist mit seinen 42 Metern der höchste an der Adria. Schenkt man der Legende Glauben, wurde seine sonnengelbe Farbe aus über 100 000 Eigelben hergestellt. In der kleinen romantischen Kapelle direkt beim Leuchtturm kann sogar geheiratet werden! Bis nach Veli Rat, Verunic und Polje, zauberhaften Mini-Dörfern, sind es ca. drei Kilometer. Hier können Sie sich mit Lebensmitteln eindecken, Obst und Gemüse stammt meist von eigenem Anbau auf der Insel. Weitere Zutaten für ein köstliches Liebesmenü stammen direkt aus dem Wasser. Denn das Meer bis zu zwei Seemeilen östlich des Leuchtturms ist seicht und

daher reich an Meerestieren. Wer nicht selbst tauchen oder angeln möchte, bezieht die Meeresbewohner frisch von einem der örtlichen Fischer. Unter funkelndem Sternenhimmel lecker gegrillt – mehr Romantik auf einer Hochzeitsreise geht nicht! www.uniline.hr

Zu Besuch bei Fledermäusen

Dieses Naturspektakel erlebt man am besten zu zweit. Denn das gemeinsame Erleben ist doppelt so schön. Die kleine, aber feine Höhle Strašna peć finden Sie in der Nähe des Dorfes Savar auf der Insel Dugi Otok, nahe dem Naturpark Telascica. Der Eingang zu diesem ökologischen Naturhighlight liegt ca. 70 Meter hoch über dem Meer. Im Jahr 1904 gab sich kein Geringerer als der österreichische Kaiser Franz Joseph die Ehre und besuchte die erst Ende des 18. Jahrhunderts entdeckte Höhle. Der *Illustrierten österreichischen Riviera-Zeitung* war dieses Event sogar eine Titelgeschichte wert. Danach geriet die Höhle wieder in Vergessenheit. Erst seit dem Jahr 2000 ist dieser sehenswerte unterirdische Bau auch für normale »Untertanen« geöffnet. Bizarre Steinsäulen, malerische Tropfsteingebilde, zwei ca. sieben Meter hohe Räume und unzählige fliegende Insassen, genauer gesagt mehrere geschützte Fledermausarten, sind zu entdecken. Öffnungszeiten unter www.straspec.com

Information

ANREISE
Flug bis Zemunik (Zadar), dann weiter mit Mietauto und Fähre. Mit dem Bus: Von Deutschland starten Busse nach Zadar.

BESTE REISEZEIT
Frühjahr bis später Herbst

SEHENSWERT
Kirchlein des hl. Pelegrinus aus dem 7. bis 9. Jahrhundert in Savar

ESSEN UND TRINKEN
Restaurant Mandarino: heimische Gerichte, leckere Pizzen, köstliche Fischgerichte. www.campmandarino.com

ÜBERNACHTEN
Hotel Lavanda: 80 DZ, direkt am Meer, 250 Meter von Božava. www.hoteli-bozava.hr

WEITERE INFOS
www.zadar.hr, www.dugiotok.hr, www.kornati.de

Highway to paradise: auf dem Weg zu einer der romantischen Badebuchten der Insel

Atemberaubend: der Blick aus der Vogelperspektive auf die Lagunen der Plitvicer Seen

41 Mal wieder Indianer spielen

Im kroatischen Nationalpark Plitvicer Seen

HIGHLIGHTS

Nationalpark Plitvicer Seen: ein romantischer Spaziergang durch den Nationalpark inklusive »Schatz im Silbersee«

»Winnetou«-Film-Location-Tour im Nationalpark Paklenica. Große und kleine Bären besuchen im Nationalpark Velebit und der Aufzuchtstation Kuterevo

Insel Pag: Die vorgelagerte Insel ist ein idealer Platz zum Baden, Relaxen und Picknicken.

Novalja: Anziehungspunkt für junge Touristen, die das 2000-Einwohner-Dorf auf Pag im Sommer in eine Partystadt verwandeln

PROBIEREN UND ERLEBEN

Der Pager Schafskäse gilt als der beste Kroatiens. Das besondere Aroma des *Paški Sir* kommt vor allem daher, dass die Schafe auf Pag kaum Gras haben und sich daher hauptsächlich von wildwachsenden und salzhaltigen Kräutern ernähren.

Im kleinen Kroatien gibt es auf verhältnismäßig engem Raum 447 Schutzgebiete und höchst unterschiedliche Naturlandschaften, von Canyons wie im Wilden Westen über Wasserfallgebiete wie im Garten Eden bis zu einer Bärengegend, wie es sie in Europa kein zweites Mal gibt.

Ante Bionda arbeitet seit 21 Jahren im Nationalpark Plitvicer Seen und hat damit rund die Hälfte seines Lebens dort verbracht. Der bekannteste Nationalpark Kroatiens gehört zur UNESCO-Welterbeliste und entspricht einem stetig rauschenden und plätschernden Wasserparadies mit 16 Seen, die durch Tausende von großen und kleinen Wasserfällen miteinander verbunden sind. Mit Panoramabähnchen und Elektrobooten oder auf einem weit verzweigten System von Wegen erschließen sich die Besucher einen Teil der knapp 300 Quadratkilometer Parkfläche. »Drei junge Frauen aus Prag nahmen einmal das Erschließen zu wörtlich«, erzählt Ranger Ante. »Sie badeten verbotenerweise im Silbersee, wo einst *Der Schatz im Silbersee* gedreht wurde. Ich befahl sie heraus und staunte nicht schlecht: Sie waren alle drei

splitternackt …« Ante zögerte nicht lange und fotografierte die Mädchen im Eva-Kostüm, wie er alles Unregelmäßige oder Nennenswerte zu Dokumentationszwecken aufnimmt. Und so befinden sich in seiner Fotosammlung mit diversen Tieren und sogar einigen Bären auch drei hübsche nackte Frauen aus Tschechien …

Den besten Spazierweg kennt Ante natürlich auch. »Auf jeden Fall die Panorama-Tour ab Eingang 1«, sagt er und erklärt die Route: »Besonders sehenswert ist der Veliki Slap, der Große Wasserfall, der gleichzeitig der größte Wasserfall der Plitvicer Seen und ganz Kroatiens ist. Der Weg führt weiter flussaufwärts über die Schlucht Donja Jezera, die Unteren Seen, und entlang der Seen Novakovića Brod, Kaluđerovac, Gavanovac und Milanovac. Endstation dieses Programms ist der Rastplatz Kozjački Most, von wo aus man den Osthang der Schlucht nimmt und zum Ausgangspunkt, dem Eingang 1, zurückgelangt.« Sein Fazit lässt keine Zweifel aufkommen: »Das ist eindeutig der schönste und romantischste Weg im Nationalpark Plitvicer Seen!«

Echt bärig

»Der König der Wälder ist Vegetarier«, sagt Ivan Crnkovic Pavenka, Bärenhüter und ehrenamtlicher Enthusiast. Von den 1000 bis 1200 wildlebenden Braunbären in Kroatien leben 400 bis 500 im Nationalpark Velebit im Hinterland der berühmten Kvarner Bucht. Er ist der bei weitem größte kroatische Nationalpark und bietet der Bärenpopulation in seinen unüberschaubaren Wäldern ein ideales Terrain.

In dem Dorf Kuterevo wurde eine Bärenaufzuchtstation eingerichtet. Im Gehege tollen derzeit Ljubolig und Zdravigor, beides Braunbären, gut vier Jahre alt. Und es werden weitere Artgenossen erwartet: Junge, die ohne Mutter aufgefunden wurden. Die Besucher schauen den beiden mit großen Augen im Gehege beim Spiel zu und geben keinen Mucks von sich. Aber in Kuterevo – 700 Einwohner, davon 70 Kinder – wird auch ein Versuch gewagt: Dorfbewohner und Waldbären sollen gleichermaßen lernen, wieder in Symbiose miteinander zu leben, wie früher. Bären sehen Menschen wie Bären. Es geht also ums Revier, die Fressplätze, um Hierarchien und um Distanzen … Viel Glück!

Immer wieder wird Ante gefragt, warum die Plitvicer Seen so sind, wie sie sind. »Das Verhältnis der leicht durchlässigen oder wasserhaltbaren Dolomite zu den spaltigen und wasserdurchlässigen Ablagerungen des Kalksystems aus der Jura-Zeit ist für das heutige Aussehen des ganzen Seengebietes verantwortlich«, antwortet der Ranger wie aus der Pistole geschossen.

Blick auf den Hafen von Split und die mit Kiefernwälder bedeckte Halbinsel Marjan

Information

ANREISE

Zumindest für Süddeutsche ist die Autoanreise eine Alternative: Über die Tauernautobahn A 10 via Salzburg auf die Adria Magistrale Nr. 2 und von dort zu den genannten Zielen.

Split ist der nächstgelegene internationale Flughafen. Hamburg–Split und zurück kostet mit Billig-Airlines ab 160 Euro, etwa mit Easyjet (www.easyjet.com). Weiter geht's per Bus oder besser mit dem Mietwagen.

BESTE REISEZEIT

Hochsaison ist von Juni bis August, häufig mit Werten über 30 Grad (Luft) und über 25 Grad (Wasser) sowie täglichem Sonnenschein und kaum Regen. Im Frühling und Herbst darf man aber auch noch mit Temperaturen um 20 bis 25 Grad (Luft) und 20 bis 22 Grad (Wasser) rechnen.

SEHENSWERT

Split: Die zweitgrößte Stadt Kroatiens gehört seit 1979 zum UNESCO-Weltkulturerbe und führt ihre Ursprünge auf den berühmten Diokletianspalast zurück. Er wurde um 300 n. Chr. von Kaiser Diokletian erbaut.

Zadar: Das Städtchen lohnt mit seiner Altstadt im venezianischen Baustil und mit dem Herrenplatz einen Besuch.

Während der Dreharbeiten zur berühmten Karl-May-Verfilmung *Der Schatz im Silbersee* war Ante selbst »noch nicht mal in Planung, aber trotz der langen Zeit fragen viele unserer knapp 900 000 Gäste pro Jahr immer wieder auch nach Winnetou und dem *Schatz im Silbersee*«. Tatsächlich dort gedreht wurden die Höhle und der Aufgang zur Höhle, in dem der Schatz im Film liegt. Der See für die Totale liegt freilich weiter südlich: im rund eine Fahrstunde entfernten Nationalpark Paklenica.

Mit organisierten eintägigen Jeep-Touren zeigen örtliche Veranstalter nicht nur den wahren Silbersee, sondern zahlreiche weitere Drehorte aus diversen Winnetou- und Old-Shatterhand-Streifen. In der kaum von Vegetation bewachsenen, im grellen Sonnenlicht weiß blendenden Karstlandschaft erwartet man jeden Augenblick Mario Adorf und seine Schurken um die Ecke galoppieren zu sehen, um Pierre Brice und seinem Freund Lex Barker die Ruhe zu verderben.

Rekordverdächtig

Auf Kroatien lohnt auch mal ein Blick aus einer ganz anderen Perspektive: auf ungewöhnliche Rekorde, seltene Tiere und prominente Bewohner zum Beispiel. Nehmen wir etwa 35 x 100 Meter: So viel misst die Fläche der kleinsten Stadt der Welt. Hum in Istrien hat 14 Einwohner, zwei Gassen, eine Kirche, eine Telefonzelle und besitzt seit dem Mittelalter das Stadtrecht. Der Eintrag ins *Guinness Buch der Rekorde* brachte der Ministadt viel Publicity ein. Zumal ebenfalls in Istrien auch der größte weiße Trüffel der Welt gefunden wurde: Ein Brocken von mehr als 1,3 Kilogramm! Die letzten Delfine der Adria sind an der kroatischen Küste ebenso beheimatet wie einige der letzten Gänsegeier.

Shakespeares *Was Ihr wollt* spielte im heutigen Kroatien, und Marco Polo wurde dort sogar geboren, 1253 in Korčula. Und wären die Griechen nicht, gäbe es für die 1185 Inseln entlang der 5835 Kilometer langen Küste auch noch den Titel des Europameisters der Inseln …

Zoran Katic kennt alle Plätze: den Silbersee, den Felsen, auf dem sich die Helden dramaturgisch wirksam die Hände reichen, den Platz, an dem Apanachi im Film sterben muss. Manchmal liegen die Locations nur einen Steinwurf und manchmal eine ungemütliche einstündige Off-Road-Fahrt auseinander. Dass der Mythos Karl May und dessen Figuren noch heute so lebendig sind, brachte Zoran auf die Idee, auch etwas sehr Ungewöhnliches anzubieten. »Von den Locations über sämtliche Requisiten bis zu Drehgenehmigungen können echte Winnetou-Fans an den Originalschauplätzen ihren eigenen Karl-May-Film bei uns drehen«, sagt der umtriebige Hotelier. Sechs Teams haben bereits ihren 45-Minuten-Film dort abgedreht, darunter auch Eigenkreationen wie *Winnetou und der Schatz der Marikopas.* Kostenpunkt pro Teilnehmer: stolze 10 000 Euro für drei Wochen alles inklusive. Das nächste Team hat sich bereits angemeldet …

Hum, mit 30 Einwohnern die kleinste Stadt der Welt

Krk: Die schöne Insel ist umgeben von Binnenmeer, den Inseln Cres, Plavnik, Rab, Grgur und Prvic sowie mit dem Festland durch eine 1432 Meter lange Autobrücke verbunden.

Cres: ist bekannt für seine Weißkopfgeier. Über dem Inselgrat kreisen sie und nutzen die Aufwinde, um scheinbar kraftlos mit ihren bis zu 2,80 Metern Spannweite zu segeln. 60 bewohnte Nester sind bekannt.

ESSEN UND TRINKEN

Restaurant Licka Kuca: Auf der Karte stehen hausgemachte Spezialitäten wie geräucherter Schinken, Kartoffelspezialitäten sowie Barsch, Forelle, Lamm und Kalb – alles vom Grill. Direkt am Eingang des Nationalparks, gegenüber vom Großen Wasserfall. Tel. +385 53 75 13 82

Restaurant Poljana: typisch kroatische Küche vom Grill in angenehmer Atmosphäre. Das Restaurant befindet sich in Velika Poljana, am Weg, der vom südlichen Eingang zu den Seen führt. Tel. +385 53 75 10 92

Restaurant Borje: ein gutes Restaurant, wenn die Hochzeiter auch Camper sind. Schöne Sonnenterrasse und in der Nähe des Campingplatz Borje, ca. 15 Kilometer von den Plitvicer Seen entfernt. Tel. +385 53 75 17 77

ÜBERNACHTEN

Hotel Jezero: ruhiges Drei-Sterne-Hotel ganz in der Nähe des Kozjak-Sees. Plitvička Jezera Hrvatska. www.np-plitvicka-jezera.hr

Hotel Liburnija: nettes und günstiges Zwei-Sterne-Hotel an einem Kieselstrand nahe Novalja. Trg Loza 1, Insel Pag. http://liburnija.pag.hotels-hr.com

SHOPPING

Alle Arten von Souvenirs und Mitbringsel, von Kleidung bis Kräuter, gibt's im Diokletianspalast von Split: Er ist nicht nur Palast und Dom, sondern auch voll mit Läden und Märkten.

Berühmt seit dem 15. Jahrhundert ist die Pager Spitze, die auf einem Kissen genäht wird, wobei die Grundfäden zunächst von innen nach außen und die Spitzenmotive dann entlang dieser Fäden eingenäht werden.

WEITERE INFOS

www.croatia.hr. **Zu Hum:** www.hum.hr.
Zu den Nationalparks:
www.np-plitvicka-jezera.hr,
www.velebit.hr und www.paklenica.hr.
Zur Bärenstation: www.kuterevo-medvjedi.hr.
Zu Karl-May-Drehs und -Locations:
www.hotel-vicko.hr

Adam und Eva lassen grüßen. Paradiesisch schöne Bucht zum Flittern und Träumen

42 Der Dreizack Poseidons

Hellas' Paradiesgarten Chalkidiki

HIGHLIGHTS

Thessaloniki: an Geschichte und Kulturdenkmälern reiche Metropole Makedoniens mit Highlights wie dem antiken Galeriusbogen und einem quirligen großen Markt.

Afytos: hübschestes Städtchen auf Kassandra mit Natursteinhäusern.

Olimbiada: ruhiger Badeort mit Ausgrabungen des antiken Stagira, Geburtsort des Philosophen Aristoteles

Panoramastraße auf Sithonia: Die schönste Strecke liegt zwischen Sarti und Vourvourou.

Berg Athos: Die faszinierenden Klöster der Mönchsrepublik sind Frauen verschlossen.

PROBIEREN UND ERLEBEN

Ouzo und Mezèdes: Zum Anisschnaps werden Appetithappen wie Käse, Oliven, Calamares, Scampis und Salate serviert – *Xitias:* Schwertfisch ist einer der beliebtesten Hochseefische des Landes – *Paiotháki:* Lammkoteletts, am besten vom Holzkohlengrill – *Baklàva:* kleine Blätterteigrollen mit Honig und Nüssen.

Sonnige Strände, die sich kilometerlang hinziehen, blaugrüne Meeresfluten, duftende Mittelmeervegetation und malerische Dörfer inmitten grüner Gärten – Motive wie vom Maler entworfen: Das ist Chalikidiki, die Halbinsel mit den markanten drei Fingern: Kassandra und Sithonia zum Baden und Athos zum Beten.

Nach nur einer knappen Stunde Autofahrt vom Flughafen Thessaloniki ist die westlichste der drei langstreckten Halbinseln des nordgriechischen Chalkidiki erreicht, einem der beliebtesten Reiseziele Griechenlands. Eindrucksvoll ist die Einfahrt nach Kassandra, das genau genommen eine Insel ist, von Chalkidiki nur durch einen Meerwasserkanal getrennt. Über den schmalen Wasserlauf führt beim Dörfchen Nea Potidäa eine Brücke, von der aus sich – besonders zum Sonnenuntergang – ein herrlicher Panoramablick auf das Meer bis hin zum fernen Olymp bietet, dem Sitz der hellenistischen Götter. Kassandra ist geprägt von fruchtbarem Hügelland, endlosen Sandstränden und zauberhaften Städtchen und Dörfern. Afytos, das vielleicht schönste Örtchen, zieht mit schmucken Natursteinbauten viele Besucher an. Im Nachbarort Kallithea haben Archäologen in den 1970er-Jahren ein antikes Heiligtum des Ammon Zeus entdeckt, und beim Küstenort Paliouri ist der Halbmond des Chrousso Strands bis heute unverbaut, während das Wallfahrtskirchlein Panagia Faneromeni mit Wunderikone die Küste krönt und in Loutras schwefelhaltigen Thermalquellen die Gäste im Kurhaus entspannen.

Ganz anders im Charakter gibt sich Sithonia, der mittlere Finger Chalkidikis: Er ist rauer, wilder, schichtet sich höher auf, wartet aber auf mit lang gestreckten, teils noch einsamen Sandstränden und Badebuchten unterhalb hoher steiler Klippen. Im kleinen Bergdorf Parthenonas scheint die Zeit vor 100 Jahren stehen geblieben zu sein, Höhepunkt aber ist eine an Panoramen reiche Überquerung der Halbinsel zwischen Porto Koufos und Kalamitsi, die bei Vourvourou am felsenumstandenen Traumstrand Karidi endet. Für den größten Kontrast sorgt der dritte Finger, Athos, dessen größte Fläche eine Mönchsrepublik vereinnahmt und deshalb nur bedingt zu erkunden ist – für Frauen allerdings gar nicht: Die sind bei den gestrengen, in 20 imposanten Klöstern und unzähligen Einsiedeleien lebenden orthodoxen Mönchen nämlich strikt verboten, und seien sie nur Besucherinnen.

Wellness-Oase am Strand

»Oh Augenblick, verweile doch, du bist so schön!« Das *Faust*-Zitat beschreibt wohl am besten das Sani Beach Resort, dieses wunderbare Fleckchen Erde, wo Mensch und Natur in Harmonie leben, das als einzige Hotelanlage an der geschwungenen Bucht von Kassandras Westküste liegt. Das 1000 Hektar große, naturnahe Areal ist gesäumt vom kristallklaren Wasser der Ägäis, das sanft den Sandstrand umspült, und von Pinienwäldern, die tief ins Hinterland führen. Links und rechts vom Jachthafen gruppieren sich Gebäude unterschiedlichen Charakters – jeweils mit eigenem Spa, Pool und Strand – mal hoch oben im Haupttrakt, mal als Villa mit luxuriösen Suiten, mal im entlegeneren Teil der Bucht direkt am Wasser. Zahllose Restaurants in den verschiedenen Häusern sorgen für größte kulinarische Abwechslung, wie das Angebot an sportlichen Aktivitäten fast unüberschaubar ist. Besonders zauberhaft ist eine Wanderung entlang der Küste, im Schatten duftender Pinien – den Götterberg Olymp im Blick. www.sani-resort.com

Frischer Fisch im Sani Beach Resort

Information

ANREISE

Direktflüge nach Thessaloniki; nach Sani Resort auf Kassandra ca. 1 ½ Stunden Fahrt

BESTE REISEZEIT

Mai bis Oktober

ESSEN UND TRINKEN

Sousourada: Gourmetrestaurant in Afytos, Kassandra, Tel. +30 237/409 15 94

Gorgóna: ganzjährig geöffnete Strandtaverne in Vourvourou, Sithonia. www.halkidiki.com/gorgona

ÜBERNACHTEN

Sani Beach Resort: einzige Hotelanlage an der weiten, feinsandigen Sani-Bucht an Kassandras Westküste. www.sani-resort.com/de_DE

Ekies Ali Senses: gutes Hotel direkt am Wasser in Vouvourou, Sithonia. www.ekies.gr

Olympion Beach: legeres Strandhotel zwischen Kassandra und Sithonia. www.olympionbeach.gr

SHOPPING

Marianna's: Betrieb der Familie Kazakis mit traditionellen und Bio-zertifizierten landwirtschaftlichen Produkten, z. B. Weinlaub für Dolmás, Oliven und Most in Neo Gonia, Kassandra. www.mariannas.eu/en

WEITERE INFOS

www.visitgreece.com.de

43 Im siebten Himmel am Kraterrand

Bilderbuchdörfer und Panoramablicke auf Santorin

HIGHLIGHTS

Fira: Inselhauptstadt mit herrlichem Blick auf die Caldera. Ans Meer führt ein steiler Treppenpfad mit 587 Stufen.

Oia: exklusive Hotels und Restaurants sowie Santorins Sonnenuntergang-Hotspot

Aktrotiri: eine der bedeutendsten archäologischen Stätten Griechenlands auf rund 10 000 Quadratmetern

Kameni-Inseln: Ihre heutige Form verdanken sie einem Vulkanausbruch in der ersten Hälfte des 20. Jahrhunderts.

Pirgos: Dorf mit mittelalterlicher Festung, Kirche aus dem 10. Jahrhundert und byzantinischem Kloster

PROBIEREN UND ERLEBEN

Neben der herkömmlichen griechischen Küche gibt es auf Santorin auch regionale Spezialitäten. Wichtigste Zutat ist das angebaute Gemüse wie für das berühmte Püree *fava* aus gelben Platterbsen. Typisch sind außerdem die sonnengetrockneten Tomaten, weiße Auberginen sowie die außergewöhnlichen Weine.

Santorin wurde nicht nur einmal zur schönsten Insel der Welt erkoren! Kein Wunder, die Kykladeninsel entzückt mit außergewöhnlicher Natur und Architektur. Ob Griechenlands romantischste Insel ihrem Ruf gerecht wird – davon überzeugen sich Verliebte in den hoch über dem Meer thronenden Kraterranddörfern am besten selbst.

Weiße Dörfer mit schönster Kykladenarchitektur, enge Gassen und Treppen, sich überall neu eröffnende Perspektiven auf die einzigartige Silhouette der Insel und auf das Meer, romantische Hotels mit jeglichem Komfort am Kraterrand, eindrucksvolle Zeugnisse einer uralten Kultur und die wohl spektakulärsten Sonnenuntergänge der Ägäis sorgen auf der Kykladeninsel für ein unvergleichbar romantisches Flair. Zu verdanken hat Santorin die aufsehenerregende Schönheit einem Vulkan, der um 1645 v. Chr. explodierte und die ursprünglich kreisrunde Insel auseinandersprengte. Die Caldera, also das Vulkanbecken, das im Meer versank, wird heute von drei Teilen umschlossen: Santorin (auch: Thira), Thirasia und Aspronisi. Die reizvolle Landschaft genießen Urlauber von Kreuzfahrtschiffen und Verliebte aus aller Welt. Doch Santorin ist nicht nur Romantik pur! Mit der minoischen Siedlung Akrotiri, deren zweigeschossige Häuser wie der Rest der Insel durch den Vulkanausbruch unter einer bis zu 60 Zentimeter dicken Bimssteinschicht begraben wurde, kommen auch Freunde des Alter-

Perfekt fügt sich das Brautpaar »ganz in weiß« in die Häuserkulisse ein.

Mehr Sommer-Hochgefühl geht nicht: Weithin sichtbar erstrahlen die Dächer Santorins in ihrem unverwechselbaren Blau.

tums auf ihre Kosten. Die Funde aus der archäologischen Stätte werden in drei Inselmuseen ausgestellt.

Die perfekten Hochzeitsfotos

Nicht ohne Grund reisen heiratswillige Paare aus aller Welt oder frisch Vermählte mit Anzug und Brautkleid im Gepäck liebend gern nach Santorin. Die romantische Insel bietet unzählige Plätze, um sich nur zu zweit oder mit den liebsten Freunden und Verwandten das Jawort zu geben und um nicht nur unvergessliche Erinnerungen, sondern auch einzigartige Hochzeitsfotos mit nach Hause zu nehmen. Wer sich schon zu Hause getraut hat, kann während der Hochzeitsreise auf Santorin aber auch einfach nur das Fotoshooting wiederholen. Das wunderschöne Gassengewirr mit den weißen Häuschen, Stufengassen, Terrassen mit Caldera-Blick, stilvolle Hotels, weißgetünchte Kirchen und Kapellen, farbenprächtige Bougainvilleen, die dunkle Vulkanlandschaft und Sonnenuntergänge, die einfach magisch sind, sorgen für eine atemberaubende Kulisse zwischen Himmel und Meer. Fotografen auf Santorin findet man unter www.vangelisphotography.com oder www.photographersantorini.com

Allerdings besuchen nur die wenigsten Urlauber Santorin wegen Akrotiri; die meisten kommen, um die außergewöhnlichen Szenerien und Ausblicke zu genießen. Die einmaligen Sonnenuntergänge im Örtchen Oia, das den Norden der Insel markiert, gehören zu den Höhepunkten eines Aufenthalts und bleiben nicht nur bei Romantikern und Verliebten ein Leben lang in Erinnerung. Das Bild Santorins prägen die Dörfer, die an den über 300 Meter hohen, steil aus dem Meer emporragenden Rändern des Vulkankraters kleben. Als sie im Mittelalter gegründet wurden, war der weiche Bimsstein am sichelförmigen Kraterrand zwischen Oia und Akrotiri ideal, um Wohnun-

Warum nicht die Hochzeitsglocken noch einmal läuten lassen? Die Hoch-Zeit hat gerade erst begonnen!

Information

ANREISE

In der Saison mehrmals wöchentlich Charterflüge von zahlreichen Flughäfen im deutschsprachigen Raum

Fähre: In der Saison täglich Fähren von Athen und verschiedenen griechischen Inseln

BESTE REISEZEIT

April bis Oktober (Hochsaison Juli/August)

SEHENSWERT

Prähistorisches Museum: anschauliche Infos zur Geschichte und Kultur von Akrotiri im bedeutendsten Museum der Insel. Fira, Tel. +30 22860/232 17

Santozeum: äußerst spannende Ausstellung von über 3700 Repliken der in Akrotiri gefundenen Fresken, von denen auch noch Teile erhalten sind. www.santozeum.com

Ghizi-Museum: Fünf dauerhafte Ausstellungen, darunter historische Schriften, Fotos von Santorin aus der ersten Hälfte des 20. Jahrhunderts und Stiche aus dem 15.–19. Jahrhundert in einem Haus aus der Zeit um 1700, Fira. www.megarogyzi.gr

Wein-Museum: In acht Meter tiefen Gewölben wird die Geschichte des Weinanbaus auf der Insel präsentiert und Wein verkostet, Vothonas. www.santoriniwinemuseum.com

gen in Form von Höhlen zu erbauen. Heute präsentiert sich Santorin vorwiegend mit der typischen Kykladenarchitektur: Zwischen schneeweißen und pastellfarbenen Kubushäusern und Kraterrandterrassen erheben sich Kirchen und Kapellen mit weißen, blauen und gelben Kuppeln. Wenn man Santorin mit der Fähre ansteuert oder eine Bootstour in der Caldera macht, sorgen die kleinen Orte oft für eine optische Täuschung: Die weißen Dörfer Fira, Firostefani, Imerovigli und Oia, die sich wie ein Band am Kraterrand entlangziehen, erscheinen wie schneebedeckte Gipfel. Unterhalb davon wird Boot gefahren. Kreuzfahrtschiffe und Segelboote liegen vor Anker, und Ausflugsboote steuern die in der Caldera schwimmenden Lavainseln Nea und Palea Kameni an, die erst in den letzten zwei Jahrtausenden entstanden sind.

Wer den Blick auf die Caldera nicht nur von der Hotel- oder Restaurantterrasse genießen und die Inselarchitektur ein wenig unter die Lupe nehmen möchte, geht entlang der Kraterrandgasse zwischen Fira und Imerovigli spazieren. Der Bummel führt vorbei an Kirchen, Hotels, Kubushäusern und ihren Terrassen – immer mit atemberaubender Aussicht auf das Meer. Wenn der Andrang von Kreuzfahrttouristen nicht allzu groß ist, sollte man mit der Seilbahn von Fira hinunter zum alten Hafen fahren; alternativ kann man dafür auch die Esel und Maultiere nutzen, die Besucher hinab- und wieder hinauftragen. In Imerovigli, dessen Name sich von »Wachturm« (Vigla) und »Tag« (Imera) ableitet, läuft man von den Resten einer venezianischen Festung zum markanten Skaros-Felsen. Dort kann man oft in völliger Zweisamkeit die Aussicht und

die Ruhe genießen. Unbedingt lohnen auf Santorin Erkundungstouren mit einem Mietwagen oder Roller. Die Vulkaninsel zeugt nämlich auch von hübschen Binnendörfern wie Pirgos und vielen sehenswerten Weinkellereien. Besuchen kann man außerdem Akrotiri, die Südspitze der Insel, mit dem Leuchtturm, der eine herrliche Aussicht auf die Caldera und die Ägäis verspricht. Strandfreunde und Sonnenhungrige fühlen sich im Osten der Insel wohl. Für einen Badetag lohnt beispielsweise Monolithos oder eine Bootstour von dort zu den kuriosen Stränden Red und White Beach. Typisch griechisches Flair versprüht der über eine kleine Straße erreichbare Hafen Amoudi unterhalb von Oia, wo Tavernen gleich unterhalb der hohen Kraterwände am Wasser stehen.

Was das Herz begehrt!

Eine Vielzahl stilvoller Hotels und Suiten verspricht auf Santorin das perfekte Ambiente für Erholung nach dem Hochzeitstrubel. Erst im April 2016 eröffnete im Nordwesten von Oia, das für die grandiosen Sonnenuntergänge berühmt ist, das Santo Maris. Der Neuankömmling unter den Luxusherbergen kann auf langjährige Erfahrung zurückblicken und bietet Gästen alles, was das Herz begehrt. Verliebte, Heiratswillige und frisch Vermählte beziehen edle Suiten und Villen im Kubusstil der Kykladen mit einer kuscheligen Einrichtung aus Holz und Stein. Ein beheizbarerer Jacuzzi für jede Suite, egal, ob mit Pool- oder Meerblick steht natürlich auf dem Programm. Wer sich vor Ort trauen lassen möchte, kann die hoteleigene Kapelle nutzen. Entspannung bieten vier Außenpools, Verwöhnmomente der Spa-Bereich. www.santomaris.gr

Vollkommener Genuss für alle Sinne …

Kathedrale: Die große orthodoxe Kirche steht markant an der Kraterrandterrasse von Fira und ist mit Fresken im byzantinischen Stil ausgemalt.

ESSEN UND TRINKEN

Kantouni: gemütliches *kafenio* und Taverne mit Tischen unter Pinien. Viele kleine Leckereien und typisch griechische Hausmannskost, Pirgos, Tel. +30 22860/311 14

Koukoumavlos: kreativ verfeinerte mediterrane Gerichte von einem preisgekrönten Chefkoch in einem der exklusivsten Restaurants der Insel, gute Weine und grandioser Ausblick, Reservierung empfehlenswert, Fira. www.koukoumavlos.com

Mylos: restaurierte Windmühle mit herrlichem Blick auf die Caldera. Chefkoch Jannis Kioroglou kreiert moderne griechische Küche wie geräucherten Aal mit weißer Auberginen-Apfel-Creme oder Rinderfilet und -bäckchen mit geräucherten Kartoffeln und Tomatenpesto, Firostefani. www.mylossantorini.com

The Cave of Nikolas: alteingesessene Taverne am Meer, frischer Fisch und Fleisch aus eigener Zucht, Akrotiri. www.nikolascave.gr

ÜBERNACHTEN

Cavo Tagoo Santorini: exklusives Suite-Hotel mit Caldera-Blick und 13 modern und stilvoll eingerichteten Unterkünften, eigenem Pool oder Whirlpool und schickem Restaurant. Imerovigli. www.cavotagoo.com

Orabel Suites Santorini: kein Caldera-Blick, dafür nah am Strand gelegen. Elf geräumige, schön im Kykladen-Stil eingerichtete Suiten. Agios Georgios. www.orabelsuites.gr

Kapari Natural Resort: 14 Suiten, teils mit Jacuzzi, in denen harmonisch der minimalistische mit dem Kykladen-Stil verbunden wurde, exzellentes Restaurant und Außenpool mit Blick auf den Skaros-Felsen, Imerovigli. www.kaparisantorini.gr

SHOPPING

Boutari Winery: In der bereits 1989 für Besucher eröffneten, bekannten griechischen Weinkellerei kann man Weine probieren und natürlich kaufen. Megalochori. www.boutari-santorini.gr

Mati Art Gallery: Der Bildhauer Yorgos Kypris fertigt Skulpturen sowie Schmuck. Seine Lieblingsmotive: Fische, Delfine und Boote, Fira. www.matiartgallery.com

WEITERE INFOS

www.santorini.gr und www.aegeanislands.gr

Gemeinsam in See stechen oder zumindest das Paddelboot zu Wasser lassen

44 Inselzwerg zum Liebhaben

Zeit der Stille auf Kastelorizo Megiste

HIGHLIGHTS

Bootsausflug zum Freitagsmarkt nach Kas

Inselrundfahrt mit einem Fischerboot

Ausflug zur Insel Ro

PROBIEREN UND ERLEBEN

Gegrillter Oktopus, Fisch direkt vom Kutter, *Moussaka,* in Honig eingelegte Feigen, *Baklava:* Die Griechenlandklassiker, frisch und unverfälscht …

Kastelorizo Megiste ist für viele ein weißer Fleck auf der touristischen Griechenlandkarte. Wer dort war, wünscht sich, dass dies so bleiben möge. Pittoreskes Gassengewirr, kristallklares Meer und himmlische Ruhe: Die Insel ist ein wahr gewordener Mittelmeertraum.

Mag gut sein, dass man noch nie etwas von Kastelorizo Megiste gehört hat. Mag sein, dass es mit seinen neun Quadratkilometern ein Zwerg unter den griechischen Inseln ist. Und es kann auch gut sein, dass man die lange Anreise mit der Fähre von Rhodos aus scheut. Sicher allerdings ist, dass dieses schwimmende Liliput eines der schönsten und bestgehüteten Geheimnisse Griechenlands ist. Die Gründe hierfür sind vielfältig. Wer Ruhe schätzt, nennt sie hier himmlisch. Es gibt kaum Autos auf der Insel, denn wo sollte man hinfahren, führt die einzige Straße zum Flughafen, der nur einmal die Woche zum Leben erwacht. Neoklassizistische, bunt bemalte Häuschen gruppieren sich um das Hafenbecken, stufen sich um zwei Kirchen, eine Moschee und die Ruine der namensgebenden Burg die Hänge hoch. In den engen Gassen findet man unter satt blühendem Oleander und Bougainvilleen auch in der Mittagshitze genügend schattige Plätzchen. Zypressen spitzen zwischendrin hervor. Die Gäste springen in das tief eingeschnittene Hafenbecken, dessen Wasser so sauber ist, dass Wasserschildkröten darin ihre

Runden ziehen. Kastelorizo liegt an der einst viel befahrenen Handelsroute zwischen Izmir und Alexandria. Der Inselhafen war der sicherste entlang der Route, 120000 Menschen lebten hier Ende des 19. Jahrhunderts vom Handel. Dann zerfiel das osmanische Reich, Italiener und Franzosen beanspruchten und kämpften um das Inselchen. Viele Menschen mussten fliehen. Heute machen am Abend teure Boote am Kai fest, die tagsüber im beliebten Segelrevier nahe der türkischen Küste unterwegs waren. In den Tavernen wird der Holzkohlengrill angeheizt, frischer Fisch drauf gelegt, Tsatziki und Moussaka werden aus der Küche getragen. Manchmal spielt jemand Bouzouki. Und dann wird oft auch gesungen und getanzt. Meist aber ist es ruhig. Dann hört man das Mittelmeer leise am Hafenkai knabbern. Es ist Zeit zu überlegen, wo man den Sonnenaufgang sehen will. Von der Burg oder vom Hochplateau, auf das ein steiler Treppenweg führt.

Mutprobe in der blauen Grotte

An Kastelorizos Ostküste öffnet sich der karge, steil abfallende Fels zu einer Höhle, in die man nur bei Ebbe mit kleinen Fischerbooten einfahren kann. Mutige schwimmen in die Grotte hinein – ein mulmiges Gefühl beschleicht einen dabei schon. Aber das Farbenspiel, das einen im Inneren der Blauen Grotte erwartet, kann sich mit ihrem berühmten Gegenstück auf Capri locker messen. Wer nach dem Sprung ins Wasser noch Abenteuerlust verspürt, kann sich anschließend zum Agios Georgis Strand auf einer der kleinen Trabanteninseln Megistes bringen lassen. Dort gibt es auch ein kleines Café.

Nicht nur dieser Fischer freut sich darüber, dass er einen guten Fang gemacht hat!

Information

ANREISE
Fähren ab Rhodos brauchen vier bis sechs Stunden, bei www.aferry.de oder Bootstransfer von Kas/Türkei (vom Hotel arrangieren lassen)

BESTE REISEZEIT
April bis Ende Oktober, im Juli und August kann es heiß werden

SEHENSWERT
Volkstümliches Museum in der Burg stellt viele archäologische Funde der Insel aus.

Lykiosgrab mit dorischer Fassade am Fuß der Festung

Paleokastro: die alte Burgstadt

ESSEN UND TRINKEN
Mikro Parisi: kleine Taverne am Hafenbecken mit Holzkohlengrill

Aiolis: Hier kommt frischer Fisch auf den Tisch.

Faros-Coupa Bar: schöner Platz bei der Moschee für einen Café oder Drinks, keine regelmäßige Öffnungszeiten

ÜBERNACHTEN
Hotel Mediterraneo: traumhaft eingerichtete Zimmer, eine Suite direkt an der Einfahrt zum Hafen. www.mediterraneo-megisti.com

WEITERE INFOS
Griechische Zentrale für Fremdenverkehr: Holzgraben 31, 60313 Frankfurt. www.visitgreece.com

Asien

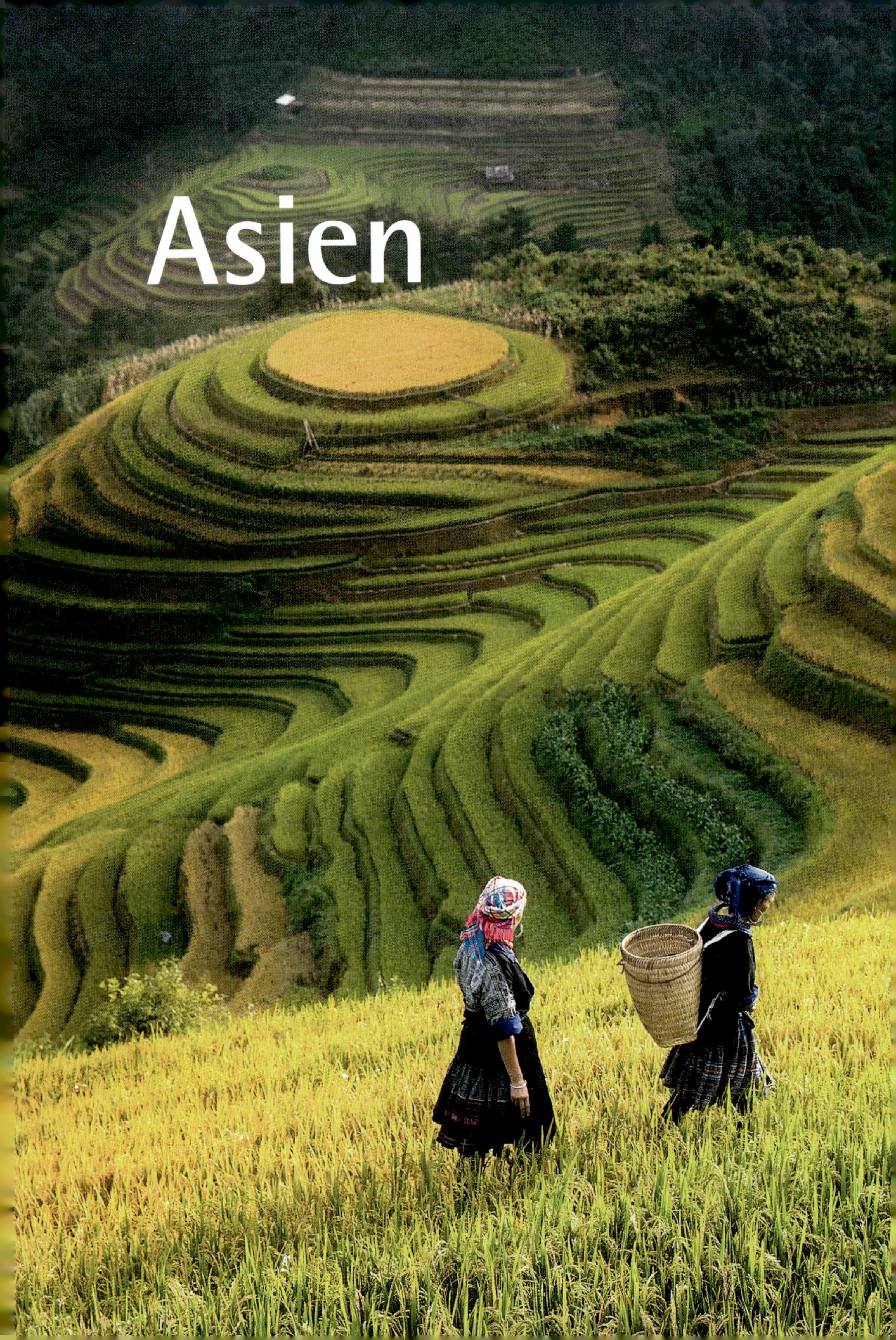

Terrassenförmig angelegte Reisfelder in Mu Cang Chai in der nordvietnamesischen Provinz Yen Bai

Sie erzählen Geschichten ohne Worte: die Felsköpfe der antiken Grabstätten von Myra

45 Woher kommt der Nikolaus?

Auf Spurensuche an der türkischen Ägäis

HIGHLIGHTS

Antike Stätten von Myra: Am frühen Morgen oder späten Abend ist ein Besuch des Theaters und der Felsengräber besonders romantisch.

Strand von Patara: Ein Badeaufenthalt am ewig langen Strand von Patara ist am schönsten gegen Nachmittag: Dann färbt das Licht der Sonne den braunen Sand in warmes Kaminrot.

Kanutour: auf dem Esen Çayı Fluss

Ölüdeniz: Hier begeistern eine schneeweiße Landzunge, eine türkisfarbige Lagune und ein mächtiger Berg.

Ägäis-Küste: Das Mittelmeer ist die Wiege der Seefahrt. Deshalb einen Segeltörn entlang der Küste einplanen.

PROBIEREN UND ERLEBEN

Auf voll beladenen Servierwagen kommt eine Armee *Meze* angerollt. *Meze,* die verführerischen Vorspeisen, die vielen kleinen Sünden, die so viel Lust und Laune machen: in Kräuter gebetteter Oktopussalat, zarte Fischfilets, Lammfleischstückchen, Teigtaschen, Pasteten – alles satt geknofelt, alles sooo lecker …

Wäre der Liebling der Kinder rund 1500 Jahre später geboren, wäre er ein Türke – und würde vielleicht Einfluss nehmen können auf die heutigen politischen Entwicklungen des Landes. Für Hochzeiter mit Nachwuchsgedanken ist die Reise trotz mancher Bedenken durchaus lohnenswert …

Mami, wie kommt das Salz ins Meer? Papi, warum ist die Banane krumm? Kinder können manchmal Fragen stellen, die sich gar nicht so einfach beantworten lassen. Und spätestens am 6. Dezember kommt jedes Jahr noch eine dieser gefürchteten Kinderfragen dazu: die nach dem Nikolaus.

Fakt ist: Onkel Michael spielt ihn im Wohnzimmer immer nur aushilfsweise. Und: Der Nikolaus hat wirklich gelebt. Wahrscheinlich wurde er um 560 geboren, im heutigen Patara an der türkischen Ägäis-Küste. In Patara gibt es zwar kaum Hinweise auf den populärsten Heiligen des Christentums. Dafür ist man im rund 100 Kilometer entfernten Demre, so heißt Myra heute, mächtig stolz auf den Schutzpatron der Kinder und Jungfrauen. Dort wirkte der Nikolaus als Bischof. Und dort wurde auch die Legende mit den drei Strümpfen geboren.

Diese besagt, dass der Nikolaus drei schönen Töchtern einer armen Familie half, die kein Mann heiraten wollte, weil die entsprechende Mitgift fehlte. Inkognito nahm der wohlhabende Nikolaus drei Säckchen Gold und warf sie durch den Kamin in das Haus der drei Jungfrauen. Diese hatten am Vorabend ihre Strümpfe gewaschen und hängten sie zum Trocknen in den Kamin. Am nächsten Morgen war die Freude groß: In den Strümpfen fand sich das Gold – die beste Mitgift. Und bald darauf waren auch die passenden Ehemänner gefunden…

Die Geschichte mit den Strümpfen ging um die Welt, und da die Handlung am 6. Dezember gewesen sein soll, entwickelte sich der Brauch in vielen Ländern der Erde: Kinder hängen ihre Strümpfe am Vorabend auf und hoffen, sie am nächsten Morgen reichlich gefüllt wiederzufinden.

Der Ort des Geschehens um die drei Mädchen mit ihren drei Paar Strümpfen ist von drei Seiten mit Bergen umgeben. Myra war nicht nur Bischofssitz des Nikolaus, sondern auch eine der bedeutendsten Städte des lykischen Bundes. Von der einstigen Metropolis blieben nur das immer noch beeindruckende Theater in seiner römischen Form und die Felsengräber am Hügelfuß erhalten.

Mit Vorstellungskraft

Ruinen sind seit jeher etwas für Romantiker. Und frühmorgens und spätabends haben die Stätten ihre größte Anziehungskraft. Aber was heißt Ruinen? Das Theater von Myra ist so gut erhalten, dass man die Fantasie nicht besonders strapazieren muss, um sich vorzustellen, wie die antiken Schauspieler das ewige Spiel von Liebe, Macht und Tod zelebrierten. Da lassen sich selbst Archäologie-Muffel ohne Probleme begeistern. Gleiches gilt für die berühmten Felsengräber von Myra, die wie große Augen von oben herabblicken. Die Lykier glaubten, dass die Seele eines Verstorbenen in den Himmel gelangt – und zwar mit Hilfe von Vogeldämonen. Da ist natürlich Vorstellungskraft gefragt. Und wenn sie und er schon dabei sind: Wie sah wohl der echte Nikolaus von damals aus? Sicher wird er keinen Wintermantel getragen haben, sondern einen leichten Überwurf, der dem mediterranen Klima entgegenkam. Stock und Bart – so ist sich die Forschung einig – dürften jedoch mit dem heutigen, westlich geprägten Bild des Nikolaus übereinstimmen.

Spuren im Sand…

Information

ANREISE

Nächster Flughafen zu Demre ist Dalaman. Preis um 300 Euro (www.condor.com). Am besten man nimmt sich gleich am Flughafen einen Kleinwagen, der pro Woche ebenfalls etwa 300 Euro kostet (www.autoeurope.de).

BESTE REISEZEIT

Saison ist von April bis Oktober

SEHENSWERT

Demre: Nikolaus-Statue, -Denkmäler sowie -Kirche mit Grabstätte des Heiligen

Patara: bietet ein Theater und einen Triumphbogen, durch den man auf dem Weg zum Traumstrand gehen kann.

Antike Stätten: An der türkischen Ägäis-Küste reihen sich antike Stätten wie Halikarnassos, Knidos, Olympos oder Phaselis aneinander.

ESSEN UND TRINKEN

Ipek Restaurant: Auf der Karte stehen leckere Kebap-Gerichte. Müze Cad. 14, Demre. Tel. + 90 242 871 54 48

ÜBERNACHTEN

Beymelek Tas Evler: schöner Wohnen im restaurierten Natursteinhaus zwischen Demre und Finike. www.beymelektasevler.com.tr

WEITERE INFOS

www.reiseland-tuerkei-info.de

Istanbul bezaubert mit seinem Flair aus Orient und Okzident.

46 Eine Stadt voller Kontraste

Sightseeing mit Muße in Istanbul

In der boomenden Metropole am Bosporus verbindet sich europäisches mit orientalischem Flair auf einmalige Weise. Kein Wunder, hier gehen jahrhundertealte Bauten, monumentale Gotteshäuser und die von vielen Kulturen geprägte Geschichte mit avantgardistischen Museen und Galerien sowie dem pulsierenden Leben Hand in Hand.

Das beliebteste Reiseziel der Türkei verspricht nicht nur einen spannenden Städtetripp, sondern auch viele Möglichkeiten, um einfach mal die Seele baumeln zu lassen, und sogar viel Platz für Romantik. Umgeben vom Bosporus, dem Marmarameer und dem Schwarzem Meer präsentiert sich die 15-Millionen-Metropole, die sich auf zwei Kontinente erstreckt, voller Historie und zugleich äußerst modern.

Auch wenn Istanbul aufgrund der größtenteils planlosen Bebauung nicht nur auf den ersten Blick recht chaotisch erscheint und viele Besucher zumindest am Anfang schnell die Orientierung verlieren, besitzt die Stadt eine fast magische Anziehungskraft. Spätestens wenn am frühen Abend die Sonne hinter dem Goldenen Horn versinkt und am Bosporus die zahllosen Lichter die Silhouette der Stadt in einem unbeschreiblichen Glanz erstrahlen lassen, sieht man über den Trubel wieder hinweg. Istanbul zählt auf einer Fläche von 5512 Quadratkilometern 39 Stadtteile, die alle ganz verschieden sind. Dies hat nicht nur geografische Gründe, sondern liegt vor allem daran, dass sie über die Jahrhunderte von den verschiedensten Kulturen beeinflusst wurden, die ihre Spuren in der Weltstadt hinterlassen haben.

Als Paar ins Hamam

Wer nach Istanbul kommt und sich so richtig verwöhnen lassen möchte, plant meist auch ein orientalisches Badeerlebnis – am besten in einem Hamam, in dem man sich in alte Zeiten zurückversetzen lassen kann. Das einzige Hamam der Stadt, in dem nur Paare und Familien, also keine Einzelbesucher, akzeptiert werden, ist das Süleymaniye-Hamam, das an einer der schönsten Sultans-Moscheen der Stadt, der Süleymaniye-Moschee, liegt. Im zwischen 1550 und 1557 vom berühmten osmanischen Architekten Mimar Sinan errichteten Hamam können sich Paare nach Reservierung ausgiebig verwöhnen lassen. Der 60- bis 90-minütige Besuch beinhaltet die Waschung, das Abreiben mit dem *kese* (dem rauen Handschuh) und eine Seifenmassage, die von den ausschließlich männlichen Wäschern *(tellak)* durchgeführt wird. Badeschuhe, ein Badetuch *(pestemal)* für die Herren und Shorts und ein Bikini-Oberteil für die Damen werden gestellt. www.suleymaniyehamami.com.tr

In Istanbul treffen Orient und Okzident ebenso aufeinander wie die Kontinente Europa und Asien. Teilen kann man das riesige Stadtgebiet

HIGHLIGHTS

Topkapi-Palast: Die einstige Residenz des Sultans sorgt für eine Zeitreise durch die osmanischen Jahrhunderte.

Hagia Sophia: Das Meisterwerk byzantinischer Kirchenarchitektur war das bedeutendste Gotteshaus der Christenheit, danach Moschee und heute Museum.

Blaue Moschee: Die eindrucksvolle Sultan-Ahmet-Moschee wurde im 17. Jahrhundert als Hauptmoschee des Osmanischen Reichs errichtet.

Großer Basar: Istanbuls ältestes Einkaufszentrum

Bosporus-Tour: Eine Bootstour auf dem 30 Kilometer langen Bosporus verspricht herrliche Aussichten.

PROBIEREN UND ERLEBEN

Das Angebot an kulinarischen Highlights ist riesig. Eine gute Möglichkeit, verschiedene Gerichte auszuprobieren, sind *meze,* die vielfältigen Kleinigkeiten aus Gemüse, Fleisch oder Fisch. Der türkische Tee *çay* wird oft noch traditionell im *semaver,* einer Doppelkanne, serviert.

Die Abenddämmerung taucht die Blaue Moschee in ein besonders stimmungsvolles Licht.

Information

ANREISE

Istanbul hat zwei Flughäfen: Der Flughafen Atatürk wird vorwiegend von Linien- und einigen Charterflügen angesteuert, Sabiha Gökcen (asiatische Seite) hauptsächlich von Billigfliegern. Flugzeit etwa drei Stunden ab Frankfurt

BESTE REISEZEIT

Ganzjährig

SEHENSWERT

Archäologische Museen: Einzigartige Fundstücke erzählen im Museumskomplex von der Geschichte und Kultur Istanbuls, des Osmanischen Reichs, der Türkei und den benachbarten Völkern

Yerebatan Zisterne: Eindrucksvoll ist der Blick in die unterirdische Welt der Metropole

Chora-Kirche (Kariye Müzesi): faszinierende Mosaiken und Fresken aus byzantinischer Zeit

Dolmabahce-Palast: Die Sultansresidenz am Bosporus vereint europäische Architektur mit europäischer Lebensart.

Istanbul Modern: In einem der modernsten Museen des Landes erhält man einen guten Eindruck von der modernen türkischen Kunst und der boomenden Szene.

in drei große Zentren: Im Südwesten der europäischen Seite zwischen Marmarameer und Goldenem Horn liegt die historische Halbinsel mit den wichtigsten und bekanntesten historischen Bauwerken der Metropole. Der bereits von den Byzantinern gegründeten Stadtteil Fatih wirkt wie ein großes Freilichtmuseum. Im touristisch wichtigsten Viertel Sultanahmet faszinieren jahrhundertealte Schätze wie die Hagia Sophia, die Blaue Moschee, die Yerebatan-Zisterne und der Topkapi-Palast Besucher aus aller Welt. Vom Teegarten des Gülhane-Parks kann man bei einem Glas Tee das maritime Treiben auf dem Bosporus und dem Goldenen Horn beobachten. Orientalisches Flair, das Shopping-Herzen höher schlagen lässt, findet man im Großen Basar und im Ägyptischen Basar. Nördlich erstrecken sich entlang des Bosporus vom Goldenen Horn bis zum Schwarzen Meer die europäisch geprägten Stadtviertel. Sie zeugen vom neueren und modernen Istanbul mit historischem Erbe aus dem 19. und 20. Jahrhundert, interessanten Galerien und Kunstmuseen, aber auch von Hochhäusern, topmodernen Shoppingmalls, Lifestyle, Nachtleben und einer hervorragenden gastronomischen Szene für jeden Geschmack. Besonders rund um den Taksim-Platz und der Istiklal Caddesi pulsiert im Stadtteil Beyoğlu das Istanbuler Leben. Auf der anderen Seite des Bosporus liegt der asiatische Teil der Stadt, zu dem auch die sehenswerten Prinzeninseln im Marmarameer gehören. Um den asiatischen Teil zu besuchen, nimmt man am besten eine Fähre oder ein Bootstaxi – auch wenn zwei Brücken und der Marmaray-Tunnel hinüberführen. In Asien sollte man unbedingt die Stadtteile Üsküdar mit seinem traditionellen Charme am Bosporus und das moderne Kadıköy am Marmarameer durchstreifen.

Wer nach dem Sightseeing-Marathon ein paar Tage ausspannen möchte, kann einen Besuch der nahen Prinzeninseln einplanen. Eine bis eineinhalb Stunden brauchen die Fähren vom Anleger Kabata auf der europäischen Seite bis zur autofreien Inselgruppe im Marmarameer. Als Oase der Ruhe sind die Inseln für die Istanbuler ein beliebtes Wochenendziel. Ruhiger ist es allerdings unter der Woche, und der Charme des Mini-Archipels kommt richtig zur Geltung. Bei einer Droschken-Rundfahrt, Radtour oder Wanderung durch unberührte Kiefern- und Pinienwälder und am Meer entlang wird es richtig romantisch. Hübsch restaurierte Häuser und Holzvillen mit farbenfrohen Gärten versprühen einen Hauch Nostalgie. Einkehren kann man in Tavernen am Meer. Kleine Badebuchten laden zum Sprung ins kühle Nass ein. Besuchen kann man vier der neun Inseln: Büyükada, die »Große Insel«, mit dem sehenswerten Aya Yorgi Kloster, die Kupferinsel Heybeliada und die kleineren Eilande Burgazada und Kinaliada.

Wohnen im Palast des Sultans

Im Jahr 1874 ließ sich Sultan Abdülaziz in der Nähe des nur wenige Jahre zuvor errichteten Dolmabahçe-Palasts eine neue Residenz direkt am Bosporus errichten. Der Çirağan-Palast brannte jedoch schon 1910 nieder. In neuem Glanz erstrahlte das Schloss in den 1990er-Jahren, als dort nach umfangreicher Restaurierung die luxuriöseste Herberge Istanbuls eröffnete. Das Çirağan Palace Kempinski ist für alle, die es sich leisten können, eine hervorragende Adresse für die Hochzeitsreise. Der noble Neubau mit 313 luxuriösen Zimmern fasziniert nicht nur mit Traumblicken über den Bosporus. Gleich daneben beherbergt der stil- und prunkvoll restaurierte alte Palast, das Herzstück der Anlage, mit den verschnörkelten Hallen und Säulen und den glitzernden Kronleuchtern einige exklusive Suiten. Wer sich nicht dort einquartiert, kann einen Hauch von Luxus beim Dinner in den Restaurants oder bei der teatime in der Gazebo Lounge schnuppern. Reservieren!
www.kempinski.com/de/istanbul/ciragan-palace

Leicht und luftig: das Innere der Blauen Moschee im Herzen Istanbuls

ESSEN UND TRINKEN

Matbah: osmanische Gerichte mit Rezepten aus dem 14.–19. Jahrhundert, die schon für die Sultane gekocht wurden, in eleganter Atmosphäre mit herrlichen Aussichten auf die Top-Sehenswürdigkeiten.
Caferiye Sok. 6, Sultanahmet.
www.matbahrestaurant.com

Tarihi Sultanahmet Köfteçisi: Schon seit 1920 werden in dem einfachen Lokal die köstlichen gegrillten *Köfte* serviert. Vegetarier kommen bei einer Linsensuppe auf ihre Kosten. Divan Yolu Cad. 12, Sultanahmet.
www.sultanahmetkoftesi.com

Karaköy Güllüoğlu: bereits 1820 eröffnete Konditorei mit unzähligen Sorten der landestypischen Süßspeise *Baklava* – sogar für Diabetiker. Mumhane Cad. 171, Karaköy.
www.karakoygulluoglu.com

Yakup 2: traditionelles *meyhane,* eine Art Taverne, im Szeneviertel, in dem man sich diverse *meze* und den Anisschnaps *Raki* schmecken lässt. Reservierung empfehlenswert. Asmalimescit Cad. 21 B, Tünel,
Tel. +90 212/249 29 25

Mikla: Starkoch Mehmet Gürs kreiert auf der Dachterrasse des Marmara Pera Hotels vorzügliche Haute Cuisine, in der die Verschmelzung zwischen Ost und West zu spüren ist. Reservieren! Mesrutiyet Cad. 67, Tepebasi.
www.miklarestaurant.com

ÜBERNACHTEN

Apple Tree: freundlich geführtes Hotel mit nur 18 hübsch eingerichteten Zimmern im historischem Zentrum der Stadt. Akbiyik Cad. 70, Sultanahmet.
www.appletreeistanbul.com

Shangri-La Bosphorus: luxuriöses Fünf-Sterne-Haus mit Wellnessbereich, Restaurants und 186 eleganten und modernen Zimmern und Suiten, viele mit einzigartigem Blick auf den Bosporus oder die Stadt. Hayrettin Iskelesi Sok. 1, Besiktas.
www.shangri-la.com/istanbul/shangrila

Soho House Istanbul: geschmackvoll und modern eingerichtete Zimmer, verteilt auf drei originelle Gebäude mit Garten, Spa, Restaurant und stilvoller Atmosphäre im Herzen der Stadt, Mesrutiyet Cad. 56, Beyoglu.
www.sohohouseistanbul.com

WEITERE INFOS

www.istanbul-tourist-information.com

47 Die Sandkasten-Hauptstadt

Abu Dhabi ist groß und mächtig, sandig und reich …

HIGHLIGHTS

Lobby-Besuch im Emirates Palace: schauen, wer was am Goldautomaten zieht

Vom Dachpool des Yas Hotels auf die Insel-Highlights blicken: Ferrari-World, Beach-Clubs, Jachthäfen, Golfplätze, Polo-Feld

Fahrt in die Wüste Rub Al Khali: ein atemberaubendes Erlebnis!

Kamelmarkt in Al Ain besuchen: Der letzte Kamelmarkt in den Vereinigten Arabischen Emiraten

Ladies Beach: Hinter dem Emirates Palace haben die Damen in Abu Dhabi einen Strand für sich.

Dhau-Rennen: jährlich zum Nationalfeiertag am 2. Dezember

PROBIEREN UND ERLEBEN

Arabisches Meze besteht aus *Houmus* (Kichererbsenpüree), *Falafel* (frittierte Kichererbsenbälle), eingelegten Oliven, *Mutabbal* (pürierte Auberginen) und *Foul Medammes* (heiße Bohnen). Danach vielleicht noch *Shawarmah,* bei uns bekannt als Kebab, in Abu Dhabi jedoch fast immer aus Lammfleisch gemacht.

Mit spannenden Plänen tritt das größte der sieben Emirate aus dem Schatten des kleineren Nachbarn Dubai. Schließlich ist Abu Dhabi – und nicht Dubai – die Kapitale der Vereinigten Arabischen Emirate. Und für Hochzeitspaare wird in der größten Wüste der Welt ein Traum aus Tausendundeiner Nacht wahr …

»Abu Dubai?« – »Ja, ich hätte gerne ein paar Informationen zu Abu Dubai.« Anfragen wie diese zeigen: Die Welt spricht irgendwie immer von Dubai, obgleich Abu Dhabi knapp 90 Prozent des gesamten Territoriums der Vereinigten Arabischen Emirate (VAE) und ebenfalls rund 90 Prozent aller Erdöl- und Gasvorkommen des Landes besitzt. Deshalb gibt es »The Abu Dhabi Economic Vision 2030«. Ohne Zeitdruck und Aktionismus beschreitet man mit durchdachtem Wachstum im Reich von Scheich Khalifa bin Zayed Al Nahyan seinen Weg. In Abu Dhabi müssen keine hochriskanten Milliardenprojekte wie Palmen oder gar die Welt in Inselform ins Meer gebaut werden. Das Emirat verfügt über 200 natürliche Inseln und die Wüste im Hinterland, wo rund um die Oase Liwa in einem der schönsten Wüstengebiete der Welt spektakuläre Dünenlandschaften, ihre spröde Feindseligkeit und komplette Andersartigkeit zu bewundern ist. Dubais von Menschenhand gebaute Skyline ist geradezu langweilig gegen dieses Wüsten-Breitwandkino mit einem Meer aus flach wiegenden Sanddünen und mehr als 200 Meter in den Himmel ragenden Dünen-Skyscrapern im

Geschüttelt, nicht gerührt mal anders: Auf einem Kamel-Trip in der Wüste Rub al Khali kann man schonmal »seekrank« werden.

Ein Traum aus »1001 Nacht«: Die beeindruckend üppige Scheich-Zayed-Moschee stellt den architektonischen Glanzpunkt der Stadt dar.

Hitzeflimmern der Wüste. Dort kostet ein Liter Wasser fast so viel wie ein Liter Benzin. Und es gibt eigene Regeln für Unfälle mit Kamelen: Tagsüber ist der Fahrer Schuld, nachts der Kamelbesitzer.

Flittern wie im Märchen

Rub Al Khali heißt die größte zusammenhängende Sandwüste der Welt: 780 000 Quadratkilometer, anderthalbmal so groß wie Spanien, nirgends Menschen, nur Sand, überall Sand. Die Temperaturen reichen von nachts null bis an die 60 Grad tagsüber. Die Liwa-Oase ist das Tor zum »Leeren Viertel«, die Übersetzung für *Rub Al Khali.* Ihre Entdecker durchquerten es noch mit Kamelen, und bevor die Karawanen mit europäischen Pionieren in Liwa ankamen, enthielten die Landkarten dieser Gegend nur leere Flächen.

Heute kann man dagegen ein Märchen aus 1001 Nacht erleben. Denn es ist keine Fata Morgana, dass dort überall reichlich Wasser in Springbrunnen und Swimmingpools plätschert, obwohl die Dünen direkt bis vor die Haustür reichen. Trotzdem heißt der Hotelpalast Fata Morgana, arabisch Qasr Al Sarab. Das Resort erinnert mit seinen sandfarbenen Zinnen an die traditionelle Lehmbauweise der Emirati-Architektur. Die meisten Villen haben private Pools direkt im Sand: die perfekte Location für frisch Verliebte …

Wie Dubai hat auch Abu Dhabi das letzte Jahrhundert gefühlt in der Hälfte der Zeit zurückgelegt: Vor gut 50 Jahren noch Fischer, Perlentaucher und Beduinen, ohne Strom, fließend Wasser, Kühlschrank oder Klimaanlage, sind die Einheimischen heute reiche Leute. Man sagt, Abu-Dhabi-Stadt sei mit 17 Millionen US-Dollar Vermögen pro Kopf (ohne Ausländer) die reichste Stadt der Welt. Doch auch in einem weiteren Punkt hat Abu Dhabi das Rennen mit Dubai aufgenommen: Das Emirates Palace, das flächenmäßig größte Hotel der Erde – eine Umrundung macht 2,5 Kilometer –, stiehlt dem Burj Al Arab von

Die Scheich-Zayed-Moschee steht, außer am Freitagsgebet, auch Nichtmuslimen offen.

Information

ANREISE

Direktflüge ab Frankfurt und Düsseldorf mit Etihad Airways (www.etihad.com/de-de). Es lohnt die Buchung eines Mietwagens (www.autoeurope.com).

BESTE REISEZEIT

Im Winter, aber auch noch im Frühjahr und Herbst, mit angenehmen Temperaturen, niedriger Luftfeuchtigkeit und viel blauem Himmel bei neun Stunden Sonnenschein. Nachteil: die satten Hochsaisonpreise. Im Sommer ist es sehr heiß mit hoher Luftfeuchtigkeit und diesigem Himmel. Die Temperaturen liegen dann tagsüber um 40, häufig sogar um 50 Grad! Krokodilsaison heißt der Sommer im Hotel-Slang, weil alle Gäste nur müde am oder im auf 29 Grad runtergekühlten Pool liegen. Das Beste am Sommer sind die Hotelpreise: Man spart leicht ein Drittel, manchmal mehr.

SEHENSWERT

Scheich-Zayed-Moschee: absolut beeindruckend mit Platz für 10 000 Gläubige im Inneren und zusätzlich für 25 000 im Innenhof. Der architektonische Glanzpunkt der Stadt aus schneeweißem Marmor besteht aus 100 Meter hohen Minaretten und mehreren Kuppeln, von denen eine 70 Meter hoch ist. In der Moschee liegt der größte Teppich – auf 5625 Quadratmetern wurden 2,2 Milliarden

Dubai mit so manchen Zahlen die Schau: 1,3 Kilometer Sandstrand, 114 Kuppeln, 128 Küchen, 1002 Kronleuchter, 2000 Angestellte aus 50 Nationen, 6000 Euro pro Monat nur für Blumendekoration, 7000 Türen und einen Gold- (nicht Geld-!) Automaten in der Lobby…

Yas Island, eines der größten natürlichen Eilande, wird gerne Ferrari-Insel genannt, weil dort nicht nur die erste Ferrari-World weltweit ihre Pforten geöffnet hat, sondern weil zudem eine Formel-1-Strecke ihre Heimat gefunden hat. Weiß und trendy wurde das Yas Hotel mitten in den Parcours gebaut, an dem Scheich Khalifa keinen Ehrenplatz, sondern einen eigenen Zuschauerturm besitzt. An rennfreien Tagen kann man selbst einen Aston Martin mieten und so viele Runden drehen, wie in 30 Minuten passen. Die eigentliche Ferrari-World ist dagegen ein müder Vergnügungspark.

Bei Sir Bani Yas, mit Arabiens größtem Naturpark und seinen angesiedelten 18 000 Tieren, sollen bis 2030 Bade- und Resortinseln wie auf den Malediven, aber auch Campinginseln entstehen. »Dieses Projekt verkörpert Abu Dhabis Vision, die Inselwelt und andere natürliche Ressourcen in Einklang mit der Natur und dem kulturellen Erbe nachhaltig zu entwickeln«, sagt Abu Dhabis Herrscher, Scheich Khalifa.

Dazu gehört das größte Projekt mit einer komplett neuen Stadt samt Museen von Weltrang. Saadiyat Island, Insel des Glücks, wird bis 2020 eine Stadt mit Marina, einem neun Kilometer langen Beach District, Parks, Hotels und die Heimat von Ablegern des Louvre und des Guggenheim Museums sein. Während sich Louvre 2.0 wie ein gerade gelandetes, silbernes Ufo geben wird, sieht Frank Gehrys Projekt mit dem dann weltweit größten Guggenheim Museum aus, als ob der Spielzeughaufen eines Außerirdischen nicht aufgeräumt wurde. »Ein Design, das in den USA oder Europa nicht möglich gewesen wäre«, so Gehry. Bis zum Zieljahr 2030 sind 50 Großprojekte im Bau oder in Planung. Das Gesamtvolumen beträgt mehr als 150 Milliarden US-Dollar. Viel Geld, doch das Öl in Abu Dhabi reicht ja noch für gut 130 Jahre. Und 2030 soll keiner mehr Abu Dubai sagen.

Auf den letzten Kamelmarkt

Al Ain ist weit weg von der Skyline von Abu-Dhabi-Stadt. Daher verwundert es nicht, dass es dort den letzten verbliebenen Kamelmarkt der Emirate gibt. Bis zu 5000 Kamele, genauer gesagt Dromedare, röhren, fauchen oder ertragen in stoischer Ruhe die Hitze und die Enge ihrer Boxen: Schlachtvieh, Zuchtvieh, Milchvieh und, etwas abseits vom normalen Kamelvolk, geben die edlen Renntiere Audienz. Preisschilder fehlen, die entsprechenden Summen sind aber kein Geheimnis. 1000 Euro kostet das billigste Schlachtvieh, um 70 000 der fast schwarze Riesenkerl im Rennstall. Ein paar Meter weiter wird offensichtlich ein Deal abgewickelt. Der potenzielle Käufer hält via Handy noch mal Rücksprache. Kann sein, dass der Hintermann nur wenige Meter weiter im blitzsauberen auf 19 Grad Innenraumtemperatur runtergekühlten S 500 oder aber in einem Hochhausbüro in Abu Dhabi, Dubai, London oder New York sitzt. Bezahlt wird per Überweisung. Kameltreiber mit Bündeln von Geldscheinen oder Händler, die lautstark ihr Tier anpreisen, gibt es halt nicht mehr …

Hier lässt man sich gerne in die Wüste schicken: Moreeb Dune und Liwa Oasis

Knoten geknüpft und 38 Tonnen Wolle verarbeitet – und es hängt der größte Kronleuchter der Welt: 15 Meter hoch und zehn Millionen US-Dollar teuer. Außerhalb des Freitaggebets darf die Moschee auch von Nicht-Moslems besucht werden. Die Schuhe müssen ausgezogen werden. Männer benötigen lange Hosen, für Frauen besteht *Abbaya*-Pflicht. Sie kann kostenfrei ausgeliehen werden.

Qasr Al Hosn: nicht die spektakulärste Festung des Landes, aber politisch bedeutsam. Mehr als 200 Jahre herrschten von dort elf Familienmitglieder der Dynastie Al Nahyan.

Al Ittihad Square: Ein Blickfang sind die überdimensionalen Skulpturen am Platz. Am schönsten ist die Kaffeekanne zur blauen Stunde.

Capital Gate Tower: Das 160 Meter hohe Gebäude neigt sich um 18 Grad und ist damit neuerdings der schiefste Turm der Welt. Wer's lieber kreisrund mag: Auch der Aldar Tower ist ein Foto wert.

Heritage Village: Hier geht's zurück in die guten alten Beduinen-Zeiten.

ESSEN UND TRINKEN

Byblos Sur Mer: libanesisch, mediterran, orientalisch und dazu exquisit sowie direkt am Wasser. Tel. +971/26 66 68 88

Sich einfach mal trauen und den verführerischen indischen Düften nachgehen, in ein kleines, sehr einfaches Lokal wie das Jaffery, wo man authentisch, lecker und günstig essen gehen kann. Tel. +971/26 33 27 28

ÜBERNACHTEN

Kempinski Emirates Palace: nicht nur das beste Hotel der Stadt und eines der besten Häuser weltweit, es hat auch noch den schönsten Strand von Abu Dhabi direkt vor den Hoteltüren. www.emiratespalace.com

Jumeirah at Etihad Towers: Aus luftiger Höhe der bis zu 305 Meter hohen Etihad Towers auf das Emirates Palace herabsehen, das gefällt vielen Gästen des Fünf-Sterne-Hotels. www.jumeirah.com

Qasr Al Sarab: das Traumresort mitten in der Wüste. www.anantara.com

SHOPPING

250 Geschäfte und ein 110 Meter hoher Aussichtsturm locken in die Marina Mall.

Traditionell und verlockend sind der Gold-, Teppich- und der Iranische Souk sowie für Schleckermäuler der Dattelmarkt.

WEITERE INFOS

www.visitabudhabi.ae

Eines der luxuriösesten und teuersten Hotels der Welt: Burj Al Arab

48 Orient zwischen Wolkenkratzern

Dubai, Boomtown aus Tausendundeiner Nacht

HIGHLIGHTS

Burj Khalifa: mit 828 Metern das höchste Bauwerk der Welt mit fabelhaftem Blick vom 124. Stock aus

Burj Al Arab: Dubais Wahrzeichen ist wahrlich ein Mega-Hotel, das einen Besuch lohnt, und sei's nur zum Kaffee.

Hadschar Berge: Ein Ausflug in die unwirtlichen Wüstenberge ist eine faszinierende Abwechslung zur Glitzerwelt.

Wasserpark Aquaventure: Im Hotel Atlantik auf der künstlichen Palmeninsel The Palm Jumeirah kann man mit Delfinen schwimmen.

Jumeirah Mosque: eine der schönsten Moscheen der Emirate

PROBIEREN UND ERLEBEN

Hareis: Eintopf aus gegartem Weizen und zartem Lamm – *Ghuzi:* gegrilltes Lamm auf Reis mit Nüssen – *Mehalabiya:* Pudding mit Rosenwasser, Mandeln und Pistazien – Gebäck mit Orangenwasser parfümiert und Bittermandelöl gewürzt – *Arabian Delight:* Die besten der Datteln kann man im Gewürzsouk Deira erstehen.

Extreme Bauwerke, extreme Shopping-Malls, extreme Lebensart: An Superlativen hat das reiche Emirat Dubai eine ganze Menge zu bieten – doch auch an Flair des Orients. Dieser findet sich vor allem in den alten Quartieren und Souks der Stadt, aber auch in den Dörfern und den grünen Oasen des Landesinneren.

Wie ein gewaltiger Silberpfeil stößt der schlanke Turm des Burj Khalifa 828 Meter in den Himmel über Dubai – Weltrekord, bisher. Die Aussichtsplattform liegt in der 124. Etage, und es kostet schon Überwindung, durch das Glas hinunter auf die Wolkenkratzer rundum, über die Wüste und den Persischen Golf zu blicken – 450 Meter tief! Wie eine Spielzeuglandschaft liegt das Emirat zu Füßen, samt künstlichem See, dessen abendliche Attraktion eine farbenfrohe Son & Lumière-Show mit 150 Meter hoher Wasserfontäne ist, vor allem für die Heavy-Shopper der angrenzenden Dubai-Mall, der größten aller großen – darin eine fast unwirklich scheinende Eisbahn, die trotz tropischer Außentemperaturen zum Wintersport lädt. Einkaufslust der anderen Art lässt sich – auf vielleicht sympathischere Weise – im historischen Stadtteil Bastakia befriedigen. Vom einstigen Perserviertel setzen hölzerne Abra-Fähren auf dem Dubai Creek nach Deira über. Dort verströmen die alten Gold- und Gewürzsouks noch reichlich Orientatmosphäre. Zurück im Bur Dubai-Viertel lohnt das Dubai-

Museum einen Besuch, eine Festung, die vor knapp 50 Jahren dazu umgewandelt wurde, indem man Küche, Wohn- und Schlafräume mit Dingen des alltäglichen Lebens dekorierte und mit alten Waffen und Werkzeugen bestückt hat. Im neu gestalteten Keller kann man eine virtuelle Zeitreise in jene Tage unternehmen, als das Emirat noch vom Fischfang und Perlentauchen lebte.

Wer lieber den rastlosen Pulsschlag der arabischen Moderne spüren will, lässt sich auf der sechsspurigen Sheikh Zayed Road quer durch die fieberhafte Megacity kutschieren. Über 200 Skyscraper – und täglich werden es mehr – bilden eine spektakuläre Szenerie, die ihresgleichen sucht. Weltberühmt sind megalomanische Bauten wie die Gruppe der Palm Islands, der eine zweite folgt, oder im schicken Stadtteil Marina das dem Segel einer Dhau nachempfundene weltweit einzige Siebensterne-Hotel Burj Al Arab, das wohl Dubai am besten charakterisiert und zum Wahrzeichen der unglaublichen Wüstenmetropole avancierte.

Unter Palmen auf Entspannungskurs

Wer Abstand zu Malls und Hektik gewinnen will, und statt Powershoppen und Sightseeing sich wieder ganz auf sich besinnen will, für den ist das Palm Tree Court der ideale Rückzugsort: außerhalb der Häuserschluchten, unter Dattel- und Kokospalmen direkt am Strand. Sie wurden hier eigens gepflanzt, um dem Resort den Oasen-Touch zu geben. Sattes Grün überall, Bachläufe, Brückchen, Blumenbeete, Exotenbäume und -büsche, in deren Schatten Pfaue stolz ihr Rad schlagen. Die suitengroßen Zimmer – jedes mit großem Balkon und luxuriösem Bad – sind in dreistöckigen Häusern untergebracht, die sich in der weitläufigen Gartenanlage locker gruppieren: entlang des 800 Meter langen weißsandigen Strandes, von nirgends ist es weit zum flachen Meer oder zu einem der drei Pools nahe dem Haupttrakt mit den unterschiedlichen Restaurants. Und wer zu viel Sonne abbekommen hat, kann sich – hautschonend – in den eleganten Spa zurückziehen. www.jaresortshotels.com/Properties/JAGR/PalmTreeCourt

Another selfie! Arabisches Paar in traditioneller Kleidung

Information

ANREISE

Visum: ein kostenloses Visa on Arrival mit drei Wochen Gültigkeit wird bei Einreise ausgestellt.

BESTE REISEZEIT

Von Oktober bis April

ESSEN UND TRINKEN

Bateaux Dubai: stimmungsvolle Dinner-Cruise auf dem Dubai Creek in einer arabischen Dhau. https://reservations.bateauxdubai.com

Alle Luxusrestaurants unterhalten mehrere Spezialitätenrestaurants, die Auswahl ist endlos.

ÜBERNACHTEN

Palm Tree Court & Spa: Vor den Toren der Stadt inmitten eines Palmenhains gelegene Luxusanlage, Sheikh Zayed Road. Exit 13. www.jaresortshotels.com/Properties/JAGR/PalmTreeCourt

Jebel Ali Ocean View: Das Hotel ist eine gute Wahl, will man am »Walk« der schicken Jumeirah Beach wohnen, wo abends das Leben tobt. www.jaresortshotels.com/Properties/OceanViewHotel

SHOPPING

Gold Souk, Deira: Entlang der Hauptstraße reihen sich allein 200 Juwelierläden.

Dubai Mall, Jumeirah: Dubais größtes Shoppingcenter

WEITERE INFOS

www.visitdubai.com/de,
www.dubaitourism.de

Grandioses Zeugnis natürlicher Perfektion: Form- und Farbenspiel am Khor Najd Fjord

49 Fata Morgana am Ende der Welt

Musandam, Hideaway in Omans Norden

HIGHLIGHTS

Ausflug ins Landesinnere: 4x4-Touren führen hinauf aufs Hochplateau in ausgetrocknete Wadis und eine bizarre Bergwelt.

Sunset-Cruises: Delfine aus nächster Nähe sehen, ohne auf große Bootstour zu gehen

Fine Dining: im 300 Meter über dem Meer gelegenen, edlen »Sense on the Edge«-Restaurant mit Blick auf die nächtliche Zighy Bay

Paragliding: Segelflug von den 300 Meter hohen Felswänden der Zighy Bay

Salzwasser-Pool: Durch die hohe Salzkonzentration im Extrapool am Strand treibt man wie im Toten Meer immer oben.

PROBIEREN UND ERLEBEN

Tafeln wie in 1001 Nacht: Bei den regelmäßigen BBQ-Abenden werden in Beduinenzelten am Strand alle Köstlichkeiten des Orients aufgetischt: *Mezze*-Cremes aus Kichererbsen und Auberginen als Vorspeise, ein nach *mandi*-Art im Sand gegartes Lamm als Hauptgang und himmlische Spezereien als süßer Abschluss.

Verwunderung ruft es schon hervor, nennt man Musandam als Reisedestination, diese Exklave des Sultanats Oman am nördlichen Sporn Arabiens, der in den persischen Golf ragt. Hier liegt der exklusive Rückzugsort »Six Senses Zighy Bay« inmitten von Dattelpalmen direkt am türkisblau schimmernden Indischen Ozean.

Die von schroffer, vegetationsloser Berglandschaft geprägte Halbinsel Musandam ist vom Oman durch die Vereinigten Arabischen Emirate getrennt – einem Landstreifen, nur 100 Kilometer breit. An der Straße von Hormuz gelegen, fallen die Felswände des Hadjar-Gebirges steil ins Meer ab und bilden eine wild zerklüftete Fjordlandschaft, der die Region die Bezeichnung »Norwegen des Orients« verdankt. Die Zighy Bay erstreckt sich an Musandams Ostufer, daher erreicht man die von jähem Felsmassiv umgürtete Bucht am einfachsten von Dubai aus, über die verschlafen wirkende Hafenstadt Dibba, wo man in eine Dhau umsteigt, dem traditionellen Schiff der Araber. Vorbei an malerischen Klippen, die Hunderte von Metern aus den klaren Fluten ragen, ist die Zighy Bay bald erreicht. Sie ist Namensgeber des Six Senses Resorts, das wie eine Fata Morgana am weißsandigen Streifen der Bucht auftaucht, in direkter Nachbarschaft zu einem verträumten Fischerdorf, überragt von Dattelpalmen und eingerahmt von bizarrer

Bergkulisse. Das weitläufige Anwesen passt sich durch seine lehmverputzten Mauern ganz in die Umgebung ein, wie auch die Poolanlage und die Gebäude der verschiedenen Restaurants. Gleich nach Ankunft sollte man sich ein Bad im privaten natursteingefassten Infinity-Pool gönnen, der sich vor jeder Villa erstreckt... und dann erst die Zimmer begutachten: Zeitgemäß eingerichtet und verbunden mit modernstem Komfort spiegeln sie die Tradition des Sultanats wider. Es ist ein gewaltiger räumlicher Eindruck, der entsteht, weil Wohn-, Schlaf- und Nassbereich nahtlos ineinander übergehen – Platz genug für Kingsized-Bett, Oversized-Badewanne und Regenwasserdusche. Dass man in solch luxuriöser Abgeschiedenheit bestens relaxen und sich ganz auf sich besinnen kann, wissen jene Singles und Paare zu schätzen, die diesen Ort bewusst als Rückzugsort gewählt haben.

Entlang Musandams wilder Küste

Unvergessene Bootstouren für zwei organisiert das Zighy Resort – als zweistündigen Romantik-Sunset-Trip entlang der Küste oder als länger angelegte Cruises, die zu unberührten Tauchgründen führen oder einfach nur entlang der bizarren Felsküste. Eine der schönsten führt zum Khor Shamm, dem mit 16 Kilometern längsten Fjord Musandams mit eindrucksvollen, bis zu 1000 Meter hohen Felswänden, kleinen Inseln und Halbinseln, Korallenriffen und Dörfern, die nur auf dem Seeweg zu erkunden sind – wie auch die meisten anderen Fjorde Musandams. Die scheinbar undurchdringliche Wand der Klippen östlich der Hauptstadt Khasab öffnet sich plötzlich und gibt einen engen Durchlass in den Khor Shamm frei. Der gewaltigen Natur schutzlos ausgesetzt scheinen sich die wenigen Siedlungen, eingeschlossen zwischen tiefer See und Felsen, in den kleinen Buchten festzukrallen. Eine Szenerie von opernhafter Größe und grandioser Stille.

Information

ANREISE
Visum: Kostenloses »Visum of Arrival« mit drei Wochen Gültigkeit bei Ankunft am Flughafen. Anreise: mit dem Auto 120 Kilometer von Dubai zur Grenz- und Hafenstadt Dibba. Für die Einreise in den Oman genügt der Einreisestempel der Vereinigten Arabischen Emirate.

BESTE REISEZEIT
Von Oktober bis April

ESSEN UND TRINKEN
Das Zighy Resort hat die Restaurants **Spice Market** zum Dinner, **Summer House** zum Lunch und **Sense of Edge,** 300 Meter hoch gelegen mit fabelhaftem Blick auf die Bucht.

ÜBERNACHTEN
Das **Six Senses Zighy Bay** liegt in der omanischen Exklave Musandam: 80 Pool Villas zur Entspannung, abgeschieden gelegen am 1,6 Kilometer langen weißen Sandstrand der Ostküste, mit mehreren Restaurants, drei Pools, Butlerservice, riesigem Spa, Beautytreatment und Sportangebot.
www.sixsenses.com/SixSensesZighyBay

WEITERE INFOS
www.omantourism.gov.om,
www.tourismoman.com.au,
www.gernreisen.de

Alles fließt: unterwegs mit dem Reisboot

50 Palmen, Plantagen und viel Zeit

Auf dem Hausboot durch Keralas Backwaters

HIGHLIGHTS

Nehru Trophy-Regatta: Spektakel, bei dem im August bis zu 150 Mann im Schlangenboot um den ersten Platz rundern.

St. Mary's Church Champakulam: Die weiße Fassade und das blaue Dach erstrahlen seit Kolonialzeit im Licht der Tropen.

Buddha-Schrein Karumadikkuttan: Von außen recht unspektakulär, thront im Inneren ein schwarzer Buddha aus dem 10. Jahrhundert.

Krishnapuram-Palast: einige Überreste des einstigen kleinen Königreichs von Kayamkulam

Alappuzha: Im einstigen Alleppey gibt es noch koloniales Erbe.

PROBIEREN UND ERLEBEN

Ishtoo: Hähncheneintopf mit Kokosmilch, Erbsen und Kartoffeln und vielen Gewürzen – *Chicken Chettinad:* feines Hühnchencurry aus der Feinschmeckerregion Chettinad – *Pomfret:* Den typischsten Fisch der Westküste gibt es in vielen Variationen – *Idlis:* gedämpfte Grießküchlein aus fermentiertem Reis und Linsen

Kerala unterscheidet sich von anderen indischen Bundesstaaten: Es ist sauberer, der Verkehr nicht so chaotisch, und Kirchen säumen die Straßen. Die Region einmalig machen aber die Backwaters, ein pflanzengesäumtes Labyrinth aus Seen und Kanälen, durch das sich entspannt mit dem Hausboot schippern lässt.

In Alappuzha, die einst bedeutende Hafenstadt Alleppey, warten die Hausboote entlang eines breiten Kanals auf Gäste – viele darunter sind Honeymooner. *Kettu vallam,* Reisboot, heißen die stilvollen Barken, die aus geöltem Holz des Brotfruchtbaums gezimmert und mit geflochtenen Palmwedeln gedeckt sind. Einst dienten sie dazu, Reis, Kokoswaren, Gewürze und Tropenfrüchte über das sich 75 Kilometer nach Süden erstreckende Flusssystem an die Küste zu transportieren. Etwa 400 dieser Boote soll es allein in Alappuzha geben, die luxuriöseren mit klimatisierten Schlafzimmern und gar mit Whirlpool. Zwar gibt es darunter auch schlichtere, zur Entspannung taugen sie allerdings wenig: Die Motoren sind laut, die Kojen eng und die Waschgelegenheiten rudimentär. Dann doch lieber tiefer in die Tasche greifen und sich fühlen wie im Märchen: Verwöhnt vom eigenen Koch, der die Wünsche von den Augen abliest und die Gäste von früh bis spät mit Leckerbissen verwöhnt, deren Zutaten wie Fisch, Gemüse und Obst er – je nach Wunsch – ganz frisch in einem der Dörfern unterwegs ersteht. Vegetarische Currys, süß-milde und scharfe, dazu *pomfret*, der an der Westküste allgegenwärtige Fisch, zum Dessert zuckersüße Ananas und als Aperitif eine frisch von der Palme gepflückte Kokosnuss: Oben aufgehackt, Strohhalm rein, und fertig ist der labende Drink.

Kleine Hütten, ranke Palmen und apfelgrüne Reisfelder gleiten vorbei, langweiliges Strandliegen war gestern – Müßiggang auf dem Bootsdeck ist angesagt. Je enger die Fahrrinnen werden, desto bezaubernder wird der Landschaftseindruck. Üppiger Pflanzenwuchs und leuchtende Blütenpracht, bunte Häuschen und filigrane Brückenstege. Waschplätze, wo Frauen wie Männer ihre Saris und Dhotis durchwalken. Stellen, an denen kleine Kinder vergnügt plantschen und Hundertschaften von Enten ins ersehnte Nass getrieben werden. Links schauen und rechts, nach vorne, nach hinten, und schon heißt es wieder: *It's teatime!* – mit süßem *Masala-Tee* und Bananen im Teigmantel. Was will man mehr!

Koloniale Perle Kochi

Nach längerer Bootstour ist es angenehm, das Leben wieder auf festem Boden zu genießen. Kochi, das einstige Cochin und koloniale Perle der Malabarküste, bietet sich dazu an – vor allem das romantische Old Harbour Hotel mit Pool und verwunschenem Garten ist Sehnsuchtsort für Verliebte. Einst zog die rasch wachsende Handelsstadt arabische und jüdische Siedler an, die Geschichte der Christen beginnt hingegen erst mit der Flotte Vasco da Gamas, dem die Holländer und die Briten folgten. Sie alle hinterließen ihre Bauten, wie es für Indien einmalig ist: Vasco da Gamas Haus, St. Francis Church, die erste von Europäern erbaute Kirche Indiens, der holländische Friedhof, das Judenviertel mit der Synagoge im originellen Stilmix und der Mattancherry Palace, der im Inneren mit Freskenpracht überrascht. Ein Vergnügen ist der Besuch einer traditionellen Kathakali-Vorstellung: Die Tanzdramen zeigen auf schaurig übertriebene Weise den ewig währenden Kampf zwischen Göttern und Dämonen. www.cochin.org

So sieht eine glückliche Braut aus!

Information

ANREISE
Ein Touristenvisum ist vor Reiseantritt im Generalkonsulat zu beantragen. www.igcsvisa.de/touristvisa.php

BESTE REISEZEIT
Von November bis Mai

ESSEN UND TRINKEN
Sun Moon: traditionelle Kerala-Küche vom Feinsten, Kollam. www.zeez.info

Chakara Raheem: Alappuzhas bestes Fischrestaurant. www.raheemresidency.com/restaurant.html

ÜBERNACHTEN
Tharavad: unverfälschte Unterkunft in einem ehemaligen Wohnhaus eines Arztes. www.tharavadheritageresort.com

Old Harbour Hotel: Das altehrwürdige Haus ist das Herz von Kochi. www.oldharbourhotel.com

Government Guest House Varkala: Wohnen im ehemaligen Feriendomizil eines Maharadschas in Varkala. www.keralatourism.org

Government Guest House: Schlafen in der einstigen britischen Residency ist wie eine Nacht im Museum, Kollam. www.keralatourism.org

WEITERE INFOS
www.keralatourism.org,
www.reise-kerala.de,
www.comtour.de,
www.dertour.de

Hand in Hand entlang dem schneeweißen Sandstrand der Malediveninsel Olhuveli

51 Barfuß im Paradies

Olhuveli, Trauminsel der Malediven

HIGHLIGHTS

Bootsausflug mit Champagner und Snacks zu den verspielten Delfinen, die sich im Atoll tummeln.

Ein Dinner auf einer einsam gelegenen Sandzunge inmitten des weiten nächtlichen Indischen Ozeans gelegen – beleuchtet nur von Fackeln.

Zwischen zwei Korallenbänken hin- und herschnorcheln, über das bodenlose »Deep Blue« des Ozeans.

Sich direkt am Strand massieren lassen bei entspannender Musik in Hütten

Die bunten Korallenfische beobachten durch den Boden der gläsernen Badewanne der Water Villas.

PROBIEREN UND ERLEBEN

Fangfrische Spezialitäten aus dem Meer werden im Restaurant Leaf serviert. *Languste essen!* – *Japanische Kost* bietet das »Zen«, das überm Wasser gebaut ist – *Starkwürzige Currys* der regionalen Küche sind köstlich – *Frische Kokosnussmilch* direkt von der Palme ist ein natürlicher Energy-Drink.

Die Malediven, das sind 1200 Koralleninseln, bewachsen mit schlanken Kokospalmen und von schneeweißen Sandstränden gesäumt, gischtumschäumte Atollriffe, türkise Lagunen und ein buntes Unterwasserreich. Olhuveli im Laamu-Atoll ist eine der schönsten Inseln – das wissen vor allem Honeymooner zu schätzen.

150 Kilometer nördlich des Äquators gelegen zählen die Malediven spätestens seit den 1980er-Jahren zum Sehnsuchtsort Verliebter, aber auch gestresster Städter und jener, die sich als Taucher und Schnorchler von der Tropenwasserwunderwelt in den Bann ziehen lassen wollen. Rund 40 Flugminuten südlich der Metropole Malé ist ein ganz besonderes Traumziel erschlossen: die Insel Olhuveli mit dem Resort Six Senses Laamu. Zugegeben, nach langem Flug erreicht man erschöpft den Flughafen Kadhdhoo im Laamu-Atoll. Doch richtig entspannt wird es gleich, wenn man im Speedboat zum Resort übersetzt – empfangen mit der Bitte, sich seiner Schuhe zu entledigen: Barfuß ist angesagt auf der Insel, auf Korallensand und blankpolierten Holzplanken, Tag und Nacht, in Bars und Restaurants, überall.

Schon der Eindruck bei der Ankunft ist überwältigend: filigrane Holzstelzenarchitektur, weißer Sand, kristallklares Wasser. Nur 700 x 250

Meter groß, bedeckt von Tropenpflanzen und umgeben von wohltemperiertem Meer, das ist Olhuveli, in das sich das Resort mit seiner nachhaltigen Bauweise natürlich einpasst. Die 27 eleganten Beach Villas und 70 Water Villas bieten luxuriöseste Ausstattung und stets einen atemberaubenden Blick auf den Ozean. Besonders sinnlich sind die Regenwasserduschen im Freien – der Filmklassiker *Blue Lagoon* lässt grüßen –, und in den Water Villas kommt man in den exotischen Genuss einer gläsernen Badewanne, unter der Schwärme von Korallenfischen vorbeiziehen. Auch in Hinblick auf Freizeit wird es auf der Winzlingsinsel nie langweilig: Das Spa bietet eine große Auswahl an Behandlungen, Yogakurse halten fit, und vom Haupthaus aus lässt sich direkt ins farbenfrohe, sehr belebte Hausriff losschnorcheln. Eine wunderbare Einrichtung ist auch der persönliche Butlerservice für jede Villa, doch die Abholung überflüssig macht das Fahrrad, das der Gast bei Ankunft zur Verfügung gestellt bekommt. Mit diesem kann man vergnügt über die Insel brausen, von der Villa zum Restaurant, zum Spa, zum Gym. Doch Vorsicht: Linksverkehr!

Abtauchen ins Reich der Korallen

Wer nicht wagt, der nicht gewinnt! Umgeben von Meeresfluten packt auch jenen die große Lust, mehr von der submarinen Märchenwelt zu erleben, der noch nie in die Tiefen des Ozeans vorgedrungen ist. Das lässt sich ändern: mit der Tauchschule Ocean Dimensions und ihren PADI-Kursen vom Einsteiger bis zum Divemaster. Die grandiose Unterwasserwelt des Laamu-Atolls bietet einige der schönsten unberührten Korallengärten der Malediven. Da das Atoll erst seit wenigen Jahren touristisch erschlossen ist, finden sich an den etwa 25 Tauchplätzen, die zu Six Senses Laamu gehören und mit dem Boot in etwa 30 Minuten erreichbar sind, noch wenige Taucher, und Begegnungen mit Riffhaien, Barrakudas, Rochen und Schildkröten sind keine Seltenheit, wie auch Mantas fast ganzjährig gesichtet werden können. Die Tauchplätze sind sehr abwechslungsreich, auch Tauchen an Überhängen und in den fischreichen Kanälen, Strömungstauchen und Kanalkreuzungen ist möglich. www.oceandimensions.com

Süd-Malé-Atoll in der östlichen Inselkette der Malediven

Information

ANREISE

Visum: kostenlos bei Ankunft am Flughafen.

Anreise am besten via Dubai zur Hauptinsel Malé mit Umstieg in Propellermaschinen zu den kleinen Atollen

Transfer ins Six Senses Laamu: mit Maldivian 50 Minuten Flug nach Kadhdhoo, weitere 15 Minuten per Schnellboot bis Olhuveli

Reise mit Emirates Airline pauschal z. B. buchbar über www.gernreisen.de

BESTE REISEZEIT

November bis Mai

ÜBERNACHTEN

Das **Six Senses Laamu Resort & Spa** liegt auf Olhuveli Island im Laamu Atoll. Alle Beach Villas haben direkten Zugang zum Meer. Empfehlenswert sind die Nr. 89 bis Nr. 97 mit breitem Korallenstrand, Blick auf die untergehende Sonne und inmitten üppiger Vegetation. Beliebter sind die Water Villas, die sich wie Perlen an drei Stegen reihen. Empfehlenswert sind Nr. 69 bis Nr. 78 am *Jetty C* mit Blick von der Terrasse aufs offene Meer. www.sixsenses.com/SixSensesLaamu

WEITERE INFOS

www.visitemaldives.com/de,
www.sixsenses.com/SixSensesLaamu,
www.gernreisen.de

Unter Wasser auf Wolke 7 schweben: der perfekte Hochzeitskuss

52 So muss das Paradies sein

Traum in Weiß und Blau – Die Malediven

HIGHLIGHTS

Landung mit einem Wasserflugzeug: in der Lagune einer der Ferieninseln beim Transfer vom Flughafen Male

Kiten, Surfen, Segeln und Wassersport oberhalb sowie Schnorcheln oder Tauchen unterhalb der Wasserfläche

Barfuß-Dinner: Romantik mit Champagner, Meeresfrüchten und Kerzenlicht am Strand

Ausflug zu einem Robinson-Eiland: am besten mit gut gekühltem Picknick-Korb.

PROBIEREN UND ERLEBEN

Maledivische Küche besteht aus importiertem Reis sowie frisch gefangenem Fisch und Meeresfrüchten.

Es gibt sie wirklich, die Eilande, die scheinbar nur auf Postkarten, in Marlon-Brando-Südseefilmen oder vielleicht im Paradies existieren. Mit neun Flugstunden oder 5000 Kilometern sind sie gar nicht so weit weg von uns: 1190 Malediven-Inseln, die durchschnittlich in 20 Minuten zu Fuß umrundet sind.

Das bunte Segel des Hobbycats bläht sich im Wind. Die schmalen Rümpfe des Katamarans schneiden Wellen in die türkisblaue Lagune. Die strahlend weiße Sandbank ist zum Greifen nahe: Jetzt ein Bad im warmen, glasklaren Meer. Und dann ein Picknick: mit trockenem Weißwein aus der Kühlbox, Jumbo-Garnelen, frischem Salat und einem knusprigen Baguette. Den Kopf freimachen, das Büro und den Computer Schnee von gestern sein lassen. Auf den Malediven geht das. Auch weil es auf dem Inselstaat nicht allzu viel gibt. Aber dieses Wenige macht süchtig:

die Kokospalmen, die bis an den Wasserrand gebeugt herunterhängen und deshalb oft für Fotos herhalten müssen, die sich dann in Karibik-Prospekten wiederfinden, weil es so etwas dort gar nicht gibt. Die Lagunen, die in allen Blautönen strahlen. Und die Unterwasserwelt: Haie, Rochen, Delfine oder Schildkröten gehören zu den Malediven wie Kühe in die Alpen.

Die Füße spielen im weißem Sand mit Korallenstückchen und Muscheln. Ein Dhoni schippert durch die Lagune. Sicher manövriert es der Bootsführer auf traditionelle Weise in stoischer Ruhe mit dem Fuß am Ruder. Das Fischerboot mit geschwungenem und mit Haifischfett gewachsten Bug verschwindet schließlich zwischen den Silhouetten zweier Kalenderblattinseln. Wie man wohl als Schiffbrüchiger ohne Kühlbox, Hobbycat und Walkie-Talkie über diese Inseln im Indischen Ozean denken würde? Wenn man sich fühlen müsste wie ein Einsiedlerkrebs ohne Haus? Mutig krabbelt einer auf das Strandlaken und schaut frech aus dem Häuschen. Tausende leben auf der 120 Meter langen Sandbank. 0,12 von 644 Kilometern Küstenlinie der 26 Atolle, die – so vermuten Wissenschaftler – eines Tages verschwinden könnten. Die Malediven sind der einzige Staat der Welt, der bei anhaltender globaler Klimaveränderung und dem damit verbundenen Anstieg des Meeresspiegels vom Untergang im Wortsinn bedroht ist. Kein Wunder: Die Sandbank erhebt sich gerade mal eineinhalb Meter aus dem Meer. Und fünf Meter entsprechen ja schon dem Mount Everest.

Hochzeit unter Wasser

Eine Inselumrundung dauert auf den Malediven in der Regel zu Fuß um die 20 Minuten. Das sind jedoch 20 Minuten, die selbst kühnste Postkartenträume übertreffen. Doch auf den Malediven passiert mindestens gleich viel Schönes unter Wasser: Cindy Crawford speist im Hilton im Unterwasser-Restaurant. Naomi Campbell bucht im Huvafen Fushi eine Massage im ersten Unterwasser-Spa. Und einige Pärchen einigten sich schon auf eine Hochzeit unter Wasser: Sie in Weiß, er im dunklen Anzug, vollverglast mit Blick auf vorbei schwebende Rochen und bunte Tropenfische. Das Arrangement beinhaltet: Frisur und Make-up von einer ausgebildeten Kosmetikerin, Hochzeits-Fotoshooting, Hochzeitszeremonie im Sea, dem Unterwasser-Restaurant im Anantara, Fünf-Gänge-Menü mit ausgewählten Weinen und Frühstück in der komfortablen Villa … Allerdings muss man wissen: Die Hochzeit hat nur symbolischen Charakter und ist rechtlich nicht gültig. Trotzdem bleibt es wohl mehr als nur ein unvergesslicher Moment …

Information

ANREISE
Mit Qatar Airways via Doha nach Male oder direkt mit Condor (www.qatarairways.com, www.condor.com)

BESTE REISEZEIT
Beste Reisemonate mit wolkenlosem Himmel: Januar bis April. Der meiste Regen fällt in der zweiten Jahreshälfte.

SEHENSWERT
Alle Sehenswürdigkeiten liegen in der Inselhauptstadt Male: Die **Große Moschee** und die kleinere **Korallenstein-Moschee,** der **Sultanspark,** das **Nationalmuseum,** wenn man sich für die maledivischen Sultane interessiert, und die **Dhonis im Hafen**

ESSEN UND TRINKEN
Sea: vollverglastes Unterwasser-Restaurant, Fisch und Meeresfrüchte, Tel. +960/6601020

ÜBERNACHTEN
Anantara: bietet ausschließlich Villen und jede verfügt über einen privaten Pool und Strandabschnitt oder befindet sich direkt über dem Wasser. http://kihavah-maldives.anantara.de.com

WEITERE INFOS
www.visitmaldives.com

53 Glück und Liebe

Auf Wanderschaft mit dem Glücksmanager in Bhutan

HIGHLIGHTS

Bogenschießen: Der Nationalsport von Bhutan ist Konzentrationsübung und Sport in einem: Ruhig selbst einmal den Pfeil und Bogen spannen.

Schwarzhals-Kraniche: Die seltenen und schönen Vögel kann man sehr gut in der Weite der Gangtey-Hochebene beobachten.

Paro-Fest: Ende März / Anfang April in Paro, eines der populärsten und größten Feierlichkeiten des Landes.

Maskenfest von Thimphu: Die Feierlichkeiten dauern drei Tage lang, Ende September / Anfang Oktober.

Trekking im Himalaya: Je nach Können und Kondition, eine Trekkingtour muss sein.

PROBIEREN UND ERLEBEN

Doma, die Volksdroge, welche die Zähne blutrot färbt, besteht vor allem aus Betelnuss. Das Kauen der bitteren Palmenfrüchte, die mit einer weißen Kalkpaste bestrichen und einem grünen Blatt, Betelpfeffer genannt, umwickelt werden, ist in Bhutan eine alte Tradition und geht auf Guru Rinpoche zurück.

Das kleine, manchmal ein wenig vergessene Königreich Bhutan ist wie von einer anderen Welt. Aber es macht sich auf, seinen Weg im 21. Jahrhundert zu bestreiten. Das Glück spielt dabei eine übergeordnete Rolle und wird sogar vom Staat als die wichtigste Komponente auf diesem Weg gesehen.

Und jetzt noch 800 Stufen – nachdem zwei Stunden steil bergauf schon bewältigt sind. Meist wortlos, denn die Luft ist dünn. Das Ziel heißt Tiger's Nest (Kloster Taktsang), 3120 Meter, knapp tausend Höhenmeter über dem Tal von Paro. Diese in eine steile Felswand gebaute Tempelanlage ist das Postkartenmotiv des Landes. Oben angelangt sagt Saamdu Chetri: »Möge uns dieser Besuch Freude, Friede, Harmonie, Liebe und Glück bringen.« Er ist Mönch, und jeder in Bhutan kennt ihn: als den Manager des Glücks im Land.

Bruttonationalglück. Was für ein Begriff! Es sei wichtiger als das Bruttoinlandsprodukt, gab der vierte König von Bhutan in den 1970er-Jahren zu Protokoll, denn die Wirtschaftsentwicklung müsse einhergehen mit Bhutans Kultur, Natur und buddhistischen Werten. Der König setzte eine Kommission für das Bruttonationalglück ein – und Saamdu Chetri als ihren Direktor.

Das Kloster Taktsang, das Tigernest, ist dauerhaft bewohnt von einem Abt und drei Mönchen sowie zwei Polizisten, die jeweils einen Monat in einem Häuschen stationiert sind. »I am lucky«, sagt der eine, denn er muss nicht wie manche Handwerker oder Restauratoren täglich nach oben marschieren. Der Felsvorsprung, auf dem das Tigernest gebaut wurde, fällt abrupt senkrecht in die Tiefe. »Es entstand 1692, nachdem Guru Rinpoche auf einem Tiger angeflogen kam und auf dem Felsvorsprung meditierte«, sagt Saamdu.

Königliche Hochzeitsnacht

Das Amankora – übersetzt: Amanreise – liegt über fünf wunderbare Täler verteilt, jedes mit individuellem Charakter und einer großartigen Bergkulisse. In Paro gebaut wie ein bhutanesisches Dorfhaus aus gestampftem Lehm, in Gangtey und Bumthang sind es Berglodges im Himalaya, Punakha ist eine Königsresidenz – und wahrscheinlich der Höhepunkt für alle glücklich Verliebten … – während sich Thimphu streng gibt und mächtig wie ein Dzong ist, eine bhutanesische Klosterburg. Das Amankora versprüht an jedem dieser Plätze eine Mischung aus Luxus und Spiritualität, Schlichtheit und Genuss. Und jeder Besucher hat das Glück, Bhutan auf höchstmöglichem Niveau bereisen zu können. Da steht ein gut gepolsterter und gefederter Van zur Verfügung für die Fahrten auf den sehr schlechten Straßen. Es gibt vorzügliche Speisen, natürlich ein Spa und Aman-typische Suiten, in Bhutan sogar mit den traditionellen, holzbefeuerten Öfen. Es ist der wohlige Platz, an dem sich das Glück und die Liebe treffen.

Bhutan ist voll solcher Mythen und Legenden. Jeder fünfzehnte der 750000 Einwohner ist ein Mönch, darunter unzählige Lamas, also Reinkarnierte. »Ja, wir wurden belächelt für unseren Glücksbegriff«, sagt der Happiness-Guru beim Abstieg. »Aber wir wurden auch von der UNO eingeladen, ihn zu erklären.« Guru! Noch so ein Begriff, den Europa gerne auflädt seit Baghwans orangefarbigen Zeiten. Dabei bedeutet Guru nichts anderes als Lehrer. Und der Lehrer spricht nun unentwegt, denn abwärts geht das leichter: Er referiert von 33 Indikatoren in neun Kategorien, wie etwa Gesundheit, Bildung, Umwelt, die das bhutanesische Glück definieren.

Ausdrucksstark: traditioneller Tänzer auf dem bekannten Paro-Fest

Schmiegt sich vertrauensvoll an den steilen Fels: Tiger's Nest

Information

ANREISE

Es gibt keine Direktflüge nach Bhutan. Sehr gut sind die Verbindungen von Qatar Airways via Delhi oder Bangkok und von dort weiter mit Drukair nach Paro. www.qatarairways.com, www.drukair.com

Einreise: Ohne Visum geht nichts. Und es ist nicht erlaubt, auf eigene Faust durch Bhutan zu reisen. Jeder Reisende muss sich in die Hände eines Reiseveranstalters geben und einen Tagessatz bezahlen. Die Summe variiert nach Saisonzeit und Anzahl der mitreisenden Personen zwischen 200 und 290 US-Dollar pro Gast und Tag. Die Visa werden ausschließlich in Thimphu ausgestellt. Zwei bis drei Monate Vorlaufzeit sind ratsam.

Gesundheit: Es sind keine Impfungen vorgeschrieben, doch Standardimpfungen wie gegen Tetanus, Polio oder Hepatitis sollten noch gültig sein.

BESTE REISEZEIT

Saison ist in den Monaten März bis Mai sowie September bis November. Sicherlich am schönsten sind Reisen im Frühjahr, wenn alles blüht.

SEHENSWERT

Tiger's Nest: liegt auf 3120 Metern über dem Tal von Paro. Eine in eine steile Felswand gebaute Tempelanlage

Doch was heißt das konkret im alltäglichen Leben? Bruttonationalglück? Das kleine Mädchen hat zwar kein Spielzeug, aber Spielkameraden. Der alte Mann würde in Europa wohl im modernen Rollstuhl sitzen, in Bhutan hilft ihm seine Familie. Das Glück scheint arm zu sein. Viele Wohnungen sind nicht beheizt, Straßenarbeiter schlagen die Steine für Befestigungen noch per Hand mit dem Hammer. Und nicht nur in der wunderschönen Gangtey-Hochebene laufen manche Menschen mit Filzpantoffeln oder gar Slippers im Schnee, denn richtige Winterschuhe sind für viele zu teuer. Saamdu Chetri weiß das. Und dennoch sieht er sein kleines Land, eingezwängt zwischen den Riesen China und Indien, auf dem richtigen Weg: mit einer Mischung aus viel Buddhismus und etwas Sozialromantik, grüner, menschlicherer Politik und einem Schuss Attac.

Bhutan war bis in die späten 1960er-Jahre komplett abgeschottet, hatte keine eigene Währung, kein Telefon, keine Post, keine Schulen, Krankenhäuser, keine Straßen und bis heute keine Ampeln. Da musste dem Glück ja auf die Sprünge geholfen werden. Inzwischen fummelt jeder zweite Mönch an seinem Handy herum, auch Saamdu. »Die Dinger sind kein Glück, nur eine Hilfe. Wir haben auch Fernsehen und keine Internetseite ist geblockt. Bhutan weiß inzwischen, was draußen passiert«, sagt er. Erst seit 1974 lässt das Land 5000 bis zuletzt maximal 30 000 Besucher ins Land.

Einfach ausprobieren

Da ist der *Gho* für die Männer, ein Rock, der mit Kniestrümpfen und Halbschuhen getragen wird, und die *Kira*, das bodenlange Kleid für die Frauen. So sieht die Nationaltracht Bhutans aus, die bis heute in allen Klosteranlagen, in Tempeln, Ämtern und bei der Arbeit getragen werden muss. Das gilt zwar nicht für Ausländer, aber wer seinen (im Land obligatorischen) Reiseführer fragt, der kann *Gho* und *Kira* für ein unvergessliches Foto und einen unvergesslichen Dzong-Besuch auch selbst mal tragen. Oder man fragt nach einer Konzentrationsübung der besonderen Art: Der Nationalsport des Landes heißt schließlich Bogenschießen. Während das Besteigen von Gipfeln oberhalb von 6000 Metern nicht gestattet ist. Die Bergspitzen gehören einzig den Göttern. Damit hat Bhutan die letzten unerklommenen Siebentausender der Welt. Das klingt alles wie von einer anderen Welt und ist es auch: Bhutan, in der Fläche in etwa so groß wie die Schweiz, ist das vielleicht letzte echt exotische Land auf dieser Erde …

Bhutan ist klein und doch so riesig: Denn zwischen den 200 Höhenmetern im Süden bis zu den ewig schneebedeckten Gipfeln des Himalaya auf mehr als 7000 Metern liegen ländliche Szenerien mit Reisterrassen und dörflicher Heimeligkeit aus Lehmhäusern. Überall flattern Gebetsfahnen, drehen sich Gebetsmühlen, wandeln weinrot betuchte Mönche. Dumpf drönt der Klang der Trommeln, monoton klingen die Mantras. Das zu sehen und zu erleben, ist das tägliche Glück für den fremden Besucher. Aber es gibt halt leider nur abenteuerlich schlechte Straßen, wenige Hotels von internationalem Niveau und kaum Restaurants. Deshalb ist das Amankora mit seinen fünf Dependancen die beste Wahl.

Teilnehmer beim Bogenschieß-Wettbewerb in Bumthang

Buddha Dordenma bei Thimphu: 51 Meter hohe Monumentalfigur Buddhas

Punakha Dzong: mächtigste Klosteranlage Bhutans und der Palast des großen Glücks; in Punakha

Gangtey Dzong: Kloster in schöner Berglage mit wunderschönen Gebetsmühlen; in Gangtey.

Paro Dzong: ebenfalls eine sehenswerte Klosterburg; in Paro

ESSEN UND TRINKEN

Im Tagessatz ist Vollpension inklusive. Außerhalb von Thimpu und Paro sind Restaurants sehr selten. Aber der Gast reist sowieso stets zu vorbestellten Hotels und Lokalen, in denen der hygienische Standard sichergestellt ist. In jedem der Aman-Resorts speist man auch nach internationalen Maßstäben vorzüglich. Bhutanesische Speisen haben viele Anleihen aus der indischen und thailändischen Küche.

ÜBERNACHTEN

Meist reicht der Mindestsatz schon für Mittelklasse-Ansprüche nicht aus. Eine Privattour mit Flügen, Führer, den fünf schönsten Unterkünften des Landes in den Aman-Häusern, sehr guter Vollpension und komfortablen Fahrzeugen gibt es bei Rose Travel (www.rosetravel.de). Die Preise variieren stark nach Saisonzeiten.

SHOPPING

Werbung für Konsumgüter ist im Land nicht erlaubt, die Abgabe von Plastiktüten verboten, und Zigaretten sind nur unter dem Ladentisch zu bekommen. Fast-Food-Lokale sind unbekannt, dafür wächst Marihuana am Straßenrand … In diesem Land ist nicht viel mit Shopping, und die wenigen Waren in den wenigen Geschäften, etwa am Platz des Glockenturms in der Hauptstadt Thimpu, sind sehr teuer.

WEITERE INFOS

www.tourism.gov.bt

54 Thailands Superstar

Ferieninsel Phuket: Eldorado für jeden Geschmack

HIGHLIGHTS

Mai Khao Beach: Spaziergang am gut zehn Kilometer langen Strand

Sonnenuntergang am Nai Harn Beach: der beste der Insel!

Eine Nacht am Patong Beach: zum Essen, Trinken, Tanzen, Feiern …

Phang Nga Bay: Boots- und Kanutour in der Bucht

Island Hopping: in der Umgebung von Krabi. Etwa nach Ko Poda mit weißem Korallensand und besten Schnorchelmöglichkeiten. Oder nach Ko Hua Khwan: Bei Ebbe kann man von dort durch kristallklares, knietiefes Wasser zur großen, von Dschungel überwucherten Insel Thab waten.

PROBIEREN UND ERLEBEN

Kaum ein Essen in Thailand wird ohne die Fischsoße *Nam Pla* serviert. *Nam* heißt Wasser, *Pla* bedeutet Fisch. Sie steht immer auf dem Tisch, meist in kleinen Schälchen, und ersetzt Salz und Maggi. Besonders die mit Chilis verschärfte Version *Phrik Nam Pla* wirkt für den westlichen Gaumen wie Feuer.

Ein dichter Mangrovengürtel an der Ostküste und verlockende weißsandige Badestrände im Westen: So unterschiedlich sich Phuket rein äußerlich gibt, so abwechslungsreich zeigt sich die Insel tatsächlich. Aber auch die Ausflüge auf weitere Eilande in der Umgebung versprechen höchsten Reisegenuss.

Jetzt ist man da – und träumt trotzdem: Gibt's das eigentlich? Wer zupft einen? Damit man weiß, dass alles wahr ist! Ein paar Stufen unterm Traumschlafzimmer beginnt der private Pool – umrankt von Bananenstauden, Palmen, Orchideen. Alles ganz privat, nicht einsehbar, nur überspannt vom stahlblauen Himmel über Phuket. Inselfeeling? Braucht man nicht. Das Resort, die eigene Villa samt Pool, das ist die Insel, eine Luxusoase – wie im Traum …

Aber auch wer nicht das Glück hat, im Amanpuri, Anantara oder Trisara, den drei Tops unter den zahlreichen Villa- und Hotelanlagen auf der Insel, zu logieren, findet auf Phuket seine Vorstellungen übertroffen. Phuket ist ein luxuriöses Ferieneldorado mit erstklassiger Hotellerie für alle. Das Nachtleben von Patong Beach sucht im Süden Thailands seinesgleichen. Die Restaurants bieten eine unglaubliche Auswahl, besonders an Seafood und frischem Fisch, den man sich meist direkt aus dem Becken oder vom Eisbett auswählen kann. Den Weltruhm freilich verdankt Phuket seinen feinen, flach abfallenden Sandstränden an der Westküste: Patong, Karon und Kata sowie Kamala, Surin und Bang Tao. Rhythmisch plätschert in verführerischem Grünblau die Andamanische See. Sanft wiegen sich die Palmen im warmen Wind. Und breit ist das Angebot an Wassersport. Dort trifft sich die Welt zum Relaxen, dort tobt das Nachtleben. Jeder findet auf Phuket sein Plätzchen. Die Insel ist ein Ferienplatz für Singles und Familien, fürs Jungvolk und die goldene Generation, für Faulenzer und Golfer, für den verwöhnten VIP und natürlich die VVIPs, die Hochzeitsgäste. Strandromantiker gelangen an unbebaute Buchten, ohne zur touristisch verwaisten Ostküste fahren zu müssen, wo das Meer verschlickt und das Wasser deshalb trübe ist. Nördlich von Bang Tao locken menschenleere und kilometerlange Traumstrände wie Nai Yang und besonders Mai Khao Beach. Der Nationalpark sorgt dafür, dass dies wohl auch die nächsten Jahre noch so bleibt. Und wer das Meer wilder wünscht, dem sei im Süden die Nai Harn Bay empfohlen, inklusive gleichnamigem Traumresort und den besten Sonnenuntergängen.

Ocean-Pavillon 105

Roggana ist im Service zuständig für die luxuriösesten Villen der Insel und gehört seit der Geburtsstunde von Adrian Zechas Zen-Verführung zur Belegschaft des Amanpuri. Ein Resort, von dem Stammgäste behaupten: Wer einmal dort

Besser geht's nicht:
Sonnenuntergang in Patong Beach

Versunken in die Schönheit dieser einmaligen Kulisse: Dschunke in der Phang Nga Bay

Information

ANREISE
Flüge mit Qatar Airways via Doha nach Phuket sind eine der wenigen und sicher die komfortabelsten Verbindungen direkt auf die Ferieninsel (www.qatarairways.com).

Es lohnt die Buchung eines Motorrads oder Mietwagens (www.autoeurope.com).

BESTE REISEZEIT
Ganzjährig. Während der heißen Jahreszeit im März und April meist deutlich über 30, in den Wintermonaten Dezember und Januar meist unter 30 Grad. Der Südwestmonsun kann zwischen Juli und Oktober auch tagelang anhaltende Regenschauer mit sich führen.

SEHENSWERT
Phukets Strände: Patong, Karon, Kata, Kamala, Surin, Bang Tao, Mai Khao und natürlich Nai Harn

Wat Chalong: Phukets größter und schönster Tempel

Phuket Town: Hier lohnt ein Bummel durch die Altstadt.

Gibbon Rehabilitation Project: nahe des Bang-Pae-Wasserfalls im Nordosten

Wat Tham Sua: Wer sich tolerant zeigt, macht sich auf den Weg dorthin. Zum Teil in Höhlen und zum Teil in einfachen Hütten

war, will immer wieder hin. Hoch über einer kleinen Sandbucht, die aber nur der Anfang einer Halbinsel ist, thront die Urgestalt der selbst ernannten Sechs-Sterne-Resorts. 1988 wurde die Stilikone, geschaffen vom Stararchitekten Ed Tuttle, eröffnet und setzte seitdem die Maßstäbe für Luxusresorts und perfekten Service weltweit. Am Strand wird sofort die Liege mit Kopfkissen hergerichtet, Eiswasser und Eistuch gereicht, zwischendurch auch Obstspieße oder die Zeitung. Wandert die Sonne, wandert der Sonnenschirm entsprechend mit. Dafür sorgen die Beachboys. Währenddessen wird die Villa – mit japanischer Toilette mit integrierter Dusche und eingebautem Föhn – wieder von Roggana auf Perfektion getrimmt. Tipp für alle Verliebten: Ocean-Pavillon 105.

»Phuket«, sagt Anthony Lark, »hat einen Riesensprung gemacht. Die Region erfuhr nach dem Tsunami ein spürbares Upgrade. Heute ist die Nordwestküste gesellschaftlich vergleichbar mit South Beach Miami – nur haben wir die besseren Hotels.« Der das sagt, kennt sich aus mit den besten Häusern der Welt. Der 52-jährige Hotelmanager war der erste Angestellte der legendären Aman-Resorts, die bis heute als Messlatte fürs Beste vom Besten gelten. Sein neuer Wirkungskreis liegt gleich ums Eck, das Trisara. »Das Private, das Abgeschottetsein vom Alltag, das ist der Luxus, den sich unsere Gäste wünschen. Wir sind kein Hotel. Wir verkaufen Abgeschiedenheit mit allem Komfort«, sagt der Australier Lark. Roger Federer, der Schweizer Tennisstar, hat das Trisara drei Wochen ausprobiert – ohne auch nur einen Blick auf die resorteigenen Courts zu werfen oder das Resort zu verlassen.

Was für die Hotellerie gilt, hatte und hat auch für die ganze Insel Bestand: Arm war Phuket nie. Perlenzucht und Fischerei, Kopra und Zinn gaben stets eine verlässliche wirtschaftliche Basis ab. Im Hinterland scheint die Zeit sogar stehen geblieben zu sein. Gummibäume stehen in Plantagen in Reih' und Glied. Der weiße, klebrige Saft rinnt bis heute zäh in am Baum befestigte Kokosnussschalen, ehe er mit Säure verhärtet und mit zum Teil altmodischen Mangeln auf Badehandtuchgröße und -dicke gepresst sowie hernach zum Trocknen aufgehängt wird.

Im Falle von Phuket lässt man das thailändische Wörtchen *Ko* für Insel meistens weg. Mit einer Fläche von weit mehr als 500 Quadratkilometern ist Phuket Thailands größtes Eiland, obgleich kein rechtes Inselgefühl aufkommen möchte. Erstens wurde 1967 die Sarasin-Brücke fertig gestellt und zweitens erzeugen die paar Meter Meer zwischen Festland und Phuket einfach keine fühlbare Distanz. Das jedoch ändert rein gar nichts am wunderbaren Phuket-Feeling.

Ins Reich der Zauberberge

Ein Ausflug in die Felsenwelt der nahen Phang-Nga-Bucht gehört zu den romantischsten Ausflügen, die man in Thailand machen kann. Die riesige Bay wirkt wie der Spielplatz eines Riesen, der vergessen hat, seine Bauklötzchen aufzuräumen. Phang Nga ist eine der bizarrsten Buchten der Welt: Soweit das Auge reicht, wimmelt es von Brocken, Kegeln und Keulen, von Türmen, Pyramiden, Bergen und Inseln, zum Teil bis zu 300 Meter hoch. Selbst die Motiv-Scouts für *James Bond* sind in der Phang-Nga-Bucht fündig geworden. Vor Ko Phingan ragt ein umgekehrter Kegel aus dem Wasser: Ko Tapoo bildete die surreale Kulisse für Szenen aus *007. Der Mann mit dem goldenen Colt,* wo sich Bond mit Bösewicht Scaramanga duellierte. Dazwischen scheinen immer wieder grell und weiß Sandflecken und Puderzuckerstrände heraus. Die Kreativität der Natur scheint bei der Entstehung keine Grenzen gekannt zu haben. Ein Ausflug mit dem Boot ist die Pflicht, per Kanu tief in Kalksteinhöhlen eindringen die passende Kür dazu …

Underwater-Love

wohnen mehr als 250 Mönche und Nonnen, die einer recht eigenwilligen, aber mit dem Buddhismus harmonierenden Meditationsart nahestehen: Dort werden die Werte des Inneren geschätzt. Und plakativ hängen überall Fotos von aufgeschnittenen Leichen und freigelegten Innereien … Wirkt recht skurril …

ESSEN UND TRINKEN

Italian Restaurant at Aman: Neben italienischen Spezialitäten gibt es auch fangfrischen Fisch und Krustentiere auf höchstem Niveau zubereitet. Man sitzt am schwarzen Pool, Kerzen brennen, Frösche quaken, und der Himmel zeigt über dem Pansea Beach seine Milliarden Sterne … Tel. +66/76 32 43 33

Ruen Thai: liegt im Laguna-Komplex direkt an der Lagune des Bang Tao Beach und bietet vorzügliche Thai-Küche, am Abend einhergehend mit klassischer Thai-Musik. Es steht aber auch das vorzügliche BBQ-Buffet-Dinner als Alternative zur Wahl. Tel. +66/76 36 29 99

ÜBERNACHTEN

Weltklasseresort und erstes **Aman** weltweit. Seitdem die Messlatte für alle Luxusresorts. 40 Luxuspavillons und 30 fantastische Villen, die alle über einen privaten Pool verfügen. Perfekter Service, traumhafte Lage am Hang mit allerdings sehr vielen Treppen. Der elegante Hauptpool ist dunkel gekachelt: very stylish! www.amanresorts.com

Anantara Villas: 91 moderne Designervillen im Thai-Stil, alle mit privaten Pools, am Mai Khao Beach gelegen. Dort gilt: Das Luxusresort ist das Ziel und ungestörte Entspannung die Maxime. Dafür ist alles im Haus: fünf Restaurants, Spa, Sportmöglichkeiten aller Art bis zu Muay Thai. www.anantara.com

Trisara: Pool-Villen im Weltklasseformat. www.trisara.com

The Nai Harn: spektakulärer Blick über die Bucht und direkter Zugang zum Strand. 130 Zimmer in zeitgenössischem Design, alle mit Terrassen, Daybeds und Meerblick. www.thenaiharn.com

SHOPPING

Wer Patong Beach nicht gesehen hat, der glaubt es nicht! Aber der Strand ist wirklich nicht nur Beach, sondern auch Restaurant- und Barszene, Musikclub und Bordell sowie ein riesiges Shoppingzentrum in einem. In zahllosen Straßenbuden gibt es alles, nur meist nicht echt, dafür aber spottbillig.

WEITERE INFOS

www.thailandtourismus.de/phuket

Active-Flittern: Abenteuer-Trip ins exotische Grün für Wanderlustige

55 Wo die Herren Dame spielen

Die exotische Welt von Malaysia

HIGHLIGHTS

Langkawi: Strandurlauber und Taucher kommen voll auf ihre Kosten, aber auch eine **Bootsfahrt durch die Mangroven** ist ein Erlebnis.

Perhentian: Die Alternative für Taucher und Schnorchler

Borneo: Wer viel Zeit mitbringt, sollte neben Malaysia auch das urwüchsige Borneo in Betracht ziehen. Dort wartet der Mount Kinabalu, mit 4095 Metern der höchste Berg Südostasiens, auf eine Exkursion.

Orang Utans beobachten: In den endlosen Regenwäldern Borneos haben die letzten wild lebenden Exemplare eine Zuflucht gefunden.

PROBIEREN UND ERLEBEN

Das bekannteste malaiische Gericht ist das allgegenwärtige *Nasi Lemak:* Reis, in Kokosnussmilch getränkt und anschließend gedämpft. Dazu gibt es Spiegeleier, Huhn, Gurken und *Pandan*-Blätter. Zu finden an den Garküchen für etwas mehr als einen Euro und ab und an auch mal (teurer) in den Hotelrestaurants.

Jeder kennt die Petronas Towers in Kuala Lumpur. Taucher wissen von den Inseln, die zu den besten Tauchrevieren gehören. Die Badeurlauber lieben Langkawi. Und dennoch ist Malaysia – im Gegensatz zum nördlichen Nachbarn Thailand – hierzulande noch so etwas wie eine Unbekannte. Die es zu entdecken gilt!

Penang, die Insel der Betelnuss, so die korrekte Übersetzung, ist so etwas wie das Malaysia im Taschenformat und bei dem einen oder anderen Badeurlauber ein Begriff, was auch für Langkawi gilt: die Insel des braunen Adlers, so in diesem Fall die Übersetzung. Doch neben den beiden Katalog-Aushängeschildern bietet Malaysia noch weitgehend unbekannte Tropenlandschaften mit Schmetterlingen, Vögeln und Affen. Zudem hat das Land mit Borneo eines der letzten und ältesten Natur- und Ureinwohner-Refugien der Welt. Auch Orang Utans sind dort noch in freier Wildbahn zu Hause.

Die Malayen sind ein buntes Gemisch aus Indern, Chinesen, Eurasiern und einigen Minderheiten, meist mit muslimischem Glauben. Portugiesen und Engländer haben in der Kolonialzeit bis heute sichtbare Spuren hinterlassen. Die Menschen leben in einfachen Pfahlbauten am Meer, in Hütten im Dschungel oder in den Hochhäusern von K. L., wie die Hauptstadt Kuala Lumpur gerne abgekürzt wird. Sie arbeiten auf Holzkuttern mit uralten Netzen und Fangkörben aus Palmblättern sowie in der modernsten Hightechindustrie. Das Land besitzt die größte Moschee in Südostasien, die Shah Alam Moschee bei Kuala Lumpur, und einen der neuesten Formel-1-Kurse der Welt. Es gibt archaische, koloniale und moderne Architektur. Orchideen wachsen und Pfeffersträucher, Sonnenbären leben in diesem Land und Schildkröten. Es gibt Tiger, Teakholz und Tee. Feine und kleine Resorts halten sich die Waagschale. Man kann aber auch in Homestays bei Familien wohnen und so die intensivsten Einblicke in den Alltag bekommen. Kulinarische Spezialitäten dürfen in Restaurants ebenso gekostet werden wie, sehr kostengünstig und trotzdem lecker, direkt an der Straße. Das alles bietet Malaysia, aber vieles ist in Europa noch nicht so bekannt. Und warum? Es wird doch nicht daran liegen, dass in diesem Land nur die Herren Dame – oder wie es dort heißt: Ikan – spielen dürfen? Meist treten dabei übrigens nicht Schwarz gegen Weiß, sondern Muscheln gegen Steine an ...

Liebesnacht auf Stelzen

Das grünliche Wasser schimmert verlockend, der Strand glänzt weiß, und das Sea Village des Langkawi Lagoon Resort steht mitten im Meer: Wohnen auf Stelzen sozusagen. Abgesehen von den Malediven sind Unterkünfte über dem Wasser recht selten zu finden in der sonst so breit gefächerten Urlaubswelt. Doch Langkawi hat sie: als kleineres Studio oder als größere Suite, mit oder ohne eigenem Jacuzzi. Für Verliebte und frisch Verheiratete ist letzteres natürlich beinahe ein must-have ... Allen Gästen zugänglich ist natürlich der große Beachfront Swimming-Pool (mit Jacuzzi ...), das Gym, Sauna und Dampfbad. Sein Stelzenheim braucht man eigentlich für die schönsten Tage des vielleicht ersten gemeinsamen Urlaubs in dieser traumhaften Bucht gar nicht zu verlassen, schließlich stehen zum Überleben nicht weniger als fünf Restaurants unterschiedlicher Ausrichtung zur Auswahl. Und falls man doch mal raus will: Es gibt auch Fahrräder und Katamarane, Kanus und Kajaks für den einen oder anderen Ausflug.

Nasenaffen auf Borneo

Information

ANREISE
Mit Qatar Airways via Doha nach Kuala Lumpur (www.qatarairways.com)

BESTE REISEZEIT
Ganzjährig, abgesehen von November bis März an der Ostküste wegen des heftigen Nordost-Monsuns

SEHENSWERT
Petronas Towers: In der Hauptstadt Kuala Lumpur sind die Türme im Wortsinn der Höhepunkt.

Shah Alam Moschee: Südostasiens größte Moschee liegt etwas außerhalb der Stadt **Melaka,** weitgehend portugiesisch geprägt, und **Georgetown**, very british auf Penang, gehören beide zum Weltkulturerbe.

Kek Lok Si: Der farbenprächtige chinesische Tempel ist ebenfalls auf Penang zu Hause.

ESSEN UND TRINKEN
The Brasserie: am Pantai Cenang Beach auf Langkawi mit Fisch, Seafood und internationalen Gerichten, Tel. +60/49 55 19 27

ÜBERNACHTEN
Langkawi Lagoon Resort: romantisch auf Stelzen. www.langkawilagoonresort.com

WEITERE INFOS
www.tourismmalaysia.de

56 Der Sitz der Götter

Balis unverwechselbarer Charme

HIGHLIGHTS

Kuta Beach: An Balis ebenso weitläufigen wie berühmten Strand kann man erste Surf-Versuche wagen.

Künstlerdorf Ubud: Kunst und Souvenirs kann man beim Galerie-Bummel durch das Dorf im Inselzentrum entdecken.

Balinesische Prozession: mit der nötigen Würde begegnen und alles auf sich wirken lassen!

Einer Schildkröte die Freiheit schenken: Das Resort Amannusa organisiert dafür alles.

Neujahrsfest: Balis vollkommen ruhigen Jahreswechsel erleben, denn auch Touristen wird am Nyepi-Tag ein Aktiv-Verbot abverlangt

PROBIEREN UND ERLEBEN

Essen in einem *Masakan Padang*: Dort gibt es unterschiedliche Speisen auf einmal. Diverse Schälchen, selten weniger als fünf, aber manchmal auch bis zu 20, werden meist wortlos auf den Tisch gestellt und um den Gast arrangiert, so weit der Platz reicht. Man bezahlt aber nur, was man angerührt hat.

Die indonesische Insel ist zwar nur ein Sandkorn auf der Landkarte, aber ein anziehender, mystischer Ort. Mit Traditionen und Bräuchen, als sei nie auch nur ein Tourist dabei: Die Balinesen besitzen ein unglaubliches Gleichgewicht, und ihre innere Ruhe lässt äußere Einflüsse kaum auf sie wirken.

Om-Swastiastu! – Ich hoffe, es geht gut! So lautet die Begrüßung auf Balinesisch. Auf Bali gehören Form und Anstand, aber auch Würde und Religion zum Alltag. Die Einwohner zelebrieren hinduistisch-animistische Riten. Der Sitz der Götter wird das Inseljuwel genannt. Und wer einmal dort war, weiß warum: Jedes noch so kleine Haus hat seinen eigenen Tempel. Jeden Tag wird geopfert, um die Götter sanftmütig zu stimmen. Und manchmal – etwa wenn für die Götter ein Stück Huhn am Hausaltar liegt – muss der jüngste Bub das kostbare Gut bewachen, weil sonst der nächste Straßenhund den Leckerbissen riechen würde …

10 000 Tempel soll es auf Bali geben. Manche sagen, es seien sogar 20 000. Genau gezählt hat sie bislang keiner. Aber sicher ist: In jedem Dorf gibt es mindestens drei. Pura Desa, der Dorftempel, in dem die großen Tempelfeste gefeiert werden, Pura Dalem, welcher der Göttin des Todes geweiht ist, und Pura Puseh, der Tempel, in dem die Himmelsgötter verehrt werden. Meist findet sich zudem noch ein vierter Tempel in fast jeder Gemeinde: Oft unscheinbar, aber doch sehr wichtig, weil er nicht nur bei Missernten von den Reisbauern aufgesucht wird. Zeremonien und Prozessionen finden zu jeder Zeit irgendwo auf der Insel statt, an sieben Tagen in der Woche und 365 Tagen im Jahr. Gespaltene Tore und blockierende Wände in der einzigartigen balinesischen Architektur sollen den Dämonen den Eintritt verwehren. Während der Tanz die Pose der Götter ist. All dies macht die Magie Balis aus. Für Totenverbrennungen und Hochzeiten, zwei der wichtigsten balinesischen Feierlichkeiten, geht man sogar in die Schuldenfalle. Und es gilt häufig leider noch als Muss, dabei auch Schildkrötenfleisch aufzutischen. Gleiches gilt, wenn es *Metatah* zu feiern gilt, die traditionelle Zahnfeilung, die letzte große Ze-

remonie vor der Ehe: Dabei werden die vorderen oberen sechs Zähne, einschließlich der Eckzähne, gleichmäßig abgefeilt und gleichzeitig symbolisch sechs negative Eigenschaften des Menschen geschliffen: Eifersucht, Habsucht, Jähzorn, Nachlässigkeit, Paranoia und unbotmäßige Passion.

Ein neues Leben schenken

Das Pärchen am Strand des Amannusa schenkt heute zwei Schildkröten das Leben. Der Hotelangestellte Made ist dazu auf einen der Schwarzmärkte für Schildkröten in Jimbaran gegangen, wo die Schildkröten im hinteren Teil des offiziellen Fischmarkts verkauft werden. Schließlich ist der Handel mit Schildkröten auf Bali seit 1990 verboten.

Das Pärchen streichelt vorsichtig die Köpfchen, der Mann fotografiert. Geschätzte 20 000 Schildkröten werden pro Jahr trotz Verbot und damit illegal auf Bali getötet. Als die erste Brise Salzluft die Tiere erreicht, erscheinen sie wie wach gerüttelt. Im Sand zwar zielstrebig, aber dennoch träge und nur mühselig vorankommend, sind die Schildkröten aber schnell wie ein Pfeil, sobald sie Wasser unter die Flossen bekommen. Wie eine Rakete, geradewegs ab ins offene Meer, düsen die Tiere in die Freiheit. Was könnte ein Hochzeitsversprechen besser versinnbildlichen, als einem Schildkrötenpaar den Aufbruch in ein neues Leben zu schenken?

Besondere Anziehungskraft: gemeinsam die Magie der Insel entdecken

Great Mountain View Resort mit Blick auf den Gunung-Agung-Vulkan

Information

ANREISE

Mit Qatar Airways via Doha nach Denpasar ist eine der schnellsten und besten Verbindungen nach Bali (www.qatarairways.com)

Einreise: Der EU-Reisepass ist ausreichend. Bei der Einreise erhält man ein Visum für 30 Tage. Die Gebühr von 35 US-Dollar muss vor Ort entrichtet werden.

Auf Bali herrscht Linksverkehr, und es geht turbulent zu auf den Straßen. Trotzdem ist ein Mietwagen unbedingt empfehlenswert. Preis pro Woche bei Vorbuchung, z. B. bei Auto Europe, ab rund 250 Euro, mit Fahrer nur wenig mehr (www.autoeurope.com).

BESTE REISEZEIT

Ganzjährig mit 25 bis 30 Grad, an wolkenfreien Tagen mit Temperaturen deutlich über 30 Grad. Beste, weil fast regenfreie Reisezeit ist von Mai bis Oktober.

SEHENSWERT

Balis Reisterrassen wirken wie modellierte Kunstwerke in Sattgrün. Am besten zu sehen unterhalb des Gunung Batukau.

Tanah Lot: der Tempel der Schlangen, der Ort für fantastische Zeremonien und für die romantischsten Sonnenuntergänge

Aber die Insel bietet nicht nur Tempelfeste und Riten, sondern auch saftig grüne Reisterrassen, Künstlerdörfer, bunte Märkte und schöne Strände. Man kann auf dem Ayun Fluss raften, zu den Vulkanen Batur und Agung trekken oder mit dem Mountainbike fahren, es gibt unzählige Möglichkeiten zu schnorcheln, zu tauchen oder zu surfen. Für Strandliebhaber gibt es ruhige Buchten und lange Sandstrände sowie Küstenabschnitte, die ideal zum Wellenreiten sind. Aber auch die wunderbaren Hotels mit Weltklassestandard, wie ihn nur wenige Gebiete zu vergleichsweise moderaten Preisen auf der Erde anbieten, sowie die atmosphärischen Spas betören die Sinne, wie der Duft von Räucherstäbchen und von Frangipani, der Blume Balis. Und wenn dann noch leise die balinesische *Rindik*-Musik spielt, spürt jeder Besucher, dass er angekommen ist am Sitz der Götter. Ibu sagt: »Ich opfere jeden Tag am Strand für die Meeresgötter.« Blüten, Räucherstäbchen, kunstvoll geflochtene Bananenblätter legt sie in den Sand – seit 20 Jahren. Und Ibu ist sich sicher: »Wir besänftigen so die Götter – und Tausende andere tun dies auch«. Ibu bedeutet schlicht Frau. Sie ist 47 Jahre alt, hat vier Kinder und verkauft Sarongs am Strand des Amannusa Resorts in Nusa Dua. Eigentlich lacht sie immer. Nur wenn sie sich an die Bombenattentate auf ihrer Insel erinnert, wird sie traurig: »Da hilft kein Opfern. Das haben Menschen gemacht – verrückte Menschen …«

Zu Bali gehören der Bauer beim Reispflanzen, die Frauen, die schwere Wassereimer auf dem Kopf tragen, kreischende Kinder, bildhübsche Mädchen und alte Frauen mit roten Zähnen vom Betelnusskauen. Dazu gehören die Ruhe ausstrahlenden Tempel und die wie ein Kunstwerk modellierten Reisterrassen. Bali hat trotz Massentourismus nichts an Reiz verloren, weil die Balinesen nichts von ihrem Stolz eingebüßt haben. Weil sie ihr Leben leben und sich bei ihren Riten durch nichts und niemanden aus der Ruhe bringen lassen.

Neujahr ganz anders feiern

Ruhe. Es herrscht absolute Ruhe – eine Art Totenstille. Kein Fahrzeug ist zu sehen, kein Fußgänger. Alle Restaurants und Geschäfte sind geschlossen, die Straßen leer gefegt: Denpasar, Balis sonst so laute Hauptstadt – am Nyepi-Tag ist sie eine Geisterstadt. So sieht's am balinesischen Neujahr (meist im März) auf der ganzen Insel aus: ob in einem einsamen Dorf in den Bergen, am Kuta Beach oder eben in der Inselhauptstadt. Sogar der internationale Flughafen wird für den ganzen Tag dicht gemacht. Und Bali versinkt in einen tiefen Schlaf. Selbst in den Häusern wird nicht gesprochen. Früher schalteten die Elektrizitätswerke den Strom ab. Aber in Zeiten von Kühlschränken und Gefriertruhen ist deshalb zu viel Nahrung verdorben. Die Regel wurde gelockert. Mit dem Nebeneffekt, dass nicht mehr in jedem Haus vollkommene Ruhe herrscht am Nyepi-Tag. So manche Familie schließt die Fensterläden und macht ganz leise den Fernsehapparat an, statt inneren Frieden zu suchen und zu meditieren.

Balinesische Flitterwöchner in traditionellem Gewand vor dem Tempel

Mengwi und sein Tempel Taman Ayun: Er steht auf der Vorschlagsliste zum UNESCO-Weltkulturerbe.

Gunung Agung und Besakih, Balis religiöses Herz: Die Legende besagt, dass die Götter einmal pro Jahr vom Berg herabsteigen und dann im Besakih-Tempel wohnen.

JImbaran: von allen Stränden Balis der schönste und noch nicht ganz so überlaufen.

ESSEN UND TRINKEN

The Restaurant: sehr exklusives Lokal bei Manggis, das feine indonesische, aber auch westliche Gerichte serviert, Tel. 0363/41333

Bumbu Bali: in der mittleren Preisklasse angesiedelt und ein Hort authentischer und bester Bali-Küche mit alten Inselrezepten, die der Schweizer Heinz von Holzen und seine balinesische Frau Puji jahrelang recherchierten. Unbedingt *Saté Lilit* probieren – bei Puji und Heinz natürlich ohne Schildkrötenfleisch! In Tanjung Benoa, Tel. 0361/774502

ÜBERNACHTEN

Amankila: Fünf-Sterne-plus-Resort, schlicht das Beste, was Bali an Resort zu bieten hat. Mehr Pool-Möglichkeiten gibt es nirgendwo auf der Insel plus Beach-Club mit schönem Strand und großem Wassersportangebot, Spa, Mountainbikes, Tennis.

Amannusa und Amandari: Die beiden Schwesternresorts des Amankila sind ebenfalls sehr zu empfehlen. www.amanresorts.com

Hanging Gardens: bei Ubud, kleine Villen mit Privatpool im traumhafter Lage und sogar bezahlbar: In der Nebensaison häufig Discount. http://hanginggardensofbali.com

SHOPPING

Kunst, Galerien, Museen stehen im Zentrum des Interesses in Ubud. Aber auch die Märkte und Geschäfte für Kleidung, Souvenirs und Kunsthandwerk werden dort gerne besucht. Etwas weiter südlich, zwischen Mas und Sakuawati findet man verführerische Einkaufsmöglichkeiten: In keiner Gegend Balis gibt es in Sachen Kunsthandwerk mehr Auswahl – vom kleinen Holzfigürchen über naive Malerei bis zum großen Möbelstück. Ein Kubikmeter Luftcargo kostet gut 200 Euro. Beim deutlich günstigeren Schiffstransport vergehen oft Monate bis zur Ankunft. Stücke bis zu zehn Kilogramm können auch per Post verschickt werden.

WEITERE INFOS

www.bali-info.de

Wenn auch kein Digital Native, geht man in Kambodscha doch mit der Zeit …

57 Ein Land, ein Tempel …

… und ein Bild im Kopf. Zu Besuch in Kambodscha

HIGHLIGHTS

Vollmondabend in Angkor Wat: Im silbernen Lichterglanz zeigt die Tempelanlage ihre schönste Seite.

Phnom Bakheng: zum Sonnenuntergang auf den Hügel über Angkor Wat

Mit dem Slow Boat von Phnom Penh nach Siem Reap: am besten während der Trockenzeit. Dann sieht man die schönen Schilfufer sehr gut.

Ausflug auf eine der vorgelagerten Inseln: in Sihanoukville ein Boot mieten und sich hinbringen lassen

Fahrt mit der klapprigen Eisenbahn nach Phnom Penh: für abenteuerlustige Pärchen, die über Land von Thailand kommen

PROBIEREN UND ERLEBEN

Kambodschas *Street Food* ist sehr aromatisch und lecker! Zum Beispiel ein Fisch-Curry mit Kürbis in Kokosnussmilch: Den unnachahmlichen Geschmack des Gerichts zaubern die Garnelen-, die Zitronengras- und Chilipasten. Mit Fischsoße, dem kambodschanischen Maggi, abgeschmeckt einfach ein Genuss!

Wie kaum ein zweites Land dieser Welt wird Kambodscha von einem einzigen Bauwerk beherrscht: Angkor Wat. Und es gibt natürlich nahezu unvermeidlich die Erinnerung an die schrecklichen »Killing Fields«. Doch längst können die Menschen in Kambodscha wieder atmen und den Gästen ihren schönsten Tempel zeigen.

Wer Angkor Wat sagt, meint Kambodscha. Wer Kambodscha sagt, meint Angkor Wat. Das ist auch gut so. Sonst würden wahrscheinlich alle nur an vier schreckliche Jahre in diesem Land denken – und nicht an ein Jahrhunderte bestimmendes und mächtiges Reich. Die vier furchtbaren Jahre lagen zwischen 1975 und 1979, als das Regime der Roten Khmer ethnischen Massenmord am eigenen Volk beging. Als Pol Pot aus Leben spendenden Reisfeldern die berüchtigten »Killing Fields« machte. Diese Zeiten sind vorbei. Eine demokratische, konstitutionelle Monarchie bestimmt das Land heute. Wobei der König eingesetzt wird von einem Thronrat, in dem auch der oberste Mönch der Nation mitbestimmt. Aber trotzdem ist Kambodscha – vor allem wegen dieser mittelalterlichen vier Jahre – noch immer eines der ärmsten Länder der Welt. Die Reisbauern sind fleißig. Knöcheltief im Wasser stehend, pflanzen sie in den gefluteten Reisfeldern die Setzlinge. Und fangen sich ganz nebenbei noch ihr Abendessen: Im Wasser der Felder leben die schmackhaftesten der ungiftigen Schlangen, die sich bestens zum Braten eignen. Auch die Fischer vom Tonle Sap See arbeiten hart. Sie fangen das nach dem Reis zweitwichtigste Nahrungsmittel der Khmer. Sie wissen, was die See im Golf von Thailand hergibt, und sie kennen ihren Tonle Sap See, wenn er auf seine dreifache Größe anschwillt, weil der Mekong Hochwasser führt. Der Vater hat es erzählt, der Großvater, der Urgroßvater. Es ist das Wissen seit Generationen. Wie immer entkommen die Menschen in den Städten am schnellsten den Schatten der Vergangenheit, die Leute der kleinen Millionenstadt Phnom Penh, von Sihanoukville und natürlich von Siem Reap, der Pforte zu Angkor Wat. »Now peace«, sagt ein Guide seiner neugierigen Gruppe vor dem UNESCO-Weltkulturerbe der Menschheit. »Now we can breath again.« Die Luft zum Atmen – das Volk hat sie wieder. Und die Kambodschaner bedanken sich mit Liebenswürdigkeit, Ursprünglichkeit und einer Authentizität, wie sie in Asien kaum noch zu finden ist.

Bei Vollmond

Die Blütezeit von Angkor Wat lag zwischen dem 9. und 15. Jahrhundert. 2004 kamen zum ersten Mal eine Million Touristen nach Kambodscha. 2016 waren es schon 4,5 Millionen. Und die meisten von ihnen wollen Angkor Wat sehen. Da wird es zuweilen ganz schön eng, selbst auf einem so weitläufigen Gelände … Deshalb ist es wichtig zu wissen, wann und wie man diese prächtige Tempelanlage am schönsten und am romantischsten erleben kann. Wichtig: 1. Den Tempel antizyklisch umrunden, denn die meisten Besucher und Touren machen die Rundgänge im Uhrzeigersinn. 2. Vormittags sind in Angkor Wat weit mehr Besucher als nachmittags, weil die meisten Tour-Busse feste Abfahrts- und Ankunftszeiten für vormittags bis mittags haben. Und 3. ist es am romantischsten, wenn Vollmond ist …

Grundsätzlich: Der Petit Circuit, der kleine Rundgang, ist schon 17 Kilometer lang und führt zu den Tempeln des inneren Bezirks. Der Grand Circuit, der große Rundgang, ist 26 Kilometer lang und führt zu den äußeren Tempeln.

Anziehungspunkt für Besucher: der prachtvolle Angkor-Wat-Tempel

Information

ANREISE
Mit Qatar Airways via Doha nach Phnom Penh (www.qatarairways.com)

BESTE REISEZEIT
November bis März mit 25 bis 30 Grad erträglich. April und Mai oft sehr heiß und feucht, von Juni bis Oktober regnet es sehr viel

SEHENSWERT
Angkor Wat: einer der gewaltigsten und schönsten Tempel der Welt

Siem Reap: die Pforte zu Angkor Wat

Der **Tonle Sap See** und seine schwimmenden Dörfer

Phnom Penh: mit seinem Königspalast, der Silberpagode und dem Nationalmuseum

Sihanoukville: Kambodschas bekanntestes Seebad

ESSEN UND TRINKEN
Angkor Café: schönes Restaurant direkt am Eingang zum Tempel; nur tagsüber geöffnet, Tel. +855/99 55 51 80

ÜBERNACHTEN
Six Senses Krabey Island: 40 Villen, alle mit privatem Pool, vier Restaurants, Spa und Observatorium mit Teleskop auf einer kleinen Insel und alles nagelneu
www.sixsenses.com

WEITERE INFOS
www.kambodscha-info.de

Die spektakuläre Landschaft Vietnams lässt sich ganz vorzüglich vom Wasser aus bewundern.

58 Kein Salz für die Suppe

Dennoch ist Vietnam auch kulinarisch reizvoll

HIGHLIGHTS

Halong-Bucht: eine Dschunkenfahrt in dem wunderschönen Weltnaturerbe

Kaiser- und Weltkulturerbestadt Hue: am besten per Rikscha mit einem drahtigen Cyclo-Fahrer mit lichtem Ho-Bärtchen erkunden

Mekong: eine geruhsame Kreuzfahrt auf dem lebhaften Mekong

Das Lichterfest von Hoi An erleben: Dann ist die Weltkulturerbestadt ohne elektrisches Licht und wird nur von Lichtern und Lampions erleuchtet.

Vietnam pur morgens in der Dong Khoi Street von Ho-Chi-Minh-Stadt: Es riecht: nach Fisch, Obst und Alltag.

PROBIEREN UND ERLEBEN

Auf keinen Fall verpassen sollte man Pho Cuon, die etwas andere Art von Frühlingsröllchen mit rohem Gemüse in einem gekochten Reisnudelteigmantel. Ein gesunder und schmackhafter Snack! Es wird schon seinen Grund haben, dass Vietnam frei von McDonald's ist, wenn man mal von den großen Flughäfen absieht …

Das Land ist spannend und bietet spektakuläre Landschaften wie die Halong Bucht oder naturbelassene Strände am Südchinesischen Meer. Die Menschen sind flexibel, geschäftstüchtig, aber nicht aufdringlich. Und sie essen für ihr Leben gerne. Das sollten Besucher dort ebenfalls tun …

In Ho Chi Minh City, am Ben Thanh Markt, ist schon in der Früh' die Hölle los. Aber mitten im geschäftigen Treiben gibt es beinahe an jeder Ecke einen Hort der Ruhe: eine Gar- und Suppenküche, wo Händler, Anlieferer und Einkäufer einträchtig auf Minischemeln sitzen und genüsslich ihre *Pho Bo* schlürfen. Die Frühstückssuppe ist so etwas wie das Nationalgericht des Tigerstaats. Was für die Nudelsuppe in verschiedensten Varianten gilt, hat aber für alle Straßenküchen Bestand: keine Angst vorm Ausprobieren! Die Stände werden zweimal täglich beliefert, Huhn und Fleisch sind frischer als bei uns im Supermarkt, Fische und Krebse leben häufig sogar noch und werden wie Schlangen oder Frösche gerne erst vor den Augen der (einheimischen) Kundschaft geköpft. Touristen wird das Ritual erspart. Der Konkurrenzkampf zwischen den Garküchen ist groß, und wer nicht gut ist, kann seinen Laden bald dichtmachen. In den Innenstädten sind die Straßenküchen zwar mittlerweile in Food Courts zusammengelegt, aber sie bleiben dennoch empfehlenswert, zumal man für einen bis drei Euro angenehm satt wird. Weit gefährlicher sind leere Mittelklasserestaurants mit einer ellenlangen Speisekarte. Da ist es unmöglich, dass alles frisch ist. Erst in den gehobenen Gefilden der Luxusrestaurants darf man sich wieder auf der sicheren Seite wähnen. Lohnenswert etwa bei dem gebürtigen Franken Marcus Huber, der als Chefkoch im Fusion Maia in Danang, dem ersten All-inclusive-Spa in Asien, furios auftischt, von fünferlei Frühlingsröllchen bis Rote-Beete-Eiscreme.

Grundsätzlich ist Reis das Hauptnahrungsmittel, aber es gibt weniger Currys dazu, als man denken möchte. Häufig wird der Beilagenreis, etwa zu fünf Sorten Fleisch, auch mit Ei gebraten. Zu den Besonderheiten gehören zahlreiche eher unbekannte Zutaten wie zarte Bananenblüten, die jedoch einen überraschend bitteren Geschmack wie Radicchio haben, und ungewöhnliche Gerichte wie Schnecken mit Pflaumen.

Strandleben

Das türkisfarbige Wasser machte die Strände der 250 000-Einwohner-Stadt Nha Trang zum beliebtesten Badegebiet des Landes. Die Hotels haben ein höheres Niveau als anderswo in Vietnam, angeführt von dem auf einer Halbinsel thronenden Evason Hideaway & Six Senses Spa. Wer dem sonst städtischen Treiben den Rücken kehren möchte, flieht nach Bamboo Island, keine drei Kilometer vom Nha Trang Beach entfernt. Besonders der Bai Tru Stand im Norden eignet sich bestens zum Schwimmen. Auch die größte Insel Vietnams, Phu Quoc im Golf von Thailand mit Blick nach Kambodscha, ist einen Badeurlaub wert. Auf 99 Hügel und neun tolle Strände, darunter der Long Beach, ein Bilderbuchstrand auf 25 Kilometern, verteilen sich mehrere Resorts, die ihre Gäste alle in Bungalows unterbringen. Bleiben noch Danang, Cua Dai, nahe dem Hafenstädtchen Hoi An, und als Geheimtipp für romantische Flitterwochen im Süden: Mui Ne, Palmen soweit das Auge reicht, seichte Wellen und kleine Hotelanlagen auf Zwei- bis Drei-Sterne-Niveau.

Gemeinsames Essen auf dem Ben-Thanh-Markt in Ho-Chi-Minh-Stadt

Information

ANREISE

Mit Qatar Airways via Doha nach Ho-Chi-Minh-Stadt und Hanoi (www.qatarairways.com). Ein Visum ist nötig.

BESTE REISEZEIT

Ganzjährig herrschen gleichmäßig schwüle Temperaturen um 30 Grad. Regenzeit ist von Mai bis September.

SEHENSWERT

Die nüchterne Hauptstadt **Hanoi** mit dem Mausoleum von Ho Chi Minh

Die pulsierende **Ho-Chi-Minh-Stadt** mit dem Vietnam-Kriegsmuseum

Die **Partisanen-Tunnel von Cu Chi** bei Ho-Chi-Minh-Stadt

Die **Kaiserstadt Hue** mit prunkvollen Palästen

Die Schneider- und Weltkulturerbestadt **Hoi An**

ESSEN UND TRINKEN

The Deck: romantisches Dinner mit Crabs und Shrimps außerhalb von Ho-Chi-Minh-Stadt. Tel. +84/837 44 66 32

ÜBERNACHTEN

Danang Resort Fusion Maia: Hier bekommt man eine Strandvilla mit privatem Pool in der Nebensaison unter 400 US-Dollar. http://maiadanang.fusion-resorts.com

WEITERE INFOS

www.vietnambotschaft.org

59 Einfach über allem

Unterwegs in Chinas quirligster Metropole Shanghai

HIGHLIGHTS

Spaziergang auf dem Bund: Von Shanghais weitläufiger Flaniermeile hat man einen guten Blick auf die Skyline vom Stadtteil Pudong.

Shanghai Tower: eine Fahrt auf das mit 632 Metern höchste Bauwerk von China. Der Besuch ist täglich möglich.

Window-Shopping: Einkaufen in Xintiandi, dem Trendviertel mit originellen Boutiquen

Afternoon Tea im Peninsula: mit großer Teeauswahl, Sandwiches und Scones: ein Ereignis!

Food-Nachtmarkt: Durchschnabulieren an der Shou Ning Road

PROBIEREN UND ERLEBEN

»China hat inzwischen Russland als Kaviar-Produzenten Nummer eins abgelöst, und europäische Spitzenköche wie Ducasse oder Robuchon gehören zu den Käufern von chinesischem Kaviar«, sagt Jean-Claude Terdjemane, Maitre im Peninsula. Also sollte man diesen handverlesenen Beluga auch einmal vor Ort probieren, am besten im Peninsula.

In der Volksrepublik will man ja immer alles – und vor allem viel davon... Frei nach Bertolt Brecht gilt deshalb in Shanghai: »Erst kommt das Fressen, dann die Moral!« Und so genießt man den enormen wirtschaftlichen Aufstieg, kleine Freiheiten und seit 2016 sogar die höchste Aussichtsplattform weltweit.

Mit 18 Metern pro Sekunde saust einer der 106 Fahrstühle nach oben in den 119. Stock, in die luftige Höhe von 561 Metern. Das höchste Bauwerk der Welt, den 828 Meter hohen Burj Khalifa in Dubai, wollten die Chinesen aus ästhetischen Gründen nicht überbieten. Denn der neue Shanghai Tower mit 632 Metern, der im Sommer 2016 der Öffentlichkeit offiziell zugänglich gemacht wurde, bildet mit dem Jin Mao Tower (420 Meter) und dem Shanghai World Financial Center, wegen seiner an einen Flaschenöffner erinnernden Form auch so genannt (492 Meter), ein Ensemble. Und die Harmonie zwischen den drei Wolkenkratzern mit Höhenunterschieden von rund 70 sowie 140 Metern sollte gewahrt bleiben. Dass man aber die höchste Aussichtsplattform der Welt haben wollte, war klar: Ein Rekord musste sein für das schon 1993 geplante Drei-Türme-Projekt.

Der Plattformblick ist selbst im Smog der 23-Millionen-Metropole erhebend. Naturgemäß kommt der Flaschenöffner am nächsten ran. Der eigenwillig konstruierte Fernsehturm mit seinen elf Kugeln, mit 468 Metern lange Zeit das höchste Bauwerk Chinas und das Wahrzeichen der Stadt, wirkt dagegen von oben schon deutlich kleiner, und die Jugendstilbauten am Prachtboulevard Bund auf der anderen Seite des Huangpu-Flusses sehen sogar aus wie Spielzeughäuschen. Der Bund war schon immer etwas dekadent, mit Opium und Bordellen, Pferderennen und Clubs, hohen Margen durch weltweiten Handel und dem Bau der Art-déco-Häuser, die schon in den 1920er- und 1930er-Jahren zeigen sollten: Wir sind genauso reich wie Paris. Art déco gab es schließlich nur in Städten mit einer High Society.

Hochzeit in Rot

An dem mintgrünen Rolls-Royce in der Auffahrt des Peninsula, des besten Hotels in Shanghai, posieren abwechselnd Hochzeitspaare: Er im dunklen Anzug, sie in Knallrot. Solche Paare sieht man auch auf der Brücke am Bund oder an anderen beliebten Aussichtsplattformen. Es sind Paare, die zum einen beim Foto-Shooting ein wenig Glanz abbekommen wollen von dieser großen glitzernden Shanghai-Welt. Und zum anderen ist es die Beschwörung der Farbe Rot: Denn sie bringt Glück, Wärme, Ruhm und Kraft! Rot ist die Farbe des Lebens, die böse Kräfte abhält und deshalb zu allen freudigen Anlässen getragen wird. Der grüne Rolls-Royce passt bestens dazu: Grün ist die Farbe der Ruhe, Hoffnung und Frische. Nachahmern wird jedoch zur Vorsicht

Urban, high class und am Puls der Zeit: Hochzeitspaar auf dem Bund vor der Skyline Shanghais

Nanjing Road, eine der meistbesuchten Einkaufsstraßen weltweit

Information

ANREISE

Direktflüge ab München mit Lufthansa und Air China sowie mit Etihad Airways via Abu Dhabi nach Shanghai.

Für die Einreise ist ein Visum nötig. Die Gebühr kostet 30 Euro. Das Antragsformular kann unter www.china-botschaft.de heruntergeladen werden. Klingt einfach, ist es aber nicht: Das gesamte Prozedere kann sehr zeit- und nervenaufreibend sein … Da zeigt sich China gegenüber Touristen von seiner hässlichen Seite!

Verkehrsmittel: auch nicht einfach in diesem 23-Millionen-Moloch, aber das Taxifahren ist sehr günstig. Die Fahrt vom Flughafen ins Zentrum kostet etwas mehr als 20 Euro, bei einer Fahrtzeit von etwa 45 Minuten. Eine Kurzstrecke bis fünf Kilometer kommt auf etwa fünf Euro. Berechnet wird nach Taxameter. Fahrtziel immer vorher in Chinesisch aufschreiben lassen!

BESTE REISEZEIT

Ganzjährig, es gibt wie in Europa vier Jahreszeiten mit folgenden Unterschieden: Im Frühling fällt mehr Regen, im Sommer ist es deutlich heißer, im September herrscht Taifun-Gefahr, der weitere Herbst dagegen ist ideal, weil trocken und noch angenehm warm, aber auch der Winter ist deutlich wärmer als bei uns.

geraten: Zu viel Rot kann zuweilen auch zu Problemen führen. Die Chinesen sagen: Wenn ein Feuer nicht beaufsichtigt ist, kann es zerstören. Deshalb sieht man neuerdings einige hautfarbene Hochzeitskleider, die an Gold erinnern sollen: Hellbraun steht für einen erfolgreichen Neubeginn und Gold für Macht …

China im Allgemeinen und Shanghai als Motor der chinesischen Wirtschaft im Besonderen werden gerne in Fakten und Zahlen vermessen. Aber es lohnt auch ein geerdeter Blick auf die Menschen. Das Reich der Mitte hat sich ja trotz nervender Visa-Prozeduren längst zu einem Reich des Reisens entwickelt. In seiner 5000-jährigen Geschichte war das Land noch nie so offen wie heute. Und der erste Blick auf eine Weltstadt wie Shanghai zeigt zunächst keine Restriktionen. Shanghai lebt, pulsiert, gibt sich weltoffen und modern. Das ist es, was die Mehrheit der Leute bewegt in dieser Riesenstadt. Trotzdem bekommt jeder europäische Staatschef, der mit Wirtschaftsdelegationen im Schlepptau nach China reist und lukrative Aufträge an Land ziehen soll, auch immer den Auftrag mit auf den Weg, die Menschenrechte anzusprechen. Während einer wie Lu Kun sich gegen provozierende Konzeptkünstler wie Ai Weiwei verwehrt: »Er bringt die Szene nicht weiter«, sagt Modedesigner Lu Kun. »Ja, wir wollen Freiheit! Aber zuerst wollen wir einfach nur besser leben. Wir sind ein riesiges Land, in dem die Regierung Freiheit und Freiheiten aber nur Schritt für Schritt geben kann.« Der 35-Jährige steht mit seiner Aussage stellvertretend für viele: Die Kommunistische Partei hält die Volksrepublik zusammen. In Indien ist es immer noch das Kastensystem, auch wenn es offiziell abgeschafft wurde. Milliardenvölker funktionieren nun mal anders als Kleinstaaten wie Österreich oder auch Deutschland.

CNN ist komplett geblockt, europäische Nachrichtenkanäle sind es teilweise. Es gibt auch kein Google und Facebook in Shanghai. Na und? Die Chinesen haben ihre eigenen Pendants Baidu und Weibo. Lu Kuns Assistentin steht gerade via Weibo in Kontakt mit ihren Freunden – im Zwei-Daumen-Hacksystem, wie die Mädchen im Westen auch. Das soziale Netzwerk funktioniert. Und die Kommunikation zwischen den Zeilen auch: Ein Motiv der Fotokünstlerin Chen Man beschreibt das heutige Shanghai sehr feinsinnig. Vor der in Grau in Grau getauchten Silhouette von Shanghai steht ein hübsches Model auf einer grauen Mauer. Die einzige Farbe auf diesem Bild ist Rot. Die chinesische Flagge ist Rot, das eng anliegende Kleid der Frau ist Rot. Sie lehnt sich an den Flaggenmast und salutiert… Wären heute echte demokratische Wahlen, würde wohl halb Shanghai die alten Herren der KP wählen. Denn ihnen haben die Menschen ihren langsam erreichten Wohlstand zu verdanken. Schon Bertolt Brecht sagte: »Erst kommt das Fressen, dann die Moral!«

Originelles Souvenir

Papiergeld, Handyattrappe, Goldschmuck und Jadering aus Karton, Räucherstäbchen, eine Plastikuhr sowie ein Taschenrechner und Schreibgerät für erste Geschäfte im Jenseits: »Grabbeilage!«, schlägt der Verkäufer auf einem Pekinger Markt vor, als er sieht, dass sich das Pärchen nicht entscheiden kann: In der Souvenirfrage hin und her gerissen zwischen grüner Mao-Figur und Mini-Ming-Vase aus der Fälscherwerkstatt, kommt der Vorschlag gerade recht. Kann man doch anhand der symbolischen Grabbeilagen den lebenden Lieben zu Hause vieles über chinesische Denkweisen erklären. Den Räucherstäbchen wird eine reinigende Wirkung nachgesagt. Gold und Geld bringen Sicherheit und Wohlstand, das Handy sorgt für Kontakte und Image, Taschenrechner und Stift zeichnen den Kaufmann aus. Während Jade als Symbol für die Tugenden Weisheit, Gerechtigkeit, Bescheidenheit und Mut gilt. Ein originelles Mitbringsel, das nach einer Minute des Feilschens im Verkaufswert von zehn Euro auf ortsübliche 80 Cent geschrumpft ist.

Das älteste Teehaus von Fang Bang Zhong Lu

SEHENSWERT

Jugendstil auf dem Bund: Die prächtigen Bauten stammen aus den 1920er- und 1930er-Jahren. Bund ist ein anglo-indisches Wort für Kai.

Drei-Türme-Ensemble: mit neuem Shanghai Tower (632 Meter), dem Shanghai World Financial Center, genannt »Flaschenöffner« (492 Meter), und dem Jin Mao Tower (420 Meter).

Fernsehturm von Pudong: ebenfalls mit Aussichtsplattform.

Teehaus: Die Zick-Zack-Brücke soll verhindern, dass böse Geister die Teezeremonien stören.

Der riesige Hafen von Shanghai: Eine Rundfahrt auf dem Huangpu dauert etwa drei Stunden.

ESSEN UND TRINKEN

Yi Long Court: bestes Dim Sum, aber auch eine vorzügliche Peking-Ente in zwei Gängen, am Bund. Tel. 008621/23 27 67 42

Food-Nachtmarkt an der Shou Ning Road: In den kleinen Restaurants und mobilen Gar küchen kann man tatsächlich fast alles probieren, von einfachen, aber vorzüglichen Nudelgerichten über Huhn, Fleisch und Fisch bis zu Heuschrecken und Süßwasserschlangen…

ÜBERNACHTEN

The Peninsula: Weltklassehotel direkt am Bund mit bester Skyline-Sicht und allen Annehmlichkeiten, Restaurants, Spa, Pool und einer Blumendekoration, die sich das Hotel pro Jahr 250 000 Euro kosten lässt. www.peninsila.com

Radisson Blue: Wer mitten im Getümmel wohnen möchte, aber auf die eine oder andere Annehmlichkeit wie Wellness oder Pool nicht verzichten will, ist hier an der richtigen Adresse. Nanjing Road, www.radissonblu.com

SHOPPING

Hancity, 580 Nanjing Road: Der mehrstöckige Markt ist ein sehr günstiges Shopping-Paradies: Kleidung und Kameras sowie Souvenirs aller Art stehen zur Wahl, echt und gefälscht…

Xintiandi: exklusive Geschäfte mit modernen asiatischen Designerwaren. Zum Beispiel: Simply Life, 159 Madang Lu, oder Shanghai Trio Boutique, 181 Taicang Lu.

WEITERE INFOS

www.shanghaichina.ca

Meoto-Iwa-Felsen als Sinnbild für die Verbindung zwischen Mann und Frau. Bleibt nur die Frage, welcher Fels ist was?

60 Die heilende Kraft des Wassers

Die Quellen im Ise-Shima-Nationalpark in Japan

HIGHLIGHTS

Toba am Pazifik: Ausgangspunkt für Touren Richtung Inland und Bucht mit Inseln

Mikimoto-Perleninsel: Ausflug zu den Perlentaucherinnen

Meoto-Iwa-Felsen: Sie werden gern von jungen Ehepaaren besucht, gelten sie doch als Sinnbild für die Verbindung zwischen Mann und Frau.

Asakumayama-Aussichtsplattform: atemberaubender Blick über einen weiten Teil der Küstenregion des Ise-Shima-Nationalparks

Ago-No-Matsubara-Strand: drei Kilometer lang, mit hellem, feinen Sand und türkisfarbigem Wasser

PROBIEREN UND ERLEBEN

Miso – wer kennt das Wort nicht? Die Küche von Nagoya ist von Nudeln und frittierten Köstlichkeiten geprägt – sowie von *Miso*, der allgegenwärtigen Sojabohnenpaste. Aus ihr wird die *Miso-Suppe*, das japanische Nationalgericht, gemacht, das immer noch gerne zum Frühstück, aber auch als Vorspeise aufgetischt wird.

Wenn man in Japan einen Kilometer tief gräbt, stößt man auf eine heiße Quelle, besagt ein japanisches Sprichwort. Besonders mineralienreiche Wasserreservoires finden sich an der Ostküste. Dort strömt das heilsame Wasser einer natürlichen Quelle vulkanischen Ursprungs, einem Onsen, auch ins Aman-Resort.

Seit mehr als tausend Jahren nutzen die Japaner die natürliche Kraft ihrer Warmwasserbäder. Samurai stiegen nach Kämpfen ins Thermalwasser, um Wunden zu pflegen, Beistand zu erbitten und sich für den nächsten Kampf zu stärken. Der Adel nutzte die wohltuende Wirkung des Bades nach langen Reisen. Und ab dem 13. Jahrhundert etablierten sich die ersten öffentlichen Badeanstalten. Zunächst nur der Oberschicht vorbehalten, sind Onsen-Bäder heute in allen Gesellschaftsschichten etabliert. Viele Besucher schwören auf den positiven Einfluss bei Muskelschmerzen, chronischen Hauterkrankungen und Stress. Eine alte japanische Weisheit besagt gar, dass ein Onsen alles heilen kann, nur die Liebe nicht. Zur japanischen Badekultur gehören dabei eine Vielzahl von Regeln und Ritualen: So baden in den meisten Onsen Männer und Frauen getrennt. Vor dem Bad wird sich im Sitzen gründlich gewaschen. Da Tätowierungen in öffentlichen Badeanstalten oftmals unerwünscht sind, müssen sie gegebenenfalls mit Pflastern abgeklebt werden. Bekleidung ist unüblich, man geht barfuß, bedeckt nur die Scham mit einem kleinen Handtuch, genannt Onsen Taoru. Die Reihenfolge für die Nutzung der unterschiedlich temperierten Becken ist ebenfalls vorgegeben: Erst geht man in trübes, dann ins klare Wasser. Im Anschluss steht Ausruhen auf dem Programm, Tee und leichte Kost, etwa eine Ramen-Suppe.

Mehr als 3000 Kurorte mit 30000 Onsen-Quellen gibt es im Land. Und eine ganz besondere Quelle sprudelt im waldreichen Ise-Shima-Nationalpark, wo sich das neue Amanemu angesiedelt hat und in absoluter Ruhe das 2000 Quadratmeter große ganzheitliche Aman-Spa für ein authentisch japanisches Badeerlebnis ohne die ganz strengen Regeln sorgt. Das Wasser der Thermalpools ist 36 bis 38 Grad warm. Es gibt den großen Outdoor-Gemeinschafts-Onsen und zwei private Badepavillons mit jeweils eigenem Innen- und Außenbecken. Obwohl bei Hochzeitern ja noch kein Reperaturbedarf in Sachen Liebe besteht, ist das Amanemu dennoch fast Pflicht...

Waldleben plus

Die prächtigen Wälder des Ise-Shima-Nationalparks und die zerklüftete Ago-Bucht, die wegen ihrer berühmten Zuchtperlen auch Bucht der Perlen genannt wird, bieten die perfekte Kulisse für Wohlbefinden und Entspannung, Onsen-Rituale und kontemplative Aussichten. Doch das Waldleben im Nationalpark kann zusätzlich ganz schön abwechslungsreich sein: Surfer finden in der Ago-Bucht beste Bedingungen vor. Schwimmer und Taucher kommen auch auf ihre Kosten. Für Wanderer sind die bewaldeten Hügel geradezu ideal. Vogelkundler sehen an der Küste die unterschiedlichsten Seevögel, darunter den japanischen Kormoran. Und an japanischer Kultur Interessierte suchen den heiligsten Schrein des Shintoismus auf, den Ise-Jingu. Der Schrein besteht aus dem äußeren, dem Geku-Schrein, und dem Inneren, der Naiku genannt wird. Darum gruppieren sich 125 kleine Nebenschreine. Der Ise-Shima-Nationalpark liegt an der Ostküste Japans, rund 500 Kilometer südwestlich von Tokio und etwa zwei Stunden von Nagoya entfernt.

Hot springs – Wellness für Körper, Geist und Seele

Information

ANREISE
Mit ANA nonstop nach Tokio oder Nagoya (www.ana.co.jp)

BESTE REISEZEIT
Ganzjährig mit ähnlichen Temperaturen wie bei uns, aber auch im Winter mit fünf bis sechs Sonnenstunden pro Tag

SEHENSWERT
Tokio: die Welt- und Millionenstadt in all ihren Facetten

Fuji: Vulkan und mit 3776 Metern der höchste Berg Japans sowie Welterbe der Menschheit

Nagoya: mit seinem Riesenhafen und dem kaiserlichen Schrein Atsuta

Kyoto: die geschichtlich und kulturell bedeutendste Stadt Japans

Nationalpark der Ise-Jingu: Hier steht einer der heiligsten Schreine des Landes.

ESSEN UND TRINKEN
Matsusaka Wagyu, eines der bekanntesten Gerichte Japans, genießt man im Nationalpark am besten in **The Restaurant,** Tel. +65/67158855

ÜBERNACHTEN
Amenemu: Hier hat jede der 24 Suiten ein eigenes Onsen. www.aman.com.

WEITERE INFOS
www.jnto.go.jp

Nordamerika

Die traditionellen Cable Cars sind aus San Franciscos Stadtbild nicht wegzudenken.

Recht freundlich bitte! Sonnenaufgang über der Golden Gate Bridge vom Slackers Hill aus gesehen

61 Hippie-Flair im Nebel

San Francisco – Kaliforniens »Belle of the Bay«

HIGHLIGHTS

Fisherman's Wharf: Das Hafenviertel mit Restaurants und Geschäften ist ein Touristenmagnet. Besonders beliebt: die Seelöwen, die sich zu Hunderten auf dem Pier 39 tummeln

Chinatown: 1850 gegründetes Viertel, geprägt von fernöstlicher Architektur und Lebensart

Blick von oben: Die besten Aussichtspunkte über Stadt und Bucht sind die Twin Peaks, der Coit Tower und der Bernal Hights Summit.

San Francisco Museum of Modern Art: herausragende moderne und zeitgenössische Kunst. www.sfmoma.org

PROBIEREN UND ERLEBEN

Unbedingt verkosten sollte man die Weine aus dem nahen Napa Valley und Sonoma Valley. Ein (Geheim)-Rezept: Man nehme eine gekühlte Flasche Schaumwein der Domaine Chandon, eile zu den *Crab*-Ständen an der Taylor Street, suche sich einige frischgefangene Taschenkrebse aus und eine Bank an der Promenade – und genieße!

Ein Füllhorn am Pazifik: San Francisco ist wohlhabend und unkonventionell, weltstädtisch und provinziell, altväterlich und jugendlich. Eine Stadt mit einem großartigen Kulturangebot, exzellenten Restaurants und einer buntgemischten Bevölkerung. Und romantisch sein kann sie auch.

»… if you're going to San Francisco, be sure to wear some flowers in your hair …« – die Blumen sind längst verwelkt, die Hippiebewegung, die sich 1967 mit ihrem legendären »Summer of Love« feierte, ist Geschichte. Doch Scott McKenzies Hymne der Blumenkinder blieb ein zeitloser Welthit. Welcher Besucher hat die Melodie nicht im Ohr, wenn er in der Art-déco-Bar des Mark Hopkins Hotel im Nob Hill-Viertel das Panorama der Stadt genießt? Wenn er an den viktorianischen Reihenhäusern des Alamo Square entlangjoggt? Oder in einem der vielen Cafés im italienisch angehauchten North Beach einen Espresso lang den Bewohnern beim Leben zuschaut?

San Francisco erstreckt sich über 43 Hügel, die von einem rechtwinkligen Straßenraster überzogen sind. Was sich in anderen, ebenen US-Großstädten verkehrstechnisch anbot, führte hier zu halsbrecherisch steilen Straßenabschnitten. Heute gehört die berühmte Lombard Street mit ihren abenteuerlichen Serpentinen zu den Attraktionen der

Stadt. Die Filbert Street zwischen Presidio und Telegraph gilt mit 31,5 Prozent Steigung als eine der steilsten Straßen der Welt. Und als beliebtes Fotomotiv – ebenso wie die Cable Cars, die sich seit 1873 Hügel hinauf und hinab und in die Herzen der Einwohner und Touristen kämpften. Weder Erdbeben noch wirtschaftliche Rotstifte oder technische Bedenken brachten die bunten Wagen zum völligen Stillstand – die Linien zwischen den Haltepunkten Beach & Hyde im Norden und Market & Powell im Süden wurden zerstört und stillgelegt – doch immer wieder repariert und schließlich zum Nationaldenkmal erklärt.

Berüchtigte Gefängnis-Insel

Alcatraz Island gehört zu den Höhepunkten einer San Francisco-Reise. Das berüchtigte Gefängnis, in Sichtweite in der Bucht gelegen (es sei denn, es herrscht mal wieder der berüchtigte Nebel), hat eine prominente Besucherliste: Gangster wie Al Capone, Robert Stroud und »Machine Gun«-Kelly waren hier unfreiwillig zu Gast. Mit der Fähre vom Pier 33 erreicht man Alcatraz; zu Fuß oder mit der Tram geht es dann vom Anleger hinauf zum Gefängnisgebäude, das als nahezu ausbruchssicher galt und heute außer Dienst ist. Die Audiotour kennt Geschichten voller Nervenkitzel und berichtet von traurigen Schicksalen Inhaftierter. Wer sich als verliebtes Paar wenigstens einen Hauch Romantik auf dieser tragischen Insel gönnen möchte, dem sei die »Alcatraz by night«-Tour empfohlen, bei der es mit einem Guide über die Insel und im Boot drumherum geht – inklusive Sonnenuntergang und atemberaubender Blicke auf die nach und nach aufleuchtenden Lichter San Franciscos. www.alcatrazcruises.com

Im Vergleich zu anderen Metropolen der USA ist San Francisco ein Spätstarter. Zahlreiche Entdecker, darunter Sir Francis Drake, segel-

Powell Hyde Line: herrliche Route der kultigen Cable Cars

Information

ANREISE

Der San Francisco International Airport (SFO) wird aus dem deutschsprachigen Raum von Berlin, Düsseldorf, Frankfurt/Main, München und Zürich aus direkt angeflogen.

BESTE REISEZEIT

Das vorherrschende mediterrane Klima wird stark von dem aus nördlicher Richtung kommenden, kalten Kalifornienstrom beeinflusst. Bekannt sind die morgendlichen Nebelschwaden, die vom Meer her über die Hügel ziehen. Die Tagestemperatur im Sommer reicht von 15 bis 25 Grad Celsius, die wärmsten Monate sind September und Oktober. Der Winter zeigt sich vergleichsweise mild, Frost gibt es nur selten.

ESSEN UND TRINKEN

Gary Danko: Eine kalifornisch-französische Küche und frische Zutaten machen das Lokal zu einem der besten der Stadt. www.garydanko.com

Rose Pistola: beliebter Italiener mit leichten, aber köstlichen ligurischen Speisen und ausgezeichnetem Fisch. www.rosepistolasf.com

Tataki Sushi & Sake Bar: hier wird nicht nur Wert auf allerfrischeste Zutaten, sondern auch auf Nachhaltigkeit gelegt. www.tatakisushibar.com

ten – sicher wegen des hier häufig herrschenden dichten Nebels – bis 1775 konsequent am Eingang der San Francisco Bay vorbei. Welche somit lange den Muwekma-Ohlone-Indianern vorbehalten blieb. Doch mit der Entdeckung begann eine rasante Entwicklung: Spanische Soldaten und Missionare kamen, erste Siedler aus Europa, und mit dem Goldrausch in Kalifornien ab 1847 auch Glücksritter, Hasardeure, Kaufleute und Pioniere. Schnell wuchs die Stadt von 500 auf 20 000 Einwohner an. 1906 legte das große Erdbeben mit seinem anschließenden Feuer die Stadt in Schutt und Asche. Doch schon 1915 zeigte der Erfolg der Panama-Pacific Exposition, dass wieder mit San Francisco zu rechnen war. Wuchtiges Überbleibsel der Weltausstellung ist der Palace of Fine Arts im Marina District, heute beliebte Filmkulisse und malerischer Ort für Hochzeiten.

Mit weniger als einer Million Einwohner gilt San Francisco als »mittelgroße Weltstadt«. Doch großartig sind Ideen und Bewegungen, die von dieser Stadt ausgingen und die Welt eroberten. Hier wurden die Vereinten Nationen gegründet, erlebte die Hippie-Bewegung ihre Hoch-Zeit, gaben Künstler wie Grateful Dead, Santana, Faith No More und Timothy Leary inspirierende Impulse, wurde Harvey Milk als erster bekennender Homosexueller in den Stadtrat gewählt, schneiderte der Einwanderer Levi Strauss seine unverwüstlichen Jeanshosen, entstand eine Hochburg für Biotechnologie und im nahen Silicon Valley *der* Standort der IT- und Hightechindustrie.

Nicht zuletzt durch das junge Geld aus dem Valley hat sich die Stadt zum Standort der innovativsten Küche der Vereinigten Staaten entwickelt – inspiriert auch von Rezepten aus den großen chinesischen und japanischen Vierteln der Stadt. Mit den gut ausgebildeten und verdienenden Computerfachleuten erlebte San Francisco wieder einmal eine Welle junger Menschen, die das Leben zwischen modernen Häusern, wenigen Wolkenkratzern und der viktorianischen Architektur der Stadt genießen und mitgestalten wollen. Und nun mit ihrem Geld Kulturprojekte fördern, wie den Umzug des Asian Art Museums in das neue Civic Center.

Obwohl San Francisco mit seinen vielen Hügeln für Spaziergänger anstrengend sein kann, lohnt es sich, die Stadt zu Fuß zu erkunden. Später bieten Grünzonen wie die Golden Gate Promenade, das Marina Green und der Golden Gate Park mit seinem Japanese Tea Garden Erholung. An der South Bay im Westen der Stadt lockt die Golden Gate Recreation Area, eine große Fläche mit Wiesen, Stränden und knorrigen Bäumen. Genießen Sie dort am Ende Ihres Aufenthaltes ein romantisches Picknick zu zweit – und vielleicht haben Sie spätestens hier ein weiteres berühmtes Lied im Ohr, das Tony Bennett 1960 im Fairmont Hotel zum ersten Mal sang: »I left my heart in San Francisco … «

Weltwunder in glühender Farbe

Sie ist ein architektonischer Traum, ein Kunstwerk, das sich vom Presidio im Süden über die Einfahrt zur San Francisco Bay bis hinüber an die Küste des Marin County spannt. Seit 1937 überwinden die 2737 Meter der Golden Gate Bridge eine Meerenge mit starken Strömungen und heftigen Winden – ein technisches Meisterwerk, das 1995 zum modernen Weltwunder erklärt wurde. Ursprünglich war Grau als Farbe für die Hängebrücke vorgesehen, doch den Einwohnern von San Francisco gefiel der orangerote Schutzanstrich besser. Wenn man heute im frühen Licht des Abends mit dem Auto Richtung Sausalito fährt, scheinen die Pfeiler, Kabel und Träger zu glühen. Man genießt den herrlichen Panoramablick – und kehrt kurz hinter der Brücke im legendären Trident ein, dem einstigen Szenelokal, das Janis Joplin, Joan Baez, Clint Eastwood und Jerry Garcia zu seinen Stammgästen zählte, die Rolling Stones bewirtete und in dem Woody Allen eine Szene für *Mach's noch einmal, Sam* drehte. www.thetrident.net

So viel Zeit muss sein …

Coi: täglich wechselndes, fantasie- und kunstvoll angerichtetes Acht-Gänge-Menü mit dem Schwerpunkt Meeresfrüchte. www.coirestaurant.com

Farallon: maritim geprägtes Edel-Restaurant im Herzen des Union Square, sehr gute Austerngerichte. **www.farallonrestaurant.com**

Lucky Creation: Chefkoch Kwok Lom zaubert vegetarische Gerichte, die kein Fleisch vermissen lassen.

Pacific Catch: das Motto: »Frischer Fisch, pazifisches Aroma«. Wunderbar: die *Cheesecake Springrolls* als Dessert. www.pacificcatch.com

Cha Cha Cha: bekannt für seine Cajunshrimps und gedünstete schwarze Muscheln. Sehr beliebtes Lokal www.cha3.com

The Slanted Door: wird als bestes vietnamesisches Restaurant in den USA gelobt. www.slanteddoor.com

AUSGEHEN

Boom Boom Boom: Angesagter Nachtclub für Freunde von Jazz, Blues und Boogie. **www.boombooomblues.com**

The EndUp: köstliche Cocktails, gute Tanzmusik, und ein Wasserfall im Innenhof

ÜBERNACHTEN

The Scarlet Huntington: eine Ikone der Stadt; luxuriös, mit großzügigem Spa. www.thescarlethotels.com

Fairmont: mit seiner Lobby und seinen geschwungenen Treppenaufgängen beschwört das Hotel das Goldene Zeitalter der Stadt. **www.fairmont.com**

Palace: seit 1909 eines der Luxushotels San Franciscos. Im Restaurant The Garden Court sitzen die Gäste unter einer prächtigen Glaskuppel. www.sfpalace.com

The Chateau Tivoli: In der viktorianischen Villa war Mark Twain schon zu Gast, als es noch kein B & B war. **www.chateautivoli.com**

Griffon: gepflegtes, solides Haus an der Embarcadero Waterfront mit Blick auf die Bay. **www.hotelgriffon.com**

Drisco: Seit 1903 bietet das Haus im Herzen von Pacific Heights Gastlichkeit und herrliche Ausblicke. www.hoteldrisco.com

Bohème: Das altehrwürdige Hotel im Zentrum von North Beach verströmt die Atmosphäre aus der Zeit der Beat-Generation. www.hotelboheme.com

WEITERE INFOS

Visitor Information Center: www.onlyinsanfrancisco.com

62 Insel der zwei Vulkane

Maui – einfach das Beste

HIGHLIGHTS

Iao Valley: Tummelplatz der Götter; aus dem Regenwald ragt die Iao Needle, ein 370 Meter hoher Monolith aus Basalt.

Lahaina: die einstige Hauptstadt mit historischen Gebäuden und gigantischem Banyan Tree

Tedeschi Wineyards: Hawaiis einziges kommerzielles Weingut. Täglich Verkostungen. www.mauiwine.com

O'o Farm: Besucher können das selbst Geerntete von Meisterköchen in einer Outdoor-Küche zubereiten lassen. www.oofarm.com

Whale Watching: Saison von Januar bis April. www.sailmaui.com

PROBIEREN UND ERLEBEN

Gemüse, Fisch, Fleisch und Früchte der Inseln passen ganz wunderbar zu den Rezepten, die Einwanderer aus der ganzen Welt mit nach Hawaii brachten. Kulinarischer Trend ist aktuell die Pacific Rim Cuisine, eine Melange aus französischer Küche mit Gewürzen des Fernen Ostens und tropischen Zutaten.

Aufgereiht wie eine Perlenkette liegt Hawaii inmitten des Pazifiks. Eine Inselgruppe mit angenehmem Klima und vielfältigen Landschaften. Maui ist das zweitgrößte Eiland des Archipels. Nicht nur das: »Maui No Ka Oi – Maui ist das Beste« sagen die Hawaiianer seit jeher. Und für ein verliebtes Paar ist das Beste gerade gut genug.

Wenn das kein symbolträchtiges Bild für Hochzeitsreisende ist: Die Insel Maui besteht aus zwei Vulkanen, die durch das Central Valley, eine Ebene aus erkalteter Lava, miteinander verbunden sind. Eine langandauernde Liaison, sozusagen. Wind und Wetter haben tiefe Canyons in das Gestein des westlichen, erloschenen Vulkans gegraben, der zum Großteil von üppiger Vegetation überwuchert wird. Karger zeigt sich im Osten der Insel das gigantische Massiv des 3055 Meter hohen Haleakala, der von Vulkanologen als »schlafend« eingestuft wird.

Viele Menschen aus aller Welt kamen im 19. Jahrhundert als Einwanderer nach Maui, hofften auf ein gutes Leben und verschmolzen zu einer multikulturellen Bevölkerung. Als Walfänger, Missionare und Kaufleute versuchten sie ihr Glück. Dort, wo sich die Landschaft als zugänglich und fruchtbar erwies, betrieben sie Farmen, bauten Zuckerrohr, Taro und Ananas an und züchteten Rinder.

Heute spielt neben der Landwirtschaft der Tourismus eine Hauptrolle auf Maui. Es wird getaucht, gesegelt, geschnorchelt und gewandert. Alles ist möglich, zahlreiche Anbieter helfen mit Ausrüstung und Anleitung. Charterboote starten in mehreren Häfen zum Whale Watching: In den ruhigeren Küstengewässern der windabgewandten Inselseite verbringen gigantische Buckelwale ihre Winter und bringen hier auch ihre Jungen zur Welt – zur Freude von Tierschützern und Touristen. Wellenreiter und Windsurfer finden ihr Glück und die richtige Brandung an der grünen Nordküste vor dem Hookipa Beach Park, wo sich in den Wintermonaten die Wellen mehr als zehn Meter auftürmen. Hier atmet alles noch lässiges Hippie-Flair; man bleibt entspannt – auch bei starkem Wind. Andere mögen es eleganter und bevorzugen den gehobenen Lifestyle rund um die Stadt Wailea. Dort warten Nobelhotels, Golfplätze und exklusive Einkaufsgalerien auf betuchte Gäste.

Kultur bei Sonnenuntergang

Wer Lust (und Appetit) auf die Kultur der Ureinwohner Hawaiis hat, der sollte unbedingt bei einem *Luau* dabei sein. Auf allen Inseln des Archipels wird diese Kombination aus Hula-Vorführung, Musik und traditionellem Essen gefeiert – mal authentisch, mal eher auf Touristen zugeschnitten. Empfehlenswert, weil

Gemeinsam eintauchen in eine andere Welt: tropische Fische, einzigartige Riffe und Schwerelosigkeit

Lost in Paradise

Information

ANREISE

Vom Kahului Airport (OGG) auf Maui gehen Direktflüge zu den anderen hawaiianischen Inseln sowie zum nordamerikanischen Kontinent. Die meisten Verbindungen gibt es nach Honolulu auf der Nachbarinsel Oahu (HNL). Von Honolulu aus fährt täglich auch eine Autofähre in drei Stunden nach Kahului. www.hawaiisuperferry.com

BESTE RESEZEIT

Das tropisch-warme Klima Hawaiis ist sehr beständig. Es gibt keine großen Temperaturschwankungen, die Werte liegen ganzjährig bei 22 bis 29 Grad Celsius – eine Ausnahme auf Maui ist der Haleakala-Vulkan, auf dem es zuweilen auch im Sommer friert. Für Hochzeitsreisen empfiehlt sich die Zeit zwischen April und November. Dann ist das Wetter am besten, und die Preise sind am moderatesten.

ESSEN UND TRINKEN

Lahaina Grill: schon 25mal vom *Honolulu Magazine* zum besten Restaurant Mauis gekürt. Köstlich: Ahi-Thunfisch in Zwiebel-Sesamkruste. www.lahainagrill.com

»most hawaiian«, ist der Old Lahaina Luau: Mit Blumengirlanden und tropischen Cocktails werden die Gäste vor Sonnenuntergang begrüßt. Am Strand wartet man dann, bis das *kalua-pig,* ein in Bananen- und Ti-Blättern eingewickeltes Spanferkel, im *Imu,* dem traditionellen Erdofen, zubereitet ist, dann wird gemeinsam im *Hale Ai,* dem Speisesaal, diniert. Als Beilagen warten auf einem Buffet hawaiianische Spezialitäten wie Taro-Salat, marinierter Lachs, Süßkartoffeln und frische Früchte. Im Anschluss an das Festmahl stellen Tänzerinnen und Musiker bei einer farbenfrohen Aufführung die Geschichte der Hawaiianer dar. Ein mitreißendes Erlebnis! www.oldlahainaluau.com

Doch selbst das verliebteste Paar wird sich nicht darauf beschränken, seine Ferientage beim Mai-Tai-Cocktail am Hotelpool zu verbringen. Zu viel gibt es auf Maui zu sehen und zu erleben. Wie wäre es mit einer Fahrt auf der weltberühmten Road to Hana, dieser 80 Kilometer langen Strecke mit mehr als 600 Kurven und über 50 Brücken im Nordwesten der Insel? Die Straße führt durch tropische Regenwälder, vorbei an Wasserfällen und zerklüfteten Küstenabschnitten und ist fahrtechnisch eine echte Herausforderung. Hier kann man(n) seiner Herzdame seine Fahrkünste beweisen – oder dem Liebsten, dass Frauen am Steuer die besseren Nerven haben. Als einer der schönsten Punkte der Tour gilt die Keanae-Halbinsel, wo sich meterhohe Wellen an messerscharfen Lavabrocken brechen. Wer am Städtchen Hana vorbei noch ein paar Kilometer weiter südlich fährt, der findet im Kipahulu Lighthouse Point Country Park, auf den Klippen über dem Pazifik, einen schattigen Picknickplatz. Wo man sich nach der anstrengenden Fahrt bei Hors d'œuvres

und einem Gläschen Champagner entspannt und nur noch das Meer rauschen hört.

Nicht ganz so dramatisch wie die Hana Road, aber ebenfalls eindrucksvoll, ist eine Fahrt durch das Upcountry, Mauis Obst- und Gemüsegarten an den westlichen Hängen des Haleakala-Vulkans. Die Fahrt geht über Höhen mit grandiosen Ausblicken bis zum Meer, durch Täler und weite Felder, auf denen die berühmten süßen Maui-Zwiebeln, Obst, Gemüse und sogar Wein wachsen. Die Luft duftet süß nach Lavendel und würzig nach Eukalyptusbäumen, die den Haleakala Highway säumen.

Das »erhabenste Schauspiel«, das er jemals sah, nannte Mark Twain 1866 ein Naturphänomen, das kein Maui-Besucher und schon gar kein Liebespaar versäumen sollte: den Sonnenaufgang und -untergang am Haleakala Vulkan. Es lohnt sich, frühmorgens oder am späten Abend über die Crater Road durch den Haleakala National Park Richtung Kraterrand zu fahren. Auf der Straße mit Haarnadelkurven, die weltweit den größten Höhenunterschied auf kürzester Distanz überwindet, gelangt man in eine Mondlandschaft, in der bald nichts mehr wächst – außer das »Silberschwert«, eine Pflanze aus der Familie der Korbblütengewächse, die nur auf Maui und nur in Höhen über 2100 Metern gedeiht. Eine höchst seltene Schönheit, die allerdings dann in den Hintergrund gerät, wenn die Sonne beim Aufgang und beim Untergang die gewaltige Urlandschaft in einen Farbenrausch verwandelt. Mark Twain fühlte sich hier wie ein »... vergessenes Überbleibsel einer längst erloschenen Welt«. Gegen solche Gedanken hilft nur: einen Arm um den Anderen legen und das Schauspiel gemeinsam genießen ...

Maui von oben

Die zweitgrößte Insel des pazifischen Archipels ist auch eine der vielfältigsten. Hier gibt es trockene Regionen mit wunderschönen Sandstränden neben regenreichen Tälern mit immergrünen Urwäldern, touristisch erschlossene Feriengebiete neben den kargen Mondlandschaften des Vulkans Haleakala. Das Paradies mit den vielen Gesichtern kann vielerorts erwandert, befahren und mit dem Schiff oder Boot vom Wasser aus betrachtet werden – doch mehr als 70 Prozent der Insel sind nur durch die Luft erreichbar; den besten Überblick bietet daher ein Helikopterflug. Mit ihm sind Einblicke in unzugängliche Regionen möglich, wie das gebirgige Innere des westlichen Maui. Vom Hubschrauber aus lässt einem die Sicht auf herabstürzende Wasserfälle oder schroffe Lavafelsen den Atem stocken. Gemeinsam mit der oder dem Liebsten eine Trauminsel erforschen – schöner geht es wirklich nicht. www.mauiactivities.com, www.airmaui.com und www.bluehawaiian.com

Pacific'o: Die wunderschöne Lage direkt am Strand war früher königliches Terrain, heute regiert hier eine moderne, innovative Küche. www.pacificomaui.com

Gerard's: Chef Gerard Reversade kombiniert die klassische Küche seiner französischen Heimat mit Mauis frischen Produkten. www.gerardsmaui.com

Spago: Wolfgang Pucks Nobelrestaurant lässt erwartungsgemäß keinen lukullischen Wunsch offen. www.fourseasons.com

Mala Ocean Tavern: frische, einfallsreiche Speisen, serviert mit einem fantastischen Blick auf den Ozean. www.malaoceantavern.com

Mana Foods: Hier gibt's die besten und vielfältigsten Delikatessen für ein Picknick zu zweit auf der Road to Hana. www.manafoodsmaui.com

The Preserve Kitchen & Bar at Travaasa Hana: Mit Blick auf die Hana Bay werden in dem Open-Air-Restaurant frische, schnörkellose Gerichte serviert. www.travaasa.com

Paia Fish Market: stets fangfrischer und köstlich zubereiteter Fisch in rustikalem Ambiente. www.paiafishmarket.com

ÜBERNACHTEN

Pioneer Inn: reizvolle Mischung aus Plantagen-Ära und Walfangzeiten direkt am malerischen Hafen. www.pioneerinnmaui.com

Ritz-Carlton Kapalua: Resort am weißen Strand mit großzügigem Wellnessbereich und reichem Freizeitangebot. www.ritzcarlton.com

Four Seasons Maui: an Mauis Südwestküste gelegenes Luxusresort in tropischem Garten. www.fourseasons.com

Fairmont Kea Lani: Traum wie aus Tausendundeiner Nacht; mit 450 Suiten – und 37 kleinen, separaten Villen. www.fairmont.com

Grand Wailea Resort Hotel & Spa: Luxushotel mit Salzwasserlagune, Wasserfällen und Stromschnellen. www.grandwailea.com

Haiku Plantation Inn: Das 1870 gebaute Haus bezaubert seine Gäste mit Liebe zum Detail. www.haikuleana.net

The Inn at Mama's Fish House: Hier wohnt man in luxuriösen Cottages unter Kokospalmen. Sehr romantisch! www.innatmamas.com

Wilderness Cabins: kleine Holzhütten, die in Holua, Paliku und in Kapalaoa vom National Park Service betrieben werden. Übernachtungen sind so begehrt, dass sie verlost werden. www.recreation.gov

WEITERE INFOS

Hawaii Visitors and Convention Bureau: www.gohawaii.com

Heimelige Abgeschiedenheit genießen in Telluride Downtown

63 Flittern im Tiefschnee

Telluride/Colorado – Nordamerikas schönste Abfahrt

HIGHLIGHTS

Historic Sheridan Opera House: Hier gastierten schon Sarah Bernhardt und Bing Crosby. www.sheridanoperahouse.com

Dunton Hot Springs: ehemalige Geisterstadt. Heute zwölf Holzhütten, Heißwasser-Quellen und ein Saloon. Kann für Hochzeitsfeiern exklusiv gemietet werden. Aktivitäten: u. a. Heliskiing,, Schneeschuhwandern, Fliegenfischen, Wildwasser-Rafting. www.duntonhotsprings.com

Telluride Historical Museum: Artefakte aus der rauen Vergangenheit des Ortes. www.telluridemuseum.org

Festivalhauptstadt: zahlreiche Feste zu Musik, Filmen, lokalem Bier und vielem mehr

PROBIEREN UND ERLEBEN

Zu Tellurides Spezialitäten gehören fangfrische Regenbogenforellen sowie Büffel- und Elchsteaks. Colorado ist bekannt für seine Vielzahl an Brauereien, hier wird mehr Bier hergestellt als irgendwo sonst in den USA. Brewpubs servieren frisch Gebrautes, begleitet von rustikal-köstlichen Gerichten.

Ein wahres Juwel inmitten der Rockies. Eingebettet in ein Gletschertal der San Juan Mountains, ist Telluride von mehr »Fourteeners« (Berge von 14 000 Fuß, also höher als 4260 Meter) umgeben als jeder andere Ort in Colorado. Und bietet Flitterwöchnern Schnappschuss-Motive wie eine Fototapete.

Es gibt auch einen Sommer tief im Südwesten Colorados. Aber wer den Namen Telluride hört, denkt an Schnee. Viel Schnee. Denn gleich hinter dem Ort türmen sich gigantische Berge, an deren zerklüfteten Hängen sich im Winter die dicken Schneewolken ausschütten und die Landschaft zuverlässig in ein Winter Wonderland verzaubern.

Ein Traum für Wintersportler. Und doch sind Telluride und der Nachbarort Silverton weit weniger bekannt als Aspen und Vail etwas weiter im Norden. Das liegt sicher nicht an der Schönheit der Landschaft mit ihren gigantischen Viertausendern wie dem Wasatch Mountain (4131 Meter) und dem Bridal Peek (4117 Meter), sondern vielmehr an der schwierigeren Erreichbarkeit – geht es doch über Pässe ins Skigebiet, die vor allem im Winter einiges an Fahrkunst verlangen.

Dennoch: Ein Geheimtipp zu sein, steht Telluride gut. Die ehemalige Minenstadt bietet vor allem an ihrer Hauptstraße, der Main Street, noch Architektur und Atmosphäre des 19. Jahrhunderts. So originalgetreu, dass das Zentrum der Stadt schon 1961 unter Denkmalschutz gestellt wurde. Das gefällt auch Prominenten, die bekanntlich wissen, wo es schön und authentisch ist: Oprah Winfrey, Oliver Stone, Tom Cruise und Ralph Lauren besitzen luxuriöse Villen im Ort.

Ob man sie auch auf den Pisten der Skiregion Telluride/Mountain Village treffen kann? Eher nicht, denn es gibt so viele Abfahrten und unverspurte Hänge, dass man sich kaum über den Weg (ski-)laufen wird. Könner nehmen die Herausforderung der vierzehn »Doppelt-Schwarz«-Pisten in der Black Iron Bowl und unterhalb des Palmyra Peaks an. Die Skigebiete The Plunge und Gold Hill sind ideal für Fortgeschrittene, der durchschnittliche Wintersportler wird sich in See Forever und Prospect Bowl wohlfühlen. Und während es später zum Après-Ski aufs Sonnendeck der Alpino-Vino-Hütte geht, prosten sich Frischvermählte bei einer romantischen Schlittenfahrt zu … und haben sowieso nur Augen füreinander.

Tiefschnee-Abenteuer per Heli

Dramatische Gipfelmassive, unendliche Weite und trockener Schnee – für Heliskiing ist Telluride ein Paradies. Als eins von nur zwei Heliskiing-Unternehmen in Colorado ist Helitrax eine Topadresse für Small-Group-Heliskiing. Die Hubschrauber fliegen ihre Gäste auf weite, offene Alpin-Hänge oberhalb von Telluride. Das fast 4000 Meter hohe Areal ist perfekt für mittelstarke bis starke Skifahrer und Snowboarder. Die Höhe und die offenen Hänge lassen Heliskiing nur an Tagen mit gutem Wetter zu. Spielt der Wettergott aber mit, ist Heliskiing in Telluride ein wahrer Traum. Der extrem trockene Pulverschnee in Colorado macht das Tiefschneefahren zum reinen Vergnügen, das Panorama ist nicht nur wegen der Höhe atemberaubend. Das Tagespaket umfasst bei Helitrax sechs Abfahrten mit Runs von jeweils 300 bis knapp 800 Höhenmetern. Es sollte allerdings schon einiges in die Hochzeitskasse geflossen sein, um sich das Vergnügen erlauben zu können: Die Preise beginnen ab 1200 Dollar pro Tagestrip. www.helitrax.com

Gemeinsam unberührte Natur erleben beim Heliskiing in den Bugaboo Mountains

Information

ANREISE

Die Flughäfen Telluride (TEX) und Montrose (MTJ) haben Nonstop-Verbindungen zu acht internationalen US-Flughäfen.

BESTE REISEZEIT

In der Wintersonne angenehm, schließlich liegt Telluride auf demselben Breitengrad wie Süditalien. Aber auch im Sommer eine Reise wert.

ESSEN UND TRINKEN

New Sheridan Historic Bar: der Saloon mit seinem alten Mahagoni-Tresen ist die Après-Ski-Location Nummer eins. www.newsheridan.com/historic-bar

Allred's Restaurant: Mit der Gondelbahn geht es hinauf zum San Sophia Overlook und gleich ins Restaurant mit feiner Küche und großartigem Blick. www.tellurideskiresort.com

ÜBERNACHTEN

Lumière Telluride: Fünf-Sterne Hotel am Rande des Mountain Village Ski Gebietes. www.lumieretelluride.com

Mountain Lodge Telluride: ein Traum aus Holz und Glas mitten in den Bergen. www.mountainlodgetelluride.com

WEITERE INFOS

Tellurides Fremdenverkehrsamt: www.visittelluride.com

Farbe bekennen im bunten Hafenstädtchen Lunenburg

64 Knallbunt an rauer Küste

Lunenburg/Neuschottland – Weltkulturerbe am Meer

HIGHLIGHTS

Knaut-Rhuland House: 1793 erbautes Haus im georgianischen Stil.

Segeltörns: Zweistündige Tour auf der *Bluenose II*, Nachbau des legendären Schoners. www.bluenose.novascotia.ca

Lunenburg Walking Tours: Geführte Touren durch den historischen Ortskern. **www.lunenburgwalkingtours.com**

Whale Watching: Exkursionen zu Walen und Seelöwen von Mai bis Oktober. www.novascotiawhalewatching.com

Heritage Fishing Tours: Auf dem Lobster-Boat *Harbour Star* mehr über das Fischerhandwerk erfahren. www.boattour.ca

PROBIEREN UND ERLEBEN

Wer hier zu Besuch ist, sollte unbedingt zwei der lukullischen Spezialitäten Lunenburgs probieren: *Solomon Gundy* ist eingelegter Hering mit Zwiebeln. *Lunenburg Pudding* wird aus gewürztem Schweine- und Rindfleisch hergestellt und mit Sauerkraut serviert. Dazu passt ein frisches Bier aus einer der vielen Mikrobrauereien Nova Scotias.

Es liegt viel Mut in der klaren Luft von Lunenburg. Der Mut zu einem Neuanfang. Und der Mut zu kräftigen Farben. Das Hafenstädtchen im kanadischen Neuschottland mit langer Fischerei-, Seefahrer- und Schiffsbautradition wird zunehmend vom Tourismus entdeckt. Flitterwöchner finden hier aber noch immer ein romantisches Retreat.

Sanft zum Hafen abfallend erstreckt sich schachbrettartig das Netz der schmalen baumgesäumten Straßen. Hier leuchten Lunenburgs markante Holzhäuser in kräftigem Blau, sattem Gelb, feurigem Rot und starkem Grün. Perfekte Kulisse für Selfies verliebter Paare – vor allem bei Sonnenuntergang, wenn die Farben noch intensiver scheinen. Besonders die alten Kapitänsvillen sind mit Erkern, Türmchen und Balustraden reich verziert und bis ins Detail bemalt. 1995 erklärte die UNESCO den malerischen Ort zum Weltkulturerbe.

Bekannt ist Lunenburg auch für seine protestantischen Siedler. Rund 1700 Wagemutige waren es, die von 1751 bis 1753 hier eine neue Heimat suchten. Die Mehrzahl der Neuankömmlinge stammte aus Lüneburg. Deutsch wird hier heute zwar nicht mehr gesprochen, aber im Telefonbuch finden sich viele Namen wie Grimm, Muenstermann,

Reibling, Voelkle und Schellenberg. Auf dem alten Friedhof tragen zahlreiche Grabsteine deutsche Inschriften in gotischen Lettern.

Im Hafen ist der Mastenwald der Rahsegler und Schoner zwar verschwunden, doch zuweilen kann man einen alten Dreimaster oder Windjammer sehen. Denn noch immer kommen große Segelschiffe aus aller Welt – zu einem Freundschaftsbesuch oder zur Ausbesserung im Dock. In Lunenburg leben auch heute noch Segelmacher und Zimmerleute, die die alte Kunst des Holzschiffbaus beherrschen, obwohl die neuen Fischkutter aus Stahl bestehen und mit modernstem Gerät ausgerüstet sind.

Eine große Fangflotte und moderne Verarbeitungsanlagen haben die Stadt zu einem der wichtigsten Fischereihäfen der nordamerikanischen Atlantikküste gemacht. In der Nähe liegt der weißrote Leuchtturm von Peggy's Cove – der berühmteste in Kanada, ist er doch der einzige mit einem Postamt. Viele Briefmarkensammler möchten eine Marke mit dem hiesigen Stempel haben. Anderen genügt ein Selfie vor dem fotogenen Lighthouse. Als Erinnerung an unvergessliche Flitterwochen.

Paddeln an der Felsküste

Was könnte kanadischer sein als ein Kanutrip oder die Fahrt mit einem Inuitkajak? Kanada besitzt die längste Küstenlinie der Welt und lockt abenteuerlustige Naturfreunde mit geschützten Buchten und Fjorden sowie Seen und Flüssen. Auf einer Tour mit »Pleasant Paddling« von Lunenburg aus kann man den einzigartigen Küstenstreifen entdecken und dabei den höchsten Tidenhub der Welt erleben. Die kundigen Guides vermitteln viel Wissenswertes über die Landschaft sowie die maritime Tier- und Pflanzenwelt Neuschottlands. Das Paddeltempo ist sehr entspannt und jeder Altersgruppe angemessen. Auf einer kleinen Insel wird Pause gemacht und ein leckerer Snack genossen. Wer gute Kondition mitbringt, kann bei der vierstündigen Paddle to the Seals-Tour frühmorgens zu den Seehundbänken aufbrechen. Besonders romantisch für Honeymooner auf der Suche nach stimmungsvollen Momenten: der Sunset Paddle, bei dem man vom Kanu oder Kajak aus die Abendsonne hinter dem Horizont versinken sieht. www.pleasantpaddling.com

Lunenburg Bump: Verschiedenartigkeit statt Langeweile

Information

ANREISE

Flug zum Halifax Stanfield International Airport (YHZ), danach weiter mit Mietwagen oder Shuttle-Bus (www.novascotiatoursandtravel.com)

BESTE REISEZEIT

Viele Touristen kommen während des Sommers oder im September/Oktober zum Farbenmeer des *Indian Summer*.

ESSEN UND TRINKEN

Old Fish Factory Restaurant: originell eingerichtet mit Aussicht auf den Hafen. www.oldfishfactory.com

The Savvy Sailor: direkt am »Bluenose«-Anleger, hervorragendes Frühstück. www.thesavvysailor.ca

Magnolia's Grill: bei Einheimischen sehr beliebt. www.magnolias-grill.com

ÜBERNACHTEN

Sail Inn B & B: stilvoll mit Blick auf den Hafen. www.sailinn.ca

Mariner King Inn: vier Zimmer in georgianischer Villa mit gutem Restaurant. www.marinerking.com

Bluenose Lodge: von Bäumen umgebenes Landhaus aus dem Jahr 1860. www.bluenoselodge.ca

WEITERE INFOS

Lunenburg Visitor Information Centre: www.lunenburgns.com

Herbst in Vermont, Zeit der ausgedehnten Spaziergänge

65 Leuchtende Wälder, sanfte Kühe

Woodstock/Vermont – Pittoreskes Neuengland

HIGHLIGHTS

Covered Bridges: Fotogene Holzbrücken überspannen den Ottauquechee River: Lincoln Bridge (1865), Middle Bridge (1969) und Taftsville Bridge (1836). www.coveredbridgesite.com

Long Trail Brewery: unterhaltsame Touren für Bierfreunde. www.longtrail.com

Simon Pearce Glass Factory: Glasbläser lassen sich hier über die Schulter schauen. www.simonpearce.com

Marsh-Billings-Rockefeller National Historic Park: 100-jähriger Park mit prächtigen Herrenhäusern und gepflegten Gärten. www.nps.gov

PROBIEREN UND ERLEBEN

Vermont ist bekannt für seinen exzellenten Ahornsirup, der auch gern beim Kochen und Backen eingesetzt wird. An der landestypischen Eiscreme – Vermont ist schließlich Heimat von Ben & Jerry's – kommt hier niemand vorbei, da dürfen es auch mal ein paar Kalorien mehr sein.

Wer glaubt, in diesem schönen Städtchen habe einst das legendäre Hippie-Festival stattgefunden, irrt. Das »Flower, Power, Blumenkinder«-Woodstock liegt im Bundesstaat New York. Aber sein Namensvetter in den idyllischen Hügeln von Vermont braucht sich hinter der berühmteren Verwandtschaft nicht zu verstecken.

Im Woodstock von Vermont werden Besucher von gepflegten Bilderbuchhäusern empfangen. Eine romantische Kulisse, wie sie schöner nicht sein kann. Mit wohlhabenden Farmen, auf deren saftigen Weiden sanftäugige Kühe grasen. Und endlosen Motiven fürs Flitterwochen-Album: pittoreske Kirchtürme, weiße Cottages und einige der berühmtesten *Covered Bridges*, die Neuengland zu bieten hat. In einem Bundesstaat, in dem kein Gebäude mehr als 38 Meter in der Höhe misst.

Vermont versteht es, sich in die Herzen seiner Besucher zu schmeicheln. Zu jeder Jahreszeit. Im Winter locken bekannte Skigebiete, Wanderer finden im Sommer zahlreiche Wege bis hin zum 438 Kilometer langen Long Trail, und Angler schätzen fischreiche Flüsse und Seen wie den gigantischen Lake Champlain. Zum Wallfahrtsort der Farben wird Vermont in jedem Herbst, wenn sich die Blätter der

Bäume in allen Nuancen von gelb bis rot färben und die *leaf-peepers*, die Laubgucker, staunend durch die Wälder cruisen.

Dank seiner Lage am Ottauquechee, Nebenfluss des Connecticut River, besaß Woodstock einige Mühlen und florierende Fabriken. Heute lebt der Ort, wie viele andere in Vermont, vor allem vom Tourismus; Städter aus Metropolen wie New York und Boston erwerben einen Zweitwohnsitz im »Green Mountain State« und genießen hier das ländliche Leben. Das sie sich mit Künstlern und Literaten teilen. Schon der deutsche Schriftsteller Carl Zuckmayer, seit 1939 als Emigrant in den USA, kaufte hier 1941 eine Farm, die er bis Kriegsende bewirtschaftete. Er wurde US-Staatsbürger und blieb bis zu seiner Übersiedlung in die Schweiz im Jahr 1957 in Vermont.

Gebürtiger Woodstock-Bürger war der Schriftsteller, Naturfreund und Politiker George Perkins Marsh (1801–1882). Das Haus, in dem er aufwuchs, steht in der Liste der National Historic Landmarks. In Marsh' Büchern könnte man schmökern, wenn man es sich abends zu zweit am offenen Kamin im romantischen Bed & Breakfast mit einem Glas Rotwein gemütlich macht.

Honeymoon de luxe

In den 1920er-Jahren erwarben die Journalistin Dorothy Thompson und der Schriftsteller Sinclair Lewis ein Anwesen bei Woodstock und machten aus den alten Farmgebäuden einen Ort, an dem sich Politiker und Künstler trafen. Heute befindet sich an dieser Stelle mitten in der Natur das exklusive Boutique-Resort Twin Farms mit gerade einmal 20 Zimmern und Suiten. Sie sind in freistehenden Scheunen, Hütten oder Cottages untergebracht – mit eher privatem, sehr gemütlichem Flair. Überall im Resort finden sich Skulpturen, zeitgenössische Kunstwerke und edles Mobiliar. Die exklusive Inneneinrichtung ist ein Werk des Stardesigners Jed Johnson (1948–1996), der auch für Andy Warhol gearbeitet hat. Ansonsten bietet das noble Twin Farms Resort alle Annehmlichkeiten: täglich wechselnde Menüs aus regionalen und saisonalen Produkten, die auch Gourmets zufriedenstellen. Zum Entspannen können sich Gäste in den Spa-Bereich zurückziehen. Ein Hideaway für Flitterwöchner, die es sich leisten können. www.twinfarms.com

Unziemliches Verhalten in Vermont. Bitte nicht nachmachen!

Information

ANREISE

Die meisten Reisenden kommen per Mietwagen oder mit dem Zug von Boston oder New York.

BESTE REISEZEIT

Vermont ist bekannt für seine Winter mit guten Schneebedingungen. Im Sommer wird in den Seen gebadet und geangelt. Und im Herbst ist Laubgucken angesagt.

ESSEN UND TRINKEN

The Lincoln Inn & Restaurant at the Covered Bridge: europäische Küche in eleganter Atmosphäre direkt am Ottaquechee River. www.lincolninn.com

The Prince and the Pauper: Traditionslokal mit feiner Karte und einer Spezialität: Hochzeitsfeiern. www.princeandpauper.com

ÜBERNACHTEN

Woodstock Inn And Resort: elegantes Herrenhaus, von der Rockefeller Familie geführt. www.woodstockinn.com

506 On The River Inn: Blick auf den Fluss von jedem Zimmer, herrlicher Pool und Frühstück zu zweit auf dem Balkon. www.ontheriverwoodstock.com

WEITERE INFOS

Woodstock Chamber of Commerce: www.woodstockvt.com

Sonnenuntergang über dem East River und natürlich der Skyline von Manhattan

66 Big Apple, riesiges Herz

New York – Ganz großes (Romantik-)Kino

HIGHLIGHTS

Empire State Building: Der Blick von der Aussichtsplattform ist atemberaubend.

Brooklyn Bridge: zu Fuß über die Brücke gehen und die Aussicht über den East River genießen!

One World Trade Center und 9/11 Memorial: entstanden auf dem Ground Zero, mit 541 Metern das höchste Gebäude New Yorks. Innehalten beim Besuch des 9/11 Memorial Museum.

High Line Park: ein Park auf stillgelegter Güterzugtrasse im Meatpacking District

Staten Island Ferry: von der Südspitze Manhattans durch die Upper Bay zum Wolkenkratzer-Gucken schippern

PROBIEREN UND ERLEBEN

Um die Wirkung von Austern als Aphrodisiakum ranken sich Legenden. Casanova soll täglich 50 Stück gegessen haben. Ein riesiges Angebot an frischen Austern aus Neufundland, Maine und British Columbia hat die Grand Central Oyster Bar im berühmten Kellergewölbe des Grand Central Terminals in Manhattan.

Wer seine Flitterwochen in New York City verbringt, wird sein Herz an diese Metropole voller Gegensätze verlieren: Das Grün der Parks prallt auf grauen Beton, kleine Kirchen sehen sich von Wolkenkratzern umzingelt – leise Idylle verschmilzt mit dem Tempo der Stadt zu einem Erlebnis, das nicht nur Verliebte fasziniert.

New York, New York. Die Lichter am Times Square, der Broadway, das Empire State Building. Pulsierendes Leben in angesagten Vierteln wie Soho, Tribeca, dem East Village und der Upper West Side. Weltberühmte Kulturtempel wie das Metropolitan Museum, Guggenheim und das MOMA. Fifth Avenue, Columbus Circle und Christopher Street. Sterne-Restaurants und riesige Kaufhäuser, eine Flut von gelben Taxis. Und über allem wacht vor der Hafeneinfahrt die Statue of Liberty, das Symbol der Freiheit.

New York lockt jährlich Millionen Besucher an. Und für Paare auf Hochzeitsreise gibt es wohl keinen romantischeren, verrückteren, gelegentlich auch wahnsinnigeren Ort auf dieser Welt. Wer zum ersten Mal in New York City landet, ist von der Geschwindigkeit, die in dieser energiegeladenen Stadt herrscht, schnell überwältigt. Manhattan gibt den Menschen einen anderen Takt vor. Alles rennt, kaum ein Fußgänger bleibt an einer Verkehrsampel bei Rot stehen. Jeder hat es eilig. Und dann die Geräuschkulisse: Ständig heulen die Sirenen der Polizeiwagen, rattert ein Hubschrauber über die Dächer und zischen Schwaden von Wasserdampf aus Gullydeckeln. Die Stadt, die niemals schläft, ist nicht nur eine Welt für sich, sondern die ganze Welt in sich – ein Mix aus sich ständig wandelnden Vierteln; Heimat Alteingesessener wie Newcomern jeglicher Nationalität und Mentalität. Allen gemeinsam ist die Jagd nach dem ganz großen Wurf – so groß und weit und kühn, dass er wohl nur an einem Wahnsinnsort wie diesem die Chance hat, einmal Realität zu werden.

Wenn Herzen schweben...

Man kann in New York keine Flitterwochen verbringen, ohne nicht wenigstens einmal eine der zahlreichen Shows am Broadway besucht zu haben. Manches ist dabei so vorgestrig, dass es heute schon wieder Kult ist. Musicals wie *Cats* oder das *Phantom der Oper* etwa. In den Flitterwochen empfiehlt sich allerdings ein Besuch des neuen Broadway-Debüts *Paramour* von Cirque du Soleil im Lyric Theatre. Angesiedelt in Hollywoods glamourösem Golden-Age-Zeitalter, erzählt *Paramour* die aufregende Geschichte einer wunderschönen Schauspielerin, die gezwungen ist, sich zwischen der Liebe und der Kunst zu entscheiden. Mit spektakulären Akrobatik-Vorführungen sowie fesselnden Musik- und Tanzeinlagen schickt *Paramour* die Zuschauer in eine Welt voller Emotionen. Ein aufregender Hochseilakt des Herzens! Und da Gefühle hungrig machen, geht's anschließend zum romantischen Candle-Light-Dinner in eines der stilvollen Restaurants gleich nebenan. www.cirquedusoleil.com/Paramour

»First, let me take a selfie!«: Am Times Square muss das sein.

Im weltberühmten Metropolitan Museum of Art

Information

ANREISE

New York City bietet internationalen Besuchern gleich drei Flughäfen, die täglich von allen großen Fluggesellschaften frequentiert werden. Innerhalb der USA ist die Stadt gut mit Bahn und Bus zu erreichen. Auch eine Transatlantikpassage per Schiff hat ihren Reiz. Sechs Tage dauert die Reise über den großen Teich.

BESTE REISEZEIT

New York befindet sich etwa auf einer Höhe mit Neapel, im Sommer wird es mitunter extrem heiß, während im Winter durchaus kräftig Schnee fallen kann. Regenmenge und Anzahl der Regentage schwanken über das Jahr im Mittel nur minimal, weshalb es keinen wirklich schlechten Zeitraum für eine Reise gibt – allerdings sind die Preise für Hotels von Mai bis September sowie um Weihnachten und Neujahr herum am höchsten.

ESSEN UND TRINKEN

One if by Land, Two if by Sea: Hier werden so viele Heiratsanträge gemacht und so viele Hochzeiten gefeiert wie kaum woanders – zählt das Restaurant im West Village doch zu den zehn romantischsten der Welt. www.oneifbyland.com

La Lanterna di Vittorio: zauberhaftes Lokal im Village mit überdachtem Garten,

Mit seinem Versprechen von Freiheit diente New York schon immer als Projektionsfläche für Träume, gleichgültig, ob die Neuankömmlinge vor Hunger, Krieg und Leid geflüchtet waren oder nur das Abenteuer in dieser Metropolis suchten. Die Stadt selbst hat in ihrer Geschichte viele Rückschläge erleben müssen, von Rassenunruhen und Kriminalität über Finanzkrisen bis hin zu den terroristischen Anschlägen des 11. September 2001, doch selbst in den schwierigsten Stunden konnte New York mit der ungebrochenen Dynamik und dem Pioniergeist seiner Bewohner rechnen. Kein Ort für Nostalgiker: Der Blick zurück dient hier allenfalls der Vergewisserung, dass jede Gegenwart morgen schon Vergangenheit sein wird. Nichts ist in New York City so beständig wie der Wandel.

Um New York zu entdecken, sollte man in Abenteuerstimmung sein. Das touristische Pflichtprogramm wie der Blick vom Empire State Building, die Bootsfahrt zur Freiheitsstatue, die Erkundung der berühmten Museen, der Spaziergang durch den Central Park oder der Abend am Broadway faszinieren jeden. Doch dann gibt es auch immer wieder diese romantischen Momente zu zweit, wenn New York für einen kurzen Augenblick einem einzigen Paar allein zu gehören scheint.

Frisch Vermählte finden ihre ganz eigenen Romantik-Hotspots im Big Apple. Natürlich am Rockefeller Center zur Weihnachtszeit, wenn Tausende Lichter im XXL-Christbaum funkeln. Besonders romantisch wird es dann beim »Pas de deux« auf der berühmten Schlittschuhbahn. Romantik wartet auch im Freiluftkino im Brooklyn Bridge Park, wenn man in der Abendluft des Sommers auf einer Decke im Park sitzt und von hier nicht nur einen Blick auf die Leinwand, sondern auch auf die atemberaubende Skyline von Manhattan hat. Wer die Stimmung noch steigern will, der passt den Film *Dirty Dancing* ab, der hier, neben all den anderen Filmklassikern, regelmäßig gezeigt wird.

Zugegeben, die U-Bahn-Fahrt in die Bronx ist noch nicht wirklich romantisch, aber wenn man erst einmal beim Baseball im Yankee Stadium sitzt und die »Kiss Cam« durch das Publikum streift – bei diesem Zeitvertreib in den Spielpausen müssen sich Paare, die sich plötzlich auf der großen Leinwand sehen, vor allen Augen und möglichst leidenschaftlich küssen – fühlt man sich wie in einem herrlich seichten Schnulzenfilm. Große Gefühle erlebt man auch in der denkmalgeschützten Grand Central Station, wo sich Paare beim Wiedersehen in die Arme fallen oder traurig verabschieden. Wer es klassisch traulich mag, der geht in den Central Park Zoo, durch den schon Woody Allen in vielen seiner Filme die Hauptdarsteller bummeln ließ.

In der Nacht empfiehlt sich eine Bus-Tour durch die Stadt. Selbst die 5th Avenue wird romantisch, wenn ihre vielen Lichter leuchten, ganz zu schweigen vom Times Square. Und wenn der Bus dann die Queensborough Bridge überquert, hat man einen sagenhaft romantischen Blick auf den East River und die Skyline von Manhattan. Unvergesslich!

Romantik-Klischee? Jetzt erst recht!

Da hilft kein Schmunzeln über süßlich-kitschige Klischees: Eine Kutschfahrt durch den Central Park ist für Honeymooner ein absolutes »Must«. Denn was könnte romantischer sein, als sich auf der Fahrt auszumalen, wie das »alte« New York gewesen sein muss, als wohlhabende Bürger die Kutsche als Transportmittel nutzten. In rund einer Stunde trabt man an den schönsten Plätzen und Sehenswürdigkeiten vorbei, während der Kutscher die Geschichte des Central Parks erzählt. Zum Beispiel davon, dass die Gartenarchitekten Erde aus New Jersey importieren mussten, um Bäume pflanzen zu können. Und dass der gesamte Park künstlich angelegt wurde – mit Ausnahme der Felsen, die sich seit Millionen Jahren an Ort und Stelle befinden. Die Fahrt ist aber nicht nur Geschichtsstunde. Von der Kutsche aus erlebt man auch mit, wie die New Yorker ihren Park heutzutage nutzen. So kann es sein, dass man Tango-Tanzstunden, ein Popkonzert, eine Hochzeit, ein Baseballspiel und einen Promi beim Joggen zu sehen bekommt.

»Sex an the City« lässt grüßen: eine romantische Kutschfahrt im Central Park

Kaminen und italienischem Charme. Ideal für unvergessliche Rendezvous. www.lalanternacaffe.com

Daniel: exzellentes Restaurant auf der Upper East Side mit klassisch-europäischer und amerikanischer Küche. Elegantes Ambiente, Abendgarderobe erwünscht. www.danielnyc.com

Takashi: erstklassige japanisch-koreanische Küche mit viel Fleisch und Mut zu Außergewöhnlichem. Schon Küchenchef-Ikone Anthony Bourdain war begeistert. www.takashinyc.com

Butter: Behagliche Innenarchitektur mit viel Holz bietet die Bühne für Alex Guarnaschellis grandiose Kochkunst. www.butterrestaurant.com

Gramercy Tavern: Basics wie »Saison« und »Wochenmarkt« bestimmen in dieser ambitionierten High-Class-Küche die Speisekarte mit Gerichten wie Entenbrust an Rosenkohl, Haselnüssen und Quitte. www.gramercytavern.com

Zenkichi: Japanische Brasserie, deren durchdachtes Interieur die Aufmerksamkeit des Gastes auf seine Begleitung und die Speisen lenkt. www.zenkichi.com

The Water Club: Über dem Wasser des East River diniert man hier wie in einem gediegenen Country-Club. www.thewaterclub.com

ÜBERNACHTEN

The St. Regis New York: eines der exklusivsten Hotels der Welt in Midtown Manhattan. Wenn es mal etwas Besonderes sein darf … **www.stregisnewyork.com**

Lotte New York Palace: Hotel mit romantischem Innenhof, in dem man mit Blick auf die St. Patricks Cathedral sitzen und Cocktails genießen kann. www.lottenypalace.com

Hotel Elysée: beliebtes Boutiquehotel in der Nähe des Central Parks, mehrfach als »Most Romantic Hotel« ausgezeichnet. www.elyseehotel.com

The Bryant Park Hotel: Im Herzen von Manhattan gelegen, ideal für abendliche Bummel und Unternehmungen. **www.bryantparkhotel.com**

The French Quarters Guest Apartments: ein Hauch von New Orleans in der Nähe des Broadways. **www.frenchquartersny.com**

Archer Hotel: sehr stylish, sehr zentral und mit dem angesagten Restaurant David Burke fabrick im Hause. www.archerhotel.com

WEITERE INFOS

www.iloveny.com

Wahrzeichen Charlestons: der illustre Ananas-Brunnen im Waterfront Park

67 Händchen halten unter Feenhaar

Charleston/South Carolina – Die Schöne des Südens

HIGHLIGHTS

The Powder Magazine: ältestes öffentliches Gebäude South Carolinas, erbaut 1713 als Pulvermagazin. www.powdermag.org

The Charleston Museum: das älteste Museum der USA, gegründet 1773. www.charlestonmuseum.org

Charleston City Market: seit 1804 Herz der Stadt, hier gibt es auch die traditionellen Sweetgrass-Körbe. www.thecharlestoncitymarket.com

Historisches Charleston: Blick in die Häuser reicher Kaufleute im Aiken Rhett House, im Edmondston-Alston House, im Heyward-Washington House und im Nathaniel Russell House. www.historiccharleston.org

PROBIEREN UND ERLEBEN

Es duftet nach Gegrilltem: bis zu zwölf Stunden gegarte Rippchen, aber auch Hähnchenflügel und Schweinebauch. *Southern BBQ,* mit vier verschieden scharfen Soßen, ist das Nationalgericht der Südstaaten. Spezialität der Stadt ist die *She-Crab Soup,* eine gebundene Krabbensuppe mit Sherry.

Charleston in South Carolina lässt Urlauber Geschichte(n) hören und erleben – und dabei ist manches nicht nur historisch, sondern auch höchst gruselig. Für Verliebte gibt es hingegen nichts Romantischeres, als mit der Kutsche à la »Vom Winde verweht« über das alte Kopfsteinpflaster zu rollen.

»Komm schnell, ich habe den Himmel gefunden«, schrieb der Maler Alfred Hutty (1877–1954) in einem Telegramm an seine Frau, als er erstmals nach Charleston kam. Seine Begeisterung blieb – und der Künstler auch.

1670 von englischen Kolonisten gegründet, war Charleston im 18. und frühen 19. Jahrhundert *die* Kulturmetropole des neuen Kontinents. »La Belle of the Old South – die Schöne des alten Südens« wurde sie genannt. Bis zum amerikanischen Bürgerkrieg besaß Charleston den größten Sklavenmarkt der USA, und seine Kaufleute wurden durch den Handel mit Baumwolle, Reis und Indigo steinreich. Nach dem Krieg und der Befreiung der schwarzen Zwangsarbeiter verfiel die Stadt und erlebte erst einen Aufschwung, als die US-Marine Mitte des 20. Jahrhunderts Werftanlagen im Hafen errichtete. Aus heutiger Sicht war die lange wirtschaftliche Schwäche ein Segen für Charleston. Das Geld, die Stadt zu modernisieren, fehlte jahrzehntelang. Historische Gebäude entlang der Alleen blieben erhalten, wurden später renoviert und locken heute mit ihrer neoklassizistischen Antebellum-Architektur Touristen in die Stadt an Ashley- und Cooper-River.

Ist die Sonne untergegangen, entwickelt Charleston mit seinem Kopfsteinpflaster, den vielen Kirchen und den Friedhöfen mit ihren uralten Grabsteinen einen geheimnisvollen Zauber. Auf geführten Geister- und Gespenstertouren erfahren gruselwillige Besucher von den hiesigen Absonderlichkeiten – von Seelen, die nicht zur Ruhe kommen, Verbrechen und übersinnlichen Erscheinungen. Skeptische Zeitgenossen dürften zumindest dem Spanischen Moos eine gewisse mystische Wirkung zusprechen: Wie Feenhaar überwuchern seine langen Triebe immergrüne Eichen, Zypressen und Telefonleitungen.

Zauberei oder zauberhaft? Wenn man mit der Pferdedroschke spät am Abend durch die alten Straßen fährt, dann sitzen plötzlich Rhett Butler und Scarlett O'Hara aus Europa in der Kutsche...

Unwiderstehlich romantisch

Liebe und Krieg, Schmerz und Leidenschaft – wer erinnert sich nicht an die Fernsehserie *Fackeln im Sturm?* Damals, als der Südstaatler Orry Main auf der Militärakademie den Nordstaatler George Hazard kennenlernte. Und ihre Freundschaft im Bürgerkrieg auf eine harte Probe gestellt wurde. Und da ist auch noch die Liebe: Während George mit Constance sein Glück findet, muss Orry um seine große Liebe Madeline kämpfen. Was ist für Frischvermählte romantischer, als jene Originalschauplätze zu besuchen, an denen die Serie mit Patrick Swayze und Lesley-Anne Down gedreht wurde? Etwa die 1681 erbaute Boone Hall Plantation vor den Toren Charlestons, die in der Serie »Mont Royal« heißt. Die lange Allee aus 93 Eichen, die 1743 gepflanzt wurden, sowie das Herrenhaus verströmen unwiderstehlichen Südstaaten-Zauber. Boone Hall ist übrigens nach wie vor eine bewirtschaftete Plantage – allerdings werden hier seit dem beginnenden 20. Jahrhundert nicht mehr Baumwolle, sondern Pecan-Nüsse geerntet. www.boonehallplantation.com

The Battery – Charlestons beliebte Promenade am Meer

Information

ANREISE

Von Charlestons Flughafen (CHS) gibt es Zubringer zu allen großen Flughäfen der Ostküste. Einmal täglich wird die Stadt durch den Silver Service/Palmetto von AMTRAK angefahren, der von New York bis Miami fährt.

BESTE REISEZEIT

Ganzjährig. Die besten Temperaturen herrschen im Frühling und Herbst.

ESSEN UND TRINKEN

Charleston Crab House: spezialisiert auf Meeresfrüchte, sehr gute *She-Crab-Soup*. www.charlestoncrabhouse.com

Circa 1886: traditionelle Southern Küche, gepaart mit moderner Leichtigkeit. www.circa1886.com

ÜBERNACHTEN

Belmond Charleston Place: elegantes Luxushotel im Herzen der Altstadt. www.belmond.com

Wentworth Mansion: ehemalige Privatvilla, heute ein Inn mit allem Komfort. www.wentworthmansion.com

Zero George Street: Boutiquehotel in historischem Gebäude mit idyllischen Hausgärten. www.zerogeorge.com

WEITERE INFOS

Besucherinformation South Carolina: www.discoversouthcarolina.com

Zwei Farbtupfer über Wasser, eine ganze, einmalig schöne und schützenswerte Welt unter Wasser

68 Bunt wie der Regenbogen

Key West – Für Verliebte aller Couleur

HIGHLIGHTS

Key West Butterfly & Nature Conservatory: mehr als 70 Arten Schmetterlingsarten in einem überdachten Tropenparadies. www.keywestbutterfly.com

Lighthouse Museum: historischer Leuchtturm mit kleinem Museum

Key West Cemetery: Friedhof mit interessanten und humorigen Grabsteininschriften

Key West Shipwreck Treasures Museum: eine Reise in die Zeit der Schiffsplünderungen. www.keywestshipwreck.com

Eaton Bikes: Fahrradtouren durch das historische Key West. www.eatonbikes.com

PROBIEREN UND ERLEBEN

Frischen Kokoskuchen gibt es in »The Art of Baking by Henrietta«, einer kleinen Bäckerei an der Petronia Street. Caribbean-BBQ-Shrimps und *Key Lime Pie* werden im Restaurant Blue Heaven serviert, wo Hemingway einst Hahnenkämpfen zusah und Katzen und Hühner bis heute zum gewollt charmant-gammeligen Inventar gehören.

Ein Lebensgefühl wie sonst nirgendwo in Florida. Schmucke bunte Häuser mit Veranden, Säulen und Holzschnitzereien. Lebendiges Treiben in den Gassen. Ausgelassene Atmosphäre beim Sonnenuntergang am Mallory Square. Hier werden selbst die Hektiker zu Müßiggängern. Und Liebespaare sammeln Erinnerungsmomente für die Ewigkeit.

Aufgrund der besonderen Lage, des subtropischen Klimas und der bewegten Geschichte war Key West schon immer ein Magnet für Menschen aus vielerlei Kulturen. Herausgekommen ist ein ganz besonderer Lifestyle, ein einzigartiges Gemisch aus Architektur, Fantasie, Nonkonformismus und Inspiration. Und natürlich Lebensfreude. Nachts leuchten die Sterne über einer bunten Mischung aus Jazzclubs, Pianobars, Drag Shows und Saloons. Aufführungen in den lokalen Theatern überraschen mit Broadway-Qualität, und mit dem Key West Symphonieorchester treten internationale Solisten auf.

Dabei war der Start hier alles andere künstlerisch inspiriert. Bereits im 17. Jahrhundert legten Piraten einen Unterschlupf auf Key West an. Später kamen die sogenannten Wrecker, die sich auf die Bergung von Frachtschiffen spezialisierten, die vor der Küste auf Grund gelaufen waren. Immerhin: Dank dieses höchst lukrativen »Wirtschaftszweiges« avancierte

Key West im 19. Jahrhundert zur reichsten Stadt der Vereinigten Staaten.

Heute ist die Insel Ziel für Künstler, New Age-Anhänger und Freigeister. Und für verliebte und/oder frisch vermählte Paare – ob hetero- oder homosexuell –, die neben dem tropischen Klima eben auch die besondere Atmosphäre schätzen. Mehr als vier Millionen Besucher kommen jährlich nach Key West. Gut für den Ort, doch manchmal droht der Rummel auch zu viel zu werden. Allerdings: kleine verschwiegene Ecken, versteckte Gärten oder urige Bars, wo die Zeit seit den 1930er-Jahren stehengeblieben zu sein scheint, als Ernest Hemingway hier lebte, liebte und Weltliteratur produzierte, gibt es noch immer in Key West. Zum Beispiel lauschige Hinterhöfe mit wuchernden Kokospalmen, Ylang-Ylang und Jacaranda. Kleine Gärten, in denen der ein oder andere Künstler sein Freiluftatelier oder manch Kunsthandwerker seine kleine Werkstatt eingerichtet hat. Und Straßen, auf denen Hühner und Katzen wild herumstreunen und gelegentlich von knatternden Mopeds in die blühenden Bougainvilleen gescheucht werden.

Per Wasserflugzeug zum Schnorcheln

Die meisten Besucher des Dry Tortugas National Park kommen für einen Tagesausflug von Key West. Doch die ganz großen Südseemomente bleiben hier den Campern vorbehalten: Wenn die Fähren am späten Nachmittag wieder ablegen und die Wasserflugzeuge gestartet sind, genießen sie perfekte Sonnenuntergänge und einen atemberaubenden Sternenhimmel – mehr als 100 Kilometer von den Florida Keys entfernt, die sich selbst schon als Außenposten der Zivilisation verstehen. Und am schönsten zu zweit. Sieben kleine Sand- und Koralleninseln – eine Arche Noah mitten im Ozean. Zu den häufigsten Vogelarten

Vom Schiff aus wird der Sonnenuntergang gebührend gefeiert!

Auf einen Sundowner an den Mallory Square

Information

ANREISE

Der Flughafen von Key West (EYW) ist mit Linienflügen von verschiedenen amerikanischen Städten aus erreichbar. Die dreistündige Fahrt durch die Florida Keys über 42 Brücken von Miami nach Key West ist eine der malerischsten Reiserouten der USA. Von Fort Myers (ganzjährig) und Marco Island (Dezember bis April) aus verkehrt einmal täglich eine Passagierfähre nach Key West.

BESTE REISEZEIT

Durch die Nähe zum Golfstrom herrscht hier ein mildes tropisches Meeresklima, in dem die durchschnittlichen Temperaturunterschiede zwischen Sommer und Winter nur selten bei mehr als zehn Grad liegen. Das Wetter ist fast jeden Tag sonnig und schön, unterbrochen nur von kurzen Regenschauern.

ESSEN UND TRINKEN

Azur Restaurant: großartige Frühstückskombinationen, mittags Sandwiches und Pizzen, abends kreative Fleisch- und Fischgerichte, zum Beispiel gegrillter Schwertfisch mit karamellisierten Cipollini-Zwiebeln. www.azurkeywest.com

Turtle Kraals: kubanisch inspirierte und karibisch ausgerichtete Küche mit dem Schwerpunkt Meeresfrüchte. Direkt am Wasser im historischen Hafen. www.turtlekraals.com

des Parks zählen Seemöwen, Wanderfalken, Meerschwalben, Tölpel, Strandläufer und der gabelschwänzige Fregattvogel. Die Dry Tortugas sind vor allem als Tauch- und Schnorchelrevier beliebt. Bunte Seeanemonen schaukeln in der sanften Strömung, während riesige Barrakudas, Zackenbarsche und Stachelrochen über die Korallen schweben. Die schnellste Anreise? Mit dem Wasserflugzeug. www.keywestseaplanecharters.com

Besucher begegnen Hemingways Key West, sobald sie den Mallory Square und die lärmende Partyzone der Duval Street verlassen haben. Dann findet man jene Oasen, denen Key West sein Image verdankt. Zum Beispiel Nancy Forresters Secret Garden, einen 4000 Quadratmeter großen Regenwald mit farbenprächtigen Papageien an der Elizabeth Street mitten in der Stadt, Resultat eines unermüdlichen Protestes gegen die Betonierung der Insel.

Dass die Alteingesessenen ein ganz besonderer Geist vereint, haben sie am 23. April 1982 bewiesen. Damals erklärten die Bewohner der Florida Keys für kurze Zeit symbolisch ihre Unabhängigkeit von den USA und riefen die »Conch Republic« aus. Protestieren wollten sie damit gegen Straßenverkehrskontrollen der US-Behörden. Innerhalb von 60 Sekunden kapitulierten die Inselbewohner dann aber schon wieder bedingungslos – und forderten eine Milliarde US-Dollar finanzielle Wiederaufbauhilfe. Die offizielle Abspaltung war gescheitert, das Geld aus Washington lässt erwartungsgemäß bis heute auf sich warten, doch die Kontrollstelle verschwand. Heute wird jeder Jahrestag des Aufstands mit einem ausgelassenen, bunten Programm gefeiert. Zehn Tage lang ist hier dann alles erlaubt, was schrill und originell ist, inklusive der berühmt-berüchtigten »Drag Queens« von Key West, die auf ihren Highheels einen Spaß-Parcours meistern.

Neben dem Bummel durch weniger herausgeputzte Teile des Ortes gibt es natürlich auch komfortablere Möglichkeiten, das Flair und den Charme von Key West zu erleben. Die Old Town Trolley Fleet oder der Conch Tour Train etwa nehmen Besucher mit auf eine vergnügliche Zeitreise zu den Highlights der Stadt. Die im Stil der Jahrhundertwende ausgestatteten Wagen passieren Sehenswürdigkeiten, auch das berühmteste Fotomodell der Stadt: den Southernmost Point. Die dicke Boje ist offiziell südlichster Punkt der kontinentalen USA. Von hier aus sind es nur noch 145 Kilometer bis nach Kuba.

Wer am Schluss seines Besuches von Key West nicht nur Fische anschauen, sondern fangen will, findet ebenfalls sein Glück. Erfahrene Angler zeigen Gästen bei Touren die besten Plätze. In den Jachthäfen werden Segeltrips, Schnorcheltouren und Fahrten mit Glasbodenschiffen angeboten. Ausflugsboote zum Tiefseeangeln legen von der City Marina nahe Garrison Bight und Roosevelt Boulevard ab. Und am Abend lässt man sich den eigenen Fang dann in einem der Fischrestaurants am Hafen zubereiten. Echt schmackhaft, echt lässig, echt Key West eben...

Ausgefallen und unvergesslich

Der schönste Tag im Leben soll etwas ganz Besonderes sein? Keine Sorge, in den Florida Keys werden die ausgefallensten Hochzeitswünsche wahr – ob auf Schnellbooten, bei Piraten-Törns in Kostümen oder mit Harfenmusik am Strand. Wortlos sagen Heiratswillige auf Key Largo »ja«. Hier begleitet ein Notar das abtauchende Brautpaar in die Tiefe des Meeres. Beide setzen auf Tafeln einen Haken bei »Ja, ich will« und verlassen den Ozean als Eheleute (www.amoray.com). Im Theater of the Sea auf Islamorada können sich Paare von Delfinen zum Altar führen und die Ringe überbringen lassen (www.theaterofthesea). Literaturfreunden ist eine Trauung im Ernest Hemingway Home & Museum in Key West zu empfehlen. Das Haus des Schriftstellers inmitten eines tropischen Gartens ist ein historisches Wahrzeichen der Stadt. Auf Wunsch übernimmt ein Hemingway-Doppelgänger die Rolle des Brautvaters (www.hemingwayhome.com). Vorteil aller Eheschließungen in den Keys: Die Flitterwochen können gleich vor Ort verbracht werden.

Der Dry-Tortugas-Nationalpark aus der Vogelperspektive

Blue Heaven: karibische Küche, Meeresfrüchte und Vegetarisches sind die Spezialitäten von Chef Guillaume Pailloux. www.blueheavenkw.com

El Siboney: trubeliges kubanisches Restaurant mit moderaten Preisen und beliebter Küche mit viel Fisch, Fleisch, Reis, Bohnen und gebackenen Bananen. www.elsiboneyrestaurant.com

Louies Backyard: Das Restaurant ist schick, man kann aber auch entspannt auf der großen Holzterrasse sitzen, ein Bier trinken und aufs Meer gucken. www.louiesbackyard.com

A & B Lobster House: neben den schaukelnden Booten sitzen, einen leckeren Mango-Lobster-Salat essen – perfekt! www.aandblobsterhouse.com

Martin's: Das Edel-Restaurant mit deutschen Besitzern verwöhnt mit hervorragender Küche – und beweist, dass die Partymeile Duval Street auch eine elegantere Seite hat. www.martinskeywest.com

ÜBERNACHTEN

Island City House: viktorianische Häuser und ein verwunschener Garten, in dem auf einem Kutschenwagen das Frühstück aufgestellt wird. www.islandcityhouse.com

Eden House: Hier will man nie mehr weg: Hängematten, Hollywoodschaukeln, ein rauschendes Bächlein, in dem sich Schildkröten tummeln. www.edenhouse.com

Ambrosia: sehr schönes B & B mit zwei Pools. Die Zimmer verteilen sich auf sechs Häuser, Frühstück im Innenhof. www.ambrosiakeywest.com

Southernmost Hotel: Nur durch die Straße vom Strand entfernt, liegt das historische Hotel am Ende der Partymeile. www.southernmostresorts.com/southernmost-hotel

The Gardens Hotel: Luxus im tropischen Grün bietet das Hotel, das neben seinen 17 Suiten auch Cottages für längere Aufenthalte anbietet. Und einen Lagoon-Pool im Garten. www.gardenshotel.com

The Marquesa Hotel: wunderschöne, schneeweiße Gebäude mit gepflegtem Garten, Pool und feinen, hellen Möbeln in den Räumen. www.marquesa.com

The Frances Street Bottle Inn: hübsches Eckhaus in einer ruhigen Straße mit gemütlichen Zimmern und entspannter Atmosphäre. www.bottleinn.com

WEITERE INFOS

Fremdenverkehrsamtes der Keys: www.fla-keys.com

Weißer Sandstrand auf Jost Van Dyke: Wo könnte es sich besser flittern lassen?

69 Paradies über dem Winde

Anguilla/British Virgin Island – Insel der Liebenden

HIGHLIGHTS

The Valley: Hauptstadt mit historischen Gebäuden wie der Ebenizer Methodist Church, Miss Marjories House, Rose Cottage und dem Koal Keel Restaurant, früher Sitz des Amtsgerichts

Heritage Museum: Sammlung mit Artefakten der Arawak Indianer und Gebrauchsgegenständen der frühen Siedler

Island Harbour: Fischerdorf und Verbindungsort zu den vorgelagerten Inseln

The Wallblake House: ältestes und einzig erhaltenes Plantagenhaus (1787) der Insel. www.wallblake.ai

Shoal Bay: beliebter Strand mit nahem Riff

PROBIEREN UND ERLEBEN

Frische Meeresfrüchte, Hummer und Fische sind Grundlage der Küche Anguillas. In Eintöpfen und Schmorgerichten wird gepökelter Kabeljau serviert. Beliebt ist auch *Callalloo,* eine Gemüsebeilage aus Taro oder Spinat und Amaranth. Zum Nachtisch gibt es Kokosnüsse und tropische Früchte, gern frittiert und gezuckert.

Romantische Strandspaziergänge, einsame Buchten zum Schwimmen, bezaubernde Sonnenuntergänge, Abendessen bei Kerzenlicht, Tanzen unter Sternen, luxuriöse Hotelzimmer, gekühlt von der sanften Brise der Tradewinds: Wenn es um Flitterwochen geht, ist das karibische Anguilla das ultimative Paradies.

Dass hier häufig Prominente gesehen werden – wen wundert's? Bekanntlich reisen Celebrities gern dorthin, wo es besonders schön ist. Und schön ist Anguilla. Dass sogar die britische Queen schon vorbeigeschaut hat, muss allerdings als »Geschäftsreise« verbucht werden – ist sie doch das Staatsoberhaupt der 14000 Einwohner zählenden Koralleninsel.

Anguilla ist flach, zieht sich 16 Kilometer in die Länge und fünf Kilometer in die Breite. Die meisten Hotels und edlen Villen liegen im reicheren Inselwesten. Einheimische leben vor allem im Osten, dort gibt es auch die meisten Supermärkte, Rum-Bars und Kirchen. Die mehr als 30 faszinierenden Strände finden sich überall auf Anguilla. Und ob Tauchen, Wasserski, Boot-Charter, Golf spielen oder Reiten – die Insel bietet alles.

Das Meer zeigt alle Grün- und Blautöne des Farbspektrums und begeistert Schnorchler wie Taucher. Heller Pudersand führt ins glasklare, seichte Wasser – keine Steine, kein Unrat, keine Quallen stören das Badevergnügen. Ansonsten zeigt sich Anguilla eher frugal: viel Buschwerk, ein paar Feuerbäume, Nadelhölzer, Muschelkalk und Felsen. In den Gärten sprießen Bougainvillea, Hibiskus und Oleander. Es gibt keine bunten Papageien, dafür Möwen und Kolibris. Und jede Menge Ruhe und Abgeschiedenheit für verliebte Flitterwöchner. Karibische Gelassenheit.

Ein bisschen Geschichtsstunde? Das Heritage Museum in East End zeigt Zeugnisse von Anguillas unblutiger Revolution. Im Jahr 1967 verjagten die Einwohner die Polizisten des ungeliebten dominanten Nachbarn St. Kitts, ebenfalls britisch. Zwei Jahr später lächelte die Welt über Großbritanniens Invasion in Anguilla. Die Inselbewohner begrüßten die Soldaten freundlich, wollten unter der Krone bleiben, aber unabhängig von St. Kitts. Das haben sie erreicht. Dann halfen die Briten beim Schul- und Straßenbau.

Zurück an den Strand! Wenn dort am Abend karibische Rhythmen ertönen, dürfen Verliebte unter tropischem Sternenhimmel tanzen. Und träumen.

Im knallroten Gummiboot

Einer der besten Wege, Anguilla zu erkunden, ist der auf dem Wasser. Zahlreiche Anbieter offerieren Bootsvermietungen und Charter. Von Bucht zu Bucht verändert sich das Szenario – weiße Luxusvillen reihen sich an farbenfrohe Fischerboote, dann ein einsamer Strand, an dem Pelikane ins Meer tauchen, und immer wieder kleine Dörfer. Natürlich sollte man per Boot auch die vorgelagerten Inseln erkunden. Die schönen Strände von Prickley Pear etwa. Oder Dog Island, begehrter Spot für Taucher. Näher an der Küste liegt Scilly Cay, ein privates Inselchen mit einem Restaurant, bekannt für seine Lobster-Gerichte und den köstlichen *Rhum Punch.* Und immer einen Besuch wert ist auch Sandy Island – sowohl zum Essen als auch zum Schnorcheln und Schwimmen. Bei den Tiger Safari Tours fahren Teilnehmer in drei Meter langen motorisierten Schlauchbooten für je zwei Personen. In einer Gruppe von bis zu 16 Booten geht es die Küste entlang, man macht Stopps zum Schnorcheln, Trinken und Sightseeing. www.freedomrentalsaxa.com

Rein ins Kajak und raus aufs Wasser!

Information

ANREISE
Anguilla ist über den Flughafen Clayton J. Lloyd International Airport (AXA) oder mit der Fähre von Sint Maarten/St. Martin zu erreichen.

BESTE REISEZEIT
Tropisches Klima, gemäßigt durch östliche Winde. Mit Hurrikanen ist von Juli bis Oktober zu rechnen.

ESSEN UND TRINKEN
Blanchard's: karibische Diner bei Kerzenlicht im tropischen Garten am Strand. www.blanchardsrestaurant.com

Pimms: Hier wird »Eurobbean«-Küche serviert, eine Mischung aus europäisch und karibisch. www.capjuluca.com

Straw Hat: entspannte Karibik-Atmosphäre und viel Fisch auf der Speisekarte. www.strawhat.com

ÜBERNACHTEN
Anacaona Boutique Hotel: privat geführtes Haus im mediterranen Stil. www.anacaonahotel.com

Cap Juluca Resort: elegante, orientalisch inspirierte Anlage. www.capjuluca.com

Malliouhana: pastellfarbenes Boutique Resort mit Panoramablick. www.malliouhana.aubergeresorts.com

WEITERE INFOS
www.ivisitanguilla.com

70 Griff in eine Wundertüte

Mexikos faszinierende Pazifikküste

HIGHLIGHTS

Zihuatanejo: Tagesausflug nach Barra de Potosi, einem kleinen Fischerdorf an einem einsamen Strand. Bootsausflüge zu einer Brackwasserlagune, die ein Vogelparadies ist.

Lagunas de Chacahua: Der Nationalpark ist ein Vogelparadies, aber schwer zu erreichen, Übernachtung in einfachen Cabanas möglich. www.lagunasdechacahua.com

Schnorcheln und Abtauchen im Pazifik. An vielen Orten werden Exkursionen in die Unterwasserwelt angeboten.

Puerto Vallarta: Zipline Park, Botanischer Garten, Zona Romantica

Bootstouren auf den Pazifik: zum Angeln, Hochseefischen, Whale Watching, Schnorcheln und Tauchen

PROBIEREN UND ERLEBEN

Ceviche: rohes Seegetier, in Limetten- und Orangensaft mariniert mit roten Zwiebeln und Paprika – tropische Früchte mit Chilipulver – *Tamales:* Blätter von Mais- oder Bananenstauden mit Maisteig und Fleisch gefüllt und gedämpft – *Tequila* und *Mezcal:* Schnäpse aus dem Agavenkaktus

Der mexikanische Architekt Luis Barragan sagte, dass die Fassade eines Hauses der Himmel und authentische Architektur eine Botschaft von Schönheit und Emotion ist. An Mexikos Pazifikküste haben einige seiner Kollegen Orte geschaffen, an denen man seine Seele baumeln lassen und sich vielleicht sogar selbst neu erfinden kann.

Passionierte Wellenreiter bekommen einen verklärten Blick, wenn man den Namen Puerto Escondido fallen lässt. Sie wissen, was sich dahinter verbirgt. MexPipe nämlich, eine grüne Wand. Ein Monster, sagen andere, das sich höher als hoch aufbaut, das Männer zu Ameisen werden lässt, das sich überschlägt und all jene verschluckt, die nicht rechtzeitig in Deckung gehen konnten. Und trotzdem reisen Surfer aus der ganzen Welt an Puerto Escondidos Zicatelastrand, um die MexPipe zu reiten. Sie ist eine Bilderbuchwelle, die weltweit nur hier und in Hawaii auftritt.

Am späten Nachmittag zum Sonnenuntergang füllt sich der Strand. Zu den muskelbepackten Surferinnen und Surfern, die im Schatten einer Strandbar jede Welle, die sie heute gemeistert haben, beim Erzählen neu erleben, gesellen sich Musiker, packen ihre Instrumente aus, Straßenkünstler geben zum Besten, was lange geübt wurde. Jugendliche sitzen im weichen Sand, üben interkulturelle Kommuni-

Surfstunde am Playa Brujas in Mazatlán

Flittern unter Palmen: Playa Carrizalillo in Puerto Escondido

kation, lachen, reden. Vielleicht kann man die Szene biblisch nennen. Kosmopolitisch, harmonisch, friedlich ist auf keinen Fall übertrieben. Alltäglich ist sie nur, weil der Sonnenuntergang in der Trockenzeit beinahe garantiert ist. Zwar gibt es in der Stadt einige Diskotheken und Bars, allerdings gehen Surfer früh schlafen, um am Morgen wieder fit zu sein, um Stunden auf dem Surfbrett nach der MexPipe auf der Lauer zu liegen.

Das singende Haus

Die Hotelbeschreibung liest sich technisch. Hotel im Adobestil steht da, mit Infinity- und Salzwasserpool, mit exzellenter Küche und einem schönen Blick. Die Bilder überzeugen mehr. Wenn man dann aber durch das Tor unter das riesige Palmenblätterdach tritt, weiß man, dass man sich in seiner persönlichen Filmkulisse befindet. Muss man sich nur den Plot überlegen. Die Dialoge kommen in dieser Atmosphäre, die die Sinne anspricht und mit ihnen spielt, in der viel Liebe im Detail steckt, wie von selbst. Seitdem die Casa Que Canta vor 23 Jahren geöffnet hat, wird die Idee und Umsetzung weltweit in den Himmel gelobt. Und wer das Hotel mit seiner traumhaften Architektur und den Terrassen, die zauberhafte Perspektiven liefern, dann doch mal verlassen will, gelangt über einen kleinen versteckten Treppenweg direkt in das nächste Bühnenbild, die Playa La Ropa. Camino Escenico a Playa La Ropa, Colonia Playa La Ropa. www.lacasaquecanta.com

Puerto Escondido ist eine Adresse entlang der Pazifikküste Mexikos, an der man seine Batterien aufladen und sich für das bevorstehende Zusammenleben einrichten kann. Aber nicht die einzige. Paradiese verbergen sich auch hinter Namen wie Puerto Angel, Pie de la Cuesta, Zihuatanejo-Manzanillo oder Puerto Vallarta. Die Kartenfunktion von

Typisch mexikanisch: Cochinita pibil à la Yucatán (Eintopf mit Schweinefleisch und Gemüse)

Information

ANREISE
Flug nach Mexiko City und dann mit dem Flieger oder dem klimatisierten Luxusbus in eine der Städte. Mit dem Bus muss man in Acapulco umsteigen.

BESTE REISEZEIT
Von Oktober bis April ist Trockenzeit

SEHENSWERT
Nervenkitzel in Acapulco: Klippenspringer in La Quebrada

Puerto Escondido: Badestrand Playa Angelito und Playa Coral, Playa Zicatela: Surfstrand mit der Monsterwelle, Bücher *Ein Wunder am Ende der Welt* oder *Puerto Escondido* von Pino Cacucci lesen

Puerto Vallarta: Iglesia de Nuestra Senoa de Guadelupe, Strand Playa de Conchas Chinas und Playa Los Muertos

ESSEN UND TRINKEN
Puerto Escondido:
Revolucion Tapas Bar: Lunch und abends Drinks und Tapas, direkt am Surferstrand, Playa Zicatela, Tel +52/44 91 55 17 77,

Almoraduz: pfiffige mexikanische und lateinamerikanische Küche, Boulevard Benito Juarez Locales 11 y 12,
Tel. +52 954/582 31 09

Internetsuchmaschinen bietet heute die Möglichkeit, selbst Orte zu finden, die auf Papierlandkarten mit nur großem Maßstab zu finden sind. Allerdings muss man erst einmal einen Grund haben, nach ihnen zu suchen.

Über das ehemalige Fischer- und Perlentaucherstädtchen Puerto Vallarta an der weiten Bay of Banderas wurden schon viele Geschichten erzählt. 1964 war der benachbarte, auf dem Landweg nicht erreichbare Strand von Mismajola Drehort für John Houstons Film *Night of the Iguana*. Richard Burton und Ava Gardener machten das von Tennessee Williams stammende Buch zum erfolgreichsten Film des Jahres. Puerto Vallarta, bis dahin Rückzugsort für amerikanische Schriftsteller und Künstler, rückte in das Bewusstsein der großen Masse. Die Altstadt ist ein koloniales Juwel, dessentwegen heute auch Kreuzfahrtschiffe haltmachen. Rund 100 Hotels, viele mit vier oder fünf Sternen, beherbergen in der Hochsaison bis zu 100 000 Touristen. Dazu kommen Timeshare-Wohnungen und Pensionen. Urlauber können neben langen Sandstränden zwischen 250 Restaurants – manche von ihnen haben Weltklasse –, sieben Golfplätzen in der Region und drei Jachthäfen wählen. Museen, Galerien, Einkaufszentren, Bars und Diskotheken runden das Angebot ab.

Damit hat Puerto Vallarta Acapulco als Touristenhochburg der mexikanischen Pazifikküste vom Thron gestoßen. Zwischen diesen beiden Städten befinden sich viele kleine Fischerorte, die darauf warten, entdeckt zu werden. Die Bandmitglieder der Mexpopgruppe Mana haben bei Cruz de Loreto an einer Lagune einen Naturpark mit Brutstation eingerichtet, der Meeresschildkröten das Überleben sichern soll. Wenig weiter an der Costa Alegre ließ der Turiner Immobilienmakler und Banker Gian Franco Brignone seinen Traum Wirklichkeit werden und baute in den 1970er-Jahren ein exklusives Utropia.

Zihuatanejo hat mit der Playa la Ropa, die in einer tiefen, bauchigen Bucht eingebettet ist, einen der schönsten Palmenstrände der Region. An den sanften Hängen, die sich an den Hügeln hinter der Küste erheben, lugen Gebäude zwischen Palmen hervor, die sich in die Landschaft fügen und ihr Charakter geben. Wurzeln dieser Palapabauten, wandlose Pfahlkonstruktionen, auf denen ein Palmendach ruht, um Schatten zu spenden, haben die Ureinwohner gelegt. Man legt sich in eine Hängematte, schon baumelt die Seele. Schöner kann man kaum abhängen. Allein, zu zweit. Mit Service von der nächsten Bar. Das sind perfekte Refugien, um dem Leben einen neuen Anstrich zu geben, es mit Licht zu bereichern, sich an der verschwenderischen Natur zu laben, die Sinne als Quelle der Inspiration zu entdecken, mit Fantasie sein Leben einzurichten und zusammen in der Harmonie zu baden.

hot & spicy

Moctezumas ist ein aztekischer Gott. Seine Rache kennt jeder, der viel auf Reisen ist. Die Redensart von Moctezumas Rache entstand 1968, als während der Olympischen Spiele einige deutsche Sportler unter Darmerkrankungen litten. Vielleicht kann man sie leichter umgehen, wenn man sich in der mexikanischen Küche zu Hause fühlt. Wenn man lernt *Mole* zu machen, *Tamales, Pozole* und *Salsa* aus Chilies in unterschiedlichen Farben und Schärfen für *Tortas, Tortillas, Tacos* und *Enchiladas.* Was der Unterschied ist? Nichts wie hin! Die Mexikanerin Monica Duran Perez geht mit Ihnen auf den Mercado, zeigt, worauf es bei den Produkten ankommt, mit denen Sie später kochen werden. Sie erklärt auf Englisch und Spanisch, wie sich präkolumbische, europäische, arabische und karibische Rezepte zu dem vermischt haben, was heute in Mexiko serviert wird. Patio Mexica Cooking School, Casa Adelita and Sra. De Remedios, Colonia la Madera, Zihuatanejo. www.patiomexica.com

Die Seele baumeln lassen im wunderschönen Zihuatanejo

Zihuatanejo:
Tentaciones: gehobene Küche, der Spruch, dass das Auge mitisst, bekommt bei diesem Blick eine neue Dimension, Varretera Escenica a Playa la Ropa, Lote 97 c, Tel. +52 755/544 83 83

Puerto Vallarta:
Le Kliff: Fisch und Meeresfrüchte, mit betörendem Blick vor allem zum Sonnenuntergang, Straße nach Barra de Navidad, zwischen Mismaloya und Boca de Tomatlan, Tel. +52 322/228 03 00

ÜBERNACHTEN

Puerto Escondido:
Quinta Lili Boutique House Hotel: kleines, gepflegtes Hotel über einer kleinen Bucht, Los Cangrejos 104, Fraccionamiento Carrizalillo. www.quintalili.mx

Villa Mozart y Macondo: kleines Hotel, schöne Zimmer, 2 Minuten vom Strand, Avenida las Tortugas 77, Carrizalillo. www.mozartymacondo.com

Zihuatanejo:
Puerto Paraiso: schöne, großzügige Hotelanlage direkt am Bilderbuchstrand Playa Larga, Cerrada de las Tortugas 1. www.puertoparaiso.com

Villa Lala Boutique: in einem Bambuswald verstecktes Hotel mit atemberaubendem Infinity-Pool, Carretera Barra de Navidad 5696, Bocade Tomatlan. www.villalalapv.com

Puerto Vallarta:
Casa Karma: Boutiquehotel für höchste Ansprüche, direkt am Strand, Carretera a Barra de Navidad 1247. www.casakarma.net

SHOPPING

In **Old Vallarta** mischen sich Geschäfte mit Cafés und Restaurant perfekt.
Galleria Dante: Basilio Badillo 269, Kunstgalerie mit Anspruch mit dennoch erschwinglichen Plastiken und Gemälden, mit Restaurant

WEITERE INFOS

Mexikanisches Fremdenverkehrsamt: Klingelhöferstr. 3, 10785 Berlin, germany@visitmexico.com

71 Maya-Hochkultur, Sonne und Strand

Tempel und Badefreuden an der Riviera Maya

HIGHLIGHTS

Tauchreviere: Die schönsten Korallenriffe liegen vor der **Isla Cozumel**, von Playa del Carmen leicht zu erreichen, z. B. das von Jacques Costeau entdeckte Palancar Riff. Vor **Isla Mujeres** beliebt: die Caverna de los Tiburones. Tauchen kann man auch in den Süßwasser-*cenotes*.

Küsten-Biosphärenreservat Sian Ka'an: Mexikos größtes Naturschutzgebiet in unberührter Lagunenlandschaft. Besuch ausschließlich mit organisierten Touren.

Maya-Monumente: Kohunlich, Dzibanché, Xpujil, Becán, Chicanná, Calakmul

PROBIEREN UND ERLEBEN

Huevos motuleños heißt das standesgemäße Frühstück in Yucatán: Tortillas, Bohnenpüree, selbstgemachte Chili-Tomatensoße, grüne Erbsen, Schinken, frittierte Bananen, zwei Spiegeleier, Schweineschwarte und Weißkäse. Alles wird übereinander in die Höhe drapiert und reicht locker für fünf normale Esser.

Wer hätte je gedacht, dass eine vernachlässigte Fischer- und Kokosbauerngegend entlang der karibischen Küste einmal der größte Tourismusmagnet des Landes werden würde? Damals sonnten sich Johnny Weissmüller und Lana Turner in Acapulco. Doch die steigende Gästezahl sprengte bald die Dimensionen der Acapulco-Bucht.

Und so entstand Cancún, entworfen auf dem Reißbrett. Drei mexikanische Bankmanager hatten das Projekt initiiert und auch gleich einen prophetischen Namen geliefert: Cancún bedeutet in der Sprache der Maya »Goldtopf« – der Spott war ihnen gewiss. Doch das Projekt »Goldtopf« wuchs unbeirrt an einer 22 Kilometer langen, struppig und unattraktiv bewachsenen Landzunge zwischen Lagune und Meer – und stillt heute den Durst auf Sonne, Strand und Party von Millionen internationaler Urlauber.

Die sich südlich anschließende Riviera Maya beruht auch auf einem »Projekt« und umfasst eine Strandregion von rund 100 Kilometern mit den Zentren Playa del Carmen, Akumal und Tulum. Doch die Ruhe ist weg: Seitdem der Hurrikan »Gilbert« 1988 alle Palmen mit der Wurzel ausriss, bekam die Bautätigkeit am karibischen Traumstrand unübersehbare Impulse.

Hier können Liebespaare übers Wasser gehen: schlendern und genießen

Berühmte Schönheit: die Playa del Norte auf der Isla Mujeres

Heute stehen Zehntausende von Betten entlang der gesamten Riviera Maya zur Verfügung. Getarnt als Betonklötze, Dornröschenpaläste, marokkanische Kasbahs, als mit Schilf gedeckte Schiffe, als Familienpensionen.

Die gesamte Küste ist nun eine einzige Ferienlandschaft, doch auch wenn einem die Kunstpyramidenhotels schon den Atem verschlagen, die Landschaft kann mit Sicherheit noch mehr. Was wäre diese ganze Riviera Maya wert, wenn sie nicht auch Heimat von grandiosen Naturspektakeln wäre? Sie wäre austauschbar.

Mit dem Moped oder dem Golfcart einmal rund um die Isla Mujeres

Die Karibikidylle Isla Mujeres, »Fraueninsel«, verdankt ihren Namen kleinen Statuetten aus der Maya-Zeit, die weibliche Göttinnen zeigen. Man erreicht sie leicht von Cancún aus. Und das ist gut so, denn das Miniatur-Eiland bietet sich für einen Tagesausflug mit dem Moped oder dem Golfcart förmlich an. Wer länger bleiben möchte, kann das freilich tun: Es gibt Hotels, Pensionen und B&Bs auf der Insel, und traumhafte Strände, so z. B. die Playa Norte, die Playa Posada und Media Luna. Die südliche Seite dagegen präsentiert sich eher zerklüftet und mit einer recht windrobusten struppigen Vegetation.

Zu den Sehenswürdigkeiten gehören das Korallenriff Garrafon Reef, das von einem etwas lärmigen Spielpark umgeben ist, wo man aber schnorcheln und Kajaks mieten kann, und das Unterwassermuseum MUSA mit vielen verschie-

Traumhaft gelegen ist diese Ruinenstätte der Mayas in Tulum.

Information

ANREISE

Viele Fluggesellschaften bieten Direktflüge nach Cancún an. Am besten mit dem Direktflug von Condor. Er dauert nur 11 1/2 Std.

Einreise: Kein Visum, ein Reisepass reicht aus, der noch sechs Monate nach Reisebeginn gültig sein muss.

Gesundheit: keine Vorschriften, lediglich Empfehlungen für Hepatitis A und B, Cholera, Gelbfieber, Typhus, Tetanus, Polio. Wegen des Zika-Virus auf Mückenschutz achten. Vor Durchfall schützt man sich mit dem Verzicht auf ungeschältes Obst, Leitungswasser, Eiswürfel und Salate. Auch keine *cocteles* aus Meeresfrüchten verzehren.

BESTE REISEZEIT

Am besten in der Trockenzeit zwischen November und Februar/März

SEHENSWERT

Cobá: Die zwischen 600 und 900 n. Chr. erbaute Maya-Tempelstadt liegt etwa 42 Kilometer von der Küste entfernt, Tempel und Pyramiden liegen weit verstreut zwischen fünf Seen. Es werden organisierte Ausflüge angeboten, einen halben Tag einplanen.

denen Exponaten, die aber alle nicht so bleiben, wie sie sind – als ein *work in progress* ist das zu verstehen, denn die Skulpturen sind der Erosion der Unterwasserwelt ausgesetzt.

Und austauschbar ist sie mit Sicherheit überhaupt nicht. In Xcaret finden wir glasklares Wasser, das die Sonne in einen funkelnden Spiegel verwandelt hat, wir tauchen zwischen Seerosenblättern und spüren die stille Magie dieses Ortes. Zwar gleicht Xcaret oberhalb der Wasserlinie einem riesigen Vergnügungspark im prahlerischen US-Stil, aber es hat auch stille, sehr eindrucksvolle Seiten. Ein Stückchen weiter südlich im Naturpark Xel Ha treffen wir ebenfalls eine serviceorientierte Kunstwelt *und* eine bezaubernde Natur, bestehend aus mehreren Wasserbecken, eine weit geschwungene Bucht mit Myriaden von buntgestreiften glitzernden Fischchen und zwei *cenotes*, dem Regengott der Maya geweihte heilige Brunnen.

Von ihnen ging früher die gruselige Legende, dass dort hinab Jungfrauen gestoßen worden sein sollen, und Taucher haben tatsächlich Menschenknochen gefunden, aber auch Gold und Jade. Sie sind eher unterirdische Wasserläufe als Brunnen, entstanden durch Abbrüche in dem porösen Kalkstein der Küste. Über Hunderte von Kilometern ziehen sie sich in dämmerig-grüne Routen verzweigt unter dem Küstenstreifen entlang und bilden eine faszinierende Welt für Schatzsucher, Taucher und Unterwasserfans.

Und da sind wir auch schon bei den Maya angelangt, die an ihrer »Riviera« für viele Rätsel sorgen. So viel ist sicher: Die Wasserläufe

spielten in der indianischen Wirtschaftswelt als Transportwege eine große Rolle. Hier trieben die Maya Handel. Und hier bauten sie religiöse Zentren. Neben dem als Meeresfestung erbauten Tulum bildeten Xaman Ha (das heutige Playa del Carmen), Xcaret und Xel Ha weitere Siedlungsknotenpunkte. Cobá, das zur klassischen Maya-Zeit zwischen 300 und 1000 n. Chr. immerhin 50 000 Einwohner zählte und somit größer war als jede Stadt in der alten Welt, liegt im Landesinneren. Ein Stück weiter entfernt im Herzen der Halbinsel Yucatán wartet Chichén Itzá, eine sehr gut erhaltene und restaurierte Tempelstadt.

Tulum ist wohl die bezauberndste dieser archäologischen Stätten. Umspült vom türkisgrünen Meer, thront die Festung wunderbar über den karibischen Wellen, weiß gewaschen durch die salzhaltige Gischt in ihrem Fassadenschmuck aus einst bunt bemaltem Stuck. Tulum ist übrigens die einzige Maya-Anlage, die bei der Ankunft der spanischen Konquistadoren noch bewohnt war.

Am 21. März und am 23. September, zur Frühjahrs- und Herbst-Tagundnachtgleiche, geschieht in der größten archäologischen Stätte des Landes, Chichén Itzá, etwas Außergewöhnliches. Dann nämlich pilgern Abertausende zur mächtigen Pyramide des Gottes Kukulkán, um im scheidenden Tageslicht zu sehen, wie sich eine steinerne Schlangenfigur von der Spitze bis zum Bogen bewegt. Um diese optische Illusion zu schaffen, haben Baukünstler und Astronomen ihr ganzes Wissen gebündelt.

Chichén Itzá verweist durch seine bloße Dimension alle anderen Pyramidenstädte auf die Ränge. Ihren Namen erhielt sie im 5. Jahrhundert durch das Volk der Itzae. Um 1200 verfiel Chichén Itzá, das zu seiner Blüte die gesamte Halbinsel beherrscht hatte. In den sorgfältig restaurierten Tempeln und Fresken liest man wie in einem Geschichtsbuch.

Herrschaftlich schlafen auf der Hacienda

Wer sich in seinen Flitterwochen etwas wirklich Besonderes gönnen möchte, quartiert sich auf einer der restaurierten alten Haciendas in der Nähe von Mérida ein. Sehr stilvoll und luxuriös übernachtet man zum Beispiel auf der Hacienda Santa Rosa de Lima, (www.luxurycollection.com), der Hacienda Temozón (www.luxurycollection.com) oder der Hacienda Petac (www.haciendapetac.com). Man kann einen Besuch vor oder nach der Karibik-Tempel-Tour einplanen und dabei eine neue und nicht sehr bekannte Facette Mexikos kennenlernen.

Tulum: wunderschön gelegene Maya-Festungsstadt direkt am Meer. Ein spanischer Chronist verglich ihre Größe mit der von Sevilla.
Erhalten sind Tempel, das »Castillo«, Festungs- und Hausmauern.

Chichén Itzá: etwa 100 Kilometer von Cancún entfernt. Bekannteste und größte der Maya-Stätten mit vielen Tempeln und Pyramiden. Wegen der Lichtverhältnisse sollte der Besuch am Vormittag beginnen. Abends Light and Sound-Veranstaltungen

ÜBERNACHTEN

Das Angebot ist in allen Kategorien ist überwältigend.

In der Nähe von Chichén Itzá:

Mayaland: Bungalows mit viel Komfort im indianischen Stil. www.mayaland.com.

Villas Arqueologicas de Chichén Itzá: hübsche Anlage mit Patio und Pool

In Playa del Carmen:

Ikal del Mar: www.shl.com, **Maroma:** www.Maroma.net. **Deseo:** www.hoteldeseo.com, alle Luxusklasse

Zwischen Cancún und Playa del Carmen:

Senses Riviera Maya by Artisan, reduziert gestylter Luxus, riesige Suiten, www.hotelesboutique.com.

Auf der Isla Mujeres: Casa de los Sueños, stylish, bunt und ruhig. Mit Spa-Angeboten. www.casadelossuenos.com.

WEITERE INFOS

Mexikanisches Fremdenverkehrsbüro:
Taunusanlage 21, 60325 Frankfurt
www.mexiko-reisetipps.de,
www.rivieramaya.com,
www.quintanaroo.gob.mx,
www.gocancun.com

Mittel- und Südamerika

Die detailreichen, farbenfrohen Stickereien der traditionellen Gewänder der Quechua-Frauen (hier in Cusco, Peru) sind ein Blickfang.

Isletas im Lago de Nicaragua, dem größten Binnensee Mittelamerikas

72 Restauriertes Juwel in Nicaragua

Granada – schönste Kolonialstadt Mittelamerikas

HIGHLIGHTS

Casa de los Tres Mundos: Die Kunstschule Pan y Arte residiert in der vorbildlich restaurierten Casa de los Leones. Der 2014 verstorbene Schauspieler Dietmar Schönherr wird hier für sein langjähriges Engagement mit einem Bodenmosaik geehrt. Zahlreiche kulturelle Veranstaltungen, Open-Air-Kino

Parque Colón: zentrale wunderschöne Plaza, von opulenten Mangobäumen beschattet

Convento y Museo San Francisco: eines der ältesten und prächtig restaurierten Klöster Lateinamerikas, mit schönem Geschichtsmuseum im Kreuzgang

Mariposario: Naturreservat für tropische Schmetterlinge – bildschön

PROBIEREN UND ERLEBEN

Gallo pinto, Bohnen mit Reis, ist sozusagen das Nationalgericht und wird den ganzen Tag aufgetischt, auch als Beilage zur *chicharrón*, der knusprigen Schweineschwarte. Dieses Gericht heißt dann *vigorón*, wäre allerdings ein Mittagessen, angeboten in den bemalten Imbissbuden auf der Plaza Colón.

Die Landbrücke zwischen Mittel- und Südamerika macht nicht oft von sich reden; höchstens wenn der Panamakanal Geburtstag feiert oder es die Vielfalt von Costa Ricas Tierwelt zu bestaunen gilt. Doch Nicaragua hat die gleiche Palette zu bieten: Tropen, Vulkane und eine wunderschöne Kolonialstadt obendrauf: Granada.

Amor! Sombra! Die Deklamation schallt über die sonnige Plaza de la Independencia. *Amor! Sombra!* Liebe! Schatten! Wir klatschen Beifall, wie so oft in den vergangenen Stunden. Es sind die Tage des internationalen Poesiefestivals in Granada, der schönsten Stadt Nicaraguas, und der Zuspruch ist groß. Man sitzt auf Klappstühlen und lauscht, schön beschattet unter weißen Sonnensegeln, und fächelt mit dem Programmheft. Heute Vormittag sind diejenigen auf das Podium geladen, die das Fest finanziert haben: Fernsehanstalten und die Telefongesellschaft, und soeben hat der Direktor von Canal 4 in hellem Leinenanzug das Podium erklommen, um uns von seiner dichterischen Begabung zu überzeugen. *Amor! Sombra!* Wunderbar!

Jeder im Land kann dichten, das weiß jedes Kind. Ob Mangoverkäuferin oder Schuhputzer, die Nicaraguaner lieben Dichtung. Das erklärt auch den aufgeregten Stolz, mit dem man hier zwischen der barocken Kathedrale und den Kolonialstilhäusern sitzt.

Die vom Morgen noch frische Luft duftet nach frittierten Kochbananen und Zucker. Jenseits des Podiums, unter den kolonialen Kolonnaden, rühren Markthändlerinnen den *gallo pinto* in ihrem bauchigen Kupfergeschirr an, Bohnen und Reis. Die frittierte Kochbanane gibt's obendrauf und dazu einen starken *cafecito*, und fertig ist das typische Nica-Frühstück.

Unter den dichten Blätterkronen der mächtigen Mangobäume auf der Plaza de la Independencia haben mittlerweile Kunsthandwerker ihre Stände aufgeschlagen. Einige Guatemalteken sind darunter, die ihre farbenprächtigen Stickereien feilbieten, aber auch nicaraguanische Frauenkooperativen von der nahen Insel Zapatero. Mit Stoffbändern herausgeputzte Pferdekutschen warten auf Kundschaft, und um die Plaza schwebt ständig ein leichter Duft nach Pferdemist. So riecht Granada: nach gebratenen Bohnen, Reis, nach Honig, Mangos und Blumen und nach Pferdeäpfeln.

Picknick auf den Inseln

Nicht nur die Stadt ist schön, die Umgebung ist es auch. Auf dem Nicaragua-See liegen wie Konfetti ausgestreut winzige tropische Inselchen, 365 sollen es sein, also für jeden Tag des Jahres eine, und manche kann man auch besuchen. Sie bewahren eine besondere Flora und Fauna – Affen zum Beispiel sind auf der Isla de los Monos anzutreffen – und es gibt sogar ein Fort aus der Kolonialzeit. Auch kleine Badebuchten und Strände sind vorhanden, der imposante Vulkan Mombacho liefert die perfekte Kulisse für ein romantisches Picknick in Zweisamkeit. Einige der Inselchen sind bewohnt, besetzt von ärmeren *nicas*, die keine Besitzrechte haben, aber auch reiche Familien bauen sich ihre Feriensitze dort. Die vielen kleinen lokalen Veranstalter in Granada bieten einen (Halb-)Tagesausflug per Boot an.

Die Leute, die in all die schönen Häuser investieren, die noch aus der Kolonialzeit stammen (sollen), tragen das ihrige dazu bei, dass es auch so bleibt. Damals war Granada am Seeufer des Lago de Nicaragua ein wichtiger Handelsknotenpunkt für Tabak und Kakao, der Lago de Nicaragua ist groß und mit schiffbaren Flüssen verbunden. Die Stadt

Granadas Kathedrale im spanischen Kolonialstil ist weithin sichtbar.

Zwei in einem: internationales Poetry-Festival und Karneval-Festzug

Information

ANREISE

Verschiedene Fluggesellschaften bieten Flüge nach Managua an, am kürzesten ist die Kombination Lufthansa nach Dallas und weiter mit United American Airlines, KLM, British Airways, Iberia, Air France mit mindestens einem Zwischenstopp. Flugdauer mindestens 17 Stunden.

Einreise: Ein Visum wird nicht verlangt, der Reisepass muss noch sechs Monate nach Reisebeginn gültig sein.

Gesundheit: Für Nicaragua gelten keine vorgeschriebenen Impfungen, aber Empfehlungen: Hepatitis A und B, Cholera, Gelbfieber, Typhus, Tetanus, Polio. Wichtig ist guter Mückenschutz, auch gegen das Zika-Virus.

SEHENSWERT

Fortaleza La Polvora: Befestigungsanlage von 1748 aus der Kolonialzeit, schöner Panoramablick auf die Stadt und den See

Laguna de Apoyo: Der tiefgrüne Vulkankratersee liegt auf dem Weg zwischen Managua und Granada, umrahmt von malerischen tropischen Wäldern, und ist bestimmt der schönste See im Land. Man kann hier auch übernachten. Z. B. in der **Posada Ecologica La Abuela**, direkt am See gelegen, schöne, große, landestypisch eingerichtete Zimmer, perfekt für die Erholung.

war reich und wurde schön, und viel von der historischen Bausubstanz ist erlesen restauriert. Die Fassaden strahlen in Sonnengelb und Ochsenblutrot. Über der Pracht thront der Vulkan Mombacho.

Wir laufen an den bunt gestrichenen Mauern mit den weiß bemalten Stuckportalen entlang, erhaschen Blicke durch bodentiefe, vergitterte Fenster auf palmenbestandene Patios, auf im Schatten aufgestellte Sofas, auf Familien, die sich zum Essen am Tisch versammelt haben. Die Hausbewohner gestatten, dass man ungeniert in ihr Privatleben blickt.

Doch so viel Schönheit hat seine Schattenseite. In Granada wird investiert, und zwar im großen Stil, das sieht man. Keiner weiß so recht, wohin die Reise gehen soll. Das halbe Zentrum ähnelt einem Freilichtmuseum verschiedener Kolonialstile. Das Kapital stamme hauptsächlich aus Europa und den USA, so wird gemunkelt.

Noch sieht es alles andere als glatt gebügelt aus. Drei Blocks südlich des Zentrums beginnt das Marktgewühl. In den engen Geschäften sirrt der Deckenventilator, es gibt Papierwaren, Kleidung und Koffer. Uhrmacher in grauen Kitteln reparieren gleich auf der Straße, während wir der Verlockung nicht widerstehen können, durch das graue stolze Steintor des Marktes zu schreiten. Wir kaufen Zigarren, Marke Mombacho, und lassen uns von den mütterlich wirkenden Köchinnen handgemachte frische Tortillas einpacken.

Granada vibriert. Die Hotelterrasse des Alhambra, von der aus man die zentrale Plaza Colón überblickt, füllt sich in den frühen Abendstun-

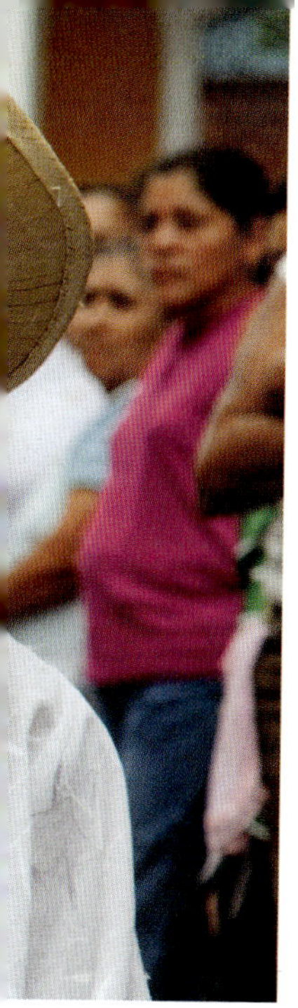

den mit frisch geduschten Nordamerikanern, Kanadiern, Holländern, Franzosen und Deutschen. Man trinkt hausgemachtes Limettensoda oder den Drink der Saison, *Flor de Caña* – Rum mit Passionsfruchtsaft.

Als die Nacht die Hitze des Tages besiegt hat, tauchen Scheinwerfer die Plaza in ein festliches Licht. Vor der Kulisse des Rathauses und des Obelisken gibt auf der großen Bühne Luis Enrique Mejía Godoy, einer der Helden der sandinistischen Revolution, ein Konzert. Er gehört zusammen mit seinem Bruder Carlos zu den beliebtesten Musikern des Landes. Luis Enrique, nicht mehr der Jüngste, triumphiert mit feuriger Salsa, Cumbia und Marimba. Die Stimmung ist perfekt, und alle Welt, Jung und Alt, Dichter und Straßenverkäufer, strahlt und tanzt.

Brot und Kunst – Kultur in der sandinistischen Revolution

Die schönste Fassade der Stadt gehört der Casa de los Tres Mundos, die angeblich schon im 16. Jahrhundert erbaut worden sein soll und von Vertretern der spanischen Krone bewohnt wurde. Seit 1988 ist es Sitz der Kulturstiftung Fundación Pan y Arte, die der österreichische Schauspieler Dietmar Schönherr und der Befreiungstheologe und Dichter Ernesto Cardenal, Kulturminister der ersten sandinistischen Regierung nach der Revolution 1979, gründeten. Die halbe Welt schlug sich damals auf die Seite des kleinen mittelamerikanischen Staates, in dem tapfere Guerrilleros eine jahrzehntelange, von den USA finanzierte und gelenkte Regierung unter dem Diktator Somoza bekämpften. Die linke Regierung in Chile war gescheitert, und die Solidarität war groß. In den Schulen und Behörden trank man Nicaragua-Kaffee, Städte und Dörfer begründeten bis heute existierende Partnerschaften. Und genau hier, in der kolonialen Casa de los Leones, kulminiert und feiert sich diese Solidaritätsbewegung. Unbedingt besuchen!

Straßenverkauf traditioneller Speisen im Parque Central

Pueblos Blancos: Ebenfalls zwischen Managua und Granada gelegen, repräsentieren diese hübschen fünf weißen Dörfer Nica-Identität zwischen präkolumbischer Kultur und Kolonialstil. Besuchenswerte Kunsthandwerksmärkte

ESSEN UND TRINKEN

Die Restaurantmeile ist die **Calle El Caimito**, die direkt von der Plaza Colón abgeht. Hier liegt ein fröhlich-buntes Restaurant neben dem anderen, und Straßenmusikanten begeistern das Publikum.

El Zaguan: das renommierteste und traditionellste Restaurant in der ganzen Stadt, Fleisch und Fisch vom Grill

Casa San Francisco: Buntes Boutiquehotel im restaurierten Kolonialhaus mit hochgelobtem Restaurant. www.hotelcasasanfrancisco.com.

ÜBERNACHTEN

Hotel El Patio de Malinche: sehr hübsche Anlage um zwei gartenhafte Patios, der eine mit Pool. Kolonialstilmöbel, die Zimmer sind eher klein, das Frühstück toll. www.patiodelmalinche.com

Hotel Casa San Francisco: Ähnliches gilt für die Casa San Francisco. www.hotelcasasanfrancisco.com

Hotel Alhambra: großartiges Traditionshaus mit allen Zutaten eines Grandhotels, was es aber nicht wirklich ist. Blickfang direkt an der Plaza Colón. www.hotelalhambra.com.ni

WEITERE INFOS

Es gibt kein Fremdenverkehrsamt, aber Informationen unter www.nicaraguaportal.de. Eine empfehlenswerte Adresse sind Solentiname Tours, www.solentinametours.com

Paradiesische Kulisse im Yemaya Resort

73 Reggae-Feeling in Nicaragua

Karibik ohne Chichi? Corn Island!

HIGHLIGHTS

Die Natur: Es gibt etwa acht Kilometer asphaltierte Strecke, bei Nautilus Eco Tours kann man Fahrräder und Motos mieten. www.bigcornisland.com

Tauchen und Schnorcheln: Kurse bieten ebenfalls Nautilus Eco Tours an.

Mirador: Ausguckspunkt im Osten der Insel

Strände: Sally Peaches Beach, Beach North End im Norden (mit dem lustigen Hotel Morgan), Brig Bay Beach im Westen und Long Beach im Südosten

PROBIEREN UND ERLEBEN

Tourismus ist eine Wirtschaftsgrundlage von Corn Island, der Langustenfang die andere. Was läge also näher, diese Köstlichkeit aus dem Meer hier zu probieren?

Die karibische Küste Mittelamerikas ist geprägt von ihren schwarzen Bewohnern, auch in Nicaragua. Die Ururenkel von Sklaven sind es, denen damals die Flucht von den Totenschiffen gelang, die sie in Ketten aus Benin, Gambia und Ghana in die Karibik bringen sollten, um Fronarbeit auf den Zuckerrohr- und Añil-Plantagen zu leisten.

Und so bildete sich hier eine ganz eigene Kultur heraus, mit einer eigenen Sprache, dem *creole*, einem englischen Dialekt. Mit einer eigenen Musik, einem eigenen Lebensgefühl, das über die Grenzen hinaus bis heute Bestand hat.

Eigentlich möchte man sofort nach der Ankunft aus Managua auf dem winzigen Flughafen von Corn Island in den Reggae-Schritt verfallen. War es dort schon heiß, ist es hier noch heißer, aber es ist – auch wenn es sich schwer nach Klischee anhört – lässiger, cooler und ruhiger. Das B & B Martha hat uns ein Auto zur Abholung geschickt. Öffentliche Verkehrsmittel gibt es zwar, und wir benutzen sie später auch, aber sie kommen, wann sie eben kommen, was sie nicht gerade zum zuverlässigsten Transportmittel macht. Unser mitteleuropäisches Denksystem haben wir daher gleich am Flughafen abgegeben. Und dort gehört es auch hin.

Und nun also kurven wir zum Hotel. Es liegt direkt am Sandstrand, hat einen sehr hübschen bunten Garten voller Palmen davor, und es ist bekannt für seine Küche. Sehr gut. In der Nähe liegt der Pier für die Fähre nach Little Corn Island. Am Strand gibt es Hängematten unterm Sonnensegel. Und sehr viel Sand. Damit ist unser Urlaubsprogramm umschrieben.

An einem Tag laufen wir rechts herum, am nächsten links herum. Die gesamte tropische Insel ist sehr gut zu Fuß zu umrunden. Natürlich nicht in einem Tag. Am Strand kann man morgens auch wunderbar Yoga üben, ungestört, nur von den sanften Wellen umplätschert. Spätestens am Nachmittag geben alle Gäste (es hat acht Zimmer) die Bestellung für das Abendessen auf, das dann pünktlich um 19 Uhr auf dem Tisch steht. Wir bestellen meistens frischen Fisch mit Kochbananen, denn den Fischern haben wir morgens schon zugesehen, wenn sie ihren Fang an die Köchin verkaufen.

Anschließend laufen wir den Strand entlang, um einen Drink im Hotel Arenas Beach zu nehmen, das genauso aussieht, als wären hier die Jingles für die Raffaelo-Werbung gedreht worden, und dann wieder zurück. Und das Tolle an diesem kleinen tropischen Paradies: Morgen machen wir genau das Gleiche wieder!

Hier fallen einem reife Kokosnüsse direkt vor die Füße.

Information

ANREISE
Flüge von Managua über Bluefields, Dauer etwa 1 Stunde mit La Costeña. Es gibt einen Bus, der die Insel umrundet. Gesundheit: Auf hohen Sonnenschutz und guten Mückenschutz ist zu achten.

BESTE REISEZEIT
Tropisches Klima, Regenzeit ab April bis August/September meiden. Am trockensten im Dezember bis Februar

ESSEN UND TRINKEN
Gut ist das **Restaurant El Paraiso** im gleichnamigen Hotel, ebenso im **Restaurant Dos Millas** am Sally Peaches Beach und im Restaurant im **Hotel Arenas Beach**. Neben dem Nautilus Eco Center gibt's ein nettes Café.

ÜBERNACHTEN
Hotel La Princesa de la Isla: hübsches kleines Resort mit Bungalows unter Palmen an der Westseite der Insel.
www.laprincesadelaisla.com

Arenas Beach Hotel: mit einer Bar am Strand und schönem Garten.
www.arenasbeachhotel.com

Marthas Bed & Breakfast:
marthasbb@aol.com

Surfing Paradise: Zwei auf gleichem Weg

74 Auf gleicher Wellenlänge

Tamarindo/Costa Rica – Surfing for Lovers

HIGHLIGHTS

Tagestouren: in die Nationalparks Palo Verde, Barra Honda und Vulkan Rincon de la Vieja.

Tauchausflug: zu den Catalinas, einer Inselgruppe vulkanischen Ursprungs

Hochseefischen: Es gibt professionelle Anbieter für Sportfischerei. Aber auch Touren mit den lokalen Fischern sind möglich.

Canopy-Touren: aus der Vogelperspektive über dem Urwald wildlebende Tiere beobachten. www.canopymonkeyjungle.com

White Water Rafting: Costa Ricas Flüsse machen Rafting für Familien oder Abenteuerjunkies möglich. www.iguanasurf.net

PROBIEREN UND ERLEBEN

Die costa-ricanische Küche bedient weniger den Gourmet als den Freund der Hausmannskost. Yuccawurzel, Kochbanane, Süßkartoffel, Palmfrucht, Kürbis und Tarowurzel sind nur einige der Gemüsearten auf der Speisekarte. Frischer Koriander, das rote Pulver der *Achiote* und Gelbwurz verleihen den Speisen Geschmack und intensive Farbe.

In Tamarindo frönt man dem lockeren Surfer-Leben. Überall sieht man entspannte, braungebrannte und gutaussehende Menschen in lässigen Boardshorts ihre Long-, Short- und Paddleboards durch den kleinen Ort am Pazifik tragen. Doch auch Badeurlauber kommen an den traumhaften Stränden auf ihre Kosten.

An Costa Ricas nordwestlicher Küste herrscht nicht gerade Rimini-Flair. Die meisten Strände sind naturbelassen und unbewirtschaftet – Robinson-Feeling pur. Da ist ein Badeort wie Tamarindo fast schon eine belebende Ausnahme. Insbesondere, weil der Ort auch in der Hochsaison nicht wirklich überlaufen ist. An der Hauptstraße, parallel zum Strand, mit ihren Läden, Restaurants und kleineren Hotels findet man auch am späten Nachmittag immer noch ein nettes Plätzchen im Café.

Die entspannte Atmosphäre lässt die Ursprünge Tamarindos als Fischerdorf erkennen. Mit seiner Entwicklung zum Ferienort zog jedoch auch touristisches Flair in die knapp 7000 Einwohner zählende Stadt in der Provinz Guanacaste. Und zudem ein bisschen Party-Kultur für ein junges, internationales Publikum.

Der kilometerlange Strand besteht aus feinem, gelben Sand vor einer üppigen, tropischen Kulisse. Für Surfer bietet die Brandung solch gute

Voraussetzungen, dass hier sogar internationale Wettbewerbe ausgetragen werden. Echte Könner werden an Stränden wie Playa Langosta gleich nebenan (bei Ebbe kann man von Tamarindo am Strand um die Landzunge laufen) oder Playa Avellana und Playa Negra herausgefordert. Dank des großen Angebots an Wassersport-Aktivitäten wie Windsurfen, Kajak- und Bootfahren, Schnorcheln, Tauchen und Angeln können die Besucher hier ihren gesamten Urlaub am Strand oder im Wasser verbringen.

Tamarindo ist auch ein idealer Ausgangspunkt für aufregende Touren. Etwa zum Rafting auf dem Corobici Fluss. Der im Norden von Tamarindo gelegene Parque Nacional Marino Las Baulas schützt den weltweit größten Nistplatz der Lederschildkröte (Dermochelys coriacea), der größten heute noch auf der Erde lebenden Schildkröte. Das angrenzende Tamarindo Wildlife Refuge an der Mündung des Rio Matapalo beherbergt Mangroven, zahlreiche Wasservögel und Krokodile.

Wellenritt zu zweit

»Surfers are travelers – and so are the waves they ride …«, beginnt der wohl bekannteste Surf-Film aller Zeiten: *The Endless Summer II:* Eine Gruppe von Surfern begibt sich auf der Suche nach der perfekten Welle auf eine Reise um die Welt. Viele Surf-Fans hörten damals wahrscheinlich zum ersten Mal von den perfekten Wellen Costa Ricas, insbesondere an den Stränden des Nordpazifiks rund um Tamarindo. Eine ideale Mischung: unzählige perfekte Breaks, Boardshorts-Temperaturen und dazu eine bunte Vielfalt an Flora und Fauna verbunden mit dem »Pura Vida« – dem berühmten Lebensgefühl der Einheimischen. Gekrönt von einem aufmerksamen Umweltbewusstsein der Costa-Rica-, das Wert auf den Erhalt der herrlichen Natur legt. Zahlreiche Surfschulen haben sich in Tamarindo angesiedelt und bieten Kurse am Strand des beliebten Küstenortes an. Eine der besten: die Tamarindo Surf School (www.tamarindosurfschool.com), die auch frisch vermählten Paaren aufs Brett und die perfekte Welle hilft.

Öko-Lodge im Regenwald bei Puerto Viejo de Talamanca

Information

ANREISE

Von Tamarindos Regionalflughafen (TNO) gehen Flüge nach San José, der Hauptstadt Costa Ricas. Mit dem Auto: sechs Stunden von San José nach Tamarindo, gute Busverbindungen

BESTE REISEZEIT

Ganzjährige Temperaturen zwischen 26 und 35 Grad, Regenzeit von April bis Oktober. Die beste Zeit für geübte Surfer ist Juli/August und Oktober/November, für Anfänger der Januar.

ESSEN UND TRINKEN

Black Stallion's Café & Surf Saloon: frische Zutaten von der hauseigenen Finca. Nicht verpassen: die BBQ Fiesta! www.blackstallionhills.com

Latitude Blue: Ob romantisches Diner zu zweit am Palmenstrand oder Entertainment – hier wird alles geboten. www.latblue.com

Soda El Buen Comer: kleines Lokal mit authentischer Küche

ÜBERNACHTEN

Barceló Langosta Beach: eines der besten Hotels in Tamarindo, direkt am Strand. www.barcelo.com

Tamarindo Diria Beach Resort: komfortable Zimmer, Casino. www.tamarindodiria.com

WEITERE INFOS

www.tamarindo.com

Wie wär's mit einer romantischen Kutschfahrt durch die Stadt?

75 Rum-Party im Weltkulturerbe

Der Kolonialstil leuchtet: Cartagena de las Indias

HIGHLIGHTS

Stadtmauer: auf elf Kilometer gut erhalten, der Stadtrundgang auf der Mauer führt an einigen Bastionen vorbei.

Plaza de los Coches: Hier fand der größte Sklavenmarkt Südamerikas statt.

Portal de los Dulces: Zahlreiche Händler bieten die regionaltypischen Süßigkeiten aus Melasse und Kokos an.

Plaza de la Aduana: mit der **Casa de la Aduana** und der kolonialen **Casa del Premio Real**, Residenz des Vizekönigs

Iglesia y Convento de Santo Domingo: älteste Klosteranlage in Cartagena

Sie war einmal die berühmteste Hafenstadt im kolonialspanischen Amerika; Gabriel Garcia Marquez soll ihr in seinem Roman *Liebe in Zeiten der Cholera* ein Denkmal gesetzt haben. Fast gänzlich von einer Stadtmauer umschlossen, ist die Altstadt von Cartagena de las Indias eine wunderbar karibische Schönheit.

Wie haben wir eigentlich es so lange ausgehalten, Cartagena de las Indias *nicht* zu besuchen? Diesen Inbegriff von karibischer Farbenpracht – obwohl es nur halb an der Karibik liegt! Diese fast komplett erhaltene Stadtmauer mit dem Arkadengang davor, die aussieht, als müssten Captain Jack Sparrow und Gabriel García Márquez dort beide gleichzeitig entlang flanieren! Diese Ausgelassenheit, mit der die *cartagíneses* auf der begrünten Stadtmauer ihre Partys improvisieren und jeden auf ein Gläschen einladen, wer immer auch grade vorbeikommt. Diese vom Alter grauweiß gesprenkelte Festungsanlage mit den Baluarten, die herausgeputzten Fassaden mit den andalusischen Holzbalkonen. Die auch am Abend noch warme Luft, die Musik, die plätschernden Springbrunnen. Ja, wie nur?

Die Altstadt von Cartagena ist wohl das schönste Kolonialzentrum Südamerikas und seit 1984 Weltkulturerbe der UNESCO – und sie liegt in Kolumbien. Und das war bis vor nicht allzu langer Zeit ein schwieriges Terrain. Sicher sind im Hafen des modernen Cartagena Kreuzfahrtschiffe eingelaufen und haben ihre Kundschaft auf romantische Kutschenfahrt in die Altstadt geschickt. Aber das war es denn auch.

Heute können wir flanieren, wohin das Herz begehrt. Zum Haus, in dem Gabriel García Márquez tatsächlich lebte. In das kleine Goldmuseum Museo de Oro Zinú mit präkolumbischen Fundstücken. Zur mächtigen Festung San Felipe, die zeigt, wie viel es hier zu schützen gab, denn Cartagena war Haupthafen der Kolonialmacht Spanien für die Ausfuhr der erbeuteten Schätze und somit Piratenziel erster Klasse. Wir können Kokosflocken in Zuckersirup im Portal de los Dulces probieren, genau gegenüber dem Glockentor, dem Haupteingang zur Altstadt und der Plaza de los Coches, dem ehemals größten Sklavenmarkt Südamerikas. Und allabendlich stehen wir vor der Wahl: Gehen wir auf einen Rum in die Bar KGB oder in die familiäre Eckkneipe und trinken Bier auf den Hausstufen oder ziehen wir wieder auf die Stadtmauer und schauen nach, wer heute dort feiert?

Auf die Insel

Das mit den Stränden ist so eine Sache. Cartagena hat welche, aber nicht in der Nähe der bunten kolonialen Altstadt, seiner größten Touristenattraktion. Fußläufig ist da ein staubiger, ziemlich vernachlässigter Badestrand zu erreichen – also das kann man schon mal vergessen. Das ist natürlich schade, denn das Meer brandet so malerisch an die muschelverkrusteten alten Kaimauern, dass man sofort ins Wasser springen möchte.

Bocagrande heißt die nächste Option, eine vorgelagerte Landzunge, an deren Meeresseite es aussieht wie in Miami, zumindest ein bisschen. Ist also nicht besonders originell. Gut, dann bleibt das Boot! Man kann zum Korallenarchipel Islas del Rosario fahren, das dauert etwa eine Stunde, und dort den Tag verbringen. Der Archipel besteht aus 27 Inselchen, viele davon befinden sich im Privatbesitz von Stars und Politikern, und auf der größten Isla Grande kann man den Strandtag genießen, genau so, wie es sich gehört: zwischen Palmen, Mangroven und Süßwasserlagunen.

Shopping ohne schweres Tütenschleppen, so geht das!

Information

ANREISE

Verschiedene Fluggesellschaften fliegen Bogotá an, von Europa aus mit einem Zwischenstopp: Lufthansa (direkt), Avianca, Air Europa, KLM, Air France, British Airways, KLM, Flugzeit mindestens 12 Stunden inklusive Zwischenstopp. Es gehen täglich Flüge von Bogotá nach Cartagena de las Indias.

Einreise: Ein Visum ist nicht nötig, der Reisepass muss noch sechs Monate nach Reisebeginn gültig sein.

Gesundheit: Für Kolumbien gelten keine vorgeschrieben Impfungen, aber Empfehlungen: Hepatitis A und B, Cholera, Gelbfieber, Typhus, Tetanus, Polio

BESTE REISEZEIT

Am besten in den weniger regenreichen Monaten Dezember bis März und Juli/August

ÜBERNACHTEN

Cartagena de las Indias verfügt über viele Unterkünfte, auch über landestypische aufgemachte Boutiquehotels in der Altstadt.

WEITERE INFOS

Procolumbia in Frankfurt hat eine Tourismusauskunft. www.colombia.travel.

Der berühmte Zuckerhut bietet einen grandiosen Blick auf Rio de Janeiro.

76 Im Land der Superlative

Die Faszination von Rio de Janeiro

HIGHLIGHTS

Corcovado: Schon die Fahrt mit der Zahnradbahn auf den 709 Meter hohen Gipfel mit der 38 Meter hohen Christus-Statue begeistert.

Zuckerhut: Einzigartig ist der Blick vom 395 Meter hohen Granitkegel Pão de Açúcar vor allem bei Sonnenuntergang.

Parque Nacional de Tijuca: Der 120 Quadratkilometer große Park ist ein winziger Rest des Urwalds, der Rio einst säumte.

Parque das Ruínas: 250 Stufen mit farbigen Kacheln führen von Santa Teresa hinunter nach Lapa.

Manaus: Die Stadt am Rio Negro ist Ausgangspunkt für Amazonas-Abenteuer.

PROBIEREN UND ERLEBEN

Das kulinarische Angebot ist ebenso bunt wie das Land.Unbedingt probieren sollte man das Nationalgericht *feijoada*, ein deftiger Eintopf aus Bohnen und Fleisch mit Reis und *farinha* (geröstetes Maniokmehl), *churrasco* (gegrilltes Fleisch) sowie *feijão com arroz* (Bohnen und Reis).

Samba, Fußball, Karneval und vieles mehr macht neugierig auf Brasilien. Als Flitterwochenziel eignet sich das fünftgrößte Land der Welt aber vor allem wegen der großartigen Natur, der bunten Kultur, der pulsierenden Metropolen und der traumhaften Strände an einer fast 7500 Kilometer langen Küstenlinie.

Rio muss man einfach gesehen haben! Nicht grundlos gilt die ehemalige Hauptstadt Brasiliens (bis 1960) mit dem berühmtesten Karneval der Welt, der Partystimmung an der 4,5 Kilometer langen Copacabana und der spektakulären Lage als eine der schönsten Städte der Welt. Kein Wunder, dass die meisten Flitternden ihre Reise oft in der Megastadt beginnen, die mit den Kontrasten zwischen Arm und Reich, Lebensfreude und Überlebenskampf einfach überwältigt. In Rio de Janeiro, wo dicht gedrängte Häuser zwischen spitzen Hügeln, Wäldern und dem Atlantik das Bild prägen, will man das prickelnde Flair, Samba- und Bossa-Nova-Rhythmen und die Lebensfreude der *Cariocas*, wie die Einheimischen genannt werden, spüren. In der Stadt der Kontraste lebt man nämlich ohne Rücksicht auf Herkunft oder Konventionen. In Rio heißt es »leben und leben lassen!«, was vor allem an der Copacabana, am eleganten Strand Ipanema, in Botafogo und Flamengo zu spüren ist. Wer zur Karnevalszeit reist, lässt sich von den schillernden Paraden verzaubern. Alle anderen genießen einfach die

Metropole, fahren mit der wackligen Straßenbahn hinauf ins Künstlerviertel Santa Teresa mit den viktorianischen Häusern, besuchen den Aterro do Flamengo, einen der schönsten Stadtparks weltweit, verweilen am Lagoa Rodrigo de Freitas und erkunden das alte Zentrum und die zahlreichen Museen zwischen Bauwerken der portugiesischen Kolonialzeit und modernster Architektur.

Brasilien ist aber nicht nur Rio. Im größten Land in den Tropen, sollte man versuchen, so viele Kulturschätze und Naturwunder wie möglich zu sehen. Je nach Vorlieben entscheidet man sich für eine Rundreise, ein Abenteuer am Amazonas oder verbringt Zeit auf unberührten Inseln wie der autofreien Ilha de Tinharé oder der tropischen Ilha Grande mit dichtem Urwald und glasklarem Meer. Eindrucksvolle tropische Vegetation findet man auch an der Südküste von Bahia. Der Nordosten des Landes ist hingegen ein recht einsames Paradies, fasziniert mit endlosen Dünen und Palmen.

Dolcefarniente auf der Palmeninsel

Nach dem Reizüberfluss in der Millionenmetropole sehnen sich die meisten Paare nach ein paar Tagen Entspannung. Von Salvador da Bahia, wo man natürlich auch Zeit verbringen kann, setzt man mit der Fähre auf die Ilha de Tinharé über. Die Lieblingsinsel der Brasilianer mit den feinsandigen, weißen Stränden, den Kokospalmenwäldern und Bars, aus denen Samba- und Bossa-Nova-Klänge wehen, ist bis auf einen Traktor, der als Strandtaxi funktioniert, autofrei. Gepäck und alles, was sonst noch von A nach B gebracht werden muss, wird in Schubkarren transportiert. Unterwegs ist man auf dem Eiland entweder zu Fuß oder mit dem Boot. Man hat Zeit, den Sonnenuntergang bei einem Cocktail in der Hängematte zu genießen, ein Buch zu lesen und für ausgiebige Spaziergänge. Auf ihre Kosten kommen im Hauptort aber auch Nachtschwärmer: Morro de São Paulo ist eine der am dichtesten bevölkerten Partymeilen des Atlantiks.

Abenteuer gefällig? Im Kajak hinaus auf den Amazonas

Information

ANREISE

Viele europäische und brasilianische Fluggesellschaften fliegen von großen Flughäfen wie Frankfurt oder München direkt nach Rio. Direktflug: 12 Stunden

BESTE REISEZEIT

Dezember bis Februar

ESSEN UND TRINKEN

Confeitaria Colombo: Schon seit 1894 wird an den Marmortischen des Cafés im Jugendstil brasilianischer Kaffee serviert. www.confeitariacolombo.com.br

Fogo de Chão: Hier wird das Fleisch gleich am Tisch vom Spieß geschnitten. Av. Repórter Nestor Moreira, Botogafo. www.fogodechao.com.br

ÜBERNACHTEN

La Suite by Dussol: charmantes Haus mit Infinity-Pool und Restaurant, in einem exotischen Garten, atemberaubendes Panorama, Rua Jackson de Figueiredo 501, Joá, Rio de Janeiro. www.bydussol.com/la-suite

Anima: neun ruhig gelegene Bungalows mit Pool gleich am Strand, Praia do Encanto, Morro de São Paulo, Ilha de Tinharé. www.animahotel.com

WEITERE INFOS

www.visitbrasil.com

Das historische Zentrum der Stadt: der Largo do Pelourinho mit der Igreja do Rósario

77 Karneval und Kolonialflair

Salvador da Bahia schläft nie!

HIGHLIGHTS

Largo do Pelourinho: Der Platz ist UNESCO-Weltkulturerbe mit der Igreja do Rósario dos Pretos, der malerischsten Kirche der Stadt und dem Terreiro de Jesus, einem Brunnen mit Allegorien von Brasiliens größten Flüssen.

Igreja de São Francisco: Der blaugekachelte Kreuzgang ist wunderschön.

Elevador Lacerda: Der Aufzug von 1930 ist beliebtes Postkartenmotiv.

Museu Afro-Brasileiro: Viel über den religiösen Synkretismus ist hier zu erfahren.

Trios elétricos: die tonnenschweren Lastwagen der Karnevalsumzüge

PROBIEREN UND ERLEBEN

Vatapà: Bahia-Spezialität mit Huhn oder Fisch, getrockneten Krabben, Kokosmilch, vielen Gewürzen, gerösteten Cashewnüssen und altbackenem Brot – *Feijoada:* ursprünglich ein Sklavengericht, mit Schweineklein, Speck und schwarzen Bohnen – *Pastéis:* Teigtasche mit Mozzarella, Hack oder Palmenherzen gefüllt

Der Karneval in Salvador da Bahia, einem wahren Schmuckstück kolonialer Architektur, wird nicht wie in Rio de Janeiro im Sambadrom gefeiert, sondern mit gigantischen Wägen, die mit laut wummernden Rhythmen durch Ober- und Unterstadt ziehen. Zum Chillen geht's dann an einen der vielen Strände der Umgebung.

Salvador ist wohl Brasiliens reichste Stadt, was das kulturhistorische Erbe betrifft. Doch auch in religiöser Hinsicht gilt die Metropole als herausragendes Zentrum, wenn es um den afrobrasilianischen Synkretismus zwischen katholischem Glauben und Naturreligionen geht. Nördlich der Stadtmitte liegt der Schauplatz, der dies wohl am besten verdeutlicht: die Wallfahrtskirche Igreja Nosso Senhor do Bonfim aus dem 18. Jahrhundert. Das wichtigste Ereignis ist die alljährlich am zweiten Januarsonntag stattfindende »Lavagem do Bonfim« und am Donnerstag davor die acht Kilometer lange Prozession dazu, bei der ganze Hundertschaften von *Baianas*, ganz in Weiß gekleidete Candomblé-Anhängerinnen, die Szene beherrschen, oft mit Vasen auf dem Kopf, gefüllt mit parfümiertem Wasser und weißen Blumen. Ihnen folgen entfesselte Menschenmassen und lautstarke *trios elétricos*, tonnenschwere Lastwagen, die – wie auch im Karneval – aus monströsen Lautsprechern die Stadt bis in den Morgen beschallen.

Um einiges beschaulicher geht es im Pelourinho-Viertel zu, Salvadors kolonialem Zentrum und der guten Stube der Stadt. Am zentralen Largo do Pelourinho scheint die Zeit im 18. Jahrhundert stehengeblieben: Hauptattraktion ist seine geschlossene Reihe kolonialer Bauten. Das auffälligste Bauwerk am Platz ist die Igreja do Rósario dos Pretos – vielleicht die schönste der 165 Kirchen der Stadt, vor allem wegen ihrer hellblau-weiß abgesetzten Fassade. Ähnlich erfreut der Platz Terreiro de Jesus, dessen Schmuckstück in der Mitte steht: ein Brunnen mit Figuren, die die vier großen Flüsse des Landes verkörpern. Gleich in der Nähe steht ein weiteres architektonisches Juwel, die barocke Igreja de São Francisco. Üppiger Figurenschmuck ziert ihre Sandsteinfassade, und der Kreuzgang überrascht mit leuchtend blauen Azulejos aus Portugal. Ganz anderer Natur ist der Elevador Lacerda: Der 1930 erneuerte Aufzug verbindet die Ober- mit der Unterstadt, wo der Mercado Modelo liegt, ein ehemaliges Zollamt mit Bahias größtem Angebot an Kunsthandwerk.

Auf Tuchfühlung mit den Einheimischen

Die Praia do Farol im tiefer gelegenen Stadtteil Barra ist das Tor zur Allerheiligenbucht und der bevorzugte Strand für Salvadors Sonnenanbeter und Partygänger: Weiter Sandstrand wechselt sich ab mit steinigen Abschnitten, das Meer ist ideal für Surfer, bei Ebbe bilden sich kleine Pools mit klarem Wasser. Den Beginn der Praia markiert die Festung des hl. Antonius, erbaut wurde sie im Jahr 1627 im Auftrag des damaligen Gouverneurs Francisco Nunes Navy zur Verteidigung gegen Piraten. Am anderen Ende des Strandes befindet sich der Hügel Morro do Cristo mit der Christusstatue und der Leuchtturm mit einem Panoramarestaurant. Der Rest der Praia ist gesäumt von Hotels, Restaurants und Bars. Hier findet die Stadt nie Ruhe, und man kommt schnell in Kontakt mit den Salvadorianern. Vor allem im Karneval, wenn die *trios elétricos* ihre Runden ziehen, ist die Hölle los. Wer es wagt, fragt, ob er auf den Wagen eine Runde mitfahren kann – ein unvergessliches Erlebnis!

Lebensfreude und Ausgelassenheit, die ansteckt!

Information

ANREISE
Direktflüge nach Salvador da Bahia von Deutschland aus

BESTE REISEZEIT
September bis Mai

ESSEN UND TRINKEN
Cantina da Lua: Traditionsbar und Institution ganz eigener Art, Tel. +55 71/33 21 63 88

Bargaço: Restaurant mit traditioneller Bahia-Fischküche. www.restaurantebargaco.com.br

Uauá: witziges Restaurant im Kolonialstil, Rua Gregorio de Matos 36

ÜBERNACHTEN
Sheraton da Bahia: sehr zentral am Campo Grande mit kleinem Garten und Pool. www.sheratondabahia.com

Pestana Convento do Carmo: Hotel in historischem Haus mit Garten und Pool in der Altstadt. www.pestana.com/br/hotel/pestana-convento-do-carmo

Pestana Bahia Lodge: Komfort in ruhiger Atmosphäre am Meer. www.pestana.com/en/hotel/pestana-bahia-lodge

Bahia Othon Palace: modernes Hotel am Ondina-Strand. www.othon.com.br

SHOPPING
Mercado Modela: Das alte Zollamt in der Unterstadt beherbergt einen Kunsthandwerksmarkt.

WEITERE INFOS
www.bahia.com.br

Machu Picchu, die berühmte Ruinenstadt der Inka, lässt manchen Zweifler wieder an Magie glauben.

78 Das Inka-Rätsel überm Dschungel

Machu Picchu – Die geheimnisvolle Stadt

ERLEBEN

Der Inka-Trail nach Machu Picchu ist so überlaufen, dass er von Erosion bedroht ist, obwohl die peruanische Regierung eine Besucherbeschränkung initiiert hat. Die Alternative für Konditionsstarke ist der dramatisch schöne viertägige Salkantay Trail, dessen Pässe teilweise auf über 4000 Metern Höhe liegen. Die Ankunft in Machu Picchu ist dafür unvergleichlich.

Viele behaupten, Machu Picchu sei das Schönste, was sie je gesehen haben. Nicht unerheblichen Anteil daran hat die Lage der Ruinenstadt der Inka. Durch das Tal des mythischen Urubamba nähert man sich an: Und dann liegt es da, dieses Stadtgebilde, das von grünen Terrassen kaskadenhaft in die Tiefe zu fallen scheint.

Die Ruine von Machu Picchu ist ein Wallfahrtsort, anders kann man das nicht sagen. Wir reisten mit dem Zug an, über das Valle Sagrado, das heilige Tal der Inka, das den Fluss Urubamba einrahmt, und später teilweise entlang des Inkatrail, dieses alten Pfades, den die Quechua einrichteten, um Nachrichten zu übermitteln. Mittlerweile ist er eine der begehrtesten und deswegen auch gefährdetes-

ten Wanderrouten Südamerikas. Es ist eine Offenbarung, wenn man dann diese über Jahrhunderte vergessene Inkafestungsstadt erblickt, auf einem Felsen aufragend aus grünen Dschungeln, um den in der Tiefe der Urubamba seine Schleife gelegt hat und feuchte Nebel hinaufschickt. Der Pyramidengipfel des Huayna Picchu bietet die unvergessliche Kulisse. Nicht schwer, bei diesem Anblick an Magie zu glauben.

Wir streicheln samtglatte Mauern, kraxeln über steile Stufen. Kein Geschrei, kein Gerenne. Obwohl sich gleichzeitig Tausende von Gästen auf den ungezählten Stiegen von Machu Picchu befinden, herrscht doch eine beinahe ehrfürchtige Stimmung in dieser Terrassenstadt aus dem 15. Jahrhundert, deren Mauern kaskadenhaft den moosigen Untergrund überziehen. Dem Sonnengott Inti wurde hier gehuldigt, und vermutlich haben 1000 Menschen in Machu Picchu gelebt. Wann wurde sie aufgegeben? Und warum?

Als Datum der Entdeckung gilt der 24. Juli 1911, als sein Entdecker der US-amerikanische Forscher Hiram Bingham, obwohl es schon zu früherer Zeit Hinweise auf eine verlassene Stadt gegeben hatte und die Quechua, die im Urubambatal lebten, sowieso von der Existenz einer verborgenen Inkastadt wussten. Aber Aufzeichnungen existierten nicht, und so ist die Archäologie darauf angewiesen, aus dem zu lesen, was sie vorgefunden hat. Wird sich das Geheimnis um Machu Picchu wirklich lüften lassen?

Sonnenaufgang bei Ruinen

Zugegeben, dieses Hotel hat seinen Preis, und zwar einen stolzen. Es ist auch nicht so, dass es nun wunderschön gebaut ist oder einem Palast mit dem Charme vergangener Jahrhunderte ähnelt. Nein, die Belmond Sanctuary Lodge mit ihren 33 Zimmern und Suiten liegt ganz einfach beneidenswert nah an den Ruinen von Machu Picchu. Selbstverständlich bietet dieser exklusive Rückzugsort allen Komfort, den ein Fünf-Sterne-Hotel nun mal hat, die Zimmer sind groß, die Betten weich, die Bäder aus Marmor. Aber man hat das Glück, die Sonne sinken und wieder aufstehen zu sehen über Machu Picchu, und das hat keiner sonst, der hier nicht logiert. Die peruanische Regierung hat den Zustrom der Touristen zwar begrenzt, trotzdem ist immer reichlich viel los auf der Anlage, sodass dieser Vorteil schwer wiegt.
www.belmond.com

Information

ANREISE

Verschiedene Fluggesellschaften fliegen Lima an, von Europa aus mit einem Zwischenstopp: Lufthansa, LATAM, Iberia, Air France, British Airways, KLM, Flugzeit mindestens 16 Stunden Flug von Lima nach Cusco, von dort mit dem Zug nach Aguas Calientes, weiter mit dem Shuttle-Bus. Ein neuer Luxuszug verbindet Cusco mit Aguas Calientes.

Einreise: Ein Visum ist nicht nötig, der Reisepass muss noch sechs Monate nach Reisebeginn gültig sein.

Gesundheit: Für Peru gelten keine vorgeschriebenen Impfungen, aber Empfehlungen: Hepatitis A und B, Cholera, Gelbfieber, Typhus

BESTE REISEZEIT

Ganzjährig. Am besten in der Trockenzeit zwischen Juni und September

ÜBERNACHTEN

Es gibt nur wenige Hotels in der Nähe von Machu Picchu, und einige Hostales in Aguas Calientes. Besser man reist ins Valle Urubamba (Sagrado) zurück, dort gibt es mehrere Hotelanlagen.

WEITERE INFOS

www.promperu.gob.pe,
www.peruonline.de

Die Stadt zieht ihre künstlerische Kreativität konsequent bis ins Detail durch.

79 Über die Treppen von Valparaíso

Anziehungspunkt für Künstler und Kreative

ERLEBEN

Dass Kunst hier nicht nur in teuren Häusern zu sehen ist, sondern die Öffentlichkeit sucht und auch verändert, macht das internationale Graffiti-Festival auf dem Cerro Polanco klar, ein volkstümliches Viertel, das nicht den besten Ruf genoss. Und oben dann: Graffiti satt. Das ganze Viertel profitiert.

Wenn eine Stadt den Namen Valparaíso trägt, dann muss auch etwas Paradiesisches dort zu finden sein, oder? Kreative aus aller Herren Länder loben »Valpo« als ein tolles Pflaster, und wer die Treppen Valparaísos ersteigt, lernt die ganze Welt kennen, befand Pablo Neruda, Chiles größter Poet.

Die Stadt liegt zu Füßen der Küstenkordillere, und die hat immerhin Gipfel von über 1000 Metern aufzuweisen. Hier zersplittert sie in unzählige Hügel. Valpo breitet sich über 45 davon aus. Ein buntes wildes Amphitheater an Gebäuden, Geländern und Stiegen säumt den Pazifik, auf dem Pelikane schaukeln – und der Stadtplan sieht aus, als versuche er, ein Labyrinth zu ordnen.

Als erstes Ziel steuert Pamela, die uns die Stadt zeigt, eine Legende an, das Restaurant La Playa: eine Theke so lang wie der Schankraum, alte Plakate, Kronleuchter, Thonetstühle, patinierte Holztische. La Playa hat ein paar Jahrzehnte auf dem Buckel und einen Spiegel, von dem die Geschichte geht, dass er im berühmtestem Etablissement von Valparaiso hing, der »Casa de los Siete Espejos«, dem Haus der sieben Spiegel. Früher seien die Etablissements fantasievoller gewesen als heute, gut, aber diese Geschichte bewahre dieser Spiegel, meint Pamela.

Pamelas Freunde lieben die Bar, denn die neuen Luxusrestaurants profitierten nur vom besonderen Ruf Valparaísos, doch erzeugt haben ihn solche Kaliber wie La Playa. Das Wort »Gentrifizierung« kommt ihr schnell über die Lippen: Der Cerro Alegre und der Cerro Concepción gehörten schon gar nicht mehr ihnen, sondern einem internationalen Publikum, das für ein Hotelzimmer in irgendeiner kostbar restaurierten Ex-Admiralsvilla schlappe 400 US-Dollar hinblättern könne.

Valparaisos Atmosphäre ist naheliegend für eine Hafenstadt. Jedes Land, das seine Handelsgeschäfte über Valparaíso abwickelte, hat seine Traditionen hier verankert. Es gibt das Restaurant Hamburg und den Palacio Baburizza, den sich ein kroatischer Salpeterbaron bauen ließ.

In Valparaíso herrscht das enge Nebeneinander von Reich und Arm. Diese raue Authentizität lockt Kunstschaffende an. Und die zeigen ihre Arbeiten im öffentlichen Raum, zum Beispiel im Museo del Cielo Abierto und auf dem Graffiti-Festival auf dem Cerro Polanco.

Die Museen des Dichters Pablo Neruda

Die Liebeslyrik des chilenischen Nobelpreisträgers Pablo Neruda übertrifft an Fantasie, Ernsthaftigkeit und Sinnlichkeit so einiges. Seine Frauen spielten große, bestimmende Rollen in seinem Leben, vor allem seine dritte, Matilde Urrutia. Mit ihr zusammen bewohnte er ein Haus in Isla Negra (keine Insel), das in der Nähe von Valparaíso am Strand liegt, und die Sebastiana in Valparaíso selbst. Beide Häuser sind in äußerst unterhaltsame Museen verwandelt worden, die beredt von dem prallen Leben des Dichters und Politikers erzählen, ausgestattet mit skurrilen Fundstücken, Souvenirs aus der Botschaftertätigkeit in Burma, aus Mexiko und Afrika, mit Bildern, Fotos, mit Karrussellpferden und Spiegeln. In Isla Negra lässt sich die Wartezeit auf eine Führung in dem Café del Poeta verkürzen, das direkt über den schwarzen Klippen liegt. Vielleicht mit einem Filet vom Congrio, dem Fisch, dem Pablo Neruda eine Ode widmete? *Die Ode an den Seeaal* stammt aus seiner Feder. www.fundacionneruda.org

Information

ANREISE

Flüge nach Chile u. a. mit LATAM, Iberia, Air France, KLM, Alitalia. Mit Zwischenstopp etwa 17 Std. Die US-amerikanischen Linien Delta und American dauern länger.

Einreise: Ein Visum ist nicht nötig, der Reisepass muss noch sechs Monate nach Reisebeginn gültig sein.

Gesundheit: Für Chile gelten keine vorgeschriebenen Impfungen, aber Empfehlungen: Hepatitis A und B, Cholera, Gelbfieber, Typhus, Tetanus, Polio

BESTE REISEZEIT

Im chilenischen Frühling bis Herbst von Ende Oktober bis Mitte April

SEHENSWERT

Standseilbahnen: Sie sind ein Wahrzeichen der Stadt und teilweise über 100 Jahre alt. Einige von ihnen sind wieder im Betrieb.

Trolés: ebenfalls ein Wahrzeichen: die uralten Straßenbahnen

Museo de Bellas Artes: im Palazzo Baburizza

ÜBERNACHTEN

Die schicksten und besten Hotels verteilen sich auf den Hügeln Alegre und Concepción.

WEITERE INFOS

www.sernatur.cl, www.chile.travel

Traditionelle Gewänder und viel Spaß beim Mil-Tambores-Karneval

80 In Chiles wildem Wüstental

Sterne gucken im Valle del Elqui

HIGHLIGHTS

In La Serena:

Plaza de Armas: schöner begrünter Hauptplatz mit der **Casa Gonzalez Videla** und der **Iglesia Padres Carmelitas**. Oft findet hier ein Kunsthandwerksmarkt statt.

Museo Arqueológico: schafft ein Schaufenster zur Diaguita-Kultur

Faro: der Leuchtturm am kilometerlangen Sandstrand

In Vicuña:

Museo Gabriela Mistral: Neben ihrem Geburtshaus entstand das ihr gewidmete Museum.

Solar de las Madariaga: Privatmuseum, das das Leben einer Großbürgersfamilie im 19. Jahrhundert zeigt

Wüste und Sterne passen gut zusammen… und hier in der extrem trockenen Umgebung des Valle del Elqui trifft es ganz besonders schön zusammen. Im leuchtend grünen Tal werden die Pisco-Trauben angebaut, auf den bis zu 3000 Meter hohen und wilden Wüstengipfeln sind Sternwarten platziert. Ein Augenfest überall.

La Serena, die Heitere, ist eine würdige Trägerin ihres wohlklingenden Namens. Als eine der ältesten Städte Chiles präsentiert sie einige aus der Kolonialzeit stammenden Bauten, die San-Francisco-Kirche und die Klosterkirche Padres Carmelitas mit ihrem schiefen Glockenturm und der nachgebauten Lourdes-Grotte, aber der große (Geld-) Segen kam wesentlich später über La Serena, als nämlich in den 1940er-Jahren der damalige Staatspräsident Videla ein Programm zur Verschönerung seiner Geburtsstadt verabschiedete. Das Zentrum mit seinen öffentlichen Gebäuden bekam einen kolonialspanischen Anstrich, und die Plaza de Armas gleicht einem kleinen botanischen Garten.

La Serena liegt genau an der Schnittstelle zwischen dem wüstenhaften Norden Chiles und dem Mittelmeerklima der Mitte. Das macht die Umgebung so spannend und schön. Denn nicht weit davon öffnet sich das Tal des Elqui und geleitet hinein in eine wahrhaft andere Welt aus staubtrockenen, stark gefalteten Gipfelreigen, der labyrinthischen Präkordillere, und dem sattgrünen Tal des Elqui-Flusses. Licht und Schatten spielen hier den ganzen Tag Farbe, von Ocker bis Orange bis Gold bis Apfelsine bis Schiefer bis Graphit. Darüber wölbt sich der blaueste Himmel, den man sich denken kann.

Dieses Tal des Elqui ist mythisch, verwunschen, archaisch – und Heimat der ersten Nobelpreisträgerin des Landes, der Lyrikerin Gabriela Mistral, die in Vicuña geboren wurde und in dem winzigen Flecken Monte Grande als Lehrerin arbeitete. In Vicuña wurde der Dichterin ein Museum gewidmet, in Monte Grande kann man die kleine Landschule besuchen, in der sie gearbeitet hat.

Über dem gesamten Tal – und auch in seinen Dörfern – schwebt eine spürbar alternative, ein bisschen esoterische Stimmung. Kein Wunder, dass einige Bewohner hier schon UFOs gesichtet haben wollen. Einst lag das Tal abgeschieden, diente als Anbaufläche für Obst und Gemüse. Je weiter in Richtung Kordillere man sich bewegte, desto wilder wurde es. Dann entdeckten Wissenschaftler die Eignung der staubfreien Luft für die Himmelsbeobachtung, und nun sind viele Gipfel mit Observatorien gekrönt. Man sieht sie in 3000 Metern Höhe in der Sonne leuchten.

Von seiner schönsten Seite zeigt sich der chilenische Sternenhimmel bei einer Nachttour im Observatorium Mamalluca.

Majestätische Natur in Patagoniens Nationalpark Torres del Paine

Information

ANREISE

Flüge nach Chile haben mehrere Fluglinien im Programm, z. B. LATAM, Iberia, Air France, KLM, Alitalia. Kein Direktflug, alle mit Zwischenstopp. Flugdauer etwa 17 Stunden. Die US-amerikanischen Linien Delta und American dauern länger. Von Santiago nach La Serena gibt es gute Flug- und Busverbindungen.

Einreise: Ein Visum ist nicht nötig, der Reisepass muss noch sechs Monate nach Reisebeginn gültig sein.

Gesundheit: Für Chile gelten keine vorgeschriebenen Impfungen, aber Empfehlungen: Hepatitis A und B, Cholera, Gelbfieber, Typhus, Tetanus, Polio.

BESTE REISEZEIT

Nahezu ganzjährig. Der chilenische Winter im Juli/August ist nicht ideal. In der Halbwüste kühlen die Nächte stark ab.

SEHENSWERT

Die Natur und die vielen Pisco-Destillerien. Für Erkundungen von Zielen in der Halbwüste besonders geeignet: Wanderungen und Reittouren. Umfangreiches Wellness-Programm

Desierto Florido – die blühende Wüste

Nördlich vom Valle del Elqui beginnt die Halbwüste Chiles mit einer Vegetation, die außer Sträuchern und einem Potpourri aus Kakteen nicht viel zu bieten hat. Doch alle vier bis acht Jahre herrscht hier Blumenzeit, wenn nämlich die seltenen winterlichen Regenfälle die Region überziehen. Dann ist im darauf folgenden Frühling zwischen September und November zu beobachten, wie aus sandbraunem Boden Blumenteppiche hervorbrechen und die Wüste plötzlich blüht. Die Samen können dabei Jahrzehnte in der Erde geruht haben: Sie überstehen nämlich Temperaturen von 50 bis 60 Grad. Unter etwa 200 meist endemischen Arten stechen die Inkalilie (Alstromeria), Garra de León (Leontochir ovallei), Pata de Guanaco und die Añañuca heraus. Sie bilden Teppiche von mehreren Quadratkilometern – ein unvergesslicher Anblick.

Im Tal selbst sind mittlerweile zu 80 Prozent der Anbaufläche mit Trauben bepflanzt, um den Pisco herzustellen, den bekannten Tresterschnaps Chiles. Von Vicuña bis hinein in das Herz des Tales nach Pisco Elqui findet man viele traditionelle und auch neue Weingüter, um Schnäpse und Wein zu verkosten. Ein sehr gutes Abenteuerterrain ist das Elqui-Tal für Wanderer und Reiter, die hier viele Routen vorfinden, die man am besten mit fachkundiger Leitung entdeckt, denn passable Ausschilderungen und Streckenbeschreibungen darf man nicht durchgängig erwarten. Ganz Sportliche vertrauen sich einem Mountainbike an – aber das – so viel sei versprochen – wird richtig anstrengend.

Für romantisch Beseelte gibt's nun den Astro-Tourismus. Sternwarten wie Mamalluca und Tololito auf dem Cerro Mayu und das Observatorio Astronomico El Pangue öffnen den Laien ihre Pforten und locken mit den größten, der Öffentlichkeit zugänglichen Teleskopen. Die Besuche finden in der Regel in den späten Abendstunden statt, und wer nicht mit dem eigenen Gefährt unterwegs ist, kann entsprechende Touren in den Pensionen und auch in La Serena buchen.

Ergriffenheit ist das Wenigste, was den Besucher packt, wenn er auf den Geländen der Sternwarten eintrifft. Es summt, es sirrt, man fühlt sich schnell wie in einer anderen Welt. Mit Videovorführungen wird man auf den nächtlichen Sternenhimmel eingestimmt.

Und wer das alles nicht schafft, keinen Termin bekommt, keinen Besuch organisieren kann, der setzt sich einfach abends ins Gras, auf einen Liegestuhl, in die Hängematte und schaut in den Himmel: Denn dass die Sterne leuchten, das ist garantiert.

Pisco-Verkostung

Warum heißt der Ort Pisco Elqui Pisco Elqui? Und nicht etwa Ranchos Grandes oder San Salvador? Er heißt so, weil der Tresterschnaps Pisco auch in Peru produziert wird und der Zusatz »Elqui« klarstellt, dass es ihn in Chile auch gibt, und zwar erzeugt im Elqui Tal.
Der Pisco zählt heute zu den wichtigen Ausfuhrgütern des Landes; die *parronales*, die horizontalen Traubenspaliere, pflastern das halbe Tal. Da darf eine Verkostung dieses ur-chilenischen Schnapses nicht fehlen.
Am urigsten ist es natürlich in der ältesten Destillerie, in Los Nichos, etwas außerhalb von Pisco Elqui auf dem Weg nach Algocuaz. Sie gehört der traditionellsten Weinbauern-Familie, den Rodríguez Rodríguez, die den Pisco in der fünften Generation destilliert. Oder man bleibt in Pisco Elqui und besucht eine Tour durch die Destillerie Mistral, die zusätzlich mit einem malerischen Terrassenrestaurant mit Blick auf den Elqui punktet. Schön auch nur für einen Pisco-Cocktail, am besten abends, wenn die Sterne funkeln …

An diesem Pisco-Verkostungsstand wird das Nationalgetränk Perus und Chiles kredenzt.

ÜBERNACHTEN

In La Serena

Hotel Costa Real: hübsches, komfortables Haus mit Pool an der Schnittstelle zwischen Strand und Stadt. www.costareal.cl

Hotel Campanario del Mar: eines in der Stadt, eines am Strand und Bungalows: Hier regiert die Auswahl, guter Standard. www.hotelescampanario.com

Hostal Boutique Terra Diaguita: auf Indianisch modisch gestylt. www.terradiaguita.cl

In Vicuña

Hostería Vicuña: das traditionellste Haus, freundlich und mit Pool www.hosteriavicuna.cl

Hotel Terral y Spa: Spa und Wellness hinter regionaltypischen Mauern. Schlichte, aber gute Zimmer. www.terralhotel.cl

Solar de las Madariaga: Unterkunft in einem luftigen, restaurierten Patiohaus aus dem 19. Jahrhundert. www.solardelosmadariaga.cl

In Pisco Elqui

El Tesoro de Elqui: malerische Anlage aus Lehmziegel-Bungalows in schönem Garten am Elqui. www.resoro-elqui.cl

Refugio Misterios de Elqui: folkloristisch gestylte Anlage mit Garten, Wellness-Angebote.

Hotel Elqui: eines der ältesten kleinen Hotels am Ort, bunt, voller Reminiszenzen an die Historie. www.hotelelqui.cl

WEITERE INFOS

www.sernatur.cl, www.conaf.cl

81 Duschen unter Wasserfällen

Die Carretera Austral im Süden Chiles

PROBIEREN UND ERLEBEN

Jungverheirateten wird in Chile gern ein besonderes Gericht aufgetischt: Die *sopa luna de miel* besteht hauptsächlich aus zwei Sorten von Meeresfrüchten, den *picorocos* und den *cholgas. Cholgas* sind unseren Miesmuscheln ähnlich, und *picorocos* dürfte es in unseren Breiten gar nicht geben. Deswegen: unbedingt probieren!

Die in den 1980er-Jahren in Teilen erbaute Carretera Austral erschließt den Pioniersüden Chiles über 1400 Kilometer. Dieses staatliche Unterfangen war und ist eine Mammutaufgabe. Denn die Carretera umkreist noch aktive Vulkane, überquert felsigsten Untergrund und führt in dichte Urwälder – der Gewinn für die Gäste ist immens.

Gleich hinter Puerto Montt beginnt das Abenteuer: Mehrere Fjorde sind mit Fähren zu überwinden. Dabei ist der Golfo de Penas zu queren, auf Deutsch »Golf der Leiden«, und obwohl der Name aus der Zeit seiner Entdeckung stammt, die nun schon einige Jahrhunderte zurückliegt, finden die wenigsten Reisenden ihn unangemessen. Ein aktueller Fahrplan der Fähren ist Grundausstattung – besonders für alle, die mit dem eigenen Gefährt unterwegs sind, denn öffentliche Verkehrsmittel haben auf den Fähren Vorrang. Ebenfalls unerlässlich ist eine Übersicht über die Campingplätze, die die Forstbehörde CONAF aufgestellt hat.

Gletscher, Eisnadeln, Holzbrücken, Wasserfälle – das charakterisiert die Carretera auf ihrem ersten Abschnitt von Chaitén hinunter zum grünen Lago Yelcho. Sie ist ein Regenloch, das muss man leider sagen, und besonders warm wird es auch im Sommer nicht. Doch der grüne Prunk der Natur bezaubert. Über der schwarzen Lavaerde glitzert jeder Regentropfen wie ein Diamant, blitzen die rosaroten Fuchsien wie bunte Schmucksteine aus den Wäldern, aus den rhabarberblattgroßen Nalcas und den Bambusdickichten.

Zwischen den Viehzüchterörtchen Villa Santa Lucía und La Junta liegen 60 Kilometer, das ist richtig nah beieinander für patagonische Verhältnisse. Reich geworden ist kein Bewohner dieser 1000-Seelen-Gemeinden.

Die trapezförmigen Holzhäuser von Puerto Puyuhuapi (nach 45 Kilometern) säumen einen engen Fjord, in den Gärten sieht man Kühe und Schweine. Callas und Dahlien blühen meterhoch.

Ans Ende der Carretera Austral

Der Gletscher Mosco ragt über Villa O'Higgins, einem auf dem Reißbrett erbauten Ort. Als nämlich am 20.9.1966 Eduardo Freia zum Spaten griff und einen Grundstein auf den Platz legte, der später zur Plaza von Villa O'Higgins werden sollte, da war außer ein paar halbwilden Pferden, einigen Dampfer-Enten und einer Handvoll Militärs nur noch der Wind Zeuge dieses einsamen Gründungsaktes. Bis zum Jahr 1999 waren die Möglichkeiten, Villa O'Higgins zu erreichen, recht beschwerlich. Man konnte ein Kleinflugzeug besteigen.

Majestätischer Anblick: der Hängende Gletscher im patagonischen Queulat Nationalpark

Am Lago General Carrera zeigt sich Patagoniens Natur noch ursprünglich.

Information

ANREISE

Flüge nach Chile haben mehrere Fluglinien im Programm, z. B. LATAM, Iberia, Air France, KLM, Alitalia. Kein Direktflug, alle mit Zwischenstopp. Flugdauer: ca. 17 Stunden. Die US-amerikanischen Linien Delta und American dauern länger.

Einreise: Ein Visum ist nicht nötig, der Reisepass muss noch sechs Monate nach Reisebeginn gültig sein.

Gesundheit: Für Chile gelten keine vorgeschriebenen Impfungen, aber Empfehlungen: Hepatitis A und B, Cholera, Gelbfieber, Typhus, Tetanus, Polio

BESTE REISEZEIT

Im patagonischen Sommer von Anfang Dezember bis Mitte April

SEHENSWERT

Die Natur: Vulkane, Gletscherflüsse- und seen, Urwälder, Pionierorte. Es werden mehrere Nationalparks durchquert. Als erstes der **Parque Nacional Alerce Andino**, der die teilweise über 1000 Jahre alten Alercen schützt. www.conaf.cl. Dann der **Parque Nacional Pumalin**, den der Esprit-Mitbegründer und Tiefenökologe Douglas Thompkins Chile schenkte. www.parquepumalin.cl. Es folgen die **Reserva Nacional Lago Rosselot** und

Doch die tückischen Winde Südpatagoniens vereitelten so manches Lande- und Startmanöver. Oder man schwang sich aufs Pferd und ritt sechs Tage lang die Route der Viehtreiber nach Cochrane. Oder man bestieg die Fähre, die einmal im Monat die Siedlung Candelario Mansilla ansteuerte. Eine Piste führt hinüber nach Argentinien. Und von dort aus kehrte man ein Stückchen weiter nördlich wieder hinein nach Chile. Da ist das Mountainbike doch eine gute Alternative.

Helmut Eberhard Hopperdietzel Flack ist nicht unbedingt ein chilenischer Name. Und doch führt er in Puerto Puyuhuapi eine erfolgreiche kleine Textilmanufaktur. Puerto Puyuhuapi wurde 1936 von vier jungen deutschen Auswanderern gegründet, darunter der Großvater von eben diesem Helmut Eberhard, und die verstanden als Textilingenieure überhaupt nichts von Bodenbearbeitung. Hier in dieser Wildnis jedoch eine Teppichmanufaktur aufzubauen, bewies großen unternehmerischen Mut. Denn es gibt im weiten Umkreis nichts außer ein paar stecknadelkopfgroßen Fischer- und Muschelfängerhäfen. Heute besucht die Manufaktur jeder, der in Puerto Puyuhuapi vorbeikommt, und die pflanzengefärbten, handgearbeiteten Teppiche verkaufen sich übers Internet in die weite Welt.

Die Straße schmiegt sich jetzt eng an den Fjord, und ein Gletscher blitzt durch die Laubwände. Der Ventisquero Colgante, der »hängende Gletscher«, schwebt wie von Baumwänden abgestützt über einem grünen, runden See. In einem weiten Bogen entfernt sich die Panamericana jetzt vom Wasser, und wir kurven der Einsamkeit entgegen. Diese Region wäre gewiss noch einsamer, hätten Nordamerikaner sie nicht als Dorado für die Fliegenfischerei entdeckt. Der Río Cisnes ist der erste im Reigen ihrer Lieblingsziele. Tagelang stehen sie mit ihren Gummihosen wohl verpackt in den kalten Flüssen und kennen als Abendgestaltung kaum Schöneres, als an glitzernden Mückenattrappen zu nähen.

Vor Coyhaique beginnt die Meseta-Steppe Patagoniens, und es wird wärmer. Da können schon mal die Wasserfälle in den Wäldern als willkommene Dusche herhalten. Und Coyhaique bekommt mit einigem Glück richtig viel Sonne ab. Im Sommer ziehen die Leute in die Flussauen und nehmen ein Sonnenbad, denn hier wandert das Thermometer auch schon mal auf 30 Grad.

Anschließend ist die Carretera Austral auf über 80 Kilometern asphaltiert. Es geht zum Abschluss zum zweitgrößten See Südamerikas, dem Lago General Carrera. So blau wie Lapislazuli, so grün wie Smaragd, und wenn man Pech hat so grau wie ein Elefant, liegt der See zu Füßen eines aufregenden Gletschermassivs, dem Campo de Hielo Sur. Stolze 4000 Meter misst der Cerro San Lorenzo. Kleine Ortschaften, teilweise schon verlassen, säumen die Ufer. Früher fand man in den Bergen bei Puerto Sánchez Kalk, doch die Reservoirs wurden ausgebeutet. Die Zinnmine in Puerto Cristal und die Goldmine in Chile Chico sind erschöpft, und hätten belgische Siedler um Chile Chico herum nicht Kirschfelder angelegt, dann wäre es, wie die übrigen Dörfchen, vermutlich auch als Geisterstädtchen in Vergessenheit geraten.

Am Westrand wartet eine Kostbarkeit für die Augen, die blauweiß leuchtende Capilla de Mármol, eine Marmorgrotte im größten See Chiles, dem Lago General Carrera. Die Marmorhöhlen, einzigartige Kunstwerke der Natur, können bei einer Bootstour (Dauer: ca. 20 Minuten) besichtigt werden – ein beinahe magisches Erlebnis. Nach diesem Besuch ist die Zeit reif, sich gründlich zu entspannen. Die Orte Puerto Río Tranquilo und Puerto Guadal locken mit Haciendas, die zu Luxuslodges ausgebaut wurden.

Eine Parilla essen

Eine argentinische Fleischplatte kann man selbstverständlich auch alleine vertilgen, aber das macht weniger Spaß. Dazu muss man wissen, dass Fleisch zu essen in der argentinischen Kultur tief verwurzelt ist. Die Wirtschaft basierte über ein Jahrhundert lang auf dem Export von Rindfleisch, früher auch von Leder und Schafswolle. Beim gemeinschaftlichen Grillen am Sonntag versammeln sich Familie und Freunde, das ist ein obligater Termin.
Am besten: nachmachen! Eine *parilla* besteht entweder aus einem normalen Grillteller mit Fleisch oder aus einer *completa*, zu der noch Innereien wie Hirn, Bries und Dünndarm gehören, in Patagonien auch Lamm. Die Grillplatte kommt brutzelnd und köchelnd auf den Tisch. Dazu passt einer der köstlichen Rotweine des Landes: ist also ein Muss.

der **Parque Nacional Queulat** mit seinem hängenden Gletscher. www.conaf.cl.

Danach die **Reserva Nacional Lago Las Torres** und die **Reserva Nacional Río Simpson**. Den Abschluss bildet die **Reserva Nacional Lago General Carrera**. www.conaf.cl.

ESSEN UND TRINKEN

Auch in den Pionierörtchen steht zumindest ein Restaurant offen, oder ein kleiner Supermarkt weiß, wo man ein Frühstück oder ein Essen bekommen kann. Das muss man dann eventuell im Voraus bei der Hausfrau bestellen. Sprachkenntnisse sind da nicht ganz unwichtig.

In den luxuriösen Lodges und Haciendas isst man vorzüglich, und auch in den kleineren Hotels gibt's gute Küche. Wer sich selbst versorgen möchte, findet auch in den kleinen Ortschaften *Provisiones*, Versorgungsläden.

ÜBERNACHTEN

In den Nationalparks stehen Campingplätze zur Verfügung, eine Übersicht erhält man auf der Website der staatlichen Forstbehörde Conaf, www.conaf.cl

Lodges, Hotels und Hostales stehen bereit in: **Parque Nacional Alerce Andino**, am Río **Puelo**, in **Hornopirén**, im **Parque Pumalin**, in **Chaitén**, am **Lago Yelcho**, in **Las Juntas**, in **Puerto Puyuhuapi**, im **Parque Nacional Queulat**, in **Manihuales**, in **Coyhaique** und am Lago General Carrera in **Villa Cerro Castillo**, **Puerto Tranquilo** und **Puerto Guadal**.

Touristische Zentren sind **Chaitén** und **Coyhaique** sowie die Orte am Lago General Carrera. Dort ist die Auswahl am größten. Zimmer unbedingt vorher reservieren, besonders in der Hochsaison von Dezember bis Ende März (Schulferien in Chile).

WEITERE INFOS

www.sernatur.cl, www.conaf.cl

Ahu Tongariki: Die Moai-Statuen symbolisieren auch die Verbindung zwischen Diesseits und Jenseits.

82 Steinerne Rätsel am Palmenstrand

Die Osterinsel – Urlaub mit einem Mythos

HIGHLIGHTS

Orongo: Das Zeremonialzentrum des Vogelmann-Kultes liegt beim unglaublich eindrucksvollen Kratersee des Rano kau.

Ranu ranaku: Vulkankrater mit der »Werkstatt« der Moai

Ahu Tongariki: 15 Kolossalstuatuen auf einem riesigen Ahu

Te Pito: Die schwarze Basaltkugel ist für die Rapa Nui, die Bewohner der Osterinsel, der Nabel der Welt.

Museo Padre Sebastian Englert: Der Missionar Englert war der Erste, der die Kultur der Rapa Nui erforschte. Das Museum liegt am Rand von Hanga Roa.

ERLEBEN

Es macht Sinn, die Geheimnisse der Osterinsel erst einmal bei einer organisierten Tour zu erleben. Doch danach sind den eigenen Erkundigungen keine Grenzen gesetzt. Mit dem Fahrrad, mit dem Motorroller kann man herrlich die Insel abkurven und sich nach Lust und Laune Zeit lassen oder Badepausen einlegen.

Sie ist die am weitesten von einem anderen Punkt entfernte Insel auf der Welt, die bewohnt ist. Zu Chiles vielfältiger Natur steuert sie ein Stück Südsee bei. Wer die aus drei Vulkanen geborene Insel betritt, findet eine eigene Welt für sich: voller Legenden, sehr entspannt, sehr schön.

Von Sagen umwittert erscheint der Gründungsmythos der Isla de Pascua oder Rapa Nui, wie die Osterinsel auf *Rapa Nui* heißt. Wie entstand das Inselleben auf einem Eiland, das fast sechs Flugstunden von Chile entfernt liegt?

Und warum liegen so viele zerstörte und umgestoßene Moai (Steinstatuen) über die ganze Insel verstreut, vor allem an den Küsten? Fragen über Fragen, und Verlockungen zuhauf.

Bei der Ankunft am Flughafen bekommt jeder Besucher einen Blütenkranz umgehängt, was symbolisiert: Wie befinden uns jetzt in einer anderen Welt. Und in was für einer! Die Insel badet in Wärme, in Hibiskusblüten und Bougainvillea, in Palmen und Eukalyptus. Einen einzigen Ort gibt es auf Rapa Nui: Hanga Roa. In diesem grünen Dorf inmitten tropischer Gärten und duftender Blüten konzentriert sich das »städtische« Leben, die Restaurants, Hotels, die Vermieter von

Fahrrädern und Motorrollern, die Touranbieter. Ruhig ist es, sanft, südseehaft.

Die Isla de Pascua zeichnet ein nahezu perfekt gleichschenkliges Dreieck im Meer und besteht aus endlosen Säumen aus feinem Sand, aus grünen Vulkankratern und lichten Wäldern. Der kostbarste Schatz sind seine Moai, die seit den 1990er-Jahren restauriert und wieder aufgerichtet werden. Sie gehören unterschiedlichen geschichtlichen Perioden an, repräsentieren die Ahnen, die in der Religion der Moai göttergleichen Status genießen und sind auf Ahu, den rampenähnlichen Altären, aufgestellt. In einem Tag kann man ihre Standorte an der Küste abfahren und in ihre rätselhaften Gesichter blicken. Den schönsten Platz der Moai unbedingt für den Schluss aufheben: Es ist Anakena in einer wunderbaren palmenbestandenen Sandbucht.

Das Tapati-Fest

Ein weiterer geheimnisvoller Kult der Osterinsel ist der des Vogelmannes, der zeitgeschichtlich vor den Moai liegt. Spuren seiner Verehrung finden sich am Orongokrater. Ihm zu Ehren findet alljährlich im Februar das zweiwöchige Tapati-Fest statt. Sechs Insulaner treten gegeneinander an, um den Titel des *Tangatu Manu*, des obersten Vogelmannes und damit Clanführers, zu erringen. Diese Wettkämpfe sind alles andere als ungefährlich, zumal sich die Kämpfer mit einem knappen Lendenschurz als Schutzkleidung begnügen. Damit rasen sie auf Bananenschlitten Kraterhänge hinab, veranstalten Pferde- und Bootsrennen, tauchen, kochen und müssen sich im Körperbemalen messen. Früher mussten die Teilnehmer das Ei einer Schwalbe von einer winzigen, mit spitzen Klippen übersäten Insel holen und schwimmend zur Osterinsel bringen. Kevin Costner hat aus diesem Thema einen spannenden Spielfilm gemacht. Nicht ganz so spektakulär geht es heute zu, aber sehenswert ist ein Tapati-Fest unbedingt.

Tänzer auf dem alljährlich stattfindenden »Fest der Vogelmänner«

Information

ANREISE

Mehrere Fluglinien haben Flüge nach Chile im Programm, z. B. LATAM, Iberia, Air France, KLM, Alitalia. Kein Direktflug, alle mit Zwischenstopp. Flugdauer etwa 17 Stunden. Die US-amerikanischen Linien Delta und American brauchen länger. Flughafenshuttle ins Zentrum mit Centropuerto. LATAM ist die einzige Fluggesellschaft, die mehrmals wöchentlich Flüge zur Osterinsel anbietet auf ihrem Weg nach Tahiti.

Einreise: Ein Visum ist nicht nötig, der Reisepass muss noch sechs Monate nach Reisebeginn gültig sein.

Gesundheit: Für Chile gelten keine vorgeschriebenen Impfungen, aber Empfehlungen: Hepatitis A und B, Cholera, Gelbfieber, Typhus, Tetanus, Polio

BESTE REISEZEIT

Ganzjährig

ÜBERNACHTEN

Das Preisniveau liegt sehr hoch. Großes Angebot, auch an Privatpensionen

83 Bloß nicht hampeln!

Tango lernen in Buenos Aires

HIGHLIGHTS

Avenida de Mayo: mit dem Kongresspalast, der Rodin-Statue und der Casa Rosada, dem Regierungssitz

Tigre: ganztägiger Bootsausflug im Delta des Río de la Plata

Antiquitätenmarkt Plaza Dorrego: sonntägliches Pilgerziel aller Flohmarkt- und Antiquitäten-Aficionados

Feria de Mataderos: sonntäglicher Straßenmarkt mit Gauchoartikeln und -tänzen am ehemaligen Schlachthof

Plaza San Martín: New York-Feeling an einem wunderschönen Innenstadtpark mit Hochhäusern aus den 1940er-Jahren

PROBIEREN UND ERLEBEN

Mate ist kein Getränk, es ist ein Gaucho-Kult. Dazu stopft man Mateblätter und ein bisschen Zucker in ein Gefäß und gießt heißes Wasser darauf. Durch eine *bombilla*, ein Röhrchen, nimmt man das Getränk zu sich. Wenn man nicht alleine trinkt, nimmt man nur einen Schluck und reicht den *mate* weiter. Ist extrem gesund!

Es gibt keinen besseren Platz auf der Welt, um Tango zu lernen als Buenos Aires. Nicht nur, weil sich hier die Geschichte und die Ursprünge des Tangos förmlich atmen lassen, sondern weil die wunderbare Hauptstadt Argentiniens selbst aus dieser Sehnsucht, die dem Tango innewohnt, gemacht zu sein scheint.

Jeder liebt die Stadt. Sie ist das Paris des Südens, das Athen Lateinamerikas oder schlicht »mi Buenos Aires querido«, wie sie der eigentlich unsterbliche, nur irrtümlich 1938 bei einem Flugzeugabsturz ums Leben gekommene Tangosänger Carlos Gardel besang, »mein geliebtes Buenos Aires«.

Wer heute Buenos Aires aufsucht, wird feststellen, ja, das stimmt! Auf der berühmten Avenida de Mayo gibt es die vielen Paläste zu bestaunen, die zehn Stockwerke hoch in den Himmel ragen, mit prachtvoll verzierten Fassaden im Art déco, und ein bisschen Gaudí und Barock und Jugendstil sind auch mit dabei, so schön oder schöner noch als halb Europa. Zwischenzeitlich waren sie heruntergekommen, wie auch die Pracht-Avenida de Mayo immer noch ein wenig heruntergekommen ist, mit preiswerten Läden im Erdgeschoss und Internetkabinen und Empanada-Kiosken. Aber immerhin, der Jugendstiltraum Palacio Barolo kann besichtigt werden, es gibt richtige Führungen, bei denen man im gläsern-goldenen Fahrstuhl in die Höhe schwirrt, und das Traditionscafé Tortoni würde nie zulassen, dass die Kellner anders als in ihrer Livree den Gästen den Café servieren.

Graffiti-Kunst in Avenida de Mayo

Hier steckt Feuer drin: Tango bedeutet Sehnsucht, Liebe, Leidenschaft

Manches ändert sich nicht, und das ist auch gut so. Zum Beispiel der Tango: Er ist ja nun oft totgesagt worden, und manche denken, wenn man nur zackig genug die Beine hochreißt und sich böse genug anblitzt, dann sei das schon Leidenschaft pur. Oh wie weit gefehlt, oh wie viel ist da noch zu lernen! Der Tango ist hochkompliziert, den tanzt man nicht so einfach runter und schon gar nicht in preußischer Stechschrittmanier.

Wie gut, dass es in Buenos Aires Schulen für Tango gibt, wo man ihn lernen kann. Am besten, erst einmal verstehen, dass sich in diesem Tanz eine Beziehung verbirgt, sagt unsere Lehrerin. Jeder Beziehung wohnt ein Geheimnis inne, und das bitte genau soll man tanzen. Egal, ob die Schritte perfekt ausgeführt werden. Tango ist eine Prozession, man bittet um etwas, was einem heilig ist, also die Liebe. Vergessen sollen wir Akrobatik, an den Haaren Reißen oder Ähnliches. Uns in die Augen schauen, erste Lektion. Sich nicht aus den Augen lassen, zweite Lektion. Sich nicht aus den Armen lassen, dritte Lektion. Und dann kann mit der Verführung, pardon der Lektion, begonnen werden.

Ein Spiel von Boca Juniors gegen River Plate miterleben

Es ist der Clásico von Argentinien, viel spannender als Bayern München gegen Borussia Dortmund oder Atlético gegen Real Madrid. Hier handelt es sich um Weltanschauung. Und es ist auch völlig egal, dass der aktuelle Meister der Ersten Liga Lanus ist und im vorigen Jahr Newell's Old Boys. Denn eigentlich konzentriert sich das argentinische Fußballspektakel auf diese beiden Vereine, River Plate und Boca Juniors, die Erst- und Zweitplatzierten in der ewigen Tabelle der Liga-Gewinner. Wenn die beiden Mannschaften aus Buenos Aires gegeneinander antreten, dann sind die Straßen der Hauptstadt leer gefegt. Boca

Abkühlung gefällig? Wasserspiele in der Stadt

Information

ANREISE

Verschiedene Fluggesellschaften fliegen Buenos Aires an, mit Lufthansa von Frankfurt direkt in etwa 14 Stunden. Alle anderen mit Zwischenstopp: LATAM, KLM, Air France, Iberia, Alitalia, Aerolineas Argentinas. San Miguel de Tucuman und Salta verfügen über Flughäfen.

Einreise: Ein Visum ist nicht nötig, der Reisepass muss noch sechs Monate nach Reisebeginn gültig sein.

Gesundheit: Für Argentinien gelten keine vorgeschriebenen Impfungen, aber Empfehlungen: Hepatitis A und B, Cholera, Gelbfieber, Typhus, Tetanus, Polio

BESTE REISEZEIT

Von September bis Dezember, von Februar bis Ende Mai. Im Hochsommer ist Buenos Aires sehr schwül.

SEHENSWERT

Cabildo: eine der wenigen echten Kolonialbauten der Stadt an der Plaza de Mayo. In dem ehemaligen Rathaus aus dem 18. Jahrhundert ist ein Geschichtsmuseum untergebracht. www.cabildonacional.cultura.gob.ar

Juniors ist der Verein, in dem Diego Maradona groß wurde, und versinnbildlicht den ewigen underdog. River Plate hat das gepflegtere Image. Wenn in der Pralinenschachtel »Bonbonera« in La Boca gespielt wird, bebt das gesamte legendäre Einwanderer- und Hafenviertel. Das Monumentalstadion von River Plate, dem Club der *millionarios*, liegt im vornehmen Belgrano. Also: hingehen!

Dafür gibt es Regeln, strenge Regeln. Der Mann führt ritterlich, besitzergreifend und beschützend. Die Frau kann unter diesem Schutz ihre Arabesken vollführen; er bestimmt das Tempo. Sie kann sich dem hingeben – oder auch in einen Kampf gehen.

Da gibt es kein Gehampel, oder, wie unsere Lehrerin sagt, Herumgezucke mit den Ellenbogen im Takt der Musik, ein Fehler, der ihr besonders an deutschen Paaren aufgefallen sei. Der Körper bleibt vollkommen beherrscht, gespannt, und vollführt dann seine überraschenden Bewegungen, die auch ganz klein sein können. Beim Tango Argentino muss man niemanden beeindrucken, nur den Partner.

Und es kommt, wie es kommen muss: Als wir zum ersten Mal in eine Milonga gehen, eine Bar, in der Tango getanzt wird, stürzen sich die jungen Mädchen auf recht rüstige Senioren, Nadelstreifenanzug, Rose im Knopfloch. Auch wenn die schon angewelkt sein mag, so wie der ganze Herr, er kann´s am besten, er hat die Damen schon vor 40 Jahren übers Parkett geführt, er wird sich nie in den Vordergrund spielen, so wie die jungen Hähne – das hat er gar nicht mehr nötig. Er verkörpert die Autorität des Wissens. Sagen die jungen Besucherinnen, ausnahmslos im Tango-Chic, das Gesicht perfekt zurechtgemacht wie eine Maske. Keine Hosen, sondern enge überknielange Röcke mit Schlitz, schmale Oberteile, nicht ärmellos, aber mit viel Dekolletee. Du musst deine Erotik erst auf den zweiten Blick offenbaren, wir sind hier nicht bei der Salsa, wo es wilder, verspielter und natürlicher zugehen kann. Tango, das ist erwachsen. Sagen sie, und gehen sich die Nase pudern und die Strumpfnaht zurechtrücken.

Tango und Buenos Aires und Sehnsucht, Armut und der Wunsch nach einem glücklichen Leben, Verrat, Betrug, Tod und Teufel – das alles gehört untrennbar zusammen. Und davon sang auch Carlos Gardel, der berühmteste aller Tangosänger. Aber das ist wieder eine ganz andere Geschichte.

Clérico

Alle Jahre wieder schafft es ein Drink auf die Liste der Top Ten; und nachdem lange Zeit Gin-Cocktails und in kleinen Brauereien hergestelltes Bier diese Liste angeführt hatten, kehrt nun ein altbekannter Klassiker zurück: die Bowle. Allerdings nicht mit Zuckerfrüchten und Cognac oder Weinbrand angesetzt, sondern pur und rein: nur geschnittenes Obst, guter Weißwein und Mineralwasser wandern ins Bowlegefäß. In Argentinien heißt diese Weißweinbowle Clérico, und die Bowle ist ein Krug, eine *jarra*. In dieser *jarra* wandert sie auch auf den Tisch. Da ergibt es sich von selbst, dass man nicht alleine einen ganzen Krug Bowle trinken kann/soll/will, sondern das am besten in Gesellschaft tut. Clérico ist ein guter Sommerdrink, leicht und spritzig. Meistens jedenfalls …

Das farbenfrohe La Boca ist das bekannteste der 48 Stadtviertel von Buenos Aires.

Manzana de las Luces: Zwischen den Straßen Alsina, Moreno, Bolívar und Perú in San Nicolás/San Telmo befindet sich dieses »Geviert der Aufklärung«, ehemals Sitz wichtiger politischer Institutionen, das durch unterirdische Tunnelgänge aus dem 17. und 18. Jahrhundert miteinander verbunden ist.

Basílica de la Merced: eine der ältesten Kirchen der Stadt – von 1712 – mit einem schönen Patio

Centro Cultural Recoleta: interessanter Kultur-Ort neben der Kolonialkirche El Pilar in einem Palast mit Fabrikcharakter. Ausstellungen, Theater, Musik. Calle Junín, Recoleta

Parque Lezama: schöne grüne Lunge, die die Stadtteile San Telmo und La Boca miteinander verbindet

Museo Benito Quinquela Martín: ein Highlight von La Boca. Der angesehene Maler hat mit diesem La Boca-Museum einen Ort der kulturellen Identität geschaffen. Av. Pedro de Mendoza, am Beginn des Caminito **La Boca:** das bunt bemalte Gässlein **Caminito**, das **Stadion der Boca Juniors** und die **Fundación Proa**, eine moderne Kunsthalle

ESSEN UND TRINKEN

Puerto Madero: Die angesagtesten Restaurants und Bars befinden sich traditionell im Stadtteil Recoleta, aber man kann auch gut einmal im blendend restaurierten Holzhafen Puerto Madero direkt am Ufer des Río de la Plata sein Glück versuchen. Viele neue Plätze, oft mit Terrasse

ÜBERNACHTEN

Anselmo Buenos Aires (Hilton): exquisites Haus, direkt an der legendären Plaza Dorrego in San Telmo. www.curiocollection3.hilton.com

Hotel Metropolitano Supara: tolle große Zimmer und Bäder, sehr gutes Preis-Leistungs-Verhältnis, nördlich von San Telmo

Unique Art Elegance: Drei-Sterne-Hotel an einer verkehrsreichen Avenida, elegante Zimmer, gutes Preis-Leistungs-Verhältnis

SHOPPING

Stadtteil Recoleta: ein Dorado für Mode-Fans, die den elegant-schicken Stil lieben, San **Telmo**: originelle und lustig-junge Designer-Mode

Galerías Pacifico: Die Shopping Mall in der Fußgängerzone Florida in der Nähe der Plaza San Martín ist mit seinen Renaissance-Fresko-Kopien ein Symbol der 1990er-Jahre. Recoleta Mall ist moderner, luftiger. Auf Lederwaren achten!

Angekommen am Ende des Regenbogens: die Iguazu-Wasserfälle mit rund 300 kleineren und größeren Kaskaden

84 Das Paradies mit Adam und Eva

Die Wasserfälle von Iguazu

HIGHLIGHTS

Misiones: Die Wasserfälle liegen im argentinischen Bundesstaat Misiones, benannt nach den hier errichteten Missionsstationen *(reducciones)* der Jesuiten. Mehrere Ruinen dieser insgesamt elf Jesuitenreduktionen sind zu besichtigen: San Ignacio Mini, Santa Ana, Loreto und Santa María La Mayor. Sie stehen auf der Liste des UNESCO-Weltkulturerbes.

Foz de Iguaçu: Man kommt leicht mit dem Bus hinüber nach Brasilien, der Panoramablick auf der brasilianischen Seite der Fälle ist gigantisch.

ERLEBEN

Roland Joffés Spielfilm *The Mission* spielt an den Wasserfällen und thematisiert den Aufbau der Missionstationen der Jesuiten, die hier im 17. und 18. Jahrhundert die Guaraní missionieren und sie gleichzeitig vor den Menschenhändlern aus Brasilien schützen wollten. Als Einstimmung unbedingt ansehen!

Mit Zahlen kann man diesem Naturwunder in den Tropen eigentlich nicht beikommen, aber trotzdem: Die sich zwischen Argentinien und Brasilien auf 2,7 Kilometern ausbreitenden Wasserfälle donnern bis zu 82 Meter in die Tiefe, wobei die Teufelsschlucht am eindrucksvollsten ist.

Ein öffentlicher Pendelbus verbindet das blühende Puerto Iguazu im nordargentinischen Bundesstaat Misiones mit dem tropischen Nationalpark, der die größten Wasserfälle der Welt – insgesamt sind es 275! – umschließt. Hier sind nicht nur die *cataratas*, sondern eine besondere, tropische Flora und Fauna zu entdecken. Am Eingang bekommt man den Fahrplan eines Besucherbähnchens in die Hand gedrückt, dazu ein Faltblatt mit dem Lageplan der Wasserfälle. Das Bähnchen bringt den Gast zu besonders spektakulären Stationen, andere erläuft man sich. Allein für dieses Programm ist ein voller Tag einzuplanen.

Angekommen an der Endstation Garganta del Diablo, Teufelsschlucht: Jeder, der jetzt hier einsteigt, um wieder zurückzufahren, sieht glücklich aus. Verschwitzt, rot, erschöpft, aber glücklich.

Der Weg führt durch einen tropischen Wald, an Myriaden von schönsten Schmetterlingen vorbei. Dann über Flussbrücken und über zwei

Stege, die einen See überbrücken. Dann eine Kehre, eine weitere Brücke, noch mehr Schmetterlinge. Nach etwa 20 Minuten ist ein Brausen in der Luft zu hören, dann ein Tosen. Und schließlich ein Orkan – die Teufelsschlucht. Unter uns, vor uns, neben uns stürzen die wahnsinnigsten Wassermassen in die Tiefe, sprühen Fontänen von schillernden Wasserbläschen in die Luft. Die Garganta del Diablo ist der größte, der mächtigste Wasserfall der Cataratas del Iguazu (oder Iguaçu, wie er auf der brasilianischen Seite heißt), eine perfekte Mondsichel voller rasender Kaskaden.

Die ausgeschilderte Route führt zurück in den Wald, auf die Stege. Adam und Eva sind zwei fast synchron sprudelnde Wasserfälle, nur durch eine bewaldete Felsinsel getrennt. An jeder Ecke wartet eine neue Überraschung, ein neuer Blick. Stunden verbringt man so, mit Staunen und Entzücken.

Und am Ende eines langen Tages sieht wirklich jeder so aus: verschwitzt, rot und glücklich. Davon kann man eigentlich nicht genug kriegen. Wer lange bleiben kann, sollte es tun.

Dusche mit Schnappschuss an der Garganta del Diablo

Es ist schon etwas Nervenkitzel dabei, sich so nah an das Geländer über der Teufelsschlucht zu wagen, schließlich ergießt sich das Wasser in tollkühnen Sprüngen rasend schnell über die Felsvorsprünge. Trotzdem: Wer nah genug herangeht – das Geländer ist tausendfach abgesichert – bekommt eine Dusche, die er sein Lebtag nicht vergessen wird. Dass dieses Erlebnis in einem Schnappschuss festgehalten werden sollte, ist klar!
Es besteht auch die Möglichkeit, sich einzuschiffen und in den gischtgefüllten Becken zu Füßen der *cataratas* herumzufahren. Und zu laufen, laufen, laufen. Nur eines sollte man gewiss nicht tun: Mit dem Helikopter über die Wasserfälle fliegen. Flora und vor allem Fauna haben bereits empfindliche Einbußen erlitten. Wer diese sagenhafte Welt erhalten will, verzichtet darauf.

Wellenumtoster Futterplatz des Pipile jacutinga (Blaukehlguan)

Information

ANREISE

Mit Lufthansa von Frankfurt direkt nach Buenos Aires in etwa 14 Stunden, alle anderen mit Zwischenstopp. San Miguel de Tucuman und Salta verfügen über Flughäfen. Flüge von Buenos Aires nach Puerto Iguazu vom Flughafen Jorge Newberry aus.

Einreise: Ein Visum ist nicht nötig, der Reisepass muss noch sechs Monate nach Reisebeginn gültig sein.

Gesundheit: Keine vorgeschriebenen Impfungen, aber Empfehlungen: Hepatitis A und B, Cholera, Gelbfieber, Typhus, Tetanus, Polio. Wegen des Zika-Virus auf Mückenschutz achten.

BESTE REISEZEIT

Ganzjährig, aber Regenzeit von Juni bis September

ESSEN UND TRINKEN

Schön sind in Puerto Iguazu die Garten-Restaurants **La Rueda** und **Aqva**, wo man die Flussfische Surubi und Bagre, eine Art Wels, probieren sollte.

ÜBERNACHTEN

Es gibt viele kleinere Drei-Sterne-Hotels in Puerto Iguazu, zum Beispiel **La Sorgente** mit Garten und Pool, oder die **La Cantera Jungle Lodge**.

Lifeguards wachen über den Strand von Barra de Valizas.

85 Südlich der Copacabana

Die Strände von Uruguay sind toll

HIGHLIGHTS

Tagesausflug nach Montevideo: mit einigen historischen Gebäuden in der Altstadt und dem restaurierten Mercado Puerto, dem Hafenmarkt mit vielen Restaurants

Ausflug zu einer der Estancias: z. B. San Pedro de Timote oder El Caibo, Aguila Blanca

PROBIEREN UND ERLEBEN

Torta frita ist ein kleiner Teigfladen aus Hefeteig, der in Öl schwimmend ausgebacken wird und ein wenig abkühlen muss. Schmeckt zu allem und zu jeder Tageszeit, als Snack, als Beilage, zum Mate-Tee, den die *uruguayos* fast noch fanatischer konsumieren als die Argentinier.

Als *banda oriental*, östlicher Streifen, des großen Argentinien, wurde das kleine Uruguay eher mitleidig betrachtet. Viehzüchter, Tango, Mate-Tee, all die argentinischen Ingredienzen zeichnen es ebenso aus. Und doch hat es einen Riesenvorteil: tolle, mediterrane Strände!

Das kleine ruhige Uruguay hütet ein touristisches Geheimnis, was hier preisgegeben werden soll: Es hat sagenhafte Strände.

Copacabana, Ipanema, Salvador da Bahia – gut, so geht es hier keinesfalls zu. Aber Punta del Este sieht so aus! Dort, wo Naomi Campbell und Gisele Bündchen aus den Fluten steigen und wohin leider auch Donald Trump schon vorgedrungen ist.

Wer dorthin will, soll dorthin fahren. Er wird einen der Superspots der lateinamerikanischen und mittlerweile auch nordamerikanischen Promi-Schickeria antreffen, er wird auf Boulevards flanieren, internationale Jetset-Läden auf den Shoppingmeilen finden, und ein beeindruckendes Labyrinth aus Hochhäusern. Zehntausend Einwohner hat Punta del Este zu Nicht-Saisonzeiten, und etwa 90 000, wenn alle da sind. »Punta« ist begehrt: Die Stadtlandschaft schwappt mittlerweile über die Dünen.

Aber nicht nur dort sind die Strände feinsandig und kilometerlang, sondern auch drumherum. Die Atmosphäre erinnert nicht an das subtropische Brasilien, sondern eher an das charmante Frankreich: Dünen, Sand, Pinienwälder. Atlántida und Piriapolis sind zwei Städtchen, die zur Saison aufblühen und danach in einen Dornröschenschlaf versinken. Die zahlreichen kleinen Ferienanlagen schwelgen in sommerlich-trägem Zauber, stets gehören Thermoskannen voller Mate-Tee und Grills für einen ordentlichen *Asado* zur Grundausstattung der heimischen Urlauber – die hier in der Mehrzahl sind.

Man muss nicht mit dem eigenen Wagen unterwegs sein, der Bus von Montevideo Richtung Punta del Este hält an jedem Badeort – und wenn nicht, dann bittet man den Fahrer darum. So viel Zuvorkommenheit ist der mitteleuropäische Gast gar nicht gewöhnt, aber: Wir sind in Uruguay, da gehört Höflichkeit einfach zum guten Ton.

Eigentlich beginnen die Strände schon in Montevideo hinter dem Grandhotel Carrasco, doch dort mischen sich noch die trüben Fluten des Río de la Plata ins türkisgrüne Meer. Wer es also richtig idyllisch haben will, muss noch ein paar Kilometer draufpacken. Mindestens bis Atlántida.

Fortín de Santa Rosa

Ja: es sieht aus wie ein altes Fort, und nein: es hat mit Befestigungsanlagen und Krieg überhaupt nichts zu tun. Ganz im Gegenteil: Friedlicher und liebevoller könnte es hier gar nicht zugehen. Die Besitzer haben das Fort aus dem Jahr 1933 mit einer hübschen, leicht flohmarktmäßigen Eleganz ausgestattet, mit einem gepflasterten palmenbestandenen Patio, der von doppelstöckigen Arkadengängen umschlossen wird, in dem sich die lichtdurchfluteten Zimmer befinden. Im linken Flügel liegen die Speise- und Aufenthaltsräume, und der Hausherr lädt gerne zum abendlichen Folk-Singer-Songwriter-Konzert. Die kilometerlangen Strände vor dem Hotel sind untadelig – das begeistert sogar die brasilianischen (!) Gäste, die sich regelmäßig einfinden.

Straßenverkauf in Montevideo: Hier gibt's die leckeren Churros direkt auf die Hand.

Information

ANREISE

Mit Lufthansa von Frankfurt nach Buenos Aires direkt in etwa 14 Stunden. Alle anderen mit Zwischenstopp in 15 Stunden.
Von Buenos Aires mit dem Tragflügelboot nach Montevideo (Dauer drei Stunden.).
Oder mit LATAM nach Sao Paulo, übernachten und dann weiter nach Montevideo.
Es gibt auch Flüge zwischen von Buenos Aires nach Montevideo.

Einreise: Ein Visum ist nicht nötig, der Reisepass muss noch sechs Monate nach Reisebeginn gültig sein.

Gesundheit: Für Uruguay gelten Empfehlungen: Hepatitis A und B, Cholera, Gelbfieber, Typhus, Tetanus, Polio. Wegen des Zika-Virus auf Mückenschutz achten.

ÜBERNACHTEN

Carrasco Hotel: das traditionellste Luxushotel von Uruguay, ein wunderbarer Kasten im Stil der Belle Epoque in Montevideo direkt am Ufer des Río de la Plata. Mit Spielkasino und Spabereich, tollen Terrassen, aber nicht sehr großen Zimmern, Rambla República de México 6451, Montevideo, Tel. +598 2/604 60 60

Sonnenuntergang über der Serengeti, über dem »endlosen Land«, wie es in der Sprache der Massai heißt

Afrika

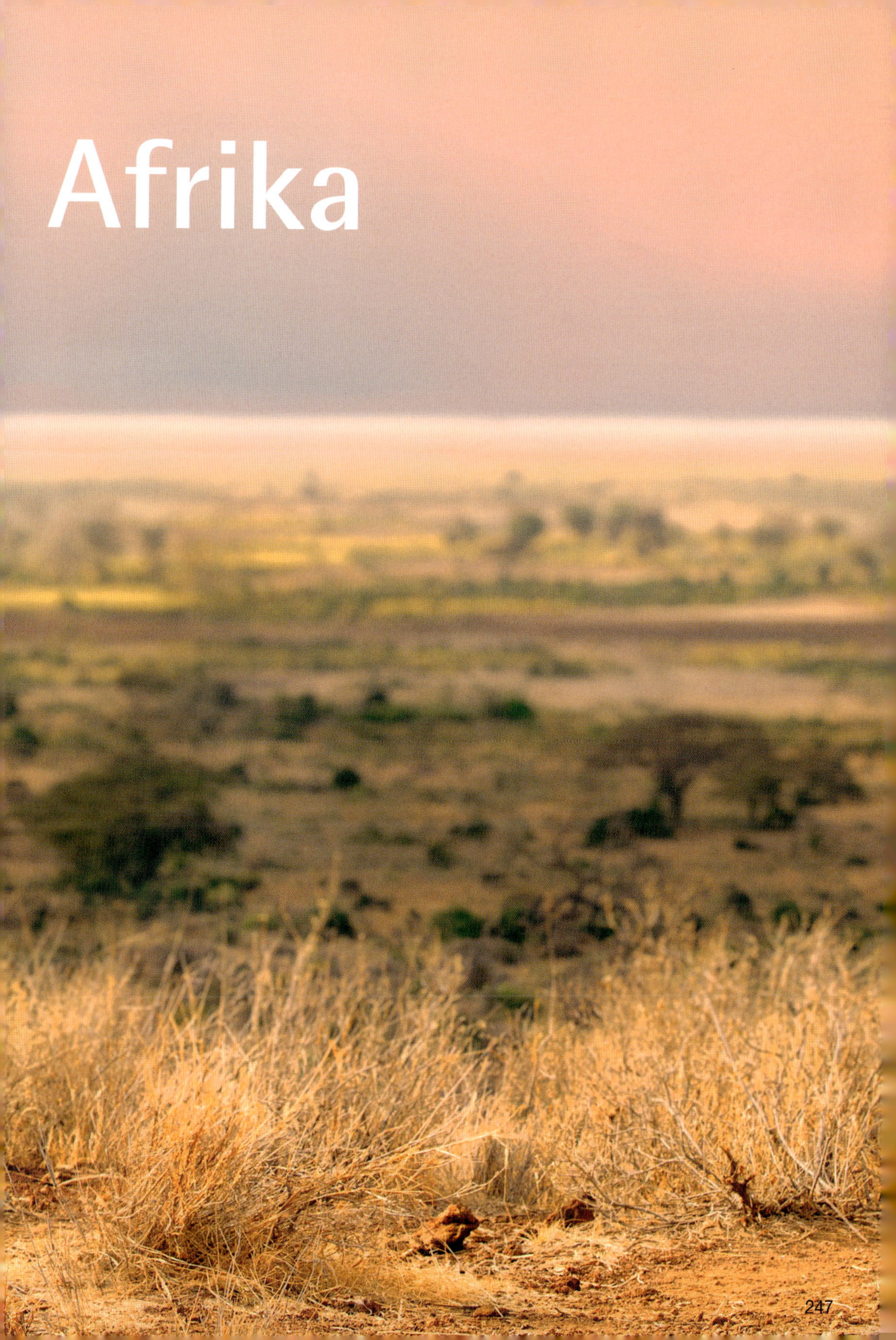

Braut und Bräutigam an der Spitze ihrer Hochzeitsprozession nahe des Ziway-Sees

86 Mystische Kirchen und Kathedralen

Zum »Honeymoon« nach Äthiopien

HIGHLIGHTS

Simien Mountains Nationalpark: Das UNESCO-Weltnaturerbe produziert mit bizarren Gipfeln traumhafte Bilder, Mount Rash Dashens ist 4550 Meter hoch!

UNESCO-Welterbe Lalibela: Grottenkirche Neakuto Leab sowie zahlreiche weitere Felsenkirchen aus der auxumitischen Zeit und der Epoche der Zagwe-Dynastie, 12./13. Jh.

Gondar: Äthiopiens Schlösser und Burgen am Nordufer des Tanasees.

Axum: »Rom Äthiopiens« und Heilige Stadt mit Kathedrale

Tanasee: Klöster und Kirchen sowie die spektakulären Wasserfälle des Blauen Nil

PROBIEREN UND ERLEBEN

Kitfo be kebe: Hackfleischgericht (von roh bis durchgebraten) mit Chili und äthiopischer Butter – *Injera:* Fladenbrot aus gesäuertem Teig, dient gleichzeitig als Teller und Besteck! – *Doro Wot:* Scharfe Hühnersoße aus Zwiebeln, Knoblauch, Ingwer und *Berbere*, einer speziellen äthiopischen Gewürzmischung, Nationalgericht!

Wer exotisch, aber mit christlichem Bezug flittern will, wird im kulturellen Hochland Äthiopiens eine sehr besondere Afrika-Erfahrung machen: In großer Abgeschiedenheit und einzigartiger landschaftlicher Schönheit schlummern kirchliche Schätze, deren Wurzeln bis ins 4. Jahrhundert zurückreichen.

Aus aller Welt zieht es Reisende in dieses christliche Wunderland, das sich nahe des Himmels über den Wolken ausbreitet: Auf 2500 Meter liegt Addis Abeba, die Millionenmetropole!

Von dort geht der Flug nach Bahar Dar am Tanasee, der mit seinen 3000 Quadratkilometern fünfmal so groß wie der Bodensee ist. Als Horte des Friedens schlummern Klöster und Kirchen auf Inseln und Halbinseln; eine der vielbesuchten christlich-orthodoxen Schätze ist der Rundbau der Klosterkirche Ura Kidane Mihret. Der Heilige Betre Mariyam hatte das Kloster im 14. Jahrhundert gegründet, seine beeindruckende Holzarchitektur wurde vor rund 500 Jahren errichtet. Einen Steinwurf entfernt begleiten Wanderer sprudelnde Flüsse und fröhliche Menschen zu den Wasserfällen des Blauen Nil, der aus dem abessinischen Hochland Äthiopiens kommend in den Tanasee mündet und sich bei Khartum mit dem Weißen Nil vereinigt. Tisissat, rauchendes Wasser, nennen die Einwohner ihr Dorf Tis Issat nahe der donnernden Wassermassen, die auf einer Breite von 400 Metern 42 Meter in die Tiefe stürzen und den Wasserfall zur Regenzeit zum zweitgrößten Afrikas machen.

Gondars Schlösser und Burgen am Nordufer des Tanasees werden als »Camelot Äthiopiens« bezeichnet. Vom Fasiladas-Palast der Palastanlage Gemp, die zum UNESCO-Weltkulturerbe zählt, geht der Blick auf die Kanzlei und die Bibliothek. Erschaffen wurde die märchenhafte Schlossburgkulisse, die sich eher an den felsigen Schieferhängen des Rheintals vorstellen lässt, ab 1636 von Kaiser Fasiladas sowie Herrschern nachfolgender Generationen. Im späten Sonnenlicht zeigen sich grünleuchtende Weiden in einem fruchtbaren Paradies, das den über 80 Millionen Einwohnern Äthiopiens wenigstens hier, im Hochland, ausreichend erstklassigen Kaffee und Agrarprodukte liefert. Alljährlich feiert Gondar am 11. September das Fest Johannes des Täufers, am 27. September strömen tausende Pilger in die Stadt, um das Meskal-Fest zu Ehren der Auffindung des Heiligen Kreuzes zu feiern.

Axum, die Heilige Stadt

»Makeda, die sagenhafte Königin von Saba«, so geht hier die äthiopische Fassung der biblischen Geschichte, »hörte von der Weisheit des Königs Salomon«. In der Kirche der Heiligen Maria von Zion gleich neben der Kathedrale befindet sich angeblich die heilige Bundeslade mit den Zehn Geboten, die Gott an Moses gab, das größte Heiligtum des Landes. Bis zur Zeit des letzten Kaisers Haile Selassie im 20. Jahrhundert blieb Axum der Ort der Krönung äthiopischer Könige, weshalb sich das UNESCO-Weltkulturerbe gerne als »Rom Äthiopiens« bezeichnet. Im Stelenpark wachsen riesige Stelenkolosse aus Granit als Wahrzeichen äthiopisch-christlicher Kultur in den Himmel; die umgestürzte Nr. 1 zählt zu den größten bearbeiteten Monolithen der Welt, war im aufrechten Stand 33,5 Meter hoch und wiegt 520 Tonnen. Zu besichtigen sind die Grabmale der Könige Caleb, Meskal und Remhai, die Grundmauern des Palastes der Königin von Saba sowie die Stele König Ezanas.

Ältestes Kirchengebäude der äthiopisch-orthodoxen Kirche: St. Maria von Zion in Axum

Information

ANREISE
Ethiopian Airlines fliegt im Verbund der Star Alliance von Frankfurt nach Addis Abeba. www.flyethiopian.com

BESTE REISEZEIT
Von Oktober bis Februar/März, dann ist es Sommer und schön warm; kurze Regenzeit im April, große Regenzeit von Mitte Juni bis Ende September

SEHENSWERT
Addis Abeba: Nationalmuseum, St. Georgs-Kathedrale, der klassizistische Bahnhof sowie Hausberg Entoto mit Entoto Maryam Kirche und tollem Blick auf die Hauptstadt

ESSEN UND TRINKEN
2000 Habesha Cultural Restaurant: fantastische Bühnenshow sowie äthiopisches Buffet, Airport Road, Addis Abeba. www.2000habesha.com

ÜBERNACHTEN
Simien Lodge: angeblich das höchstgelegene Hotel Afrikas auf 3260 Metern, Simien Mountains Nationalpark. www.simiens.com

Sheraton Addis: Luxury Collection Hotel, zentrale Lage, Taitu St., Addis Abeba, www.sheratonaddis.com

WEITERE INFOS
African Dreams & Paradise Ethiopia Travel: Eduard-Mörike-Weg 1a, Saarbücken, www.african-dreams.biz und www.ethiopia.travel

Im Lewa-Safari-Camp wird das Alltägliche zum Besonderen: morgendliche Teestunde auf der Veranda

87 Savanne, Strand und Sternenzelt

So funktioniert Kenias Zauberprogramm

HIGHLIGHTS

Lamu Archipel: 1001 Nacht in Lamu Town und eine Handvoll Inseln. www.lamuholidaysolutions.com

Lewa Wildlife Conservancy: Seit 2013 mit seinem Nashorn-Schutzprogramm auf der UNESCO-Liste. www.lewa.org

Nairobi: Geführte Rundtour durch die Hauptstadt. www.magical-kenya.de

Diani Beach: bildschöner Strand südlich von Mombasa mit zahlreichen Beachresorts.

PROBIEREN UND ERLEBEN

Hummersuppe aus Lamu: mit Lamu-Hummer, Garnelen, Muscheln, Weißwein und Gemüse – *Kenia-Hähnchen (scharf):* aus Chili-Schoten, Erdnüssen, Nelken und Muskat.

Erst klassisch Safari im Busch am Mount Kenia, dann exquisites Beachlife an schneeweißen Stränden! Zum Beispiel südlich der Hafenstadt Mombasa, wo sich riff- und palmengesäumte Sandträume am Indischen Ozean kilometerweit erstrecken. Oder nördlich von Malindi, dort erzählt die UNESCO-Stadt Lamu Geschichten aus Tausendundeiner Nacht!

Die Cessna landet mitten in der Savanne, was eine Safari schon beim Aussteigen möglich macht: Büffel, Giraffen, Zebras und Antilopen grasen friedlich in Reichweite, bis sich die Einmotorige mit brüllendem Propeller davonmacht. Die Fahrt zum Lewa Safari Camp gerät zu einem Landschaftstraum aus weiten Hochebenen, zwischendrin erheben sich liebliche Hügel, gewaltige Schirmakazien ragen wie Monumente aus goldgelben Grasflächen, frische Fallwinde vom 5199 Meter hohen und eisbedeckten Mount Kenia

durchwehen dieses bis zu 1600 Meter hoch liegende Tierparadies. Irgendwann taucht sie auf, die Lewa-Fata Morgana, ein durch artesische Quellen gespeistes und vor Grün strotzendes Sumpfgebiet, das mit seinem artenreichen Wildtierbestand biblische Bilder aufsteigen lässt. Zwecks Rettung der Nashörner hat die Farmerfamilie der Craigs ihren Landbesitz, der halb so groß wie der Bodensee ist, der UNESCO-geschützten Lewa Wildlife Conservancy vermacht, die heute weit über hundert der immer noch durch Wilderei bedrohten Rhinozerosse zählt.

Südlich der kenianischen Hafenstadt Mombasa liegt einer der schönsten Strände der Welt, Diani Beach. Der zieht sich mit kilometerweiten palmenbestandenen Sandarealen wie ein kitschiges Postkartenbild an der immer warmen Küste des Indischen Ozeans entlang. In einer verschwiegenen Nische dieses tropischen Garten Edens ist die edle AfroChic Diani Beach-Lodge als Juwel maritimer Gastlichkeit versteckt, mit nur zehn Zimmern, und damit ideal für einen romantischen Honeymoon-Traum. Ausstattung und Service der Beach-Lodge im ausgefallenen Afrodesign lassen keine Wünsche offen, aber was kann man hier tun, außer in trauter Zweisamkeit exquisite Cuisine zu genießen und wie im Märchen zu schlafen? Wellness & Spa der feineren Art stehen auf der Liste der Aktivitäten, Schnorcheln, Tauchen, Windsurfen, Golfen und Hochseeangeln. Es lässt sich aber auch bequem im Schatten einer Palme liegen und den weißen Segeln vorüberziehender Dhaus nachschauen.

Verwehte Spuren

In nur einer Stunde schafft es der Airlink von Mombasa oder Nairobi nach Lamu. Ein Rundgang in der UNESCO-geschützten Inselhauptstadt zeigt Monumentalbauten, weißgetünchte Kaufmannshäuser, arabeskengeschmückte Säulengänge und kunstvoll geschnitzte Portale. An einem der Gebäude prangt noch das Schild »Kaiserliche Post«, die es hier von 1888 bis 1891 auch einmal gab, und nicht nur das heutige Postmuseum erzählt spannende Out-of-Africa-Geschichten der einstigen deutschen Bewohner der Stadt. Eine beginnt an der Flensburger Förde mit der Familie Korschen, die am kilometerlangen Sandstrand vor Shelas gewaltigen Sanddünen das Peponi Hotel eröffnete, das heute eine bekannte Hideaway-Adresse an diesem Ende der Welt ist. Auf der VIP-Liste der Strandherberge stehen schlagfertige Prinzen, Filmleute und Promis wie Mick Jagger.

Information

ANREISE

Lufthansa (www.lufthansa.com) direkt sowie Turkish Airlines (www.turkishairlines.com) von Frankfurt nach Nairobi. Gabelflug mit Turkish Airlines Frankfurt/Nairobi/Mombasa möglich

BESTE REISEZEIT

Eine kurze Regenzeit ist im November, die heftigere findet im Frühjahr statt. Der Frühherbst ist klimatisch am besten.

ESSEN UND TRINKEN

Thorn Tree Café: Hemingways Stammcafé im über 100-jährigen Stanley Hotel. www.sarovahotels.com

ÜBERNACHTEN

AfroChic Diani Beach-Lodge: an der Diani-Beach südlich von Mombasa. www.afrochicdiani.com

Sarova Stanley Hotel: historisch Absteigen in Nairobi. www.sarovahotels.com

Lewa Safari Camp: Lodge-Refugium in der Lewa Wildlife Conervancy. www.lewasafaricamp.com

Peponi Hotel Lamu: legendär am Strand von Shela. www.peponi-lamu.com

WEITERE INFOS

Kenya Tourist Board: Travelmarketing Romberg, Schwarzbachstr. 32, Mettmann. www.magical-kenya.de, www.magicalkenya.com

Die Sonne geht unter über dem Lake Malawi: Dinner-Time

88 St. Peter's und Kaya Mawa

See-Märchen im Lake Malawi

HIGHLIGHTS

Likoma Island: größte der Seeinseln Lake Malawis, mit Luxuslodge Kaya Mawa und Kathedrale St. Peter's

Mumbo Island: Likoma benachbartes Inselchen mit Öko-Lodge

Liwonde Nationalpark: südliches Seegebiet und Shire River, wasser- und deshalb sehr tierreiches Areal

Majete Wildlife Reserve: 1955 gegründetes Wildreservat Majete mit zahlreichen Elefanten, Büffeln, Zebras, Nashörnern, Leoparden und Löwen

Highlands bei Blantyre: Malawis Hochland präsentiert hier bildschöne Tee- und Kaffeeplantagen mit märchenhaften altkolonialen Anwesen.

PROBIEREN UND ERLEBEN

Mbtata Pudding: Auflauf mit Süßkartoffel, Honig und Orangensaft – *Futali:* Gemüsetopf mit Fisch aus Süßkartoffel, Kürbis, Maniok und Kochbananen – *Safran-Hühnchen:* Hühnerbrüste in Roséwein mit Safran, Knoblauch und Estragon – *Chambo:* Tilapia-Fisch aus dem Malawi-See zu Bohnen und Süßkartoffeln

Die Reise zur größten Seeinsel Lake Malawis führt über glitzernde Wasserflächen zu einem Archipel verwunschener Inseln, aus dem ein riesiger Kirchturm ragt: Es ist keine Fata Morgana, sondern der von St. Peter's, Likomas anglikanischer Kathedrale!

Malawis riesiger Binnensee ist 55-mal so groß wie der Bodensee und mit durchschnittlich 292 Metern Tiefe, glasklarem Wasser und einem außerordentlichen Fischreichtum ein Süßwasser-Eldorado für Schnorchler und Taucher. Seit 1984 stehen seine südlichen Areale als Lake Malawi National Park auf der UNESCO-Liste des Weltnaturerbes.

Nach einem kurzen, szenischen Flug über spiegelglatte Wasserflächen taucht mit Blick auf die Küstengebirge Mosambiks der Likoma Archipel auf. Knapp 20 Inseln verteilen sich auf knappe 19 Quadratkilometer, Likoma Island hat als größte der idyllischen Seeinseln weniger Landmasse als Amrum. Die spannende Geschichte geht so: 1859 entdeckte der britische Forschungsreisende Dr. David Livingstone den See, bald reisten anglikanische Missionare an, die hier die Likoma Mission gründeten und 1903 begannen, eine mächtige Kirche zu bauen, die sich an Größe mit Londons Westminster Abbey messen konnte: St. Peter's Cathedral. Stolz sind die blauweiß gekleideten Nonnen auf das mechanische Läutwerk im Glockenturm, auf kunstvoll bleiverglaste Kirchenfenster und das prächtige Schnitzwerk aus Oberammergau. Wenn der Bischof mit dem Schiff vom Festland zum Gottesdienst kommt, versammeln sich zum afrikanisch-melodischen Gesang dreier Chöre zuweilen mehr als 1000 Gläubige auf einen Schlag.

Eine Mission anderer Art hatten Andrew Came und William Sutton aus Oxford im Sinn, als sie mit der Luxuslodge Kaya Mawa die erste und einzige Herberge auf Likoma etablierten: als wagemutige Visionäre, gegen jede Vernunft, aber mit handfester Unterstützung der 6000 Einwohner zählenden Inselgemeinde und dem unausweichlich notwendigen Segen St. Peter's. Das architektonisch besondere Inselresort (laut Condé Nast unter den zehn romantischten Destinationen der Welt) zählt ein knappes Dutzend Suiten, verteilt auf Mini-Inseln und Landzungen, durch Hängebrücken und Stege mit der Hauptlodge verbunden, aus geschmackvoller Natursteinarchitektur zwischen mächtige Baobab-Bäume, Fels- und Sandbuchten gesetzt. Zur Abreise stellt sich ein merkwürdiges Gefühl ein, wenn der Pilot die Propeller anlässt, es sind die letzten kostbaren Minuten. Dann ist die Zeit im Inselparadies auf unnachgiebige Weise aufgebraucht.

Die romantischten Spots

Wer im Öko-Camp von Mumbo Island erwacht, findet den Weg zur Hängematte auf der hölzernen Zeltplattform ganz automatisch. Zwischen rundgeschliffene Felsblöcke auf Stelzen gesetzt, kleben sechs reetgedeckte Pfahlbau-Domizile in Traumlage wie Schwalbennester über dem spiegelglatten See, eine rührende einheimische Crew kreiert hier eine sehr feine Robinsonade. Wildlife vom Feinsten hat Liwonde National Park am südlichen Seeufer zu bieten, am Shire River liegt die Mvuu Lodge im Terrain von Krokodilen, Flusspferden und Elefanten. Das Federvieh bringt nicht nur Fischadler, Pelikane, Fischeulen und Kingfisher (Eisvögel) auf die Liste der Vogelbeobachter. Bei Blantyre im Hochland versprüht das herrschaftliche, von Schotten erbaute Huntingdon House der Satemwa Tea Estates altkoloniales Flair: mit traumhaften Interieurs und verwunschenen Gärten zwischen sattgrünen Teeplantagen, über die der Mount Mulanje, mit 3002 Metern Malawis höchster Berg, wacht.

Dinner auf der Pumulani Lodge im Herzen des Lake-Malawi-Nationalparks

Information

ANREISE
SAA South African Airways (www.flysaa.com) und Lufthansa (www.lufthansa.com) nach Johannesburg, mit Anschluss nach Blantyre oder Lilongwe. Nach Likoma per Air-Charter oder Fährboot

BESTE REISEZEIT
Mai bis August kühle Nächte, warme Tage

ESSEN UND TRINKEN
Verpflegung: Alle Camps und Lodges sowie Huntingdon House bieten Inklusivversorgung an.

ÜBERNACHTEN
Huntingdon House: Satemwa Lodges in der Teeplantage bei Thyolo im Hochland. www.huntingdon-malawi.com

Kaya Mawa: Insel-Lodge auf Likoma Island. www.kayamawa.com

Mumbo Island: zauberhafte Öko-Lodge. www.cawsmw.com

Mvuu Lodge: am Shire River im Liwonde Nationalpark, Central African Wilderness Safaris (CAWS). www.cawsmw.com

Mkulumadzi-Lodge: im Majete Wildlife Reserve, einem der schönsten Schutzgebiete Malawis. www.mkulumadzi.com und www.robinpopesafaris.net

WEITERE INFOS
Malawi Tourism: Akomasa c/o Barbara Zieme, Zeppelinstr. 8, Oberursel, www.akomasa.com und www.visitmalawi.mw

89 Wie im Paradies – nur schöner!

Jambo Bwana in Sansibar

HIGHLIGHTS

Stone Town: geführte Tour, die alten Türschnitzereien, alter Sklavenmarkt

Strandurlaub: Die schönsten Strände befinden sich in Nungwi, Matembwe, Kiwengwa, Paje.

Abend in Stone Town: zum Sonnenuntergang an den Strand, später Spaziergang in den Gassen der Stadt

Taarab-Abend: Elemente arabischer, indischer und afrikanischer Musik verschmelzen zu Taarab, die zum Beispiel im Mercury's in Stone Town gespielt wird.

Bootstour nach Prison Island: Hier leben Riesenschildkröten, schöner Strand, gutes Riff zum Schnorcheln

PROBIEREN UND ERLEBEN

In den Forodhani Gardens in Stone Town werden Meeresfrüchte, Fisch, Gerichte aus Süßkartoffeln, Maniok, Zanzibar Pizza und Samosas bereitet. Sansibar war ein Schmelztiegel afrikanischer, arabischer und indischer Kultur, lange bevor sich das Wort *Globalisierung* bei uns breitmachte. In der Küche kommt das am besten zum Ausdruck.

Unguja ist der Name der Hauptinsel des Sansibar-Archipels. Stone Town die Hauptstadt und die Altstadt von Sansibar Stadt. *Jambo Bwana* in Sansibar, Hallo, willkommen! Sansibar ist ein materialisierter Traum für alle, die Tropen und Meer mögen und offen sind, sich aus ihrer Komfortzone zu begeben und Neues zu entdecken.

Die Tropen haben es leicht. Nie käme man auf die Idee, sich vor ihnen mit einem zusätzlichen Kleidungsstück zu schützen. So dauert es nicht lange, bis sich nach der Ankunft die Wärme auf die Haut gelegt hat und sie geschmeidig macht. Und die Augen – endlich satt sehen! Durch die Fensterscheibe des Hotelshuttles, der uns nach Nungwi bringt, an die Nordspitze Sansibars, bekommen wir einen ersten Eindruck. Überall strotzendes Grün, zwischendrin stehen einfache Lehmhäuser mit Palmendach. Tropenidylle. Im nächsten Dorf wird es schon genauer. Man identifiziert Bananenstauden vor Fensterlöchern, Papaya- und Mangobäume in Gärten. Menschen, die arbeiten, im Schatten sitzen. Hier muss man wohl nur zum Fenster hinausgreifen, um sich die Zutaten für den Fruchtsalat zu pflücken! Ein Paradies!

Vom Flieger aus versprach der Blick auf das Meer Glück. Als wir kurze Zeit später im badewannenwarmen Türkis schwimmen, übertrifft das jede Erwartung. Wir genießen laue Abende, den Geruch des Ozeans, die großen Augen in dunklen Gesichtern, die Freundlichkeit und den Zauber dieser fremden Welt.

Märchenstunde

Wenn die Sonne hinter den Dächern im Indischen Ozean abtaucht, das Glöckchen des indischen Tempels auf der benachbarten Dachterrasse wild geläutet wird und der Muezzin sein Gebet in die tropische Nacht hinausschickt, weiß man, warum die UNESCO Stone Town zum Weltkulturerbe gemacht hat. Jetzt ist die Zeit, es sich auf den Polstern einer der vielen Dachterrassen in einem der Hotels bequem zu machen. Zeit für den Sundowner. Alle angegebenen Adressen sind Hotels, Bars mit Alkohollizenz und Restaurant in einem. Man muss kein Gast des Hotels sein, um hier den schönsten Moment des Tages zu erleben. Hotel 236 Hurumzi an der gleichen Adresse Emerson Spice Cafe, Tharia Street Mashariki Palace Hotel, Hurumzi Street

Nach ein paar Tagen machen wir uns auf, um mehr über Sansibar zu erfahren. Nicht weit von unserem Strand entfernt, sehen wir Holzschiffe im Sand liegen. Viele sind noch im Bau. Männer zwingen die Planken mit Äxten zusammen, andere dichten die verbliebenen Zwischenräume mit Kapok ab, dann mit erhitztem Teer. Dhaus, einfache, traditionelle Segelboote, die hier gebaut werden, tragen massiv zur Handelsbilanz des weitläufigen Inselreichs bei. Und mehr als das. Ohne diese Segler wäre die Welt des Indischen Ozeans nicht, wie wir sie heute wahrnehmen: eine Vielzahl von Gesellschaften, die über die Jahrhunderte nicht nur intensiv Handel miteinander trieben, sondern auch Gewohnheiten und Wissen austauschten. Arabische Händler, die mit den Monsunwinden reisten, waren die Überbringer. Wir setzen uns in eine rustikale Bar. Muscheln an Perlenschnüren klicken im Wind. Eine Gruppe Frauen, in bunte Tücher gewickelt, geht zum Strand. Sie haben Schüsseln auf dem Kopf, palavern, lachen.

Mehr als 6000 Menschen leben in Nungwi vom und mit dem Meer. Nicht im Überfluss, aber gut. Ein junger Fischer erzählt uns vom Leben draußen auf dem Meer. Der Ruhe, dem Wind. Dem Stress, wenn endlich ein Schwarm auftaucht, und dem, wenn der Fang zu klein bleibt und die Kosten für die Ausfahrt nicht deckt. Er erzählt, dass die Frauen jetzt Algen kultivieren und dann verkaufen. Zu einem kleinen Teil wird daraus Seife hergestellt, der größere Teil, inzwischen jährlich

Im flachen Wasser fangen einheimische Frauen Fische und kleine Meerestiere.

Dhaus – die traditionellen Segelschiffe im Indischen Ozean

Information

ANREISE

Mit dem Flugzeug, z. B. mit Condor über Mombasa lässt sich Sansibar auch mit einer Safari auf dem Festland verbinden.

BESTE REISEZEIT

Juni bis Februar

SEHENSWERT

Tour zu den Gewürzplantagen: Sansibar ist noch immer einer der Hauptproduzenten von Nelken. Touren bei www.ecoculture-zanzibar.org

Jozani Nationalpark: Red Colobus Monkeys (Rote Stummelaffen) gibt es nur hier.

Old Dispensary: Mizigany Road, Stone Town, eines der schönsten Gebäude Sansibars

ESSEN UND TRINKEN

Livingstone Beach Restaurant: Während man die Füße im Sand vergräbt, werden nebenan Schiffe beladen, abends tobt am benachbarten Strand das Leben, Shangani, Stone Town

Mistress of Spice: schönes Dachterrassenrestaurant mit guten frischen Säften, Zanzibari Küche, 170 Gizenga Street, Stone Town

Außerhalb von Strandresorts gibt es meist Orte, in denen einheimische Frauen günsti-

35000 Tonnen, wird getrocknet und exportiert. Tendenz steigend. In Geld bewertet sind das etwa 20 Prozent des Exports.

Männer erfahren diese Erfolgsstory als Schattenseite. Erstmals sind Sansibars Frauen unabhängig und können einen Mann ablehnen. Trouble in Paradise. »We no longer marry the women – they marry us«, meint der Fischer ein wenig verunsichert und interessiert sich, wie das in Deutschland so läuft. Dass dann doch immerhin die Liebe gesiegt hat und sie der Grund für die Ehe ist, lässt er nicht gleich gelten.

Ortswechsel nach Stone Town. So heißt dem Baumaterial entsprechend die Altstadt von Zanzibar City. Hohe, mit Zinnen besetzte Mauern grenzen Gärten und Paläste ein. Menschen huschen durch das Gassengewirr der Altstadt, verschwinden hinter kunstvoll geschnitzten Türen. Die schönste, sie ist mit Ketten geschmückt, führt ins Haus Tipu Tipps, einem Sklavenhändler. Der alte Markt für die menschliche Ware ist bedrückend und gehört doch zum touristischen Pflichtprogramm. Wegen seiner herausragenden Bedeutung als Zeugnis der Vermischung verschiedenster Kulturen und ihrer Symbolträchtigkeit, was die Verdrängung der Sklaverei betrifft, hat die UNESCO Stone Town im Jahr 2000 den Status Weltkulturerbe verliehen.

Bevor die Farben des Tages zu Graustufen verbleichen und im Dunkel der Nacht verschwinden, badet die Swahili Coast nochmals in goldenen Tönen. Unten am Stadtstrand wird Fußball gespielt und geschwommen. Dhaus fahren in Gruppen hinaus zum Fischen. In den Gassen der alten Stadt gehen die Laternen an, die Ladenbesitzer sitzen auf gemauerten Simsen, spielen Bao, eines der ältesten Brettspiele der Welt. Dies ist die Zeit, in der Sansibar zu einem Traum aus Tausendundeiner Nacht verschmilzt. Und das schönste ist, dass er wahr ist.

Abtauchen auf Chumbe Island

Hier gibt es keinen Meter Straße, kein Auto, keinen Hafen, kaum einen Menschen. Chumbe Island mit seinem Coral Park, der das Inselchen umgibt, ist ein privates Naturschutzprojekt der Deutschen Sibylle Riedmiller. Es geht ihr nicht nur darum, die Biodiversität im Riff zu erhalten, sondern auch die Fischer des Archipels über die Zusammenhänge zu informieren, damit diese bei ihrem Broterwerb auf zerstörerische Methoden verzichten. Es werden Tagestouren zum Tauchen und Schnorcheln angeboten, und die Übernachtung auf der Insel inklusive Dinner in dem wunderschönen offenen Restaurant ist ein unvergesslicher Traum. Der Aufenthalt in einem Bungalow der Lodge ist nicht günstig, man unterstützt aber den Erhalt dieser wunderbaren und für uns alle so wertvollen Welt. www.chumbeisland.com

Wer weiß? Vielleicht geben sich hier gerade Fisch-Braut und Fisch-Bräutigam das Jawort…

ges und vor allem exzellentes Essen zubereiten. Geben Sie ihnen eine Chance. Und sich selbst, noch mehr von der Vielfalt Sansibars zu erfahren.

Zanzibar Coffee House Cafe: Kaffeeliebhaber erweitern hier geschmacklich den Horizont, auch arabische und Swahiliküche, 1563/64 Mkunazini Street, Stone Town

SHOPPING

Stoffe, Gewürze, Kunst, Schnitzereien auf dem Darajani Market, Market Street und den Galerien Stone Towns

The Little Duka: Juwelen, Tücher, lokal hergestellte Spiele, Shangani Street, Stone Town

MOTO & DADA Shop: Seifen, Taschen und viele von lokalen Handwerkern hergestellte Produkte, 100% Öko, 416, Hurumzi Street, Stone Town

ÜBERNACHTEN

Z Hotel Nungwi: traumhaftes Luxus-Boutique Beach Hotel in Nungwi Beach. www.thezhotel.com

Paje by night: Dieses günstige Strandhotel zeigt Farbe. Paje Beach, www.pajebynight.net

Fruit & Spice Wellness Resort: großzügige Zimmer in tropischer Gartenanlage am Strand, Kizimkazi. www.resort-zanzibar.com/de

Villa Kiva Boutique Hotel: großzügige, luftige Anlage an einem Traumstrand, Matemwe. www.villakiva.it

Mizingani Seafront Hotel: idyllisch, in einem alten, restaurierten Kaufmannspalast untergebracht, Mizingani Road, Stone Town. www.mizinganiseafront.com

WEITERE INFOS

www.zanzibartourism.net

Die Victoria Fälle werden vom Makololo-Stamm wegen ihrer Naturgewalt auch »Donnernder Rauch« genannt.

90 Im Rausch der Sinne

Bulawayo und Victoria Falls, Simbabwe

HIGHLIGHTS

Adrenalinsport: Wildwassertouren durch die Sambesischlucht sowie Bungee-Sprünge

Wildlife & Safari: zu den Nationalparks Hwange und Mana Pools. www.africanbush-camps.com und www.ruckomechi.com

Bulawayo: vielbesuchte Kolonialstadt

Matobo Mountains: Staatsgründer Cecil Rhodes ruht auf einem Felsplateau der Matobo Mountains. www.zimparks.org

Ruinen von Khami: verlassene Hauptstadt des Torwa-Staates aus dem 16. Jahrhundert

PROBIEREN UND ERLEBEN

Sadza: landestypischer Maismehlbrei (Polenta) zu Fleisch-Gemüseeintopf – *Dovi:* Hühncheneintopf mit Tomaten, Zwiebeln, Knoblauch und Erdnussbutter

Mosi-oa-tunja nannten die Makololo das UNESCO-Welterbe, donnernder Rauch. Zu Ehren der Königin von England taufte der britische Naturforscher David Livingstone seine Entdeckung »Victoria Falls«, die als einer der spektakulärsten Wasserfälle der Welt zwischen Sambia und Simbabwe ein aufregendes Bühnenstück aufführen.

Eine Million Liter Wasser stürzen durchschnittlich pro Sekunde in die Tiefe, während der Regenzeit zwischen März und Mai können es zehnmal soviel sein!

Der Pilot dreht eine Runde im Tiefflug: Unten zeigt sich ein lang gezogener Grabenbruch in einer sonst flachen Landschaft. Weißschäumende Kaskaden stürzen über die Ränder in gischtbrodelnde Schluchten, Mosi-oa-Tunya schwebt als Sprühnebel darüber wie Dampfwolken kochender Geysire.

Victoria Bridge kommt in Sicht, Baujahr 1904, die sich mit kunstvollem Trägerwerk über die Sambesi-Schlucht ((mit Bindestrich)) spannt, dann das legendäre Flaggschiff Victoria Falls Hotel. Die Eingangshalle begrüßt Besucher mit großflächigen Porträts von Queen Mary und His Majesty King Georg V. Die VIP-Liste, erklärt der livrierte Portier, ist lang, und sowieso ist gerade Teatime im »Vic« und deshalb auf den Terrassen kein Platz mehr zu finden. Fasziniert sitzen Gäste auf einer Mauer im englisch gepflegten Garten, mit Blick auf Brücke und Schlucht. Das altehrwürdige Vic-Falls Hotel zählt zu den bewegendsten Übernachtungs-Highlights des südlichen Afrika!

Bulawayo, die zweitgrößte Metropole Simbabwes, lockt mit zahlreichen viktorianischen Architekturschönheiten wie dem Nationalhistorischen Museum, der City Hall, dem Monumentalbau des Obersten Gerichts und seinem legendären Gentlemen's Club: Nach Grundsteinlegung durch König Georg VI. entstand dieser Kolonialtraum ab 1935 mit glanzvollen Interieurs, prachtvollen Säulen und festiven Bankett-Sälen, und ist heute das meistgesuchte Fotomotiv der simbabwischen Kulturhauptstadt. Kleiner Wermutstropfen: Der Bulawayo Club schließt Frauen nach wie vor von der Bar aus! Die auf 1300 Meter Höhe residierende Jahrhundertwende-Stadt ist sehr speziell. Architektur, Kunst und Kultur finden sich auf Schritt und Tritt, und wenn vor dem Art Grove Café im Atrium der National Gallery zur Lunchzeit eine Ballettprobe stattfindet, können sich Besucher dem gastfreundlichen Charme gut ausgebildeter und weltoffener Simbabwer kaum entziehen.

Hotspot für Adrenalinjunkies

Die Terrasse des Vic ist nur einen Steinwurf von der Brücke entfernt, ab und zu hüpft ein Bungee-Verrückter am Seil von der Bungee-Station in der Mitte der fragilen Konstruktion, schwingt dann atemberaubend über dem Inferno des brodelnden Felskessels der Sambesi-Schlucht. Spektakuläre Aktivitäten gibt es hier zahlreich: Abseiling in der Batoka Gorge, Wildwasser-Rafting durch die Sambesi-Schlucht, Speedboot-Trips, Kanu- und Kajaktouren auf dem Oberen Sambesi, Flussfahrten auf der *Victoria Queen* bis dicht an die donnernden Fälle heran und gewagte Rundflüge im Doppeldecker oder im Hubschrauber: Tatsächlich ist rein gar nichts unmöglich. Auch ein Moment großen Zitterns dürfte der Walk zur Abbruchkante der rauschenden Wassermassen sein, den Agenturen für das tollste Foto aller Zeiten anbieten: Mit freundlichem »cheese« im Gesicht im Sog der Fluten zu stehen, das hat was und sorgt für unvergessliche Aufnahmen im Hochzeitsalbum!

Information

ANREISE
Von Johannesburg mit SAA South African Airways (www.flysaa.com) nach Livingstone (Sambia) – oder ab Windhoek mit Air Namibia (www.airnamibia.com) nach Victoria Falls (Zimbabwe)

BESTE REISEZEIT
Ganzjährig; während der Regenzeit zwischen März und Mai verschaffen die anschwellenden Wassermassen den nachhaltigsten Eindruck.

SEHENSWERT
Für Eisenbahn-Fans: der altkoloniale Bahnhof gleich gegenüber dem Vic-Falls Hotel sowie das Zimbabwe National Railways Museum, Crew Road, Bulawayo

ESSEN UND TRINKEN
Bulawayo Club: auf einen Drink an der Bar mit Besichtigung der grandiosen Interieurs. www.bulawayoclub.com

Vic-Falls Hotel: unbedingt zur Teatime auf die Terrasse. www.lhw.com

ÜBERNACHTEN
The Royal Livingstone: Traumlage am Sambesi, Mosi-oa-Tunya Road, Livingstone, Sambia. www.royal-livingstone.anantara.com

Stanley Safari Lodge: romantische Luxuslodge mit Blick auf Livingstone, Sambia. www.StanleySafaris.com

The Victoria Falls Hotel: Fünf-Sterne-Luxus direkt an den Wasserfällen, 1 Mallet Drive, Victoria Falls, Simbabwe. www.victoriafallshotel.com

Ilala Lodge: rustikale Lodge direkt an den Fällen, Victoria Falls, Simbabwe. www.ilalalodge.com

WEITERE INFOS
The Safari Source: deutschsprachige Agentur mit Topinfos zum Land in Bulawayo. www.thesafarisource.com und www.zimbabwetourism.co.zw

Fischerboote nahe der mosambikanischen Küste

91 Für alle Sinne: Bush und Beach

Südafrika-Safari und zum Baden nach Mosambik

HIGHLIGHTS

Makalali Schutzgebiet: westlich des Krügerparks, bietet Tierwelt satt inklusive Big Five sowie die Makalali Private Game Lodge mit vier und Garonga mit zwei Camps

Bazaruto Archipel: exotische Inselwelt im südlichen Teil der Küste Mosambiks

Quirimba Archipel: Der »vergessene Archipel« liegt am nördlichen Küstenabschnitt Mosambiks.

Pemba: Das kolonial-portugiesische Hafenstädtchen ist eine Idylle, hat tolle Strände und Resorts.

Vilanculos: quirliges Küstenstädtchen, viel zu schade, um hier nur den Flieger zu wechseln!

PROBIEREN UND ERLEBEN

Matapa: Kohleintopf mit Tomaten, Erdnüssen und Kokosmilch, zu Reis oder *Xima* (Maisbrei) – *Chicken-and-Prawn-Curry:* aus Hühnchen, Krabben und Kokosmilch – *Galinha a Cafreal:* Hähnchencurry mit Piripiri und Kokosmilch – *Seafood:* Fisch, Shrimps, Lobster und Langusten kommen täglich frisch auf den Tisch!

Gar nicht utopisch: Nur ein Katzensprung ist es vom Krüger International Airport bei Nelspruit bis nach Vilanculos, einer kleinen Küstenenklave nördlich von Mosambiks Hauptstadt Maputo, und dann noch einmal elf Minuten an Bord einer Einmotorigen – Minuten, die es in sich haben!

Aber erst mal Safari: Dazu hat der Brite Bernie Smith im Makalali-Schutzgebiet westlich des südafrikanischen Krügerparks mit seinem charmanten Wildlife-Camp Garonga ein bezauberndes Busch-Refugium geschaffen. Bernies »Star Bath« zum Beispiel ist nur einer seiner erregenden Einfälle, für den sich Honeymoon-Paare gern entscheiden: Ein romantisches Wannenbad zu zweit unter dem funkelnden Sternenzelt im afrikanischen Busch zum Trompeten der Elefanten, das hat was! Und befördert womöglich eine gelassene Nacht. Die nächste könnte eine auf Bernies Holzplattform werden, die hoch oben auf Stelzen über dem Jagdgebiet von Löwen, Hyänen und Leoparden die Wildnis auf Tuchfühlung erschließt. Wer Garongas Baumhaus-Plattform, die 20 Fahrminuten vom Hauptcamp entfernt wie Tarzans Wohnzimmer aus der Wildnis ragt, am nächsten Morgen überstanden hat, ist reif für die Insel.

Während des elfminütigen Flugs von Vilanculos hinüber muss man flott gucken: Unten entfaltet sich ein Wasserparadies erster Güte, mit riesigen Sandpaketen, farbschillernden Riffen, im Sonnenlicht gleißenden Stränden sowie kleinen Sandinseln, die wie künstlich begrünte Badeoasen im Türkis des Indischen Ozeans schwimmen. Viel zu schnell ziehen die Bilder der maritimen Wunderwelt unter der Cessna vorbei! Mosambiks Bazaruto Archipel wartet mit sanftmütigen, fröhlichen Menschen, bunten Fischerbooten und feinen Resorts unter Kokospalmen auf Paradieshungrige, was den Traum einer Robinsonade auf Luxusniveau garantiert. Und, was lässt sich hier tun, außer sanft in der Hängematte zu schaukeln? Eine Bootsfahrt von Benguerra Island zur Hauptinsel Bazaruto hinüber zeigt die ganze Pracht des Archipels auf einen Schlag: Berge von Sand zwischen glasklaren Wassern, die Tauchern und Schnorchlern ein aquatisches Eldorado bieten, nicht ohne Grund heißt hier das zwei Meilen lange Riff »Aquarium«.

Im Bann der Quirimbas

Ein paradiesisches Szenario lässt sich im nördlich gelegenen Schwesterarchipel erleben: Eine halbe Stunde vom Hafenstädtchen Pemba entfernt setzt die Cessna auf der Piste von Matemo Island auf, das eine filmreife Robinson-Crusoe-Insel und kaum größer als die Nordseeinsel Spiekeroog ist. Nur wenige der insgesamt 28 Eilande sind touristisch erschlossen wie etwa Ibo Island mit seiner »versunkenen Stadt«, die schon um 1500 ein prosperierender Handelsplatz war und durch den Umschlag von Gold, Elfenbein und Sklaven reich wurde. Viele der architektonischen Schätze aus vergangenen Zeiten sind als schützenswerte Baudenkmäler unter Mithilfe der UNESCO und der Aga-Khan-Stiftung liebevoll restauriert worden. Der 1500 Quadratkilometer große Quirimbas National Park bietet Tauchern und Schnorchlern die vorgelagerte St. Lazarus Bank, die als Unterwassergebirge aus 2,4 Kilometern Tiefe bis auf sechs Meter unter die Wasseroberfläche ragt und zeigt, was der Indische Ozean hier zu bieten hat.

Traditionelles Spitzenstricken auf der Feira de Artesanato in Maputo

Information

ANREISE

Mit South African Airways (www.flysaa.com) und Lufthansa (www.lufthansa.com) nach Johannesburg, mit Pelican Air ab Johannesburg oder Krügerpark International bei Nelspruit knapp drei Stunden bis Vilanculos, weiter per Air-Charter nach Benguerra

BESTE REISEZEIT

Ganzjährig auf den Inseln, der Winter (April bis Oktober) ist etwas kühler und regenfrei, d. h. es gibt weniger Moskitos.

ÜBERNACHTEN

Garonga Safari Camp: im Makalali-Schutzgebiet an der Westgrenze des Krügerparks. www.garonga.com

Bazaruto Archipel: Benguerra Lodge, Luxury Safaris and Beyond, Benguerra Island, Mosambik. www.andbeyond.com

Quirimbas Archipel: Vamizi Island Lodge, Luxury Safaris and Beyond, Vamizi Island, Quirimbas, Mosambik. www.andbeyond.com

WEITERE INFORMATIONEN

Botschaft der Republik Mosambik, Stromstr. 47, Berlin. www.mosambik-botschaft.de und www.visitmozambique.net

Südafrika: South African Tourism, Friedensstr. 6-10, Frankfurt am Main. www.southafrica.net

Näher dran geht nicht: auf Bootsafari im Okavango Delta

92 Im Paradies der »Wilden Exoten«

Durchs botswanische Okavango Delta

HIGHLIGHTS

Landsafari: Game Drives im offenen Safari-Cruiser sind das Highlight während der Trockenzeit.

Bootsafari: lautlos im »mokoro«, dem traditionellen Einbaum, auf Augenhöhe mit Krokodilen und Flusspferden durch Kanäle und Wasserstraßen

Nachtsafari: beste Möglichkeit, einen spektakulären »kill« der Raubtiere mitzuerleben

Walking-Safari: einzigartiges Okavango-Erlebnis, nur während der Trockenzeit möglich

Lodge-Hopping: Architektur, Interieurs und die jeweilige Lage der Wildnisdomizile kreieren ein immer neues Erlebnis.

PROBIEREN UND ERLEBEN

Seswaa: Geschmortes Rind- oder Ziegenfleisch zu Hirse- oder Mais-Pap und *Morogo* (wilder Spinat) – *Bogobe:* Mais- oder Hirsebrei mit Wildmelone – *Filetsteak vom Grill:* hervorragende Fleischqualität von freilaufenden Rindern – *Mogatla Oxtail Stew:* Ochsenschwanzsuppe ist in Botswana eine Spezialität!

Glitzernde Wasserflächen bis zum Horizont, Büffel, Elefanten und andere »Fleischklöpse« wandern durch feuchtgrünes Savannenland, Flusspferde dümpeln in kühlenden Tümpeln, Giraffen verbeugen sich am köstlichen Nass, und mitten im tierreichsten Arche-Noah-Garten der Welt: die schönsten Lodges als Beobachtungsstationen.

Weil das botswaische Maun die Eintrittskarten für das begehrte Okavango Delta und die Tierparadiese der Chobe- und Moremi Nationalparks, die Makgarikgari Pans und den botswanischen Teil der Kalahari verteilt, hat sich das stetig wachsende Provinzstädtchen zum quirligsten Zentrum Botswanas entwickelt. Die meisten Reisenden werden Maun kaum zu sehen bekommen, weil sie auf der 2000 Meter langen Runway zwar landen, aber im nächsten Moment schon wieder abheben. Dutzende ein- und zweimotorige Maschinen starten von hier zu den Lodges auf den Inseln der Wildtiere da draußen, was den emsigen Flugbetrieb zwischen den Zapfsäulen und den Pisten der Wildnis erklärt. Rund 30 Flugminuten sind es von hier bis zum Wilderness Camp Xigera.

Unten zeigt sich ein unermesslicher Wasserreichtum, ab und zu unterbrochen von Bauminseln. Weite trockene Flächen wirken aus der fliegenden Perspektive wie gepflegte Golfplätze, hier und dort durchzogen von Hufspuren aller Art. Dieser Anflug ist die reinste Safari: Würdevoll

stolzieren Giraffen dort unten, Elefantenherden durchziehen plantschend das Nass, Flusspferdfamilien dümpeln behäbig im Wasser, ganz sicher lauern darin gefräßige Krokodile. Versteckt auf einer Bauminsel residiert Xigera inmitten des Moremi Game Reserve. Das nach Batawana-König Moremi III. benannte Naturschutzreservat im Herzen des Okavango Deltas umfasst mit 5000 Quadratkilometern Fläche ein Drittel des gesamten Deltas und zählt mit seinen Feuchtgebieten, Trockeninseln, bewaldeten Flussauen, Marschen, Lagunen und Wasserstraßen zu den Topzielen Botswanas. Denn die bezaubernde Wildtieroase wartet mit der dichtesten Population aller Dschungelbuchkollegen auf, Schwarzes Nashorn und seltene Wildhunde inklusive. Fischadler und Reiher steigen mit klatschenden Flügelschlägen auf, riesige Nilkrokodile tauchen lautlos ab, wildblühende Seerosen bedecken beinahe die gesamten Wasserflächen. Klar ist, dass im nächstfolgenden Okavango-Paradies die gleichen »Wilden Exoten« auf ihren Auftritt warten, aber das Ambiente der Wildnis eine ganz andere ist.

In die Top-Class-Lodges

Um die exklusiven Lodges Mombo Camp (neun Luxuszelte) und Little Mombo (drei Luxuszelte) an der nordwestlichen Spitze von Chief's Island findet das anerkannt beste »game viewing« Botswanas statt. Das Plankendeck des Kwetsani Camps ist auf den Höhen einer Bauminsel errichtet und wirkt mit Blick auf weite Wasserflächen und kleinere Inseln wie ein Schiff auf dem Meer der Wildtiere, die sich bei der Jagd mit bloßem Auge beobachten lassen. Ein animalisches Bühnenstück führt das Tubu Tree Camp mit prickelnden Walking Safaris im Programm, dagegen bietet das Nxabega Okavango Safari Camp westlich von Chief's Island aufregende Nachtsafaris an. Meist sind es nur wenige Flugminuten bis zu den nächstfolgenden Naturreservaten. Zum Beispiel der Jao Game Reserve mit der luxuriösen Jao-Lodge, einem balinesisch inspirierten Prachttempel, der aus feinsten Hölzern und mit handverlesenen südostasiatischen Interieurs zweistöckig zwischen gewaltigen Baumriesen thront.

Den allabendlichen Sundowner lässt sich auch diese Giraffe nicht entgehen.

Information

ANREISE
SAA South African Airways (www.flysaa.com) und Lufthansa (www.lufthansa.com) nach Johannesburg, SAA-Airlink-Anschluss nach Maun

BESTE REISEZEIT
Am schönsten im Juli und August, wenn der Wasserstand hoch und das Delta nur noch mit Booten zu erkunden ist. Die beste Zeit zur Tierbeobachtung liegt gegen Ende der Trockenzeit zwischen September und November, wenn sich die Wildtiere an den Wasserlöchern versammeln.

SEHENSWERT
Victoriafälle: Ein Abstecher zu den nahen Viktoriafällen gehört zu jedem Botswana-Besuch.

ESSEN UND TRINKEN
Verpflegung: Die abgelegenen Camps und Lodges bieten Inklusivversorgung.

ÜBERNACHTEN
Zeltcamps und Lodges: Wildnisdomizile sind zahlreich im Okavango Delta vertreten.
www.kwetsani.com,
www.jacanacamp.com,
www.xigera.com,
www.jaocamp.com und
www.mombo.co.za

WEITERE INFOS
Botswana Tourism Organisation:
www.botswanatourism.co.bw und
www.botswanatourism.de

Die Felsenkirche auf Diamond Hill in der namibischen Hafenstadt Lüderitz

93 Von Kirche zu Kirche

Namibias himmlische Schätze

HIGHLIGHTS

Windhoek: kann mit viel Kolonialarchitektur und drei Burgen protzen. www.windhoek.my.na

Swakopmund: Atlantikperle mit zahlreichen klassizistischen Bauten. www.swkmun.com.na

Lüderitz: bildschöner Jugendstil samt Turnhalle und Kapps Konzert- und Ballsaal, Baujahr 1907

Kolmanskoppe: kaiserlicher Minenbetrieb mit 1000 Beschäftigten, Kegelbahn, Eisfabrik und Prachtvillen, Freilichtmuseum bei Lüderitz. www.kolmanskop.de

Sossusvlei: Heißluftballon-Reise über Namibias grandiosem Sanddünen-Gebiet. www.namibsky.com

PROBIEREN UND ERLEBEN

Seafood vom Feinsten: Austern, Muscheln und frischer Fisch sind in Swakop und Lüderitz angesagt! – *Lammkeule:* Mit Rosmarinkartoffeln und viel Knoblauch – *Straußenhackbällchen:* in Ananas-Pfirsich-Paprika-Tunke – *Lammfleischsuppe:* Fleischstreifen mit Tomaten, Kartoffeln und Kurkuma

Eine Ring-Reise zu den kirchlichen Architekturdenkmälern des ehemaligen Deutsch-Südwest ist eine Zeitreise, die sich spielend als Selbstfahrer organisieren lässt, und zugleich zu den schönsten Highlights Namibias führt: Nach Windhoek, zur Skelettküstenperle Swakopmund und zum Diamanten-Sperrgebiet von Lüderitzbucht.

Einige der zahlreichen deutsch-kolonialen Kirchenhäuser Namibias, die sich über das riesige Flächenland (zweieinhalbmal so groß wie Deutschland!) in vielen Städtchen finden, sind heute Nationalmonumente. Auch das Wahrzeichen Windhoeks, die 1910 von Gottlieb Radecker entworfene Christuskirche. Die kunstvoll farbverglasten Fenster wurden in Nürnberg gefertigt und von Kaiser Wilhelm II. gespendet, die Altarbibel steuerte Ehefrau Augusta bei, die Orgel stammt aus Ludwigsburg, das Geläut aus der Glockengießerei Franz Schilling in Apolda. Nachts steht sie im Flutlicht unwirklich märchenhaft da, hoch über der namibischen Hauptstadt, zwischen Palmen! Als Wahrzeichen hat Swakopmund seinen 21 Meter hohen rotweiß gekringelten Leuchtturm, der dem beliebten Seebad sein nordfriesisches Ambiente verleiht, aber auch die evangelisch-lutherische Kirche in der Poststraße, Baujahr 1912. Die Felsenkirche von Lüderitz, die imposant auf dem Diamantenhügel thront, konnte Architekt Walter Bause

1911 in nur einem Jahr vollenden. Unter den Geldgebern war Kaiser Wilhelm II., der die bleiverglasten Chorfenster stiftete, Gattin Augusta blieb bei der obligatorischen Bibel.

In Windhoek bietet die Nobelherberge Heinitzburg mit Rundumblick das beste Ambiente. Im Atlantikparadies Swakopmund ist das stylish-koloniale Swakopmund Hotel & Entertainment Centre im Alten Bahnhof die historische Herberge zahlreicher VIPs. Im NamibRand Nature Reserve zelebrieren die Traumdomizile der Wolwedans-Lodges ihr Hochzeits- und Honeymoon-Programm, auch Brad Pitt und Angelina Jolie stehen im Gästebuch. Richtung Lüderitz findet beim Wüstenörtchen Aus die beste Nacht statt: Die abgelegenen Felsdomizile Eagle's Nest sind geschmackvolle Einzelrefugien in den Bergen, und ein absolutes Top-Erlebnis für Honeymooner! Schon der erste glutrote Sonnenuntergang in völliger Stille mit Blick in weite Sandebenen tief unten lässt die unweigerlich folgende Abreise schmerzvoll erscheinen.

In den Himmel über der Wüste

Mit bis zu 388 Meter hohen Riesendünen ist das »Sossusvlei« Namibias beliebtestes Ausflugsziel. Fährt man die spektakuläre Strecke vom Parkeingang bis zu »Big Daddy« und »Big Mama« im Dead Vlei am frühen Morgen, wird man durch zarte Pastellbilder gewaltiger Sandgebilde reich belohnt. Ohne Alternative ist die Perspektive von oben: Wer die Grafik der sandigen Wunderwerke aus der himmlischen Distanz betrachten darf, wird die einstündige Ballonfahrt als unvergessliches, intensives und sehr romantisches Abenteuer abspeichern, wenn unten zackige Gebirgsketten vorüberziehen und dann ein Ozean aus Sanddünen auftaucht. Seit über zwei Jahrzehnten ist Namib Sky Ballon Safaris im Sossusvlei professionell und mit hohen Sicherheitsstandards im Einsatz. Sechs Luftgefährte gehören zur Ausstattung, dazu kommen 15 Geländefahrzeuge und 25 Angestellte. Frühaufsteher sollte man sein, denn je kühler die Luft, desto besser die Thermik, und um so leichter steigt der Heißluftballon in den Himmel über der Wüste.

Highlight Heißluftballon-Flug: zu zweit der Welt entschweben

Information

ANREISE

Air Namibia (www.airnamibia.com) und Condor (www.condor.com) von Frankfurt nach Windhoek

BESTE REISEZEIT

Klimatisch Frühjahr/Herbst, um Weihnachten ist die absolute Hochsaison

ESSEN UND TRINKEN

Heinitzburg: drei Restaurants, europäische und afrikanische Küche, opulente Caféterrasse mit Blick auf Windhoek. www.heinitzburg.com

ÜBERNACHTEN

Hotel Heinitzburg: Nobelherberge unter deutsch-namibischer Leitung, 22 Heinitzburg St., Windhoek. www.heinitzburg.com

Swakopmund Hotel & Entertainment Centre: stilvolle Residenz im Alten Bahnhof, tolles Ambiente für Flitterwöchner. www.legacyhotels.co.za

NamibRand Nature Reserve: Wolwedans-Lodges der deutsch-namibischen Brückner-Familie. www.wolwedans.com

Eagle's Nest: Felsdomizile der Klein-Aus Vista Lodge in den Bergen bei Lüderitz. www.gondwana-namibia.com

WEITERE INFOS

Namibia Tourist Board:
Schillerstr. 42–44, Frankfurt am Main. www.namibia-tourism.com

Auf dem Gipfel des Lion's Head: Blick über Kapstadts Atlantikküste und Robben Island

94 Am schönsten Ende der Welt

Cape Town ist einzigartig

HIGHLIGHTS

Kapstadts Winelands: Stellenbosch und Franschhoek sind die edelsten Perlen. www.stellenboschtourism.co.za und www.franschhoek.org.za

Robben Island: Nelson Mandelas Gefängnisinsel ist heute UNESCO-Weltkulturerbe. www.robben-island.org.za

CitySightseeing Cape Town: Die roten Doppeldecker-Busse fahren die Sehenswürdigkeiten im Hop-on Hop-off-Service ab. www.citysightseeing.co.za

Chapman's Peak Drive: elf Kilometer langes Panoramawunder zwischen Hout Bay und Kaphalbinsel.

Atlantic Seaboard: Cape Towns luxuriöse Atlantikriviera zieht sich von Green Point bis Hout Bay.

PROBIEREN UND ERLEBEN

Seafood zum Träumen: Nirgendwo sonst, heißt es, sei der Fisch besser als in Hout Bays Mariner's Wharf, die mit fangfrischen Austern, Muscheln, Langusten, Tintenfisch und Hummer am Fisch-Imbiss auf die Schnelle aufwartet, mit Blick auf Hout Bays traumhaften Sandbeach.

Zweifelsfrei ist Kapstadt eine der schönsten Städte der Welt, um sich zur rechten Zeit am richtigen Platz zu fühlen, an einem Ort weltweiter Sehnsucht! Der für zwei voller Leidenschaft ist, und wer sich traut, könnte hier, an einem der zahlreichen romantischen Spots Cape Towns, nicht nur flittern, sondern heiraten!

Sich das Jawort am »Kaap die Goeie Hoop« zu geben, hätte Symbolkraft! Auch wenn hier das Versprechen der Ehe mit einer kleinen Lüge beginnt, rein geografisch betrachtet: Denn nicht am Kap der Guten Hoffnung, sondern erst 140 Kilometer südöstlich von Cape Point, am Cape Agulhas, findet sich »The Southernmost Tip of Africa«, der südlichste Punkt des Afrikanischen Kontinents!

Nicht ohne Grund ist Cape Town auf der Liste der Schönsten ziemlich weit oben, und für alle drei Phasen der versprochenen Zweisamkeit (zur Vorbereitung des Jaworts, zur standesamtlichen wie kirchlichen Trauung sowie für die Hochzeitsreise) wirklich der Hammer!

Umwerfend wirkt die Kapmetropole nachts, wenn sich der Tafelberg hoch über dem urbanen Lichtermeer im Flutlicht aus dem Dunkel erhebt, tagsüber ist vor allem die Zeit das verflixte Problem: Wer hier nur ein paar Stunden eingeplant hat, wird Cape Towns Kunst der Verführung schon bald verfluchen! Die Mischung macht's: Ihre Architektur, mal schlank und modern, im nächsten Moment Klassik und Jugendstil, formt eine Attraktivität, die Kapstadts Stadtvätern bis heute zu danken ist. Und sicher ist die Genusssucht ein Bestandteil dieser hippen City of Cape Town, deren »City Bowl« so cool und vibrant und zugleich so historisch und edel daherkommt. Zum Beispiel in der Long Street. Wer einen Parkplatz ergattert hat, merkt gleich nach dem Aussteigen: bloß nicht zu schnell wieder weg! Weil er im nächsten Moment erkennt: Relaxte Capetonians haben ihre Schöne jeden Tag, was bei jenen einen Neidfaktor aufkommen lässt, die auf roten Londoner Sightseeing-Doubledecker-Bussen versuchen, sie im Schnelldurchlauf zu genießen.

Grand Daddy – Das verrückteste Stadt-Domizil

Hochzeitsnacht mitten in Cape Town auf dem Campingplatz, auf dem Dach? Der älteste funktionierende Fahrstuhl (1895) führt zur Dachplattform des Grand Daddy-Hotels, Long Street 38. Im einzigen Roof Top Trailor Park der Welt parken sieben aluminiumglänzende Airstream-Camper, die in den USA zusammengekauft und per Schiffsfracht nach Kapstadt transportiert und dann mit schwerem Krangerät auf die Dachplattform gehievt wurden. Jeder der exklusiven Mobildomizile ist mit Kingsize-Bett, Badezimmer und einer individuellen Themenausstattung ein Übernachtungs-Traum, wer vor Aufregung nicht schlafen kann, sitzt bis früh in der Sky Bar mit Blick auf die Skyline der Stadt. Für Nicht-Camper stehen in dem vielfach ausgezeichneten Boutiquehotel auch 33 »normale« Zimmer sowie die Daddy Cool Bar und das Bistro-Restaurant Thirty Ate, Ground Floor, zur Verfügung. www.granddaddy.co.za

Besser haben es diejenigen, die »Kapstadt zu Fuß« buchen und geführte zwei Stunden unterwegs sind, oder sich gleich individuell auf den Weg machen. Die Highlights der City Bowl (Innenstadt) liegen eng beieinander, Kunst, Kultur und buntes Leben brummen an jeder Ecke, rund ein Dutzend Museen steht fußläufig auf der Liste, darunter das South African Museum, das Bertram House, das Jewish Museum,

Kapstadt von oben. Bei wolkenfreiem, blauem Himmel bleibt der Tafelberg »ungedeckt«.

Der Anblick der Badehütten am Muizenberg-Strand in Kapstadt macht gute Laune.

Information

ANREISE

SAA South African Airways (www.flysaa.com) und Lufthansa (www.lufthansa.com) von Frankfurt und München über Johannesburg, Swiss ab Zürich (www.swiss.com), Lufthansa mehrmals wöchentlich und Condor (nur im deutschen Winterhalbjahr) direkt nach Kapstadt (www.condor.com)

BESTE REISEZEIT

Ganzjährig, im Mai/Juni (Herbst) liegt die beste Nebensaison, um Weihnachten (Hochsommer) die teure und gut gebuchte Hauptsaison.

SEHENSWERT

Two Oceans Aquarium: 1000 Meeresbewohner auf 4000 Quadratmeter, Dock Rd., V & A Waterfront, Cape Town. www.aquarium.co.za

Kirstenbosch Botanical Gardens: Das 1902 vom Diamantenmagnat Cecil Rhodes dem Staat vermachte Areal zählt mit mehr als 6000 Pflanzenarten zu den schönsten botanischen Gärten weltweit!

ESSEN UND TRINKEN

aMadoda: ausgeflippte Fress- und DJ-Kneipe, Restaurant & Take-Aways, 1–4 Strand Street, Woodstock. www.amadoda.co.za

die South African National Gallery und das Cultural History Museum. Adderley Street, die Haupteinkaufsstraße, sowie Kapstadts Long Street mit ihren viktorianischen Prachtbauten, in denen sich eine Welt aus Antiquariaten, Szenekneipen, Musik- und Coffeeshops ausbreitet, dürfen bei einem Stadtrundgang genauso wenig fehlen wie das fotogene Malaienviertel Bo-Kaap am Fuß des Signal Hill. Zur allgemeinen Fotopflicht gehören auf jeden Fall das Old Town House (1755), das Präsidentenpalais De Tuynhys (1680) sowie die Houses of Parliament (1885). Die Atmosphäre Kapstadts lässt sich schon in seiner Fußgängerzone St. George's Mall erspüren. Lebhaft geht es auf dem Green Market Square zwischen fantasiereichen Art-déco-Fassaden zu, längst hat sich die Kapstädter City nach ihrem Niedergang durch den Fall der Apartheid regeneriert und bietet Besuchern internationales Flair und feine Stadtviertel an.

Ganz bestimmt steht der Tafelberg auf der Liste der Top-Spots weit oben; hinauf lässt es sich auf zahlreichen gut beschilderten Routen wandern, oder schnell und bequem mit der Drahtseilbahn schweben. Die 1929 in Betrieb genommene Kabinenbahn dreht beim Auf und Ab ihre Made-in-Switzerland-Gondeln zur 360-Grad-Perspektive und schafft in sieben Minuten bis zu 70 Personen auf einen Schlag. *Hoeri 'kwaggo* nannten die Khoi, die Ureinwohner des Kaps, ihren Meeresberg, diesen mächtigen, abgeflachten, 6000 Hektar großen und 1087 Meter hohen Sandsteinfelsen, Kapstadts Wahrzeichen. Bei klarer Sicht ist das Panorama sensationell: Weitgespannte Wasserflächen liegen wie glitzernde Spiegel um das Häusermeer Metropolitan Cape Towns, im Blau des Atlantiks zeigt sich in der Ferne die Gefängnisinsel Nelson Mandelas, Robben Island.

An erster Stelle aller Top-Spots steht zweifelsfrei Cape Point: Vom Kap-Felsen blickt man die größte zusammenhängende Wassermasse der Welt. Hier treffen sich die Ozeane: 7000 Kilometer jenseits des Atlantiks liegt Südamerika, 10 000 Kilometer in die andere Richtung, im Pazifik, Australien. Und 5000 Kilometer geradeaus die Antarktis. Mit etwas Glück begeistert herrliches Fotolicht Hunderte Besucher aus aller Welt, die frühmorgens schon mit der Zahnradbahn *Flying Dutchman* zur Aussichtsplattform und zum Leuchtturm hinauffahren.

Ganz klar, dass Kapstadt nicht nur eine durchorganisierte Hochzeitsvermarktung für Honeymooner auf Lager hat, die ihr »Trau-Dich« hinter sich haben, sondern auch für Heiratswillige aus aller Welt mit Arrangements standesamtlicher und kirchlicher Trauung und dem nötigen Papierkram inklusive. Für das standesamtliche Prozedere wird ein Gebäude mit physikalischer Adresse verlangt, zum Beispiel eines der historischen Weingüter wie Groot Constantia oder das Steenberg Wine Estate. Zahlreich finden sich zum nämlichen Zweck grandiose Herbergen wie das legendäre Mount Nelson Hotel, Jahrgang 1743, sowie filmreife Kulissen wie Kapstadts City Hall mit einem beeindruckenden Stilmix aus Kolonialarchitektur und Elementen italienischer Renaissance. Auf der Grand Parade, ihrem Vorplatz, wurde Nelson Mandela nach seiner Freilassung von einer jubelnden Bevölkerung begrüßt. Eine Parallelstraße weiter steht die Groote Kerk, das älteste erhaltene Gotteshaus des Landes. In der St. George's Cathedral trat Friedensnobelpreisträger Desmond Tutu mutig gegen Rassismus und Apartheid ein.

Grootbos – Das schönste Natur-Domizil

Zwischen der Hauptstadt der Wale, Hermanus, und dem Fischerörtchen Gansbaai sind unweit von Kapstadt mit Blick auf die grandiose Walker Bay zwei Traum-Lodges entstanden, die Forest Lodge in moderner Glasarchitektur, und die Garden Lodge im heimelig nordfriesischen Reetdach-Design, beide in Luxusausstattung und mit erstklassigen Restaurants. Der Drehort der TV-Serie *Sing my Song* wird von der deutsch-südafrikanischen Familie Lutzeyer geführt; es werden Strandwanderungen sowie Walbeobachtung angeboten, Ausritte zu Pferd, Nature Game Drives durch das Grootbos-Schutzgebiet, Wanderungen auf dem Protea Hiking Trail sowie Bootsfahrten inklusive Walbeobachtung und Shark-Watching im Käfig zu den Dyer Islands. Die Nachbarinsel Geyser Island bevölkern 55 000 Robben. www.grootbos.com

Die unendliche Weite von Cape Point – und kein Ende in Sicht …

Bombay Bicycle Club: Eat-out-Hot-Spot mit ausgeflippten Menü-Ideen, 158 Kloof Street Gardens. www.thebombay.co.za

Chef's Warehouse & Canteen: nachgefragteste Snack-und Tapas-Kantine, im Zentrum, 92, Bree St., www.chefswarehouse.co.za

Company's Garden Restaurant: entspannte Oase, Company's Gardens, 19 Queen Victoria St., www.thecompanysgarden.com

Mother's Ruin Gin Bar: Treffpunkt des neuen Gin Movements, 219 Bree Street, Cape Town, www.mothersruin.co.za

Outrage of Modesty: coole kleine Cocktailbar, 88 Shortmarket St. Cape Town City Centre, Cape Town. www.anoutrage.com

ÜBERNACHTEN

Cape Grace Hotel: im Stil des alten Kapstadt an der V & A Waterfront, West Quay Road. www.capegrace.com

Daddy Long Leg: Kreativ- und Art-Hotel, 134 Long St., www.daddylonglegs.co.za/arthotel

Mount Nelson Hotel: Klassiker unter den altehrwürdigen Luxusherbergen, 76 Orange Street, Gardens www.belmond.com

Protea Hotel Fire & Ice: Cape Town's Hottest Place to chil. www.proteahotels.com

Once in Cape Town: modernes preiswertes Cityhotel-Konzept, 73 Kloof St., www.onceincapetown.co.za

The Twelve Apostles: vielfach ausgezeichnete Fünf-Sterne Seaside-Herberge zwischen Camps Bay und Hout Bay mit Atlantik-Panorama, Victoria Road, Camps Bay. www.12apostleshotel.com

AUSGEHEN

Cape Town Magazine: Den besten Überblick in Sachen Nightlife Events unter www.capetownmagazine.com

Organisiert Heiraten: KapEvent, 10 Begonia Rd., Milnerton. www.kapstadt-hochzeit.de

Cape Town Travel Blogs: Infos rund um Kapstadt. www.capetown.travel/blog

SHOPPING

Canal Walk: Shopping-Erlebnis in der größten Mall der südlichen Halbkugel, Century City, Century Boulevard. www.canalwalk.co.za

Victoria & Alfred Waterfront: riesige Auswahl an Geschäften und Boutiquen aller Art, Souvenirs. www.waterfront.co.za

WEITERE INFOS

Cape Town Tourism: The Pinnacle Building, Cnr Burg & Castle Streets. www.capetown.travel

95 Himmlisch auf Luxus-Safari

Zu Südafrikas »Wilden Exoten«

HIGHLIGHTS

Private Game Reserves: Die schönsten Safari-Luxusdomizile finden sich in den privaten Tierreservaten.

Krügerpark: 400 Kilometer Wildnisabenteuer für Selbstfahrer zwischen dem nördlichen Pafuri Gate und dem Kruger Gate im Süden

Blyde River Canyon: Die spektakuläre Panorama Route liegt westlich der privaten Game Reserves.

Debegeni Falls & Tzaneen: Teeplantagen, kristallklare Bäche und Wasserfälle machen Tzaneen zum idealen Stopover.

Ndebele-Kunst in Botshabelo: zwischen Johannesburg und Krügerpark.
www.mpumalanga.com

PROBIEREN UND ERLEBEN

Lammfleischsuppe: Lammfleischstreifen mit Tomaten, Kartoffeln, Kurkuma und Petersilie – *Bobotie:* Malaiischer Hackfleischauflauf von Rind oder Lamm, mit Rosinen, Banane, Chutney, Curry – *Straußensteak mit Pilzen:* am Stück oder in feine Streifen geschnitten mit Rosmarinkartoffeln – *Straußenhackbällchen:* in Ananas-Pfirsich-Paprika-Tunke

Rund 200 luxuriöse Lodges und Wildlife-Camps bieten westlich des Krügerparks Safari-Feeling vom Allerfeinsten an. Zäune gibt es zwischen dem staatlichen Krüger und den privaten Schutzgebieten nicht, was garantiert, dass die Qualität der Wildtiere die gleiche ist. Klientel und Safari-Erlebnis nicht.

Wer sich als Honeymoon-Paar in den Luxus der privaten Traumlodges einbuchen lässt, wird spektakuläre Wildnis-Herbergen in einem Ambiente erleben, das exakt dem Jenseits von Afrika-Feeling aus Film und Roman entspricht! Vor allem aufgrund begrenzter Gästezahlen und einer sehr individuell zugeschnittenen Safari wird der Kontakt mit der Wildnis besonders eindrucksvoll. Hervorragend ausgebildete Wildlife-Ranger geben einen fundierten Einblick in die Welt der Wildtiere, meist sind Fährtenleser mit von der Partie, und sowieso sind alle Fahrzeuge über Funk vernetzt, sodass sich in kürzester Zeit sehr viele Tierarten zeigen. Und natürlich stehen zum Sundowner Buffet eisgekühlte Drinks bereit. Spezialität der Privaten sind »night game drives«, Nachtsafaris, die in staatlichen Parks in der Regel nicht durchgeführt werden dürfen. Die abendlichen Ausfahrten im exotischen Dunkel der Savanne zählen zu den Top-Erlebnissen jeder Safari, und sind einzigartig, wenn sich Raubkatzen bei der Jagd auf Gnus, Antilopen und Zebras beobachten lassen.

Tierische Begegnung im Hluhluwe Umfolozi Nationalpark in KwaZulu-Natal

Unter der heißen Sonne Afrika weiß man den Pool einer Luxuslodge im Krügerpark erst recht zu schätzen.

Unter Einsatz von Scheinwerfern lässt sich hautnah miterleben, wie sich Löwinnen ein potenzielles Opfer in einer Gnu-Herde ausgucken, den Angriff taktisch anlegen und durchführen, während der König der Wildnis im Hintergrund entspannt auf seinen Einsatz wartet. Als Patriarch darf er sich zuerst an der Beute bedienen, bevor seine Löwinnen fressbare Stücke für ihren Nachwuchs bereiten, wobei sich die Raubtiere nicht im Geringsten bei ihrer Fressparty stören lassen, selbst dann nicht, wenn eine Handvoll Fahrzeuge auf Wagenlänge um sie herumsteht. Manchmal führt die Nahrungssuche von Wildtieren auch zu abnormen Zuständen, weshalb die Private Game Reserves nachts einen *Night Manager* haben, falls mal ein Nashorn durchs Zimmer läuft. Ganz abwegig ist das nicht. Die Belegschaft der noblen Inyati-Lodge mag sich erinnern, wie einmal ein drei Tonnen schweres Nilpferd dem Sabie River entstieg, gemütlich über die grüne Wiese herauf schlenderte, grunzend das Luxusbuffet mit dem Hintern zum Einsturz brachte, um sich dann zum Entsetzen der festlich gestylten Dinnergäste im Swimmingpool zu versenken. Das Hippo saß nun mit wenig Wasser auf dem Grund des gekachelten Betonbeckens fest, und es dauerte eine Weile, bis ein Kranwagen in die Wildnis kam, um es aus seiner misslichen Lage zu befreien.

Exklusiv im Staatspark

Teile seiner Wildnis verpachtet Krüger an Private, die sehr besondere Out-of-Africa-Vorstellungen produzieren. Eine der schönsten läuft in der Singita Lebombo Lodge, in den Lebombo Mountains im Grenzgebiet zu Mosambik. Im Gästebuch stehen VIPs wie Thabo Mbeki, Nicolas Cage, Leonardo DiCaprio und Charlize Theron, im Felsenweinkeller lagern ausreichend Flaschen Moët & Chandon, Dom Perignon und Laurent-Perrier, und natürlich ist die Cuisine

Sicher und geborgen in den Armen einer Löwenmutter

Information

ANREISE

South African Airways (www.flysaa.com) und Lufthansa (www.lufthansa.com) von Frankfurt und München sowie Swiss (www.swiss.com) ab Zürich nach Johannesburg. Weiter mit SAA-Airlink nach Kruger Mpungalanga International Airport bei Nelspruit oder per Mietwagen auf der N12/N4 über Middleburg.

BESTE REISEZEIT

Wettermäßig ganzjährig, aber die beste Zeit für die Tierbeobachtung liegt zwischen den Trockenmonaten Juni und September, dem südafrikanischen Winter. Dann kann es nachts zwar empfindlich kalt werden, bis an die Null Grad, allerdings kommen Wildtiere vermehrt an die Wasserstellen, wo sich die Tierbeobachtung am einfachsten und am erfolgreichsten gestaltet.

SEHENSWERT

Lowveld National Botanical Garden: für die Region charakteristische tropische Flora mit über 500 einheimischen Pflanzenarten an den Ufern des Nels und Crocodile River, Madiba Drive, Nelspruit. www.sanbi.org

Sudvala Caves: vor ca. 240 Mio. Jahren entstandenes Höhlensystem, 600 Meter Rundgang durch die Welt der Stalagmiten und Stalaktiten, 35 Kilometer nordwestlich von Nelspruit. www.sudwalacaves.com

exzellent. Modern African Design thront mit offenem Restaurant, opulentem Pool und einer stylischen Lounge-Halle auf einem Bergrücken. Eine besondere Handschrift tragen die ultramodernen Glaskästen der 15 Chalets, die mit Blick auf den Nwanetsi- und den Sweni River aus dem Busch ragen. Wer Kobras, Giftspinnen und die Schwarze Mamba nicht fürchtet, kann auf der hölzernen Veranda seine Honeymoon-Nacht haben, wo das Bett vorsorglich und aufs Feinste bereitet ist. www.singita.com und www.sanparks.org/tourism/accommodation/concessions.php

Die Privaten mit den berühmtesten Namen (Sabi Sabi, Londolozi, Singita und Mala Mala) liegen im weitläufigen Sabi Sand Game Reserve, in dem sich eine ganze Reihe kleiner Schutzgebiete mit ihren Lodges befinden, die mit der ausgefallensten Ambiance gegeneinander antreten. Der Luxus hat seinen Preis, der in der gehobenen Klasse bei 800 Euro pro Tag beginnt, um zahlungskräftigen Safarigästen ihr Afrika-Gefühl auf höchstem Niveau zu verschaffen. Londolozi zum Beispiel bietet neben seiner Hauptlodge mehrere kleine Camps, wobei Wohnträume im klassischen Safaristil und romantische Abendessen bei Kerzenschein unter funkelnden Sternen des glasklaren Savannenhimmels so selbstverständlich sind wie Aircondition und private Mini-Pools. Konkurrenz macht erfinderisch, weshalb sich Sabi Sabi eine unterirdische Earth Lodge zugelegt hat, die unauffällig aus einer Hügelgruppe ragt. Natürliche, organische Baustoffe sowie bepflanzte Dächer halten sie perfekt *underground*, durch getarnte Sichtfenster lässt es sich auf gut frequentierte Wasserlöcher blicken, sodass Elefanten, Büffel, Giraffen und andere Wildtiere wie auf einer Filmleinwand ihr *Dschungelbuch* spielen. An die 200 Mitarbeiter sorgen dafür, dass es den Gästen im luxuriösen Untergrund an nichts fehlt. Wem zwischen Tierbeobachtung, Safaris und opulenten Gourmet-Genüssen noch Zeit bleibt, kann sich im angeschlossenen Wellness-Paradies nicht nur meditativ Entspannung verschaffen. Eine der urigsten Wildlife-Lodges des Sabi Sand-Reservats ist Kirkman's Kamp am Sand River, das es schon seit den frühen 1920er-Jahren gibt. Kirkman's gilt als eine der beliebtesten Lodges, im atmosphärischen Zentrum steht die Kirkman's Homestead, ein historisches Farmhaus, das mit feinen Interieurs das Flair längst vergangener Zeiten versprüht. Hier bei einem Gin Tonic auf der Veranda zu sitzen, mit Blick auf gepflegte Rasenflächen, die im nächsten Moment zum Terrain von Löwen und Leoparden werden, gehört zu den herausragenden Momenten. Das fruchtbare Sabi Sand-Areal gehört mit seinem Wasserreichtum und der landschaftlichen Schönheit der mit Akazien durchsetzten Flusssavanne zweifelsfrei zu den besten Spots innerhalb der Grenzen des Krügerparks, weshalb es hier die größte private Lodge-Dichte gibt.

Südafrikas Design-Artistinnen

Ihre Muster bleiben im Kopf: Auf dem Weg von Johannesburg Richtung Krügerpark befindet sich bei Middleburg die 1865 von den deutschen Missionaren Heinrich Grützner und Alexander Merensky gegründete Niederlassung der Berliner Missionsgesellschaft Botshabelo. Dort stellt eine der schönsten Ndebele-Schausiedlungen beeindruckende Exponate expressionistisch bemalter Häuserwände aus, eindrucksvoll sind die Entwicklungsphasen der Ndebele-Baustile von der einfachen Rundhütte bis zu den heutigen rechteckigen Grundrissen dokumentiert. Neben der herausragenden und international anerkannten Malkunst der Ndebele-Frauen, die ihre leuchtende Farbgeometrie früher virtuos mit den Fingern oder mittels Hühnerfedern auftrugen, sind vor allem ihre bunten traditionellen Perlenarbeiten bekannt, die von Sammlern und Kunstliebhabern geschätzt werden und, wie die bekannten Ndebele-Perlenpuppen, in beinahe jedem Souvenirshop Südafrikas zu finden sind. www.mpumalanga.com

Die fantasievollen Puppen der Ndebele-Frauen sind ein hübsches Mitbringsel aus Südafrika.

ESSEN UND TRINKEN

Die luxuriösen Lodges des privaten Sektors lassen keine Wünsche offen.

SHOPPING

Nelspruit: Das 1884 gegründete Städtchen ist eines der größten Fruchtanbaugebiete Südafrikas, Obst- und Souvenirstände

Middleburg: Im Kleinstädtchen sowie im Botshabelo Village lassen sich Ndebele-Kunstwerke aus erster Hand erstehen.

White River: Die hübsche »Nusshauptstadt« bei Nelspruit lädt zum Shoppen ein.

ÜBERNACHTEN

&beyond Kirkmans Camp: seit 1920 am Sand River. www.andbeyondafrica.com

&beyond Ngala Safari Lodge: Timbavati Private Game Reserve. www.andbeyond.com

Chitwa Chitwa & Chitwa House: Sabi Sand Game Reserve. www.chitwa.co.za

Elephant Plains Game Lodge: Sabi Sand Game Reserve. www.elephantplains.co.za

Inyati Game Lodge: Sabi Sand Game Reserve. www.inyati.co.za

Kapama Lodges und Camps: Kapama Game Reserve.www.kapama.com

Londolozi Camps: Sabi Sand Game Reserve. www.londolozi.com

Mala Mala Main Camp: Mala Mala Game Reserve. www.malamala.com

Makalali Private Game Lodge: Makalali Reserve, Gravelotte Road, Hoedspruit. aha.co.

Mohlabetsi Safari Lodge: im Balule Nature Reserve. www.mohlabetsi.co.za

Rissington Inn: geschmackvoll gestaltete Country-Lodge als Zwischenstopp nahe Krügers Parktoren, Main Road R40, Hazyview. www.rissington.co.za

Royal Malewane: Royal Malewane Private Game Reserve. www.royalmalewane.com

Sabi Sabi Earth Lodge/Bush Lodge: Sabi Sabi Private Game Reserve. www.sabisabi.com

Singita Lodges: Sabi Sand Game Reserve. www.singita.com

WEITERE INFORMATIONEN

Kruger Lowveld Tourism: Nelspruit. www.krugerlowveld.com

Sabi Sand Game Reserve: Parkverwaltung. www.sabisand.co.za und www.sabi.krugerpark.co.za

South African National Parks: Parkverwaltung. www.sanparks.org

Kap Hangklip: von Seefahrern früher irrtümlich für das Kap der guten Hoffnung gehalten

96 Von Leuchtturm zu Leuchtturm

Ringreise am Kap der Guten Hoffnung

HIGHLIGHTS

Westküste: West Coast Nationalpark und Cape Columbine Lighthouse bei Paternoster. www.sanparks.org

Lambert's Bay: nordfriesische Bilder auf der Reise zur windumtosten Fischereihafen- und Feinschmeckerperle

Kaphalbinsel: Rundreise über Noordhoek und Kommetjie mit Slangkop Lighthouse bis Simon's Town und St. James

Cape of Good Hope: Table Mountain Nationalpark mit Cape Point Leuchtturm. www.sanparks.org

Hermanus: Hauptstadt der Wale mit Walker Bay und Danger Point Lighthouse in Gansbaai

PROBIEREN UND ERLEBEN

Muisbosskerm: das Kuriosum mit dem komischen Namen ist das beliebteste Strandrestaurant am Atlantic Drive, fünf Kilometer südlich von Lamberts Bay. Getafelt wird an einfachen Tischen mit Stühlen im Sand, zum Festpreis gibt's fangfrischen Fisch, Hummer, Muscheln und Langusten vom Grill, so viel man essen kann! www.muisbosskerm.co.za

Schon auf Kinder üben Leuchtfeuer eine große Faszination aus – als Symbole des Lichts, der Sicherheit und des Überlebens. Weshalb Leuchttürme zum Ja-Sagen, als Orte für Trauungen und für Hochzeitsreisende weltweit immer beliebter werden. Den richtigen Kurs zeigt ein Dutzend sagenumwobener *Lighthouses* rings ums südafrikanische Kap!

Wie Perlen auf der Schnur reihen sich die Exemplare einer historischen Leuchtfeuer-Architektur an den Küsten Südafrikas. Die meisten dieser Symbole der Sehnsucht, die einst als Orientierung bedrängter Seeleute errichtet wurden und gegen Schiffbruch in tosender See stehen, sind als nachgefragte Foto-Highlights zu besichtigen. Und, mit moderner Technik ausgestattet, immer noch richtungsweisend und lebensrettend aktiv. An einigen der naturgemäß abenteuerlichen Standorte wie Danger Point in Gansbaai, Cape St. Blaize in Mossel Bay, Cape Columbine bei Paternoster an der Westküste und Great Fish Point in Port Alfred bei Port Elizabeth lässt es sich sogar übernachten, und man kann Feierlichkeiten durchführen oder mit allem Drum und Dran zeremoniell heiraten.

In anderen sind Touristeninformationen oder Museen untergebracht wie in Cape Agulhas, Baujahr 1849, wo eine Ausstellung des Lighthouse-Museums die Geschichte der Leuchttürme auf eindrucksvolle Weise erzählt. Wer sich hier die engen Holzstiegen bis zur umlaufenden Plattform hoch oben durchgezwängt hat, genießt einen berauschenden Ausblick über das felsenreiche und brandungsstarke Südkap des afrikanischen Kontinents! Kapstadt kann sein Green Point Lighthouse aus dem Jahr 1824 anbieten, 16 Meter hoch, klassisch rot-weiß gestreift und vom deutschen Steinmetz und Architekten Herman Schutte entworfen. Das vermutlich meistbesuchte der Welt, Cape Point Lighthouse, eignet sich für den Ringtausch ebenso wie das Danger Point Lighthouse in Gansbaai, das ein achteckiger schneeweißer Turm mit knallrotem Top ist, Baujahr 1895, und von oben einen Traumblick über die Walker Bay, die Bucht der Wale, bis nach Hermanus hat. Auf einer Leuchtfeuerreise zwischen den Leuchttürmen der West Coast über Kapstadt entlang der Garden Route bis zur Wild Coast lassen sich die grandiosen Küstenlandschaften des südafrikanischen Kaps aus dem Blickwinkel der Sehnsucht erschließen, Liebhaber des Wassers werden die maritime Magie begierig aufsaugen!

Slangkop und Cape Columbine

Die beiden Leuchtfeuer-»Beauties« sind bevorzugte Hochzeitsstandorte und stehen in Paternoster (Cape Columbine Lighthouse, 1936, West Coast) und auf der Kaphalbinsel (Slangkop Lighthouse, 1919). In beiden lässt es sich stilecht heiraten, Leuchtturmwärter inklusive, beide sind leicht von Kapstadt aus zu erreichen und bieten mit ihrer bildschönen Umgebung das richtige Ambiente für einen unvergesslichen »Trau-Dich«-Event: Paternoster (»Vater Unser«) ist als idyllisches Westküstenstädtchen mit putzigen Fischerhäusern seit eh und je Pilgerort für Künstler und Fotografen auf der Suche nach Inspiration; der acht Kilometer lange Long Beach der Kaphalbinsel verbindet das bezaubernde Noord-hoek und die Strandperle Kommetjie, und ist mit dem 33 Meter hohen Slangkop Point Lighthouse (der höchste gusseiserne Leuchtturm Südafrikas) ein Traum! Wer raufklettert, wird durch eine fantastische Aussicht auf Hout Bay und Cape Point belohnt! Heiraten im Leuchtturm: KapEvent, 10 Begonia Road, Milnerton. www.kapstadt-hochzeit.de

Am Kap der Guten Hoffnung

Information

ANREISE

Lufthansa (www.lufthansa.com) und Condor (nur im deutschen Winterhalbjahr, www.condor.com) direkt nach Kapstadt, South African Airways (www.flysaa.com) über Johannesburg

BESTE REISEZEIT

Ganzjährig, im Mai/Juni (Herbst) liegt die beste Nebensaison.

SEHENSWERT

Kapstadt: alle Highlights auf einen Schlag mit den roten Doppeldecker-Bussen der Bus-Company »CitySightseeing Cape Town«. www.citysightseeing.co.za

ESSEN UND TRINKEN

Café Roux: Café und Treffpunkt mit Live-Musik, Noordhoek, Village Lane/Main Road. www.caferoux.co.za

The Weskusplek: Geheimtipp in Jacobsbaai, einer Nachbarbucht Paternosters, Beach Road. www.weskusplek.co.za

ÜBERNACHTEN

The Last Word Long Beach: Traumlage an Kommetjies Long Beach, 1 Kirsten Road. www.thelastword.co.za

Oystercatcher's Haven: Guesthouse mit Traumblick, 48 Sonkwas Street, Bekbaai, Paternoster. www.oystercatchershaven.com

WEITERE INFOS

Cape Town Tourism: The Pinnacle Building, Cnr Burg & Castle Streets. www.capetown.travel

Im Heißluftballon über New South Wales und die Bucht von Sydney zu schweben – ein unvergessliches Erlebnis

Australien und Ozeanien

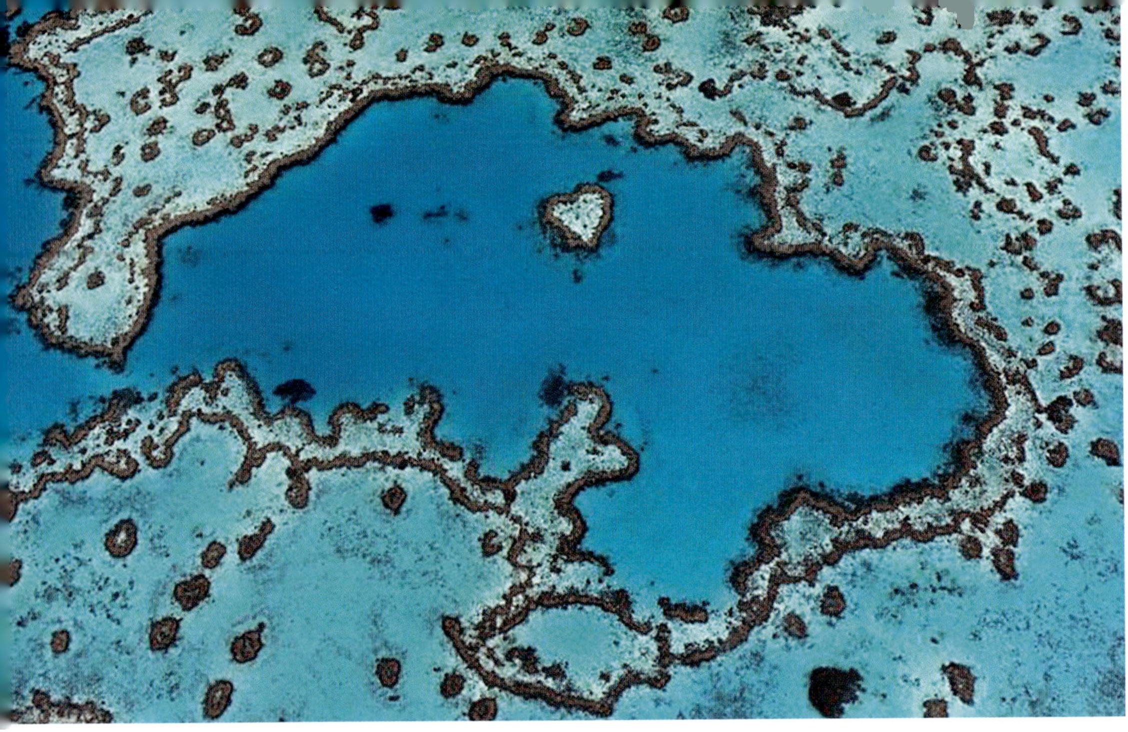

UNESCO-Weltnaturerbe: Korallenformationen des Hardy Reef (am Great Barrier Reef)

97 Auf Tour in Down Under

Unterwegs auf der größten Insel der Welt

HIGHLIGHTS

Great Barrier Reef: UNESCO-Weltnaturerbe und größtes Korallenriff der Erde. www.greatbarrierreef.org

Ayers Rock (Uluru): größter Monolith (348 Meter hoch) der Welt und heiliger Berg der Aborigines

Blue Mountains: herrliche Aussichten auf Eukalyptuswälder, Wasserfälle und Felsformationen

Sydney Opera House: Wahrzeichen von Sydney in Form eines Schiffs mit vollen Segeln. www.sydneyoperahouse.com

Fraser Island: größte Sandinsel der Welt und Weltkulturerbe mit Seen, Wäldern und Dingos ohne asphaltierte Straßen

PROBIEREN UND ERLEBEN

Unzählige Einwanderer prägen die Esskultur Australiens mit. Kosten sollte man Steaks, Lammkeule aus dem Ofen, gegrillte australische Riesenkrabben *(Barbecued Prawns)*, den weißen Fisch *Barramundi* mit Macadamianüssen, Fleischpasteten, tasmanischen Lachs und Kängurufleisch im Hamburgerbrötchen mit Rote Bete.

Tiefgrüner Regenwald, die Blauen Berge, die rote Erde des Outback, weiße Strände und vieles mehr erzeugen im sechstgrößten Land der Welt vielfältiges Staunen. Down Under ist 21-mal so groß wie Deutschland und verspricht ein unvergessliches Abenteuer zwischen Wildnis, Zivilisation und spannender Kultur.

Wer Australien als Ziel für die Hochzeitsreise ins Auge fasst, braucht vor allem eins: Zeit. Denn um das riesige Land und seine Vielfalt ein wenig kennenzulernen, sollte man mindestens drei Wochen Urlaub einplanen. Das einzige Land, das auch Kontinent ist, bietet auf einer Fläche von 7 692 000 Quadratkilometern alles, was das Herz begehrt: Das Great Barrier Reef im Osten, weite, rotsandige Landschaften im Zentrum, lebendige Metropolen wie Sydney, Melbourne oder Brisbane und herrliche Strände an den Küsten sowie tropische Regenwälder im Norden. Australien ist in vieler Hinsicht einzigartig. Etwa 80 Prozent der dort lebenden Tiere wie den längsten Regenwurm der Welt sowie 24 000 endemische Pflanzenarten sieht man nur dort. Bestaunen kann man die einzigartige Natur in 550 Nationalparks und 15 Weltkulturerbestätten wie dem Kakadu National Park, dem Great Barrier Reef oder Fraser Island. Neugierig macht auch die älteste Kultur der Welt; die Felsmalereien der Aborigines, der australischen Ureinwohner, datieren 40 000 bis 60 000 Jahre zurück.

Am besten erkundet man Australien auf einer Rundreise mit dem Mietwagen oder Camper auf dem Highway 1, der mit etwa 14500 Kilometern die längste Nationalstraße der Welt ist. Vielfältig ist vor allem eine Tour auf ihren Teilstücken, dem Pacific Highway und dem Bruce Highway, zwischen der Metropole Sydney, in der man eine Rundfahrt im gigantischen Naturhafen unternehmen muss, und der Tropenstadt Cairns mit ihrer künstlichen Badelagune. Stichstraßen führen von der Hauptstraße sowohl ins Landesinnere, wo Besuche der Nationalparks locken, als auch an die Küste mit den herrlichen Stränden. Lohnenswert ist auf der spannenden Strecke auch der Besuch einer der vorgelagerten Inseln wie Fraser Island. Weinliebhaber sollten nördlich von Sydney das Weinrevier des Hunter Valley besuchen. Nördlich von Brisbane, wo man den ältesten Koala-Park des Landes besichtigen kann, reihen sich die vorgelagerten Inseln, unter anderem das Great Barrier Reef, aneinander.

Australien von oben

Australien ist ideal für unternehmungslustige Paare und Verliebte, die sich nicht nur mit Strand und Palmen zufriedengeben. Im »Lucky Country« findet jedes Paar die zu ihm passende Aktivität. Wer sich die Hochzeitsreise etwas kosten lassen möchte und kann, sollte eine mehrtägige Rundreise mit einem Kleinflugzeug einplanen – gewiss eine der eindrucksvollsten Möglichkeiten, Australien zu erleben. Auf der Flugsafari, die auch von vielen deutschen Reiseveranstaltern angeboten wird, kann man viel mehr Ecken des Landes erkunden, da die Distanzen in dem gigantischen Land viel schneller überwindbar sind. Die Reise erfolgt entweder mit einer kleinen Reisegruppe oder – ideal für Verliebte – nur zu zweit mit dem persönlichen Piloten. Aus der Vogelperspektive sind der Outback, der Ayers Rock und die Inseln des Great Barrier Reef noch eindrucksvoller. Die Übernachtungsmöglichkeiten sind vielfältig und reichen vom Safari-Camp über romantische Lodges bis zum Fünf-Sterne-Hotel.

Sydneys spektakuläres Opernhaus ist das Wahrzeichen der Stadt.

Information

ANREISE
Flug: mindestens 20 Stunden ab Frankfurt

BESTE REISEZEIT
Oktober bis April

SEHENSWERT
Kakadu National Park: Der riesige Nationalpark bietet einige der imposantesten Naturerlebnisse des Landes.

Mona: Das wohl abgelegenste Museum der Welt auf der Insel Tasmanien birgt eine der gegensätzlichsten Kunstsammlungen der Welt. www.mona.net.au

ESSEN UND TRINKEN
Aria: moderne australische Küche mit herrlichem Blick auf die Oper von Sydney und die Hafenbrücke. www.ariarestaurant.com

Noosa Cruising Restaurant: Bootsfahrt auf dem Noosa River zum Champagner-Frühstück oder romantisch zum Sonnenuntergang. www.noosacruisingrestaurant.com.au

ÜBERNACHTEN
Emirates One & Only Wolgan Valley: Luxussuiten mit eigenem Pool, Kamin und Terrasse inmitten der Blauen Berge. www.oneandonlyresorts.com

QT Sydney: Zimmer mit Designermöbeln im historischen Gebäude des Gowings Department Store und des Sydney Theatre. www.qthotelsandresorts.com

WEITERE INFOS
www.australia.com

Wanderparadies für unternehmungslustige Paare: Mount Aspiring und Lake Wanaka

98 Abenteuer für jede Jahreszeit

Aktiv durch Neuseelands spektakuläre Landschaft

HIGHLIGHTS

Lake Taupo: 616 Quadratkilometer großer See, der bei einem Vulkanausbruch entstand

Auckland: Der Skytower, die Harbor Bridge, das Maori-Museum und vieles mehr sorgen für das Kontrastprogramm zur Natur.

Eastland: Im touristisch unberührten Osten der Nordinsel nimmt das Leben der Maori seinen ursprünglichen Lauf.

Wellington: Kolonialhäuser und Museen locken zur Erkundung der Hauptstadt.

Fjordland Nationalpark: Der 580 Meter hohe Sutherland-Wasserfall gehört zu den höchsten der Welt.

PROBIEREN UND ERLEBEN

Fleisch, Gemüse, aber auch Süßspeisen aus dem *Hangi*, dem traditionellen Erdofen, sollte man sich keinesfalls entgehen lassen. Lecker ist auch die mit Honig und Trockenobst gefüllte Lammkeule *Colonial Goose* mit Süßkartoffelauflauf. Von März bis August stehen die Bluff-Austern auf der Speisekarte.

Da Neuseeland ganzjährig mit einer unbeschreiblich vielfältigen Landschaft entzückt, sind die beiden Inseln besonders bei Outdoor-Fans und Abenteuerlustigen ein beliebtes Flitterwochenziel. Das Land der Kiwis ist eine unvergleichbare Symphonie aus Seen und Fjorden, Gebirgen und Wäldern, Stränden und tropischer Vegetation.

Um das Land, in dem es außer der grandiosen Pflanzenwelt eine einzigartige Tierwelt und die Kultur der Maori, eines der letzten Urvölker der Welt zu erkunden gilt, so gut wie möglich unter die Lupe zu nehmen, sollte man so viel Zeit wie möglich im Gepäck haben. Ideal also für ausgiebige Flitterwochen! Landschaften und Nationalparks mit Dünen über Fjorden, Gletschern und dampfenden Vulkanen sorgen für herrliche Kulissen zum Wandern, Reiten, Radfahren, Angeln, Bungee-Jumping, River-Rafting, Kanu- und Kajakfahren. Helikopterflüge, Schiffstouren zu Delfinen, Walen oder Orcas sowie rasante Fahrten auf Seen oder Flüssen geben einen ganz besonderen Schliff. Wer es gelassener mag, kann sich indessen auf eine andersartige Reise begeben und bei einer Tour durch die Weinberge mit über 230 Kellereien die hervorragenden Weine des Landes verkosten. Neuseeland kann man übrigens zu jeder Jahreszeit gut bereisen: Naturfans locken der Frühling mit üppigem Grün und der Herbst mit eindrucksvollem Farbenreichtum. Im Sommer stehen zum Beispiel auf der Coromandel-Halbinsel oder am Tasman Bay Strandurlaub und Wassersport hoch im Kurs, im Winter Snowboarden oder Skifahren.

Zum Neuseeland-Abenteuer startet man am besten mit dem Wohnmobil oder Mietwagen und quartiert sich je nach Vorlieben und Budget auf Campingplätzen, in Bed & Breakfast-Pensionen, Honeymoon-Lodges oder Boutiquehotels ein. Auf der Nordinsel sollte man das vulkanische Hochland, die Kauri-Wälder und die Umgebung von Rotorua mit den Geysiren, Thermalquellen und Schlammlöchern sowie die Maori-Kultur erkunden. Für Outdoor-Spaß wird im riesigen Tongariro-Nationalpark gesorgt, wo sich der 2797 Meter hohe Ruapehu, der höchste Vulkan des Landes, erhebt. Zur Südinsel mit ihrer ebenso reizvollen, unberührten Landschaft führt eine fantastische Fährüberfahrt. Hier entspannt man in den Marlborough Sounds, der größten Weinregion, und bestaunt die Gletscher im Westland-Nationalpark, den höchsten Berg Mount Cook mit 19 über 3000 Meter hohen Gipfeln und die Landschaft von Waitaki.

Eine Nacht im Tipi-Zelt

Auf der Suche nach romantischen und ausgefallenen Übernachtungsmöglichkeiten wird man in Neuseeland schnell fündig. Vor allem im kreativen Eco-Retreat Solscape nahe der Surferstadt Raglan auf der Nordinsel werden kuriose Übernachtungswünsche wahr. Mitten im neuseeländischen Busch, nur einen Spaziergang vom Surferspot Manu Bay und dem Ngarunui Strand entfernt, versteckt sich Solscape. Die in traditionellem Stil erbauten Tipi-Zelte, ökologische Studios in Form von ausrangierten und umfunktionierten Zugwaggons und Lehmhütten, die *Earth Domes*, sowie die solarbetriebene Beleuchtung und der Erdbackofen bezeugen, dass man in Solscape auf Nachhaltigkeit setzt. Im Tipi Forest, der fünf Gehminuten abseits der restlichen Unterkünfte liegt, kann man die Zeit zu zweit in vollen Zügen genießen, sei es bei einem Glas Wein unterm funkelnden Sternenhimmel oder während des Sonnenuntergangs in absoluter Stille. www.solscape.co.nz

Atemberaubende Ausblicke: der Lohn eines jeden Wanderers

Information

ANREISE
Flug: 25 Stunden ab Frankfurt

BESTE REISEZEIT
November bis April

SEHENSWERT
Auckland War Memorial Museum: Das älteste Museum Neuseelands begeistert mit Sammlungen zur Kultur der Maori, der Geschichte Neuseelands und vielem mehr.

Te Papa Tongarewa: Im Nationalmuseum von Neuseeland erfährt man viel über das Land von der ersten Besiedelung bis in die Moderne.

ESSEN UND TRINKEN
Palate: preisgekröntes Restaurant mit hervorragenden landestypischen Gerichten, hübsch angerichtet in stilvoll-legerem Ambiente. Alma Street 20, Hamilton. www.palaterestaurant.co.nz

ÜBERNACHTEN
Matakauri Lodge: luxuriöse Suiten und Villen mit Kamin und Spa-Bereich am Wakatipu See, die einen herrlichen Blick auf den See und auf die sich dahinter erhebenden, schneebedeckten Berge versprechen. Farrycroft Row, 569 Glenorchy Road, Queenstown. www.matakaurilodge.com

WEITERE INFOS
www.newzealand.com

Spaziergang unter Palmen auf Drawaqa Island

99 Auf der anderen Seite der Welt

Exotischer Klassiker: Das Südsee-Paradies Fidschi

HIGHLIGHTS

Berg Batilamu: Der Aufstieg auf den zweithöchsten Berg Viti Levus (1195 Meter) wird mit herrlichem Blick auf die Yasawa-Inseln und Beqa belohnt.

Colo-I-Suva Forest Park: Im Nationalpark auf Viti Levu wandert man über wacklige Brücken, an Bächen und kleinen Wasserfällen entlang durch den Regenwald.

Heilige Höhlen von Naihehe: eine der bedeutendsten archäologischen Stätten Fidschis mit Priester- und die Kathedralenkammer und heiligem Teich

Sri Siva Subramaniya Tempel: Größter Hindutempel in der Südsee (Nadi, Viti Levu)

PROBIEREN UND ERLEBEN

Indische, chinesische und europäische Einflüsse inspirieren die regionale Küche zu Köstlichkeiten wie das in Bananenblätter eingewickelte, gegrillte und geräucherte Fleischgericht *Lovo* sowie den in Zitrone marinierten Fisch in Kokosmilch *Kokoda*. Gut schmeckt dazu das lokale Bier *Fiji Bitter*.

Honeymoon-Hotels, Palmenstrände mit Puderzuckersand, azurblaue Lagunen und nicht zuletzt die Lebensfreude der Menschen machen aus Fidschi ein Hochzeits- und Flitter-Mekka. Urlaub auf den Südseeinseln muss jedoch – anders als vielleicht gedacht – nicht nur süßes Nichtstun bedeuten. Auch Aktive kommen hier auf ihre Kosten.

Bula! Mit dieser Begrüßung, Muschel- und Blumenketten und den Klängen der Lali-Trommeln heißen die Fidschianer, die sich aus Völkergruppen verschiedenster Ursprünge und Religionen zusammensetzen, ihre Gäste nach alter Tradition auf dem Südsee-Archipel willkommen. Wer die spannende Kultur nicht nur oberflächlich kennenlernen möchte, sollte die Fidschianer am besten in den ursprünglichen Dörfern erleben oder an einer Kava-Zeremonie teilnehmen. Das Südsee-Flair, das die meisten Besucher auf dem paradiesischen Inselstaat, bestehend aus 333 Eilanden, erwartet, entsteht jedoch vor allem durch die atemberaubenden Kulissen. Kein Wunder, dass Fidschi bei Verliebten ganz oben auf der Wunschliste für die Hochzeitsreise oder die Trauung selbst steht. Der Archipel mit den gut 100 bewohnten Inseln im Südpazifik lockt mit tropischer Vegetation und feinsandigen, mit Palmen und Mangroven bespickten Stränden zur Erholung pur. Die großen, zerklüfteten Eilande vulkanischen Ursprungs und die kleineren Koralleninseln begeistern aber nicht nur mit Sonne, Strand und Meer.

Fidschi bietet von der Landschaft, über die Aktivitäten bis hin zur Kultur farbenfrohe Exotik. Korallengärten, Wildwasserflüsse und tropische Regenwälder vor allem im Südosten, aber auch trockenere Regionen im Nordwesten sorgen mit bunten Vögeln und Schmetterlingen, neugierigen Delfinen, die Bootstouren begleiten, und über 300 Orchideenarten für reizvolle Naturerlebnisse. Atemberaubend zeigt sich auch die Unterwasserwelt zum Beispiel um die Hauptinsel Viti Levu, Kadavu oder bei den Yasawa-Islands. Mit vielfältig gemusterten Fischen, Riffbarschen, Papageien- und Falterfischen, spannenden Riffformationen und Korallenwänden ist Fidschi ideal zum Tauchen und Schnorcheln. Wanderer und Naturfreunde kommen auf der weitgehend unberührten Insel Kadavu mit dem dichten Regenwald und den Wasserfällen auf ihre Kosten. Aktive reizt der Navua-Fluss zu einer Rafting-Tour, die Wellen zum Kiten und Surfen und Viti Levu auch zum Golfen.

Südseezauber-Kreuzfahrt

Wer sich auf der Hochzeitsreise etwas ganz Besonderes gönnen möchte und genug Zeit hat – und die sollte man sich bei dem mindestens 24-stündigen Flugmarathon nehmen – sollte den Fidschi-Aufenthalt mit einer viertägigen (oder längeren) Kreuzfahrt mit den Blue Lagoon Cruises kombinieren. Die weißen, vergleichsweise kleinen Kreuzfahrtschiffe starten montags und freitags von der Denerau Marina in Nadi (Viti Levu) zur Erkundungstour um die Yasawa- und Mamanuca-Inseln. Mit einer maximalen Fahrtzeit von vier Stunden pro Tag hat man genug Zeit, um die Inseln und ihre Strände zu erkunden. Unterschiedlich lang halten die Schiffe an mehreren einsamen, in allen Blau- und Türkisnuancen glänzenden Lagunen, die zum Schnorcheln locken, und an feinen Puderzuckerstränden. Bei Ausflügen in die Dörfer lernt man außerdem das echte Leben auf Fidschi kennen. Wer mit Nachwuchs reist, kann die speziellen Termine für Familien buchen. www.bluelagooncruises.com

Bewohner von Nacula Island können auf Muscheln Musik machen.

Information

ANREISE

Flug: Ab Frankfurt und ab jedem größeren Flughafen in Deutschland, Österreich und der Schweiz nach Nadi (Viti Levu). Flugdauer inkl. Stopps 23–40 Stunden

BESTE REISEZEIT

Mai bis Oktober

ESSEN UND TRINKEN

Tu's Place: Internationale und regionale Gerichte wie das inseltypische Fischgericht *Kokoda* schmecken auch Einheimischen besonders gut. 37 Queens Road, Martinar Nadi, Viti Levu. www.tusplace.webs.com

ÜBERNACHTEN

InterContinental Fiji Golf Resort & Spa: großes Fünf-Sterne-Haus der Intercontinetal-Gruppe mit jeglichem Komfort, drei Pools, 18-Loch-Golfplatz in einem tropischen Garten am Strand. Maro Road, Natadola Bay, Viti Levu. http://fiji.intercontinental.com

Navutu Stars Fiji Resort: kleines, romantisches Boutiquehotel mit nur neun luxuriösen Strandbungalows und Spa-Angebot, Yaqeta, Yasawa-Inseln. www.navutustarsfiji.com

WEITERE INFOS

www.fiji.travel

Fifty Shades of Blue: Auf die Südsee trifft das zu.

100 Sterne pflücken in der Südsee

Fafa Island Robinsonade

HIGHLIGHTS

Schnorchelausflüge nach Nuku mit dem hoteleigenen Boot

Wale beobachten: Mitte Juli bis Mitte Oktober kommen Buckelwale zum Kalben nach Tonga. Hier ist es erlaubt, mit den Walen zu schwimmen.

Inselpicknick: auf den unbewohnten Koralleninseln Malinoa oder Tao mit ihren wunderbaren Sandstränden

Candle-Light-Dinner: am Strand von Fafa

Ein tonganisches Hochzeitsfest: am Strand mit traditioneller Livemusik (Hochzeit ist nicht rechtskräftig)

PROBIEREN UND ERLEBEN

Aus den getrockneten und zerstoßenen Wurzeln des Kavastrauchs, eine Pflanze aus der Familie der Pfeffergewächse, wird ein Getränk zubereitet, das bei Zeremonien abends konsumiert wird. Es wirkt schmerzlindernd, beruhigend und entspannt die Muskeln. Während der Schwangerschaft sollte man auf den Konsum verzichten.

Weiter als ins Königreich Tonga kann man von Deutschland aus kaum reisen. Auch ein Urlaubstag auf Fafa oder einer der umliegenden Inseln könnte kaum unterschiedlicher sein: wo statt Multitasking und endloser To-Do-Listen nur das leise Rauschen des Meeres und das Wechselspiel von Licht und Sternen den Takt vorgibt.

Fafa Island ist klein. So klein, dass es zu Fuß in weniger als einer Stunde umrundet ist. Man versinkt dabei knöcheltief im weißen Korallensand, springt über flachliegende Palmenstämme und landet in warmen türkisfarbenen Wasser des Pazifik. Das dichte Palmendach schützt vor der stechenden Sonne. Das Herzstück der Insel ist das Haupthaus. Es ist der Bootssteg, das Restaurant, die Bar und die Bibliothek zugleich. Weitere 13 Hütten stehen versprengt über die Insel, weit genug voneinander entfernt und versteckt hinter tropischem Pflanzengrün, um die Insel gefühlt für sich alleine zu haben. Fale heißen sie, bestehen traditionell aus luftdurchlässigen Naturmaterialien und sind mit Palmenblättern gedeckt. Die Dusche ist unter freiem Himmel, den Duschvorhang bilden üppige Ingwerpflanzen. Wenn ein Ort zwischen dem 15. und 23. Grad südlicher Breite liegt, ist Freiluftduschen das ganze Jahr über kuschelig. Das Inselreich Tonga, das Teil des pazifischen Feuerrings ist, liegt in diesen Breiten. Im Januar 2015 hat es nach einer Vulkaneruption Zuwachs bekommen und zählt nun 170 Inseln, von denen 36 bewohnt sind.

Die gut 100 000 Einwohner der Friendly Islands, wie der Archipel auch genannt wird, leben zum Großteil auf der Hauptinsel Tongatapu. Nach Fafa sind es von dort 40 Minuten. Seit gut einem Vierteljahrhundert begrüßen die Münchner Rainer und Steffi Urtel dort ihre Gäste. Sie kommen aus aller Welt. »Es ist ein Traum ohne Ende«, erzählt Rainer rückblickend, »auch wenn es immer etwas zu tun gibt.« Denn das Wohl der Gäste ist wichtig auf Fafa. »Wir verzichten hier absichtlich auf Unterhaltung.« Für Hochzeitsreisende ist Fafa die richtige Antwort auf die Frage, wo man sich fallen lassen kann. Hat man auf der Nachbarinsel Tongatapu das Flugzeug verlassen, muss man sich um nichts mehr kümmern. So bleibt mehr Zeit zu genießen: die Veränderungen des Lichts während des Tags und den Blick in die Milchstraße, bei dem man den Eindruck hat, die Sterne pflücken zu können, die Gerichte, die auf der Terrasse über dem Meer serviert werden, eine wohltuende Massage und die Ruhe, die getaktet wird durch das leise Rauschen des Meers.

Robinsonaden auf Zeit

Zeit auf einer unbewohnten Insel zu verbringen ist nicht nur in Realityshows möglich, sondern auch während oder im Anschluss eines Aufenthalts auf Fafa Island. Das Management des Resorts realisiert die Überfahrt und organisiert die Verpflegung. Malinoa, Tao und Nuku, etwa sieben Kilometer von der Resortinsel entfernt, heißen die Ziele für diese Robinsonaden auf Zeit. Im Zentrum der Inselchen spenden Palmen und Sträucher Schatten, die Strände bestehen aus weißem, feinsten Korallensand. Das Riff lädt zum Schnorcheln ein. Das Wasser leuchtet in unendlich vielen Türkisschattierungen. Der nächtliche Blick in die Milchstraße ist bei wolkenlosem Himmel betörend, es ist, als könne man die Sterne vom Himmel holen.

Fafa Island Resort lockt mit Open-Air-Badezimmer.

Information

ANREISE

Nuku'alofa auf Tongatapu ist durch Air New Zealand und asiatische Airlines mit Deutschland verbunden. Es bietet sich als Badeziel in Verbindung mit Neuseeland an.

BESTE REISEZEIT

Ganzjährig, von November bis April können Zyklone auftreten

SEHENSWERT

Es gibt einen Bootshuttle für Ausflüge zur Hauptinsel Tongatapu:

Gottesdienst in Nuku'alofa: findet jeden Sonntag statt und ist auch heute nicht aus dem Gesellschaftsleben wegzudenken. Männer und Frauen tragen traditionelle Gewänder.

Wochenmarkt in Nuku'alofa: Zum Wochenende gibt es auf dem riesigen, betriebsamen Markt alles, was das Land hergibt.

Mapu a Vaea: bedeutet übersetzt so viel wie »Pfeifen der Noblen«. »Die Pfeifen« beim Dorf Houma sind *Blowing Holes*. Besonders am Nachmittag ein sehenswertes Naturschauspiel

ÜBERNACHTEN

Fafa Island Resort: 13 Hütten hat das Ressort zur Auswahl, viele mit Blick auf das Wasser. Hochzeitsreisende bekommen ein spezielles Willkommenspaket. www.fafaislandresort.com

WEITERE INFOS

http://thecommonwealth.org/our-member-countries/tonga

Register

Ærø 100
Ærøskøbing 100

Aarhus 99
Abu Dhabi 134
Acapulco 202
Ago-Bucht 171
Agung 160
Akrotiri 121
Akumal 204
Al Ain 134
Alappuzha 142
Alcatraz 175
Allerheiligenbucht 223
Almindingen 105
Angkor Wat 162
Angra do Heroisme 39
Anguilla 198
Antibes 44
Apriach 81
Ardara 54
Argentinien 238
Arzachena 24
Äthiopien 248
Athos 118
Atlántida 245
Australien 278
Avenida de Mayo 238
Axum 248
Ayers Rock (Uluru) 278
Azoren 38

Backwaters 142
Bad Tölz 72
Bahar Dar 248
Bahía Alcudía 29
Bali 158
Barcelona 26
Bardolino 8
Bärnbach 78
Batilamu 282
Batur 160
Bayeux 48
Bazaruto Archipel 261
Ben Nevis 68
Berner Oberland 86
Besakih-Tempel 161
Bhutan 148
Binz 88
Blå Jungfrun 109
Blantyre 252
Blaue Moschee 131
Bocagrande 219
Bornholm 104
Botswana 262
Bovbjerg Fyr 98
Brasilien 220
Brauneck 73
Brienzersee 86
British Virgin Island 198
Brügge 52
Buenos Aires 238
Bulawayo 258
Burj Al Arab 135
Burj Khalifa 138

Cabildo 240
Cabo Girão 36
Cairns 279
Cala Figuera 29
Cala Macarella 33
Cala Mondragò 29
Cala'n Turqueta 33
Cala S'Amarador 29
Cala Sa'Nau 29
Cala Santa Galdana 33
Cala Trebalùger 32
Caldera 123
Caledonian Canal 69
Cambridge 61
Cannes 44
Capalbio 14
Cap de Formentor 28
Cap Dramont 45
Cape Point 269
Cap Ferrat 44
Capilla de Mármol 235
Capo d'Orso 22
Capo Posillipo 20
Capo Testa 22
Caprera 24
Carretera Austral 232
Cartagena de las Indias 218
Cerro Mayu 230
Chalikidiki 118
Charleston 192
Château de Mirosmesnil 49
Chichén Itzá 207
Chief's Island 263
Chile 226
Chile Chico 235
China 166
Chumbe Island 257
Cinque Terre 10
City Bowl 267
Ciutadella 33
Cliffs of Moher 54
Clonmacnoise 54
Colorado 182
Copacabana 220
Coral Beach 66
Corconroe Abbey 55
Cordeliers 41
Cork 56
Corniche des Maures 45
Corniche d'Or 45
Corniglia 10
Corn Island 214
Coromandel-Halbinsel 281
Corrieshalloch Gorge 65
Costa Rica 216
Costa Smeralda 22
Côte d'Azur 44
Cruz de Loreto 202
Curral das Freiras 36

Dänemark 96
Deauville 49
Deira 138
Demre (Myra) 128
Desenzano 8
Desierto Florido 230
Diani Beach 251
Digne-les-Bains 40
Dingle-Peninsula 56
Dubai 135
Dublin 56
Dugi Otok 112
Dunton Hot Springs 182
Dunvegan Castle 66

Elevador Lacerda 223
Ellmau 84
Emirates Palace 135
Empire State Building 188
Entreveaux 41
Erbseninseln 105
Étretat 46
Eze 43

Fafa Island 284
Faial 39
Fanø 98
Fidschi 282
Fira 120
Fjordland Nationalpark 280
Florida 194
Florida Keys 197
Fortín de Santa Rosa 245
Fort William 68
Fraser Island 278
Friesland/Niederlande 50
Funchal 36
Fünen 99

Gallura 22
Gansbaai 274
Gardasee 8
Gardone Riviera 9
Gargano 8
Garganta del Diablo 242
Garmisch-Partenkichen 74
Garrafon Reef 205
Giverny 46
Glen Coe 68
Glenfinnan 69
Glenties 54
Golden Gate Bridge 177
Golfo de Penas 232
Gondar 248
Gorges du Verdon 45
Granada 210
Grande Corniche 42
Grasse 40
Graz 78
Great Barrier Reef 278
Greenwich 61
Grenen 103
Griechenland 118
Grindelwald 87
Grosseto 15
Großglockner Alpenstraße 82
Gudhjem 104

Hagia Sophia 131
Haleakala 178
Hanga Roa 236
Harlingen 50
Hawaii 178
Hebriden 67
Heiligenblut 80
Hiddensee 88
Highlands 69
Hinterautal 71
Ho Chi Minh City 164
Hohe Tauern 80
Hoi An 165
Höllentalklamm 74
Honfleur 49
Hookipa Beach Park 178
Hue 165
Hum 116
Hunter Valley 279

Igreja Nosso Senhor do Bonfim 222
Ijlst 50
Ilha de Tinharé 221
Inishowen-Halbinsel 54
Inverewe Garden 64
Inverlochy Castle 68
Irland 54
Isar-Floßfahrt 72
Ise-Shima-Nationalpark 171
Isla de los Monos 211
Isla de Pascua 237
Isla Mujeres 205
Islas del Rosario 219
Isle of Skye 66
Istanbul 131

Japan 170
Jin Mao Tower 166
Jumeirah Mosque 138
Jungfraujoch 87

Kadavu 283
Kakadu National Park 278, 279
Kalahari 262
Kalifornien 174
Kambodscha 162
Kameni-Inseln 120
Kanada 185
Kap der Guten Hoffnung 266
Kaphalbinsel 275
Kapstadt 266
Karwendelgebirge 70
Kassandra 118
Kastelorizo Megiste 124
Kaya Mawa 253
Kenia 250
Kerala 142
Key West 194
Khor Shamm 141
Kochi 143
Kolumbien 218
Kommetjie 275
Korčula 117
Kornati-Nationalpark 112
Krimmler Fälle 82
Kroatien 112
Krügerpark 260
Kuterevo 115
Kyleakin 66
Kyle of Lochalsh 66

Laamu-Atoll 144
Lac de Castillon 41
Läckö 106
La Croisette 44
Lagoa Rodrigo de Freitas 221
Lago de Nicaragua 211
Lago General Carrera 235
Lago Yelcho 232
Laguna de Apoyo 212
Lagunas de Chacahua 200
Lake Malawi 252
Lalibela 248
La Maddalena 24
Lambert's Bay 274
Lamu 250
Langkawi 156
La Serena 228
La Turbie 43
Lebombo Mountains 271
Leipzig 94
Lenggries 73
Les Andelys 48
Little Corn Island 215
Liwa 134
Loch Ewe 64
Loch Maree 65

London 61
Long Beach 165
Lüderitz 264
Lunenburg 184

Machu Picchu 224
Madeira 34, 36
Mai Khao Beach 152
Malaysia 156
Male 147
Malediven 144
Mallorca 28
Mamanuca-Inseln 283
Manarola 10
Maó 33
Margeritenroute 96
Marlborough Sounds 281
Marstal 101
Matemo Island 261
Matobo Mountains 258
Maui 178
Menorca 32
Meoto-Iwa-Felsen 170
Mérida 207
Mexiko 200
Mikimoto-Insel 170
Mittenwald 70
Mittersill 82
Mombasa 250
Møn 97
Montalcino 13
Monte Amiata 15
Monte Baldo 8
Monte Grande 228
Montepulciano 13
Monterosso 10
Montevideo 244
Monticchiello 14
Mont-Saint-Michel 46
Moonan Bay 67
Mosambik 260
Mossel Bay 274
Mount Mulanje 253
Mui Ne 165
Mumbo Island 252
Musandam 140
Musée Picasso 45

Nai Harn Bay 152
Naihehe 282
Nai Yang 152
Namibia 264
Nationalpark Hohe Tauern 81
Nationalpark Paklenica 116
Nationalpark Plitvicer Seen 114
Nationalpark Velebit 115
Naturpark Xel Ha 206
Neapel 20
Neist Point 67
Neptun's Staircase 69
Neuengland 186
Neuschottland 184
Neuseeland 280
Newgrange 54
New York 188
Nha Trang 165
Nicaragua 210
Nizza 40
Normandie 46
Notting Hill 62
Nuku'alofa 285
Nungwi 255
Nusa Dua 160

Oia 123
Okavango Delta 262
Öland 108
Olbia 22
Olhuveli 144
Oman 140
Osterinsel 236
Ostsee 88
Oxford 61

Pablo Neruda 227
Pag 114
Palma 28
Parenzana-Weg 111
Paro 148
Parthenonas 119
Passeig de Gràcia 27
Patagonien 235
Paternoster 274
Patong Beach 152
Peggy's Cove 185
Pemba 261
Penang 156
Penk 80
Phang Nga 155
Phnom Penh 163
Phuket 152
Phu Quoc 165
Piber 78
Pico 38
Pico de Baixa 35
Pico do Arieiro 36
Pico Ruivo de Santana 36
Pienza 13
Piran 110
Pirgos 120
Piriapolis 245
Pisco Elqui 230
Pitigliano 12
Playa Langosta 217
Playa la Ropa 203
Ponta Delgada 39
Ponta de São Lorenço 37
Ponza 16
Pool House 64
Port Alfred 274
Port de Pollença 29
Port-en-Bessin-Huppin 49
Porto Cervo 22
Porto Rotondo 24
Portorož 110
Porto Santo 34
Portree Bay 67
Poulnabrone 55
Pozzuoli 20
Praia Dourada 34
Pudong 169
Puerto Escondido 200
Puerto Iguazu 242
Puerto Montt 232
Puerto Vallarta 202
Puget-Théniers 41
Punakha 148
Punta del Este 244

Quinta das Palmeiras 35

Rabaçal 37
Råbjerg Mile 103
Rapa Nui 236
Red Point 64
Ribe 97
Richmond-upon-Thames 58
Riegersburg 77
Ring of Kerry 56
Rio de Janeiro 220
Riomaggiore 10
Riviera Maya 204
Road to Hana 180
Rockefeller Center 190
Rock of Cashel 54
Rogner Bad Blumau 77
Rotorua 281
Rouen 46
Ruapehu 281
Rub Al Khali 135

Saadiyat Island 136
Sabi Sand Game Reserve 272
Saint-André 41
Salvador da Bahia 222
Salzkammergut 83
Sambesi-Schlucht 259
Sandy Island 199
San Francisco 174
Sanremo 43
Sansibar 254
Santa Teresa 23
Santorin 120
Santuari de Lluc 31
São João Baptist 39
São Miguel 39
São Vincente 37
Sardinien 22
Saturnia 12
Sausalito 177
Schloss Borgholm 108
Schloss Elmau 75
Schloss Obermayerhofen 77
Schloss Schackenborg 97
Schottland 65
Secret Garden 196
Serra de Tramuntana 28
Shannon 57
Siem Reap 163
Silverton 182
Simien Mountains Nationalpark 248
Sir Bani Yas 136
Sitges 27
Sithonia 118
Skagen 102
Slioch 65
Slowenisch-Istrien 110
Sneek 50
Søby 101
Sóller 28
Solliden 108
Sømarkegård 97
Sorano 12
Sossusvlei 264
South Carolina 192
Southernmost Point 197
Sovana 12
Split 116
Stone Town 254
St-Paul-de-Vence 44
St-Pierre-sur-Dives 49
Strunjan 111
St-Tropez 44
Südafrika 260
Südsee-Archipel 282
Sudvala Caves 272
Svaneke 104
Swahili Coast 256
Swakopmund 264

Tafelberg 268
Tamarindo 216
Tanah Lot 160
Tanasee 248
Telluride 182
Terceira 39
Thailand 152
Themse 58
The Valley 198
Thunersee 87
Tiger's Nest 148
Tis Issat 248
Tonga 284
Tongariro-Nationalpark 281
Tongatapu 285
Tonle Sap See 163
Tortugas National Park 195
Toskana 12
Trotternish 66
Trouville 46
Tulum 204

Ubud 158
Ullapool 65
Unguja 254
Upcountry 181
Ura Kidane Mihret 248
Urquhart Castle 69
Uruguay 244
Usedom 88

Val d'Orcia 14
Valldemossa 28
Valle del Elqui 228
Valle Sagrado 224
Valparaíso 226
Vänernsee 106
Veliki Slap 115
Ventotene 19
Vermont 186
Vernazza 10
Vesuv 21
Via dell' Amore 10
Victoria Falls 258
Vicuña 228
Vietnam 164
Vila Baleira 34
Villa O'Higgins 232
Viti Levu 283
Vulkan Mombacho 211

Wailea 178
Waitaki 281
Wartburg 95
Wat Chalong 154
Watteninseln 50
Werdenfelser Land 74
West Coast 275
Wester Ross 65
West Highland Way 68
Wilder Kaiser 84
Windhoek 264
Winelands 266
Woodstock 186

Xcaret 206

Yasawa-Islands 283
Yas Island 136

Zadar 112
Zanzibar City 256
Zapatero 211
Zighy Bay 140
Zuckerhut 220
Zugspitze 74

Impressum/Bildnachweis

Textnachweis
Susanne Asal: Nr. 71, 72, 73, 75, 78, 79, 80, 81, 82, 83, 84, 85
Franz Marc Frei: Nr. 3, 4, 15, 19, 20, 24, 27, 44, 70, 100
Heide Marie Geiss: Nr. 5, 13, 40
Udo Haafke: Nr. 10, 17, 21, 22, 23, 33, 34, 35, 36, 37, 38
Roland F. Karl: Nr. 6, 8, 12, 30, 31, 32, 86, 87, 88, 89, 90, 91, 92, 93, 94, 95, 96
Jochen Müssig: Nr. 41, 45, 47, 52, 53, 54, 55, 56, 57, 58, 59, 60
Dirk Rheker, Sabine Rheker-Weigt: Nr. 61, 62, 63, 64, 65, 66, 67, 68, 69, 74
Klio Verigou: Nr. 2, 14, 16, 43, 46, 76, 97, 98, 99
Thomas Winzker: Nr. 1, 7, 9, 11, 18, 25, 26, 28, 29, 39, 42, 48, 49, 50, 51, 77

Bildnachweis
Alle Bilder stammen von Mauritius Bildagentur, Mittenwald

außer:
Shutterstock:
S. 1 (Val Shevchenko), S. 2 (kavalenkava), S. 3 (DeymosHR), S. 4 (Matej Kastelic), S. 5 (Lesinka372), S. 8 (Gaspar Janos), S. 11 (TravnikovStudio), S. 22 (Zangrilli Andrea), S. 29 (Simon Dannhauer), S. 42 (Anton_Ivanov), S. 45 (Kiev.Victor), S. 49 (irakite), S. 52 (cge2010), S. 54 (Kanuman), S. 55 (Wedding photography), S. 56 (Kwiatek7), S. 57 (Patryk Kosmider), S. 65 (PJ photography), S. 71 (SusaZoom), S. 85 (auphoto), S. 86 (Serjio74), S. 91 (Zelma Brezinska,), S. 99 (Carsten Medom Madsen), S. 101 (valeriiaarnaud), S. 105 (Milosz Maslanka), S. 108 (RPBaiao), S. 110 (Matic Stojs), S. 114 (Royalty Stock Photos HQ), S. 116 (xbrchx), S. 118 (Aleksandar Todorovic), S. 120 (Patryk Kosmider), S. 121 (Melianiaka Kanstantsin), S122 (kavalenkava), S. 123 (Santorines), S. 124 (iremt), S. 126 (anekoho), S. 129 (Andrew Mayovskyy), S. 130 (Tatiana Popova), S. 132 (Luciano Mortula), S. 134 (Katiekk), S. 135 (ventdusud), S. 138 (Romrodphoto), S. 139 (oneinchpunch), S. 143 (Tukaram.Karve), S. 146 (Andriy Nekrasov), S. 155 (salajean), S. 156 (Jacob Lund), S. 159 (CocoS. Bounty), S. 161 (Artem Beliaikin), S. 162 (Tong_stocker), S. 164 (PhotoRoman), S. 168 (ESB Professional), S. 171 (leungchopan), S. 172 (canadastock), S. 176 (holbox), S. 177 (Joshua Resnick), S. 184 (Pi-Lens), S. 186 (Songquan Deng), S. 192 (Sean Pavone), S. 193 (Sean Pavone), S. 194 (Jordan Adkins), S. 195 (littleny), S. 197 (Thomas Barrat), S. 204 (Patryk Kosmider), S. 205 (Eddy Galeotti), S. 208 (Christian Vinces), S. 210 (Sam Strickler), S. 211 (elnavegante), S. 216 (Jorge Alejandro Russell), S. 217 (ronnybas), S. 218 (Fotos593), S. 221 (streetflash), S. 224 (Anton_Ivanov), S. 226 (JeremyRichards), S. 227 (olgasunnyday), S. 230 (SL-Photography), S. 231 (Jess Kraft), S. 233 (sunsinger), S. 234 (Alberto Loyo), S. 239 (Kobby Dagan), S. 240 (meunierd), S. 241 (Milosz Maslanka), S. 242 (sharptoyou), S. 246 (jo Crebbin), S. 255 (laranik), S. 257 (Craig Jessop), S. 258 (Lynn Y), S. 260 (Tonis Valing), S. 267 (michaeljung), S. 268 (Richard Cavalleri), S. 269 (Diriye Amey), S. 271 (Naeblys), S. 272 (Dave Pusey), S. 273 (InnaFelker), S. 275 (Bildagentur Zoonar GmbH), S. 276/277 (structuresxx), S. 278 (Olga Danylenko), S. 279 (sirtravelalot), S. 282 (Michal Durinik)

Franz Marc Frei: S. 14, S. 63, S. 80, S. 81, S. 125, S. 203, S. 283
Udo Haafke FOTOGRAFIE: S. 68, S. 69, S. 106
CANO, Copyright (c) 2003, Canon Inc. All rights reserved: S. 250
Roland F. Karl : S. 265

Umschlag:
Vorne: großes Bild: Junges Glück am karibischen Strand
© Shutterstock / Oleksandr Nagaiets
kleine Bilder v.l.n.r.: Das perfekte Candle-Light-Dinner für die Flitterwochen gibt es selbstverständlich auch am Strand © mauritius images / Andrew Twort / Alamy; Gemeinsames Warten auf die perfekte Welle © Shutterstock / tomas del amo; Die Entspannung darf in den Flitterwochen nicht zu kurz kommen © mauritius images / Ian G Dagnall / Alamy
Hinten v.l.n.r.: Ein Ehepaar genießt den Tag am Strand
© mauritius images / Zoonar GmbH / Alamy; Straßenkünstler in Nizza © Shutterstock / DeymosHR; Kamelausflug am Hochzeitstag © Shutterstock / Mila Supinskaya Glashchenko;
Seite 1: Ein Ehepaar hinterlässt seine Fußabdrücke im Sand
© Shutterstock/ Val Shevchenko

Verantwortlich: Alina Gillen
Lektorat: Susanne Then
Satz: Roman Bold & Black
Umschlaggestaltung: Zero Werbeagentur
Kartografie: Huber Kartographie, Heike Block
Repro: LUDWIG:media
Herstellung: Miriam Tönnes
Printed in Slovenia by Florjancic

★★★★★

Sind Sie mit diesem Titel zufrieden? Dann würden wir uns über Ihre Weiterempfehlung freuen.
Erzählen Sie es im Freundeskreis, berichten Sie Ihrem Buchhändler, oder bewerten Sie bei Onlinekauf.
Und wenn Sie Kritik, Korrekturen, Aktualisierungen haben, freuen wir uns über Ihre Nachricht an Bruckmann Verlag, Postfach 40 02 09, D-80702 München oder per E-Mail an lektorat@verlagshaus.de.

Unser komplettes Programm finden Sie unter

www.bruckmann.de

Alle Angaben dieses Werkes wurden von den Autoren sorgfältig recherchiert und auf den neuesten Stand gebracht sowie vom Verlag geprüft. Für die Richtigkeit der Angaben kann jedoch keine Haftung übernommen werden.

Die Deutsche Nationalbibliothek verzeichnet diese Publikation in der Deutschen Nationalbibliografie; detaillierte bibliografische Daten sind im Internet über http://dnb.d-nb.de abrufbar.

ISBN 978-3-7343-0786-7